O GESTOR DE PROJETOS

2ª edição

Richard Newton

O GESTOR DE PROJETOS

2ª edição

Tradução
Daniel Vieira

Revisão técnica
Hazime Sato
Engenheiro pela Escola Politécnica da Universidade de São Paulo,
especializado em *Automatic systems* pela Kyoto University — Japão

© 2011 by Pearson Education do Brasil
© 2005, 2009 by Pearson Education, Inc.

Tradução autorizada a partir da edição original, em inglês, *The Project manager: mastering the art of deliver*, 2nd edition, publicada pela Pearson Education, Inc., sob o selo Prentice Hall.

Todos os direitos reservados. Nenhuma parte desta publicação poderá ser reproduzida ou transmitida de qualquer modo ou por qualquer outro meio, eletrônico ou mecânico, incluindo fotocópia, gravação ou qualquer outro tipo de sistema de armazenamento e transmissão de informação, sem prévia autorização, por escrito, da Pearson Education do Brasil.

Diretor editorial: Roger Trimer
Gerente editorial: Sabrina Cairo
Supervisor de produção editorial: Marcelo Françozo
Editores plenos: Henrique Zanardi e Thelma Babaoka
Preparação: Maria Alice Costa e Sonia Midoi Yamamoto
Revisão: Carmen Simões da Costa e Bárbara Borges
Capa: Alexandre Mieda
Editoração eletrônica e diagramação: Figurativa Editorial MM Ltda

Dados Internacionais de Catalogação na Publicação (CIP)
(Câmara Brasileira do Livro, SP, Brasil)

Newton, Richard

O gestor de projetos / Richard Newton ; tradução Daniel Vieira. — São Paulo : Pearson Prentice Hall, 2011.

Título original: The project manager : mastering the art of delivery. 2. ed. norte-americana.

ISBN 978-85-7605-811-3

1. Administração de projetos - Estudo e ensino I. Título.

10-04985
CDD-658.40407

Índice para catálogo sistemático:
1. Gerenciamento de projetos : Administração de empresas : Estudo e ensino 658.40407
2. Projetos : Gerenciamento : Administração de empresas : Estudo e ensino 658.40407

4ª reimpressão – janeiro 2014
Direitos exclusivos para a língua portuguesa cedidos à
Pearson Education do Brasil Ltda.,
uma empresa do grupo Pearson Education
Rua Nelson Francisco, 26
CEP 02712-100 – São Paulo – SP – Brasil
Fone: 11 2178-8686 – Fax: 11 2178-8688
e-mail: vendas@pearson.com

Sumário

Prefácio VII
Introdução XI

Capítulo 1 — Alguns fundamentos 1
    O que é um projeto? O que é gestão de projetos? 2
    O que é um gestor de projetos? 3
    Para quem são os projetos? 4
    O que é sucesso? 5

Capítulo 2 — Ouça e fale 10
    O capítulo mais importante do livro 10
    O público-alvo — quem ouvir e com quem falar 11
    Ouvir — aprender a entender o que o cliente deseja 18
    Comunicando-se com seu público-alvo 27

Capítulo 3 — O que é realmente o seu projeto? 51
    A importância de entender o escopo 51
    As principais perguntas no levantamento do escopo 53

Capítulo 4 — Algumas características fundamentais 70
    O senso de posse e envolvimento 70
    Ponderação — estilo de gestão de projeto 74
    Ponderações na gestão de projeto — resumo 92
    Um toque de criatividade 93

Capítulo 5 — O início de seu projeto 98
    Planejar 99
    Estimar 106
    Alocar recursos 107
    Orçar 111
    Pensando sobre contingência e risco 113

Mobilizar 115
Projetos no mundo real — problemas práticos comuns a serem contornados 116

Capítulo 6 — Estilos pessoais **122**
Estilos a serem evitados 122
Estilos a serem encorajados 127

Capítulo 7 — Gerenciar seu projeto **140**
O que gerenciar? 141
Como saber quando tomar uma ação gerencial? 143
Como gerenciar? 145
Controle e gestão de mudança 148
Tomada de decisão 151

Capítulo 8 — A equipe **153**
Obtendo o máximo da equipe de projeto 153

Capítulo 9 — Os limites do conhecimento **177**
O generalista *versus* o especialista 178
O que os gestores de projeto não devem fazer? 183
Habilidades de especialista que não devem ser consideradas tarefa
  do gestor de projetos 185

Capítulo 10 — A mecânica da gestão de projetos **194**
O *kit* de ferramentas do gestor de projetos 194
O que mais você pode aprender? 230

Capítulo 11 — Saiba quando dizer 'não' **234**
Quando realmente se necessita de um gestor de projetos? 234
Conhecendo os sinais de perigo 236
Cancelando projetos construtivamente 240
Basta dizer 'não' 241

Capítulo 12 — O contexto mais amplo **244**
Estratégia e projetos 244
Operações e projetos 246
Gestão da programação de projetos 247
Gestão do portfólio de projetos 249
Gestão de mudanças 251
Gestão de benefícios 255
Governança 258

Capítulo 13 — Pensamentos finais **260**
Guia de referência rápida — conteúdo resumido 261

Índice 291
Sobre o autor 301

Prefácio

Estou envolvido com projetos há cerca de 20 anos. Comecei como membro de equipe de projeto, fiz a transição para gestor de projetos de vários tipos, coordenei equipes de gestores de projetos e, por fim, atuei como cliente de projeto e como patrocinador. Tive meus altos e baixos, mas, no geral, tenho me divertido bastante. Gosto imensamente do desafio de uma entrega complexa.

Como parte dessa satisfação, tenho sido responsável pela melhoria das habilidades de entrega e implementação de diversas organizações. Com isso, recrutei e montei equipes, preparei e organizei treinamentos, li e compartilhei o conteúdo de muitos livros e busquei a contribuição de consultores externos. Tenho visto gestores de projeto tornarem-se cada vez mais certificados com as qualificações reconhecidas pelo setor. No entanto, ainda não vi uma mudança real e fundamental nas habilidades para uma entrega confiável. Quem sabe os padrões e minhas expectativas estejam elevados demais, provavelmente os projetos estejam ficando mais difíceis — ou talvez alguma coisa esteja errada!

Atribuo isso parcialmente a três coisas. Em primeiro lugar, sempre que analiso livros, participo de cursos e falo com treinadores de gestão de projetos, quase todo o tempo eles se referem ao que chamo de 'mecânica' da gestão de projetos. Com isso, quero dizer os processos, os sistemas e as ferramentas que formam o corpo de conhecimento central da gestão de projetos. O que tenho observado é que essa mecânica importa, mas não constitui o único fator de garantia da entrega bem-sucedida. Existem várias outras habilidades e competências exigidas. Na verdade, ao observar gestores de projetos realmente bem-sucedidos, noto que, embora eles possam entender e utilizar bem a mecânica, esse não é o fator diferenciador que os torna vencedores. Mesmo assim, raramente alguém analisa esses fatores diferenciadores. A maior parte deles refere-se ao profissional que desempenha a função de gestor de projetos, mais do que à variante específica do enfoque utilizado de gestão de projetos. Em segundo lugar, os livros que leio sobre gestão de projetos costumam ser, por um lado, mal segmentados. Eles podem ser demasiadamente simples e, certamente, de interesse apenas para iniciantes absolutos ou pessoas fora da profissão de gestão de projetos. Por outro lado, eles refletem metodologias muito complexas e intensas, que provavelmente funcionam quando se trabalha em uma programação de projetos multibilionária de logística de armamentos, mas têm pouco uso prático para o gestor de projetos comum, em uma organização normal, trabalhando em um projeto de escala típica. Por fim, quando se ensina aos gestores de projeto como implementar a mecânica-padrão de gestão de projetos, nem sempre se ensina por que ela é importante e como os diversos componentes se juntam como um todo. Entretanto, sem esse entendimento, é impossível aplicar totalmente a ponderação em seu uso e a adaptação a cada situação — o que é essencial para a entrega bem-sucedida.

Procurei por um livro voltado para a maioria dos profissionais que gerencia projetos comerciais complexos e essenciais, sem manter uma equipe de milhares de pessoas por vários anos. Tentei localizar uma obra que explicasse a diferença entre o gestor de projetos médio e aquele realmente bom. Busquei um texto que analisasse a gestão de projetos de uma forma holística. E não encontrei nada disso — tudo o que achei foi frustração!

Assim, depois de fracassar em minhas buscas, decidi escrever meu próprio livro. Trata-se de uma visão pessoal; não dou qualquer garantia de que seja um estudo completo do assunto, mas acredito que agregará muito valor à maioria dos gestores de projetos, grandes ou pequenos. É um guia do gestor de projetos. Chama-se *O gestor de projetos* porque focaliza a pessoa que gerencia o projeto, antes de pensar em ferramentas e processos.

Richard Newton
Janeiro de 2005

Segunda edição

No decorrer dos últimos quatro anos, tenho sido agraciado e, às vezes, surpreendido, pelo sucesso de *O gestor de projetos*. Recebi muitas opiniões com encorajamento, discussão e algumas críticas. Sou particularmente grato pelos comentários detalhados de um revisor anônimo (seja quem for — obrigado!). Nesta edição, utilizei algumas das opiniões que recebi para tornar este texto melhor.

Atualizei o livro procurando alinhá-lo com o pensamento e a pesquisa atuais em gestão de projetos, incluí diversos diagramas e tentei melhorar o texto em geral. Por último, há um capítulo novo referente ao contexto amplo da gestão de projetos. Existem vários tópicos que não são, na realidade, gestão de projetos, como gestão de portfólio, gestão de benefícios e gestão de mudanças, com os quais todos os gestores de projetos precisam ter alguma familiaridade. O Capítulo 12 discute esses assuntos.

Os objetivos e o público-alvo do livro permanecem inalterados.

Richard Newton

Março de 2009

Edição brasileira

Companion Website

O Companion Website desta obra (www.pearson.com.br/newton) oferece apresentações em PowerPoint para auxiliar os professores a prepararem suas aulas. Esse material pode ser acessado por meio de uma senha, e, para obtê-la, os docentes que adotam o livro devem entrar em contato com um representante Pearson ou enviar um e-mail para universitarios@pearson.com.

Agradecimentos

Agradecemos a todos os profissionais que trabalharam na produção desta edição brasileira de *O gestor de projetos*, em especial ao professor Hazime Sato, pela atenção, pelo suporte ao trabalho e pelo cuidado com a revisão técnica do livro.

Agradecemos também à professora Ana Cláudia Rossi, da Universidade Presbiteriana Mackenzie/SP, que colaborou com a avaliação desta edição, auxiliando-nos a manter a qualidade do livro.

Introdução

A arte secreta

Como você gerencia projetos complexos com reiterado sucesso?

Existem pessoas muito bem-sucedidas na condução de projetos. Elas têm um excelente histórico de cumprimento contínuo dos objetivos de desenvolvimentos complicados. Quando chamadas para conversar, e se estiverem abertas, elas normalmente perguntarão por que as pessoas valorizam tanto o que elas fazem — não porque os resultados tangíveis dos projetos não sejam muito valiosos, mas porque pessoas muito bem-sucedidas pensam que o que fazem não é tão difícil. Um comentário comum mostra que "é uma questão de bom-senso, não é?" As pessoas trabalham duro, mas não enfrentam o estresse e a sobrecarga que normalmente caracterizam projetos não tão bem conduzidos. Elas parecem estar calmamente no controle. Por outro lado, há um número imenso de pessoas, incluindo muitos gestores, para as quais a entrega de projetos é, no mínimo, uma batalha difícil e, no máximo, um completo mistério — uma arte secreta que não dominaram. Às vezes, elas não têm o mesmo tipo de bom-senso a que se referem seus colegas mais bem-sucedidos. Afinal, o que é essa magia negra tão simples para alguns e praticamente impossível para outros?

É hora de compartilhar alguns dos segredos.

Por que ler este livro?

A gestão de projetos é um conjunto de habilidades que têm grande demanda dentro dos setores público e privado — habilidades que, há algumas décadas, provavelmente não teriam sido reconhecidas de modo formal e consistente. Agora, ela existe internacionalmente como uma profissão estabelecida por mérito próprio e como uma competência que faz parte do *kit* de aptidões básicas de muitos gestores. A demanda por profissionais experientes em gestão de projetos é um reflexo de seu sucesso.

E, mesmo com todo seu sucesso e demanda, existe algo errado. Pergunte a uma amostra representativa de gestores, em qualquer grande organização, se eles têm confiança absoluta, ou mesmo alta, na capacidade de entregar projetos de sua organização e você receberá um sonoro 'não'. Há incontáveis estudos do baixo percentual de projetos que são entregues no prazo e dentro do orçamento, ou do alto percentual dos que estão atrasados ou nunca foram concluídos, e os resultados normalmente são deprimentes. Para todos os processos, treinamentos e metodologias, há uma lacuna entre propaganda, expectativas e experiência real. Por outro lado, a maioria das organizações tem ou conhece profissionais confiáveis e capazes, de fato, de entregar projetos excepcionais no prazo e dentro do orçamento. O que causa essa lacuna, e o que esses indivíduos confiáveis fazem de diferente?

Para muitas pessoas de fora da área de gestão de projetos, por um lado ela pode parecer magia negra, quase misticamente valiosa; por outro, um conjunto de exageros burocráticos. Às vezes, este último pode ser verdade, mas a gestão de projetos nunca é mágica. Ela tem um valor tremendo, quando bem aplicada. O problema realmente está nas três últimas palavras da sentença anterior, 'quando bem aplicada'. Aplicar bem as coisas é muito difícil, porém, no caso da gestão de projetos, existe pouco consenso sobre o que é uma boa aplicação.

Em um nível, uma boa aplicação pode ser vista como o uso de uma técnica de qualidade para gestão de projetos. A profissão tem o suporte de um conjunto de processos e metodologias que tentam definir 'como' conduzir um projeto. Porém, pergunte a um gestor de projetos experiente o que qualifica um bom profissional de sua área, e ele raramente mencionará o entendimento de metodologias formais. O segredo, muito conhecido entre os gestores, é que a boa gestão de projetos refere-se a como você trabalha, interage e se comunica com as pessoas. Sendo assim, por onde podemos começar?

O ponto de partida são algumas definições. Existem muitas sobre o que é um projeto e o que seus gestores fazem. E, mesmo que você nunca pretenda gerenciar um projeto na vida, é essencial que todo gestor saiba pelo menos o significado e a finalidade dessa atividade. Em qualquer carreira na área de negócios você provavelmente se envolverá em um projeto ou precisará dele. Portanto, é útil ter pelo menos alguma noção da terminologia utilizada na área de projetos. Este livro não é um glossário de termos, mas revisaremos as definições básicas no Capítulo 1. Isso serve principalmente para contextualizar o restante da obra e fornecer o mínimo de conhecimento comum, necessário para a compreensão de todo o processo.

Quando você entender algumas das definições, poderá começar a aprender mais sobre a prática da gestão de projetos. A partir do momento em que se tornou uma profissão reconhecida, com processos e métodos de trabalho universalmente definidos (como Prince 2 ou MSP), credenciamentos correlatos bastante conhecidos (como praticante Prince 2 ou IPMA nível B), instituições que congregam seus profissionais (como a Association of Project Managers ou o Project Managers Institute) e até mesmo o *status* de perito, muito trabalho tem sido feito na definição da boa prática de gestão de projetos. O desenvolvimento de métodos sistemáticos tem elevado os padrões e dado consistência à gestão de projetos. Essas técnicas definidas são referenciadas em muitos cursos de treinamento e em literalmente centenas de livros. Eles variam em qualidade, mas existem excelentes livros de referência e treinadores por aí. O objetivo deste livro não é acrescentar a esses processos e a essas metodologias, embora eles sejam referenciados quando necessários.

Assim, se este livro não partir para definir papéis, processos ou metodologias de gestão de projetos, qual será a sua finalidade? É um livro de referência, um conjunto de observações de minhas experiências pessoais sobre o que diferencia o gestor de projetos notável daquele comum, e não um manual básico de gestão de projetos. Existem muitos livros e cursos excelentes, que podem ensinar-lhe o ABC da gestão de projetos. Este responde à pergunta: o que você precisa fazer para ser um gestor de projetos *verdadeiramente* bom?

O motivo pelo qual você deve ler este livro é que ele oferece um conjunto de lições baseadas na experiência para entregar resultados consistentes. Se você é um gestor de projetos, possui gestores de projetos em sua equipe ou recruta pessoal de gestão de projetos, ele será um complemento valioso a suas habilidades básicas.

É justo perguntar nesse ponto: qual é minha qualificação para fazer isso? A resposta é simplesmente minha ampla bagagem profissional, desde gestor de projetos júnior até diretor de programas de projetos sênior dentro das empresas, além de consultorias internacionais. Já fiz de tudo, desde projetos de consultoria com orçamento de dezenas de milhares de dólares até grandes programações de projeto para lançamento de novos produtos e mudanças comerciais com orçamentos de centenas de milhões de dólares. Também aprendi com experiências de recuperação de projetos desorganizados e me atrapalhando com alguns dos meus. Tenho conduzido equipes de gestão de projetos, ensinado e orientado gestores e contratado gerentes de projetos permanentes e temporários. Já atuei na diretoria de grandes empresas, como cliente ou patrocinador de projetos. Estive envolvido no desenvolvimento de metodologias de implementação e técnicas de gestão de projetos para consultores. Já preparei equipes de gestão de projetos e centros de excelência em gestão de projetos em grandes empresas. Preparei avaliações baseadas em competências e padronização de carreiras para equipes de gestão de projetos. Com isso, trabalhei bastante no Reino Unido, na Europa continental (incluindo França, Itália e Alemanha), nos Estados Unidos, em Cingapura, no Cazaquistão e na Austrália. Durante esse tempo, observei e anotei deliberadamente minhas impressões, além de gerenciar a entrega. O que pude notar principalmente é que, apesar dos pontos fortes de um bom processo e treinamento, as diferenças entre os resultados alcançados por um gestor de projetos médio e outro verdadeiramente bom são enormes. Todavia, ao analisar os motivos dessa diferença, como tenho feito há alguns anos, eles não são tão complexos e normalmente não se caracterizam por conhecimento básico em gestão de projetos. Este livro define quais são esses fatores de diferenciação. E eles não têm nada a ver com magia negra!

Este livro o ajudará? É verdade que alguns indivíduos nasceram para ser gestores de projetos e intuitivamente sabem o que fazer, da mesma maneira que outros nasceram para ser contadores, advogados ou empreendedores de sucesso. Mas todos eles, pelo menos os realmente bons, estão abertos para colher lições aqui e ali, e haverá lições valiosas aqui para aqueles que tiverem a sorte de estar nessa categoria. Existe também um grupo muito maior de pessoas que têm a capacidade de ser boas ou ainda ótimas na profissão escolhida, mas precisam de alguma orientação no caminho. Este livro ajudará quem estiver nessa categoria. Por fim, há gestores de projetos que sentem que é hora de ascender na escada da gerência de projetos, fazer aquela passagem de júnior para sênior, atravessar o abismo entre gerenciar projetos e gerenciar programações de projetos, ou simplesmente passar de papéis de gestão de projetos ocasionais para ser um gestor de projetos em tempo integral. Para isso, você terá o auxílio deste livro.

A hipótese principal deste livro é que aprender os processos básicos de gestão de projetos e seguir suas boas práticas é uma habilidade importante para um gestor de projetos, mas que existe, além disso, uma série de competências técnicas e emocionais necessárias. Partindo dessa premissa, este livro define quais são elas. Algumas servem a qualquer gestor, outras são específicas a essa profissão.

Este livro não é uma lista de verificação ou um processo. Listas de verificação e processos são ótimos pontos de partida e úteis para o início do processo analítico. Entretanto, à medida que as coisas se tornam mais complexas, não oferecem tudo o que um gestor de projetos precisa. Na verdade, a aplicação extremamente zelosa dos processos de gestão de projetos pode ser prejudicial, pois pode tornar algo que seria mais bem executado com base em habilidade e bom-senso em uma aplicação burocrática mecânica e improdutiva. Você não achará muita menção a termos como 'Gantt', 'Pert' e 'análise de caminho crítico'. Não falaremos sobre metodologias de avaliação de risco ou análise de valor agregado. Há pouca referência à elaboração de formulários gerenciais ou sobre como estruturar melhor os registros de horas.

Não é que isso não tenha valor; um bom gestor de projetos tem um vasto *kit* de habilidades que aplica com frequência. Simplesmente existem centenas de bons livros, cursos e profissionais que você pode consultar para entender esses elementos. O que frequentemente falta é o que se pode definir como: "Tudo bem, agora você conhece todos os processos. Você leu todos os livros, fez os cursos e até mesmo os implementou em seus projetos reais. Viu seu valor e, às vezes, a dificuldade de realmente implementá-los. No entanto, outros gestores de projetos igualmente qualificados já fizeram a mesma coisa. Ainda assim, nesse grupo estão alguns que constantemente entregam resultados e outros que lutam com dificuldades". Por que isso acontece? Bem, aqui está.

Este livro é voltado para o gestor de projetos experiente, mas terá lições também para o iniciante. Quanto mais cedo elas forem aprendidas, mais rápido você estará no caminho certo para ser um ótimo gestor de projetos. O que você descobrirá é que muitas dessas lições parecem ser simples, diretas e até mesmo óbvias. Mas, como o bom-senso, não parecem realmente ser de uso comum.

Algumas palavras sobre cargos

Parece que entramos em uma era daquilo que eu chamo de escalada de cargos. Temos visto o termo 'consultor' deixar de ser usado apenas por grandes doutores e especialistas, para ser utilizado por qualquer um. Ou o cargo de diretor, antes reservado a membros da diretoria de uma empresa, tornar-se um atributo da média gerência. Observamos organogramas de empresas de serviços financeiros em que todos parecem ser vice-presidentes. Esse fenômeno é igualmente verdadeiro quando se trata de um gestor de projetos. Existem coordenadores de projetos, gestores de projetos, diretores de projetos, gerentes de programação de projetos, diretores de programação de projetos e gerentes de portfólio, para citar apenas alguns. Esses cargos podem ser complementados por um adjetivo qualificador, como júnior, sênior, associado, executivo e assim por diante. Para aumentar a complexidade, há também gestores de projetos cujo cargo e função permanente são gerenciar um projeto e outros que, por um período, assumem esse papel enquanto mantêm funções e cargos diferentes.

Para não enlouquecer ninguém, vou juntar tudo isso sob o cargo de 'gestor de projetos', que compreende um conjunto de habilidades profissionais reconhecidas e é um cargo que pode ser mantido com orgulho por aqueles que realmente sabem o que ele significa.

Isso torna a vida mais fácil para mim, ao escrever este livro, mas obviamente oculta muitos detalhes sobre diversos níveis de habilidades. Há valor nos diferentes cargos em algumas situações e, por exemplo, pode haver uma diferença significativa entre um verdadeiro gestor de programação de projetos e um gestor de projetos júnior. Mas não pretendo entrar nesse nível de detalhe, pois isso não contribuirá com o conteúdo ou o foco deste livro. Na prática, sempre analiso o cargo de qualquer indivíduo com uma pitada de sal. Para usar uma expressão antiga, a prova do pudim está em comer, e o mesmo é verdade para os diversos tipos de gestor de projetos. Às vezes, os cargos refletem habilidades e experiências reais, ocasionalmente uma diferença formal no cargo, e, como declarei anteriormente, existem metodologias distintas para gestores de programação de projetos, além daquelas para gestores de projetos. Porém, frequentemente, esses diferentes cargos são simplesmente um reflexo de egos superinflados e do posicionamento dentro das hierarquias organizacionais. Isso, infelizmente, tem tido o efeito de desvalorizar os cargos e levar as pessoas a buscarem títulos ainda maiores e, às vezes, ridículos. Entra em cena o diretor de programação de projetos executivo sênior!

Para evitar qualquer risco de ser preconceituoso, procurei utilizar os pronomes 'ele' e 'ela' indistintamente no decorrer do livro.

Fluxos de trabalho, projetos, programações e portfólio de projetos

Assim como existe uma hierarquia de cargos, o mundo dos projetos tem uma hierarquia de módulos de trabalho. Um componente de um projeto específico com determinado foco pode ser chamado fluxo de trabalho ou pacote de trabalho; um projeto grande ou complexo, ou um conjunto de projetos inter-relacionados, pode ser denominado programação de projetos (ou, nos Estados Unidos, programa); muitos projetos juntos, relacionados ou não, mas dentro de alguma área de responsabilidade comum, podem ser chamados portfólio. No Capítulo 1, definirei um projeto. A categorização de projetos de diferentes escalas, ou a subcategorização de componentes de um projeto em módulos de trabalho, pode ser útil, mas normalmente é aplicada de maneira artificial ou superenfatizada.

Na maior parte deste livro evito essa distinção, pois ele é mais sobre gestão de projetos. Para mim, trata-se de gerenciar melhor, não necessariamente mais. Qualquer que seja a escala de projetos que você gerencie, poderá fazê-lo melhor. Se este fosse um livro geral sobre como ser um bom gestor, eu não diferenciaria entre um líder de equipe, um gerente e um chefe de departamento; os princípios da boa gestão são os mesmos. As habilidades aqui o ajudarão a gerenciar projetos ou programações de projetos maiores, se essa for sua prioridade, mas elas também o ajudarão a gerenciar melhor seu fluxo de trabalho. Assim, por enquanto, esqueça a hierarquia — vou focalizar simplesmente os princípios da boa gestão de projetos.

(Para aqueles que insistem em entender a diferença, há uma pequena seção no Capítulo 12 que descreve o papel de um gestor de programação de projetos.)

Uma breve visão do conteúdo

O conteúdo deste livro é estruturado para alcançar dois resultados: primeiro, ele foi escrito para que você possa lê-lo facilmente de ponta a ponta. Não é um livro extremamente longo, mas contém muito valor. Não importa se você se sentará diligentemente e o lerá de uma só vez, se estudará um pouco a cada noite antes de dormir ou se o usará para preencher seu tempo de deslocamento até o trabalho você verá que ele é muito fácil de ler. Em segundo lugar, foi escrito de modo que você possa pesquisar as partes específicas dos apontamentos de maneira fácil. Carregue-o consigo e use-o diariamente. No fim do livro (Capítulo 13), um guia de referência rápida oferece um resumo, capítulo por capítulo, dos principais pontos, para facilitar uma busca futura.

O livro é dividido em 13 capítulos, que podem ser lidos isoladamente ou em sequência. Na tabela a seguir, estão indicados os capítulos na tentativa de lhes dar uma classificação de prioridade de 1 a 3 (sendo 3 a prioridade mais alta). Será mais proveitoso se você ler o livro inteiro na ordem dos capítulos, mas, se estiver com pouco tempo e tiver de priorizar, comece com aqueles capítulos com a classificação mais alta. (As classificações para os capítulos 5, 7 e 10 são um reflexo de como esses tópicos são relevantes para este livro, e não de sua importância absoluta.)

Capítulo	Título	Visão geral do conteúdo do capítulo	Classificação
1	Alguns fundamentos	Revisão da terminologia básica — projeto, gestor de projetos, cliente, sucesso.	1
2	Ouça e fale	Habilidades de comunicação básicas para gestores de projeto — as bases da boa gestão de projetos.	3
3	O que é realmente seu projeto?	Entendendo realmente o que se deseja do projeto que você está entregando.	3
4	Algumas características fundamentais	Características de personalidade necessárias ao gestor de projetos.	3
5	O início de seu projeto	Levem em conta as realidades práticas para estruturar seu projeto. Você entende a teoria, mas o que significa tudo isso na prática?	2

6	Estilos pessoais	Estilos pessoais a evitar e a encorajar nos gestores de projetos.	2
7	Gerenciar seu projeto	Uma rápida visão geral da mecânica da gestão de seu projeto.	2
8	A equipe	Como gerenciar sua equipe de projeto e obter o melhor dela.	3
9	Os limites do conhecimento	Tarefas em que os gestores de projetos regularmente se envolvem e que deveriam realmente ser evitadas.	2
10	A mecânica da gestão de projetos	Fundamentos do processo de gestão de projetos que são esquecidos.	2
11	Saiba quando dizer 'não'	Quando e como evitar o envolvimento em um projeto.	1
12	O contexto mais amplo	Visão geral das disciplinas de suporte relacionadas à gestão de projetos e úteis para o gestor de projetos.	2
13	Pensamentos finais	Fechamento do livro.	2

A lógica estrutural desta obra é a seguinte: começo definindo seu objetivo e sua terminologia básica (Introdução e Capítulo 1), depois seguem-se duas sequências interligadas. A primeira conduz o leitor ao ciclo de vida do projeto, mostra o que precisa ser feito em cada estágio, e apresenta as ferramentas necessárias para gerenciá-lo (capítulos 1, 3, 5, 7, 8, 10 e 12). Nestes, contextualizo os processos de gestão de projetos e ofereço conselhos práticos e implementáveis. Paralelamente, descrevo o lado humano da gestão de projetos, essencial para o sucesso, mas que normalmente é esquecido (capítulos 2, 4, 6, 8, 9 e 11). Termino com minhas considerações finais (Capítulo 13) e o guia de referência rápida.

Para cada tópico, começo identificando os problemas a ele associados. Sempre que possível, ofereço boas respostas e abordagens práticas para esses problemas. Em algumas situações, não existem respostas únicas, e nesse caso ofereço uma estrutura de perguntas para o leitor usar a fim de descobrir uma resposta no contexto específico em que está trabalhando. Este é um guia inteligente para gestão de projetos, porém não se trata de um guia puramente mecanicista, pois requer que o gestor de projetos pense e tome decisões baseadas em sua capacidade de discernimento.

CAPÍTULO 1

Alguns fundamentos

Uma suposição sobre os leitores deste livro é a de que não apenas estão interessados em gestão de projetos, mas podem já conhecer algo ou até mesmo muito sobre o assunto. Porém, como ponto de partida e para garantir que trabalharemos a partir do mesmo nível de conhecimento, vale a pena definirmos alguns conceitos básicos. Inicialmente, devemos ter uma visão comum sobre o que é *um projeto* e *um gestor de projetos*. (Se você entender bem esses conceitos, poderá ficar à vontade para saltar as duas primeiras subseções deste capítulo.)

> **Ponto-chave da lição**
> Você deverá entender e ser capaz de definir os principais termos utilizados dentro de seu projeto. Isso deve incluir uma definição clara de seu papel como gestor de projetos, uma definição do cliente e um entendimento comum do sucesso para seu projeto.

Além de garantir que você possa acompanhar e absorver o conteúdo do livro, é importante saber definir esses termos. Você precisará utilizá-los regularmente em seus próprios projetos e nas comunicações a respeito de projetos em geral. Ser capaz de definir esses termos com facilidade, quando exigido, demonstra competência; esforçar-se para defini-los pode demonstrar incompetência.

Tendo definido o que é um projeto e o que é um gestor de projetos, é razoável pensar em seguida sobre quem o conduz na realização de um projeto. Um projeto é realizado porque alguém ou um grupo de pessoas deseja que ele seja feito, almeja algo. Trata-se dos clientes. A próxima subseção analisa rapidamente o conceito de um cliente para um projeto. Isso não é tão simples ou claro quanto os gestores de projetos normalmente pensam, e 'quem é o cliente?' é uma boa pergunta para se fazer quando estiver conduzindo um projeto.

Entendidas essas definições básicas, e visto que um dos principais objetivos deste livro é articular os fatores de diferenciação entre o gestor de projetos médio e o realmente bem-sucedido, é melhor que você também tenha uma visão do que significa o sucesso nesse contexto. Isso será discutido na quarta e última subseção do capítulo. Mesmo que ache que seja um especialista, vale a pena ler essa subseção.

Todas as definições dadas nesta seção são minhas.

O que é um projeto? O que é gestão de projetos?

Um projeto é basicamente um modo de trabalho, um modo de organizar pessoas e um modo de gerenciar atividades. É um estilo de coordenação e gestão de trabalho. O que o diferencia dos outros estilos de gestão é que ele é totalmente focalizado em um resultado específico. Quando esse resultado é alcançado, o projeto deixa de ser necessário e cessa. Compare isso, digamos, com a execução de uma linha de produção ou a gestão de algumas operações da empresa — estas são tarefas conduzidas continuamente e não possuem um ponto-final.

Um projeto começa e termina em um ponto definido no tempo e está completo quando o resultado (normalmente, conforme combinado no início do projeto e estabelecido em termos de *deliverables* ou resultados especificados) é alcançado. Em geral, existem recursos limitados, de dinheiro e tempo das pessoas, para entregar o resultado. Quando este for entregue, algo terá mudado. Embora diferentes projetos possam ter algumas características comuns, cada projeto é exclusivo, com um conjunto de atividades único e específico.

Porém, só porque um projeto começa não significa que ele será concluído com sucesso. A história está repleta de exemplos de projetos fracassados. Os projetos são tipificados por incerteza, ambiguidade, incógnitas e suposições. Essa falta de certeza está relacionada a todos os aspectos dos projetos e é conhecida, na terminologia de gestão de projetos, como *risco*. Embora diversos projetos tenham níveis de risco significativamente diferentes, todos eles são inerentemente arriscados e a concretização do resultado desejado está frequentemente longe de ser atingida.

A gestão de projetos é uma disciplina formal, desenvolvida para gerenciar projetos. Uma grande variedade de atividades pode se beneficiar dela, desde a construção de um navio, a construção de uma casa, o desenvolvimento de um sistema de TI, o desenho, a manufatura e o lançamento de um novo produto ou a execução de um exercício de redução de custos. Os tipos de habilidades necessárias para realizar cada uma dessas atividades variam muito, mas todos podem ser entregues por um projeto e gerenciados pela abordagem da gestão de projetos. Todos eles atendem aos critérios de ter um resultado claro e passível de definição.

Visto que uma das principais características dos projetos é que eles são arriscados, a gestão de projetos pode ser considerada um modo de contornar as incertezas e ambiguidades inerentes a eles. A gestão de projetos trata de limitar o risco por meio de definições claras, detalhar e garantir a compreensão, controlar a gestão e contornar as incertezas por meio do gerenciamento de riscos.

As ferramentas, as técnicas e os processos de gestão de projetos podem ser um meio poderoso de conseguir um resultado desejado, ou, nos termos do gestor de projetos, de 'entregar' os resultados. Tenho muita fé na capacidade dessa técnica, mas ela tem limites que precisam ser entendidos, pois ajudam a estabelecer o escopo dos projetos. Por melhor que seja a técnica para alcançar um conjunto de *deliverables* específico, ela não será útil se for aplicada a atividades contínuas, como operar uma linha ferroviária ou uma fábrica. Tenho a experiência da aplicação da mentalidade de projetos a situações operacionais e, em todos os casos, os resultados ficaram abaixo do ideal. A gestão de projetos também não é útil em situações de mudança contínua, quando existe um fluxo constante de pequenos ajustes nos processos ou práticas de trabalho.

O que é um gestor de projetos?

Um gestor de projetos é a pessoa que tem a responsabilidade de entregar todos os componentes de um projeto. Essa pode ser uma função de tempo integral ou uma atribuição em determinada situação. O trabalho de um gestor de projetos varia de um projeto para outro, mas basicamente ele é responsável por estabelecer o escopo do trabalho (ver capítulos 2 e 3), planejá-lo e determinar quais recursos são exigidos (ver Capítulo 5), obter os recursos a serem alocados (ver Capítulo 5) e então gerenciar a conclusão das tarefas exigidas e garantir a resolução de riscos ou problemas antes que adiem ou interrompam qualquer atividade (ver Capítulo 7). Um gestor de projetos trabalha de acordo com uma metodologia de gestão de projetos (ver Capítulo 10). (Além disso, um gestor de projetos precisa aplicar um conjunto de comunicações e habilidades pessoais, conforme discutido nos capítulos 2, 4, 6 e 8.)

Às vezes, pode haver hierarquias de gestores de projetos. Cada gestor, então, possui uma área específica do projeto pela qual ele é totalmente responsável e se reporta a outro gestor de nível mais alto, normalmente chamado gestor de programação de projetos. Como discutimos na Introdução, os cargos e o escopo das funções variam, mas as responsabilidades fundamentais não. (Para ser um gestor de programação de projetos é preciso mais do que simplesmente ser um gestor de projetos de nível mais alto na hierarquia profissional, como será discutido no Capítulo 12.) Se você estiver trabalhando em uma situação em que existam vários gestores de projetos, deverá ser capaz de definir sua própria função específica; a melhor maneira de fazer isso é mostrar qual parte do plano de projeto você é responsável por gerenciar e quais *deliverables* você deve garantir que sejam entregues.

Um gestor de projetos profissional é alguém com a função de gerenciar projetos em tempo integral e geralmente treinado em processos e ferramentas de gestão. Isso pode ser diferenciado de alguém que assume o papel de gestor em um projeto específico, mas que normalmente executa uma função diferente.

O ponto principal é que, para qualquer trabalho considerado, o gestor de projetos seja aquela pessoa totalmente responsável pela entrega dos resultados.

Para quem são os projetos?

Todo projeto é feito para alguém ou algum grupo de pessoas, que são os clientes. Em princípio, parece ser um conceito simples, e teoricamente o é. O relacionamento entre um gestor de projetos e seu cliente deve ser claro e explícito. Na prática, pode ser obscuro e repleto de vários níveis de intriga e política (e não estou exagerando). A menos que haja uma necessidade específica de diferenciar entre os diversos grupos de clientes, por questão de simplicidade, no restante deste livro refiro-me à pessoa ou ao grupo de pessoas a quem um projeto se destina como 'o cliente'. Porém, como gestor de projetos, você precisa entender completamente o conceito de cliente em todo e qualquer projeto em que estiver envolvido.

Em minha definição, cliente é aquele que possui qualquer uma das três características a seguir:

1. Legitimamente estabelecerá objetivos ou requisitos do projeto.
2. Gozará dos benefícios do projeto, uma vez concluído.
3. Tem uma função formal na avaliação do sucesso de um projeto, uma vez concluído.

É importante que o gestor de projetos compreenda que:

- O cliente tem objetivos e requisitos que precisam ser entendidos, uma vez que constituem o que o projeto deve alcançar.
- Normalmente, existe mais de um cliente.
- Diferentes clientes ou grupos de clientes podem ter diferentes (e potencialmente conflitantes) objetivos, requisitos e medidas de sucesso.
- O projeto precisa ter um conjunto comum de objetivos e requisitos, documentados e combinados com o(s) cliente(s), observando aqueles que precisam ser considerados e aqueles que podem ser ignorados.
- As visões e necessidades do cliente podem mudar no decorrer da vida do projeto.

Até o momento, o que afirmei é elementar. Na realidade, a capacidade de identificar e entender as necessidades de grupos de clientes variados é um assunto complexo por si só. Na maioria dos projetos, o cliente pode ser desmembrado em várias categorias, e todas têm algum interesse em sua realização. As categorias mais comuns são:

- Patrocinador.
- Financiador.
- Beneficiário.
- Usuário final.
- Cliente final.
- *Stakeholders*.

Esses grupos são definidos e descritos com mais detalhes no Capítulo 2.

Quando você inicia um projeto, vale a pena pensar em cada uma dessas categorias de clientes, determinar se elas existem e, se necessário, interagir com elas e gerenciar sua entrada no projeto. O ideal é que haja uma única pessoa atuando como cliente predominante, ou representante do cliente, em um projeto. Costuma ser o patrocinador do projeto e é crucialmente importante para seu sucesso, mas um gestor de projetos apressado assume que o patrocinador realmente representa todas as necessidades e não avalia os demais grupos, mesmo que informalmente, ao dar partida em um projeto. Os perigos de não entender totalmente os que têm objetivos e requisitos em um projeto são basicamente:

- **Planos incompletos ou incorretos.** E, portanto, o projeto não entrega tudo o que é exigido.
- **Clientes insatisfeitos.** Isso pode resultar em uma falta de suporte ou mesmo obstrução ativa durante a vida de um projeto. Isso pode, também, fazer com que o gestor de projetos não seja visto e tratado no fim como um gestor bem-sucedido.
- **Entendimento equivocado de sucesso.** Os clientes podem avaliar o sucesso de muitas maneiras e, a menos que você as entenda, seu projeto poderá fracassar. (Isso é descrito com mais detalhes a seguir.)

O que é sucesso?

Se este livro visa a estabelecer um debate sobre o que torna um gestor de projetos bem-sucedido, então é melhor que se defina o que é sucesso. Sem esse conceito básico, poderíamos discutir indefinidamente se os fatores descritos neste livro são realmente a base para o sucesso; sem concordância a esse respeito, o sucesso pode ser como a beleza, que está nos olhos de quem a vê.

Portanto, preciso começar, como um bom gestor de projetos, explicando o que quero dizer com sucesso nesse contexto. Cada indivíduo tem sua própria definição de sucesso, seja ter uma ótima vida em família, manter um bom emprego, ser capaz de se aposentar com 45 anos, ter um Porsche novo na garagem ou sentir-se espiritualmente realizado no dia a dia. Esses são fatores de 'sucesso pessoal' e, como este livro não é um manual de autoajuda, não pretendo falar muito sobre isso, além de algumas palavras na próxima subseção. Nesta obra, quando falo sobre sucesso, geralmente estou me referindo a aquilo que constitui o *sucesso do projeto*. Do ponto de vista do cliente, do patrocinador, do *stakeholder* ou da pessoa que paga pelo projeto, como o sucesso do projeto é definido?

Sucesso pessoal como gestor de projetos

Há um número quase infinito de maneiras de definir o sucesso pessoal, mas essas definições estão além do escopo deste livro. No entanto, no contexto específico da carreira de um gestor de projetos, como o sucesso seria definido? Normalmente, para um gestor de projetos, a definição de sucesso é a realização eficaz do projeto, que lhe permite prosseguir com outros e até escolher aqueles que conduzirá. O que faz com que esses projetos mereçam ser feitos por qualquer indivíduo geralmente se encontra em uma ou mais destas três categorias:

1. **O conteúdo do projeto.** Sucesso pessoal direcionado pela capacidade de escolher os projetos atuando nas áreas mais interessantes. Alguns gestores de projetos são movidos pelo desejo de gerenciar projetos que se relacionam a áreas específicas, como novas tecnologias ou mudança organizacional, ou a setores ou locais geográficos em particular.

2. **A complexidade do projeto.** Isso se relaciona ao grau de risco do projeto ou à atuação em áreas novas. Alguns gestores especializam-se em projetos intelectualmente complexos, ou naqueles que têm alto risco ou que precisam de resolução de problemas aparentemente intratáveis.

3. **A escala do projeto.** O tamanho do projeto ou do programa de projetos. Há uma diferença significativa entre realizar um projeto de R$ 50 mil com 50 homens/dia e um programa de projetos de R$ 5 milhões com 500 homens/ano, visto que este último requer uma série de habilidades mais avançadas.

Todas essas são opções válidas e interessantes para os gestores de projetos e, em muitos casos, é uma combinação desses fatores que os atrai ou interessa. O ponto principal que eu anotaria para qualquer gestor de projetos é que a capacidade de selecionar entre os tipos de projeto em que ele se envolverá como tal será direcionada ao longo do tempo pelas expectativas e experiências das pessoas quanto à entrega dos projetos. Em outras palavras, seu sucesso pessoal está diretamente relacionado ao sucesso percebido do projeto.

Sucesso do projeto

Todo projeto terá um conjunto de aspectos que podem ser usados para medir o sucesso. Podem ser formalmente estabelecidos como fatores críticos para o sucesso ou simplesmente subentendidos entre o gestor de projetos e quem quer que esteja conduzindo ou patrocinando o projeto. Na verdade, uma das primeiras tarefas e principais habilidades de um bom gestor de projetos que conduz a uma boa execução é esclarecer os fatores de sucesso explícitos e trazer à tona os implícitos ou ocultos. Em alguns projetos, o resultado pode ser um conjunto simples de *deliverables*; em outros, um conjunto muito complexo de fatores inter-relacionados. Em determinados casos, pode ainda ser contraditório, ficando a cargo do gestor de projetos buscar o equilíbrio, negociando um pelo outro.

Em teoria, ao final de um projeto, a pessoa que queria tê-lo pronto pode simplesmente comparar o que recebeu com os critérios de sucesso e decidir se o resultado alcançado foi satisfatório. Cada gestor compara um projeto com uma lista de condições e motivos que podem limitar a capacidade de chegar ao resultado satisfatório (por exemplo, tais condições e motivos podem ser analisados pelo gestor da seguinte forma: "os recursos financeiros e de tempo são suficientes para o projeto, desde que nada mude"; ou então, "vou realizá-lo, desde que tenha esses recursos"; ou ainda, "os resultados finais serão alcançados desde que esse risco não ocorra").

A menos que seja um projeto muito simples ou bem estabelecido, a definição da medida absoluta do sucesso pode ser difícil e normalmente está sujeita a ambiguidades e mudanças. Porém, em termos simples, todos os tipos de medidas de sucesso podem ser reduzidos a estas três categorias de alto nível:

1. **Fornecer os *deliverables*:** Isso pode parecer tremendamente óbvio, e para muitos projetos, especialmente os não complexos, o sucesso pode ser simplesmente a realização dos *deliverables* planejados no início do trabalho. Eles terão muitas formas e podem ser compostos de documentos, sistemas de TI, outra tecnologia e infraestrutura, prédios ou, de modo mais sutil, algum tipo de mudança de negócios. A lista de *deliverables* possíveis não tem fim; um projeto e uma estrutura de projeto podem ser usados para entregar quase tudo.

2. **Realização dos benefícios associados:** Em geral, alguém ou uma organização que iniciou um projeto quer os *deliverables* por algum motivo que lhes traga be-

neficios. Um exemplo corporativo comum seria entregar um novo sistema de TI, que, por sua vez, resulta em benefício de menor custo ou de melhor qualidade em alguma outra parte do negócio. Assim, com base nesse exemplo, o sucesso pode ser medido pela verificação de que custos mais baixos e melhor qualidade foram alcançados.

(Discutirei melhor esse último ponto no Capítulo 12, mas vale a pena explicar que existem três problemas em saber exatamente que benefícios foram alcançados. Primeiro, eles são difíceis de medir. Segundo, geralmente é difícil garantir que foi o projeto que os entregou, e não alguma outra mudança. Por fim, costumam surgir apenas depois que o projeto foi concluído e o gestor de projetos está trabalhando em alguma outra coisa. Contudo, ignorarei isso por enquanto e considerarei que eles possam ser medidos.)

Logo, o sucesso pode ser medido primeiro em relação a um monte de *deliverables* e uma pilha de benefícios alcançados. Mas o sucesso não se restringe a fornecer *deliverables* e alcançar benefícios de negócios; existe uma condição específica: eles precisam ser entregues dentro do tempo e do custo estabelecidos no início do projeto, e conforme a qualidade e o escopo combinados. Não adiantará fornecer os *deliverables* e alcançar os benefícios se: o custo for muito alto (ou, geralmente, a quantidade de recursos utilizados for muito alta); se isso levar muito tempo; se a qualidade não for boa o suficiente; ou se os resultados finais de alguma maneira forem inferiores ao que foi percebido ou planejado originalmente.

No entanto, vamos supor que o sucesso seja alcançado. Chegamos ao fim do projeto. Não gastamos todo o dinheiro nem usamos todo o tempo. Os *deliverables* são excelentes e os benefícios estão chegando. Isso é suficiente? Bem, quase, mas não totalmente. Há mais um fator:

3. **Satisfação do cliente:** Esta é a terceira categoria das medidas de sucesso, associadas aos *deliverables* e benefícios, mas não um sinônimo deles. Todo projeto tem um cliente, de uma forma ou de outra, que pode simplesmente ser a pessoa que solicita ou paga por ele. Ou, então, um grupo de pessoas com um conjunto complexo de relacionamentos. Entender quem são os diversos *stakeholders* nos projetos é uma habilidade que os gestores de projetos precisam adquirir, e o grau de sucesso dependerá de essas pessoas estarem satisfeitas com o resultado do projeto. Alguns gestores podem se esquivar nessa categoria final, baseados no fato de que isso, normalmente, não é especificado como um requisito explícito do projeto e que pode ser visto de forma simplista como o resultado de oferecer ao cliente os *deliverables* solicitados originalmente, alcançando-se, com isso, os benefícios de negócios. Outro motivo para descartá-la é por ser geralmente intangível e difícil de medir. Tudo isso é verdade, mas ninguém falou que era fácil

ser bem-sucedido. O sucesso é mais complexo do que provar *deliverables* e esperar pelos benefícios. Ser verdadeiramente bem-sucedido nem sempre é fazer apenas aquilo que foi solicitado. Se um gestor de projetos quiser ter sucesso, ele deverá obtê-lo não apenas a seus próprios olhos, mas também aos de seus clientes. Felicidade, satisfação ou prazer em favor do cliente é essencial para um gestor de projetos bem-sucedido.

Portanto, se o sucesso for isso, o que será um gestor de projetos bem-sucedido? Simplesmente alguém que de forma consistente conclui projetos e atende a estes três objetivos: completa e fornece os *deliverables*, vê os benefícios do negócio surgindo e deixa os clientes satisfeitos. Se puder fazer isso de modo reiterado, terá todo o direito de sentir que é bom — e posso garantir que sempre será requisitado.

Como nota final, nos próximos capítulos mostrarei como isso nem sempre é absolutamente verdadeiro, pois a chave para o sucesso depende realmente de atender às *expectativas* sobre os *deliverables*, benefícios e satisfação. Isso está relacionado com a realização, mas é sutilmente diferente. Realidade é realidade, mas expectativas e percepções podem mudar! Isso também faz parte da arte do gestor de projetos, que será discutida nos próximos capítulos.

CAPÍTULO 2

Ouça e fale

O capítulo mais importante do livro

Se estiver apenas iniciando em sua carreira como gestor de projetos e dedicando tempo para aprender o serviço, este capítulo é um bom começo. Caso contrário, se você for um gestor de projetos experiente e bastante ocupado, com tempo apenas para ler um capítulo do livro, então sugiro que leia este. Todos os outros têm informações valiosas que vão melhorar sua gestão de projetos, e seria uma pena não lê-los agora que já possui uma edição deste livro. No entanto, este capítulo contém a essência. Tudo o mais trata de avançar nas habilidades e táticas; este capítulo procura preparar as bases.

> **Ponto-chave da lição**
> Pense a respeito, planeje e execute suas comunicações com cautela, esforço e impacto. Suas comunicações precisam ser baseadas em um conhecimento de seu cliente que vá além da especificação de requisitos e do compartilhamento de relatórios periódicos. Suas comunicações com a equipe de projetos precisam ir além do compartilhamento do plano de projetos e de atualizações esporádicas.

Embora os assuntos neste capítulo raramente sejam abordados em qualquer curso de gestão de projetos, eles podem ser considerados ainda mais fundamentais do que aprender as diversas disciplinas e processos que compõem o *kit* de ferramentas de um gestor de projetos. Podem não ser percebidos porque são óbvios ou tidos como rudimentares, em vez de indispensáveis. Em minha experiência, as habilidades de comunicação que descrevo constituem o diferencial básico entre excelentes gestores de projetos e os comuns e, mesmo assim, raramente são analisadas ou ensinadas no contexto específico dessa área.

Este capítulo pretende fazê-lo pensar a respeito de com quem você deverá se comunicar, o que precisa ouvir e como responder. Possui algumas respostas específicas, mas também perguntas que podem ter diferentes respostas em diferentes situações. Focaliza tanto o modo de comunicar como aquilo que se comunica, porque, para ter sucesso, você não apenas necessita comunicar a informação certa, como também precisa fazê-lo corretamente. Se tiver de aprender somente uma lição deste capítulo, que seja a de pensar, planejar e executar suas comunicações com cautela, esforço e impacto. Não se esqueça disso, pois parece ser muito evidente.

O capítulo é dividido em três seções. Na primeira, explico sobre como entender o público-alvo com quem deverá se comunicar, depois examino o que precisa ouvir de seu cliente e, por fim, abordo as principais habilidades de comunicação que um gestor de projetos deve possuir. Alguns dos conceitos de gestão de projetos que envolvem as comunicações não serão tratados com detalhes neste capítulo, pois decidi abordar primeiro as comunicações, que são as estruturas que apoiam e cercam todo o restante. Sem habilidades de comunicação adequadas, você nunca terá sucesso.

O público-alvo — quem ouvir e com quem falar

Esta seção examina rapidamente com quem você precisa se comunicar e por quê. Com frequência, os gestores de projetos consideram as comunicações uma sobrecarga dolorosa e não uma tarefa essencial. "Fico tão ocupado falando as pessoas que não tenho tempo para realizar minhas tarefas diárias." Esta é uma reclamação comum, pois eles não entendem que falar com as pessoas é *a* parte central da carga de trabalho de um profissional da área.

> **Ponto-chave da lição**
> Identifique e avalie as necessidades de informação de seu público-alvo. Identifique quem é seu cliente e planeje sua interação com ele.

Na maioria das situações, ou nos comunicamos com quem intuímos que devemos nos comunicar, ou respondemos a um estímulo específico para falar. É incomum nos sentarmos para nos perguntar de forma retórica: *com quem preciso dialogar agora?* É verdade que grande parte da boa comunicação precisa ser intuitiva aos gestores de projetos e qualquer bom profissional terá acumulado, por experiência própria, sinais mentais para empreender a comunicação quando inicia um novo trabalho. Você pode estar pensando: *não é óbvio com quem preciso falar?* A finalidade desta seção não é confirmar o que já está claro para você, mas fazê-lo pensar e planejar suas comunicações explicitamente. Na verdade, a intuição normalmente é, na melhor das hipóteses, incompleta e, na pior, imperfeita. Alguma comunicação-chave será perdida se esperar por sinais externos. Você precisa planejá-los. Constantemente, os gestores de projetos contam muito com seus reflexos. Os bons profissionais são ótimos comunicadores instintivos, mas também planejam e garantem que cobriram todas as suas bases quando se trata das comunicações. Em um projeto grande, pensar e planejar com quem se comunicar é fazer uso valioso de grande quantidade de tempo em gestão de projetos.

Deixar de identificar adequadamente seu público-lvo constitui um risco ao projeto. Se não dialogar com todas as pessoas necessárias, o nível de risco aumentará. Esses riscos são descritos a seguir. Risco de deixar passar aquilo que um cliente deseja que entenda. Risco de que não seja informado sobre algo que precisa saber. Risco de deixar passar alguma tarefa vital nos seus planos. Risco de que seu cliente queira mudar algo e você permaneça desavisado. Risco de que algum grupo de pessoas com quem não falou se oponha ativamente a seu trabalho. A lista não tem fim. A falta de compreensão do que é necessário e do que está acontecendo, bem como a explicação incompleta do que deseja e do que deveria ocorrer, estão no cerne da maioria dos projetos fracassados.

Assim, vamos começar considerando com quais grupos básicos de pessoas você deve se comunicar. Todos os gestores de projetos possuem um conjunto de pessoas com as quais precisam falar regularmente de maneira formal e informal. Esse público-alvo pode ser separada em três categorias gerais:

1. **Pessoas envolvidas diretamente no projeto.** Pode ser a equipe do projeto, mas também incluirá fornecedores e terceiros responsáveis pela entrega e por atividades relacionadas a ela.

2. **Clientes do projeto.** A pessoa ou grupo de pessoas para quem um projeto está sendo entregue.

3. **Outros *stakeholders*.** Um vasto grupo que pode incluir qualquer outro afetado pelo projeto ou capaz de afetar o resultado do projeto.

Em seguida, vamos refletir rapidamente sobre: quem são essas pessoas, qual é a importância de cada um desses três grupos que identificamos e o que o gestor de projetos precisa considerar em cada caso? A Tabela 2.1, no fim desta seção, resume as principais ações de comunicação que um gestor de projetos deve assegurar para cada grupo.

A equipe de projeto

As principais comunicações do dia a dia do gestor de projetos serão com a equipe de projeto. Não é necessário dizer, mas, sem isso, o projeto nem sequer sairá do papel. À medida que a equipe prosseguir, é óbvio que o gestor de projetos tem de se comunicar com seus integrantes para explicar o que deve ser feito e direcionar o trabalho. Além disso, o gestor de projetos precisa:

- Explicar e continuamente atualizar a compreensão do plano e do escopo, conforme eles mudam durante o ciclo do projeto.

- Oferecer instruções específicas sobre quais tarefas devem ser realizadas e por quais membros da equipe.
- Motivar a equipe a completar seu trabalho de maneira eficaz e eficiente.
- Entender o progresso dos membros da equipe com relação ao plano.
- Dar suporte à equipe para manter um progresso contínuo.
- Conhecer problemas e riscos à medida que eles surgirem.
- Compreender a dinâmica da equipe e do pessoal, de modo que qualquer intervenção gerencial necessária possa ser planejada e implementada.
- Ouvir a equipe, pois ela é uma fonte de informação crítica, boas ideias e sugestões.

Ao fazer isso, o gestor de projetos precisa aprender a distinguir qual informação é relevante para a equipe de projeto e qual a melhor abordagem para a comunicação com ela.

Parece óbvio pensar em quem está na equipe de projetos, mas pense nas outras pessoas que precisam ser consideradas no seu processo de comunicação regular. Há fornecedores terceirizados que entregam atividades essenciais ao projeto? Há especialistas que contribuem para o projeto apenas por curtos períodos? Grupos como essses necessitam ser abordados tanto quanto quaisquer membros centrais da equipe de projeto.

A menos que esteja absolutamente certo de que cada um no projeto sabe de tudo o que precisa para realizar seu trabalho corretamente, mais comunicação é necessária.

Clientes

No comércio, a frase "o cliente é quem manda" tornou-se um dito tão batido que raramente precisa ser repetido e, quando o é, soa como um clichê. Conforme discutimos no Capítulo 1, todos os projetos têm um cliente, mas é raro o gestor de projetos que realmente pensa em termos de um relacionamento cliente-fornecedor. Como você enfoca o cliente quando gerencia seus projetos? Em geral, existe uma lacuna entre a teoria do foco no cliente e a realidade. Uma razão para essa lacuna é que, normalmente, aceita-se sem questionar que o projeto seja voltado para o cliente, pois foi ele quem definiu e documentou alguns requisitos. Outra razão é que o conceito completo de 'cliente' pode ser complexo em um projeto de grande porte.

A menos que você esteja contínua e conscientemente voltado para as necessidades de seu cliente e como realizá-las (ou, pelo menos, gerenciando as expectativas sobre elas), a satisfação do cliente diminuirá e seu projeto não terá os cem por cento de sucesso que poderia ter. Não se trata apenas de dar boas notícias ou fazer o que o cliente deseja, mas também de ter um relacionamento de confiança aberto, em que você tem empatia e compreensão por suas necessidades.

O cliente pode ser classificado em diversas categorias, tais como:

- **O patrocinador**. O papel do patrocinador varia de um projeto para outro. Para a maioria dos gestores de projetos é a pessoa a quem devem enviar relatórios periódicos de *status*. O patrocinador deve ser aquele que orienta o trabalho, atuando como o ponto de interface principal com o gestor de projetos. Ele pode ser ou não o beneficiário do trabalho, mas normalmente é o responsável final por sua realização. Ele direcionará o gestor de projetos e atuará diariamente como se fosse o principal cliente. O relacionamento com o patrocinador deverá ser bilateral: ele precisa direcionar o gestor de projetos, mas também é um recurso que o gestor de projetos poderá convocar em busca de ajuda. Um exemplo poderia ser um projeto para montar a nova linha de produção de uma empresa. Nesse caso, o patrocinador pode muito bem ser a diretora de operações; ela é a responsável por garantir que haja capacidade de produção suficiente e, portanto, patrocinará um projeto para montar a nova linha de produção. Ela fornecerá o escopo geral do trabalho e ajudará a resolver problemas que o gestor de projetos não pode resolver sozinho.

- **O financiador**. A pessoa que paga pelo projeto. Normalmente é o patrocinador, porém, em algumas organizações, pode ser alguém diferente, com mais ou menos interesse no resultado do trabalho. Para uma programação de trabalho importante, pode ser, por exemplo, o diretor financeiro. O diretor financeiro (CFO — *Chief Financial Officer*) precisa ser mantido na equipe, por ter o poder de cortar a verba a qualquer momento; caso contrário, pode ter interesse limitado no trabalho. No exemplo do projeto para entregar uma nova linha de produção, o CFO estará muito interessado em quanto custará e que seja concluído, mas, diferentemente do diretor de operações, não se importará muito com os detalhes diários do andamento do projeto.

- **O beneficiário**. A pessoa ou o grupo que receberá os benefícios do projeto, se e quando eles forem alcançados. Pode ser o patrocinador ou um conjunto de pessoas muito diferente. Embora no dia a dia eles possam ter envolvimento e interesse limitados em um projeto, se os beneficiários não estiverem satisfeitos com os resultados finais, o projeto não terá sucesso. No caso de uma empresa que esteja montando uma nova linha de produção para expandir sua capacidade, os beneficiários, na realidade, são os proprietários do negócio — que receberão maiores lucros como resultado. Se a nova linha de produção não oferecer os lucros esperados, eles ficarão insatisfeitos e tomarão uma ação apropriada.

- **O usuário final.** A pessoa que acabará usando os *deliverables* do projeto. Em muitos projetos, trata-se dos funcionários da organização envolvida. Não são realmente os beneficiários, pois não obtêm vantagens individuais com os resultados, mas, se estiverem insatisfeitos ou impossibilitados de usar os *deliverables*, o projeto não terá sucesso total. No exemplo dado, os usuários finais são aqueles que trabalham na produção, clientes que precisam ser considerados, porque qualquer instalação profissional precisa ser utilizada pelo pessoal envolvido.

- **O cliente final.** É o consumidor final. Por exemplo, um projeto diferente pode ser a entrega de um novo produto a uma cadeia de supermercados. Pelo ponto de vista do projeto, durante seu ciclo de vida a cadeia de supermercados é o cliente. Porém, por sua vez, o supermercado está fazendo isso para vender a seus clientes — o consumidor final. Essas pessoas importam? Normalmente, no dia a dia de um projeto, não têm importância individual. Mas importam para o sucesso geral do projeto: se os clientes finais não gostarem do novo produto do supermercado, eles não o comprarão, e o projeto terá sido um fracasso. Suas visões e necessidades precisam ser entendidas, direta ou indiretamente, por um especialista como um departamento de marketing.

Os gestores de projetos devem falar e ouvir regularmente os membros relevantes da comunidade de clientes. O cliente relevante variará de acordo com cada situação, e você deverá gastar algum tempo para investigar qual cliente é apropriado.

Em geral, portanto, o gestor de projetos precisa:

- **Identificar quem são os clientes.** Ao examinar a lista anterior, você verá que ela não é necessariamente tão simples quanto poderia parecer à primeira vista. Percorra a lista de cada projeto em que esteja envolvido e descubra como esses grupos são críticos para seu sucesso.

- **Identificar o ponto crítico e a importância relativa.** Nem todos os clientes são tão importantes quanto os outros: você tem tempo limitado e não poderá se comunicar totalmente com cada um. Não use isso como desculpa para uma gestão de cliente ineficaz, mas focalize a maior parte de seu tempo no mais importante.

- **Determinar que informação é relevante para eles.** Cada um desses grupos de clientes tem diferentes necessidades de informação. Um financiador normalmente se preocupará com quanto você gastou em relação ao ponto em que o projeto chegou; o cliente final se preocupará mais com quanto do resultado final corresponde a suas necessidades.

- **Determinar qual é o melhor momento, meio e enfoque a usar na transmissão de informações.** Alguns grupos de clientes precisarão de comunicações regulares, talvez até mesmo diárias. Outros ficarão muito satisfeitos com informações menos frequentes. Tenho visto projetos muito bem-sucedidos apenas com breves comunicações trimestrais a certos grupos de clientes. Alguns precisam de relatórios detalhados, outros de curtas mensagens de correio eletrônico.

- **Determinar qual é o retorno exigido do cliente.** O fluxo de informações é um processo bilateral. Os gestores de projetos geralmente jogam informações para seus clientes sem pensar no que podem obter em retorno, sejam mais alguns requisitos ou um compromisso de fazer algo que ajudará o projeto ou o gestor de projetos.

Discutirei mais sobre cada um dos tópicos citados no decorrer do capítulo.

Stakeholders

Apresentei o conceito de *stakeholdes* (que são um grupo maior que os clientes) no capítulo anterior. Sua importância varia muito de um projeto para outro. Nos pequenos ou naqueles com *deliverables* que exercem impacto em um domínio limitado, eles podem ser em grande parte esquecidos. No outro extremo, em grandes programações de projetos de mudança de negócios ou em situações que afetam de modo significativo grande número de pessoas, como uma importante programação de projetos de construção de estradas, a comunicação com os *stakeholders* pode ser uma das principais tarefas. No que se refere aos *stakeholders*, o gestor de projetos necessita:

- **Identificar quem são os *stakeholders*.** Quem pode afetar o projeto ou ser afetado por ele?

- **Avaliar sua relevância ao projeto.** Eles são pouco relevantes ou seu apoio é crucial para o projeto?

- **Visar àqueles com impacto significativo sobre o sucesso do projeto.** Qualquer um que possa impedir a entrega do projeto provavelmente precisa ser enfrentado.

- **Visar àqueles significativamente afetados pelo resultado do projeto.** Isso deve ser um objetivo do projeto. Por exemplo, no projeto de construção de uma nova estrada pode haver um grande número de pessoas afetadas — algumas positivamente, com menor tempo de viagem, outras negativamente, que de repente se veem influenciar próximas de uma estrada barulhenta. Essas pessoas podem não ser capazes de influenciar o sucesso do projeto e, portanto, você poderá achar que podem ser ignoradas. Ainda assim seu patrocinador pode requerer que você leve em conta a visão delas e minimize o impacto sobre elas. Conquistar o apoio de pessoas costuma ser um fator de sucesso para os grandes projetos.

- **Determinar a comunicação apropriada.** O objetivo da comunicação é entender os pontos de vista dos *stakeholders*, encorajá-los em favor do projeto para conseguir seu apoio e mitigar as respostas de qualquer um contrário ao projeto.

Discutirei sobre os processos de identificação e gestão de *stakeholders* com mais detalhes no Capítulo 10.

As necessidades do público-alvo são resumidas na Tabela 2.1.

Tabela 2.1 Ações de comunicação por tipo de público-alvo

Equipe de projeto	Cliente	*Stakeholders*
- Comunicar o que precisa ser feito e quando.	- Identificar quem são os clientes.	- Identificar quem são os *stakeholders*.
- Explicar e atualizar a compreensão do plano e escopo no decorrer do ciclo do projeto.	- Identificar o ponto crítico e a importância relativa.	- Avaliar sua relevância ao projeto.
- Fornecer instruções — quais tarefas devem ser realizadas e por quais membros da equipe.	- Determinar que informação é relevante para eles.	- Visar àqueles com impacto significativo sobre o sucesso do projeto e àqueles significativamente afetados pelo resultado do projeto.
- Motivar a conclusão do trabalho de maneira eficaz e eficiente.	- Determinar qual é o melhor momento, meio e enfoque para usar na transmissão de informações.	- Determinar a comunicação apropriada.
- Entender o progresso dos membros da equipe em relação ao plano.	- Determinar o retorno exigido do cliente.	
- Dar suporte à equipe para manter um progresso contínuo.		
- Entender problemas e riscos à medida que eles surgirem.		
- Entender a dinâmica da equipe e dos funcionários.		
- Ouvir informações, ideias e sugestões da equipe.		

Ouvir — aprender a entender o que o cliente deseja

Para a maioria dos gestores de projetos, será claro que, para entregar um projeto com sucesso, deve-se começar sabendo o que o cliente deseja. Afinal, é evidente que, sem saber o que o cliente deseja, não há como iniciar um projeto. Sem entender o que o cliente deseja, como saber o que fazer? Sem entender o que o cliente deseja, vale a pena pensar em iniciar um projeto? Logicamente, a resposta a essas perguntas é 'não', mas, na prática, o que geralmente acontece é começar um projeto sem que se entenda totalmente as necessidades do cliente. Isso acontece por diversos motivos, como:

> **Ponto-chave da lição**
> Há muito mais para entender sobre as necessidades do cliente do que está escrito na especificação de requisitos. O gestor de projetos precisa compreender todos os requisitos em alto nível e especificamente entender o escopo completo do projeto. O conhecimento real exige um diálogo bilateral constante.

- **O cliente não sabe o que quer.** Para ser mais exato, eles sabem que querem alguma coisa, mas não sabem exatamente o quê. Constantemente, vejo executivos seniores que chegam com a resposta 'precisamos de um projeto', sem saber muito bem a qual pergunta ela se refere.

- **O cliente não pode definir o que deseja.** Eles sabem aproximadamente o que querem, mas necessitam de ajuda para expressá-lo de forma útil. Comunicar o que se deseja de maneira não ambígua normalmente é difícil. Você já não passou pela experiência de saber com clareza sua necessidade de algo, mas sentiu dificuldade de comunicar isso a outros?

- **O cliente acha que você entende o que ele quer.** Sem precisar explicá-lo. Esse é um problema muito comum para os gestores de projetos internos, que podem encarar gerentes de linha que acham, pela experiência comum com as questões rotineiras, que nada precisa ser totalmente explicado. Estou certo de que já encontrei alguns executivos seniores que acreditavam em telepatia!

- **O pensamento do cliente sobre o que ele deseja não é estável.** Eles estão muito convictos a respeito do que desejam até que isso comece a tomar forma, momento em que decidem que precisam de algo mais. Esse algo mais pode ser uma pequena mexida na ideia original ou uma alteração substancial. (Existem algumas técnicas de desenvolvimento específicas, como o protótipo, que ajudam a resolver esse tipo de problema.)

- **O cliente é ansioso por resultados.** Para algumas pessoas, atividades como a coleta de requisitos e o planejamento de atividades parecem ser um desperdício de tempo, e elas querem avançar para resultados tangíveis. Embora com algum grau de discernimento isso obviamente não tenha sentido, trata-se de um ponto de vista comum.

Vale a pena estar preparado para o fato de que você poderá se achar em qualquer uma dessas situações e também estar explicitamente ciente delas quando isso acontecer. Na verdade o pensamento mais produtivo é assumir que o cliente não sabe exatamente o que deseja e precisa de alguma ajuda para descobrir. O projeto não será um sucesso a menos que, em algum estágio, de preferência o quanto antes, os requisitos e o motivo para o projeto sejam comumente compartilhados e compreendidos.

Existem requisitos em várias formas, seja um projeto arquitetônico para um prédio, um documento de especificação de requisitos para um projeto de TI ou uma lista de materiais para um projeto complexo de aquisição. Qualquer que seja seu formato, eles certificam a base para o desenvolvimento do projeto.

As técnicas para coletar requisitos, especialmente no domínio da tecnologia, têm evoluído com o tempo. Inicialmente contavam com um levantamento de requisitos completo e detalhado no começo do projeto. Nenhum desenvolvimento ocorria sem que todos os requisitos fossem preenchidos. Essas técnicas foram denominadas 'cascata', pois, em processos unidirecionais durante o ciclo do projeto, exigiam a conclusão total de uma etapa de um projeto antes de passar para o próximo passo. Assim como um fluxo de água, o projeto segue apenas em uma direção. As alternativas são muitas, mas podem ser agrupadas sob o título de técnicas de desenvolvimento 'iterativas'. Estas contam com o levantamento de requisitos suficientes antes de prosseguir para a próxima etapa, quando algum *deliverable*, ou um protótipo, é produzido, o que, por sua vez, gera mais avaliação dos requisitos e daí uma iteração de volta à fase de coleta. Essas técnicas iterativas podem fluir entre o levantamento de requisitos e as várias entregas as antes do término. As diferentes abordagens adaptam-se a diferentes tipos de projeto e diferentes tecnologias. Porém, a ideia geral é que, quaisquer que sejam as técnicas para levantamento e desenvolvimento, os requisitos são o núcleo do processo.

O que o cliente deseja é normalmente circunscrito por uma série de documentos básicos de um projeto e, dependendo do setor ou organização em que ele estiver sendo executado, esses documentos podem ter diferentes nomes. Seu tamanho, nível de detalhe e riqueza, geralmente depende da escala do projeto e da complexidade dos *deliverables*. Pode-se dizer que, em termos genéricos, existem vários detalhes essenciais que o gestor de projetos precisa saber antes de poder dizer que entende o que o cliente quer. São eles:

- **Os objetivos do projeto.** Definir por que ele está sendo almejado. Isso normalmente é apresentado como uma parte do escopo.

- **O escopo do projeto.** Definir o que está 'dentro' e, da mesma forma, o que está 'fora' do projeto. Isso em geral é mantido em algum tipo de definição ou resumo do projeto.

- **As medidas de sucesso.** Definir os fatores que podem ser medidos ao final de um projeto para verificar se o sucesso foi alcançado. Isso também é mantido em algum tipo de resumo do projeto.

- **Os requisitos detalhados.** Definir todas as particularidades que o cliente deseja do projeto. Isso é mantido em um documento específico, normalmente conhecido como especificações de requisitos ou catálogo de requisitos. O desenvolvimento de requisitos detalhados pode ser um estágio do projeto, em vez de um pré-requisito.

Levantar, refinar, documentar e verificar requisitos é uma habilidade à parte. Em projetos mais complexos, essa tarefa nem mesmo faz parte do papel do gestor de projetos, mas é um conjunto de habilidades especializadas normalmente chamado 'análise de negócios' (isso é discutido com mais detalhes no Capítulo 9). Porém, mesmo que a realização de todo o levantamento detalhado de requisitos não seja tarefa do gestor de projetos, ele precisa assegurar-se de que isso esteja concluído. Além disso, a tarefa de levantar alguns tipos de requisitos, em particular a 'definição do escopo de requisitos', constitui tarefa específica do gestor de projetos. (Isso é mais bem explicado adiante.) Outra forma de ver isso é que a definição de escopo é, na realidade, a última etapa antes de o projeto começar, enquanto o levantamento de requisitos normalmente é uma atividade executada durante o ciclo do projeto.

Qualquer curso básico em gestão de projetos ensinará que profissionais da área precisam coletar e documentar o que o cliente deseja, de uma forma ou de outra, e enfatizará a importância de compreender o escopo. Muitos gestores de projetos mantêm documentos de modelo de definição e escopo de projeto. Eles iniciam cada projeto basicamente preenchendo as lacunas. Isso pode ser efetivo e eficiente. O problema não costuma estar em conhecer o que levantar, mas em entender como lidar com esse levantamento e na capacidade de julgar quando existe detalhe suficiente e quando é preciso algo mais. Normalmente, os gestores de projetos são considerados culpados por não se esforçarem o suficiente nesse processo de entender as necessidades do cliente, assumindo apenas o que lhes foi dito inicialmente.

Embora existam ocasiões específicas em que ouvir é de extrema importância, ouvir para entender o cliente é algo que os gestores de projetos precisam aprender a fazer durante todo o ciclo de um projeto. Sem escrever um tratado sobre análise de negócios, existem sete lições para o gestor de projetos quando se trata de entender as necessidades do cliente:

1. **Torne as premissas explícitas.** Minimize o número delas e, se tiver de fazê-las, assegure-se de que sejam claras e compartilhadas.

2. **Obtenha um conhecimento claro do escopo.** Certifique-se de que possa escrevê-lo em palavras significativas tanto para você como para seu cliente. Se não puder fazer isso, provavelmente não entendeu bem o escopo e quase certamente terá dificuldade para comunicá-lo a outros membros da equipe.

3. **Tenha certeza de que entendeu os requisitos do cliente e como eles se relacionam ao projeto que você está conduzindo.** Espere diferenças de opinião sobre os requisitos entre diferentes clientes e prepare algum mecanismo para resolvê-las.

4. **Continue a verificar e melhorar seu conhecimento.** As coisas mudam e o fato de que estava certo na semana passada não implica que continua certo hoje.

5. **Entenda o cliente.** Não se trata simplesmente de entender o que está documentado nas especificações de requisitos.

6. **Perceba que é o projeto de seu cliente, não o seu.** A atitude que você toma com relação à informação de seu cliente é importante.

7. **Ouça! Provavelmente essa é a sua maior tarefa.** Você provavelmente gastará mais tempo ouvindo do que em qualquer outra atividade. É essencial ser um bom ouvinte e, se não for, aprenda a melhorar.

Vamos pensar em cada uma dessas lições por vez.

Lição de ouvir 1 — torne as premissas explícitas

A regra de ouro é: verifique seu conhecimento e não suponha nada.

Gerenciar as premissas é uma atividade central de gestão de projetos, normalmente esquecida. Em cada diálogo e comunicação, existem muitas ideias embutidas e informações implícitas. Entretanto, não há absolutamente garantia alguma de que o que está claramente implícito nas palavras de uma pessoa também está claramente implícito no entendimento ou interpretação dessas palavras por seu interlocutor. Isso se torna especialmente verdadeiro quando as pessoas estão firmemente enraizadas em uma cultura organizacional (estou certo de que você já se envolveu naquelas conversas do tipo "por que você faz desse jeito? — porque sempre fizemos assim"), ou quando especialistas em uma ou outra área falam entre si, passando informações que são muito claras para um e para o outro, mas não para alguém que não tenha a mesma base. O que você precisa fazer como gestor de projetos é explicitar essas suposições; no mínimo, outras pessoas no projeto precisam conhecê-las. Além disso, elas devem ser verificadas, pois constantemente podem enfraquecer o projeto se não forem verdadeiras.

Um fraco conhecimento das premissas é uma das principais fontes de risco nos projetos. (No Capítulo 4, explico quando é razoável fazer suposições e, no Capítulo 10, descrevo mais sobre o processo de gerenciá-las.)

Sempre que estiver coletando informações em um projeto, faça a si mesmo as perguntas "existem suposições dentro dessa afirmação?" e "isso não faz sentido a menos que algo seja pressuposto... o que é?" — e, se parecer que essas perguntas são válidas, então peça que as suposições sejam explicitadas.

Lição de ouvir 2 — entenda o escopo

O levantamento detalhado de requisitos deve ser feito por um analista de negócios treinado, e, como este livro não é um manual de análise de negócios, não vou explicar tudo o que os analistas de negócios precisam fazer. Contudo, há uma informação essencial que é a responsabilidade do gestor de projetos de levantar, refinar, entender e documentar. É isso que vou chamar de 'requisitos de escopo'. São aqueles que definem a forma, o tamanho, o propósito e o alcance fundamentais do projeto e indispensáveis para entender o que o cliente realmente deseja.

Entender o escopo é a primeira coisa que um gestor de projetos deve fazer quando indicado para um projeto. Para ele, é essencial compreender completamente o que está dentro e, quase tão importante quanto, o que está fora do escopo de um projeto. A incapacidade de entender e comunicar o escopo de um projeto é o mais próximo que um gestor pode chegar de um pecado capital.

Quando tiver conversado com seu cliente para entender o escopo de um projeto, o próximo passo a tomar é escrevê-lo. O motivo para isso é inicialmente óbvio, pois significa que não será esquecido e que poderá ser facilmente compartilhado. Também é importante que a prática de escrever o escopo de maneira coerente sirva como um bom teste para saber se você o entendeu ou não. Se não conseguir escrevê-lo, provavelmente não o entendeu totalmente e certamente terá dificuldade para comunicá-lo aos outros membros da equipe.

Entender o escopo de um projeto é tão fundamental que eu o desmembrei em um capítulo separado. O Capítulo 3 expande esse assunto e define um conjunto de questões primordiais que você pode usar para ter certeza de que realmente definiu o escopo do projeto corretamente.

Lição de ouvir 3 — entenda os requisitos do cliente e como eles se transformam em um projeto

Toda esta seção do capítulo trata de ouvir os clientes e fazer-lhes as perguntas certas na hora certa. Disso resultará um conjunto completo de requisitos do cliente. A próxima coisa a fazer é transformar esses requisitos em um projeto. É o que os gestores de projetos fazem.

Isso parece claro. Para fazer isso, você precisa compreender claramente quais são os requisitos, por que eles existem e como se transformam em um plano de projeto. Sem essa compreensão, será difícil modelar e conduzir o projeto, e muito difícil gerenciar a equipe — a equipe precisará que seu trabalho seja explicado e colocado no contexto.

O teste para você é a capacidade de responder às perguntas na Tabela 2.2. A resposta a todas elas deverá ser 'sim'. Não se trata de uma exigência para que você analise, decore e entenda toda e qualquer linha das especificações de requisitos, e toda e qualquer linha de cada plano dentro de seu projeto. A exigência é que alguém no projeto tenha feito isso e que você tenha um conhecimento lógico de como tudo isso se relaciona. Quando você examina cada atividade principal dentro do projeto, precisa saber por que ela está sendo realizada e qual é o impacto de seu fracasso. (Sempre leio as especificações de requisitos na íntegra, mesmo que normalmente seja longa e tediosa. Faço isso para garantir que entendo o que será exigido no projeto e para ter a certeza de que não existem surpresas ocultas nos detalhes.)

Tabela 2.2 Verificando os requisitos do projeto

Principais perguntas sobre os requisitos	Sim	Não
Você tem o conhecimento geral dos requisitos do cliente e como eles se inter-relacionam para oferecer a solução geral do cliente?	☐	☐
Você entende por que o cliente incluiu esses requisitos?	☐	☐
O cliente incluiu apenas os requisitos que se relacionam a alcançar o escopo e os objetivos combinados do projeto? (Se a resposta for não, você tem duas escolhas: rejeitar o requisito ou revisar o escopo do projeto.)	☐	☐
Você entende como esses requisitos se traduzirão em módulos de trabalho que o projeto entregará?	☐	☐
Você entende como esses módulos de trabalho estão interligados?	☐	☐
Você consegue visualizar e explicar isso?	☐	☐
O conjunto combinado de requisitos alcançará o resultado e as expectativas desejadas do cliente?	☐	☐
Cada requisito é claro, não ambíguo, rastreável (ou seja, você conhece sua origem) e testável (ou seja, você tem um modo de saber ao certo se o realizou)?	☐	☐

Sem esse conhecimento, você não consegue planejar, gerenciar ou entregar o projeto. Se estiver em um projeto e não conseguir responder 'sim' a cada uma das perguntas na Tabela 2.2, trabalhe mais para poder chegar a isso (ou encontre alguém para fazê-lo). Na prática, em um projeto com qualquer complexidade, você contará com outros especialistas para montar componentes do plano para cada área especializada. Porém, ainda precisará integrar os componentes ao plano geral e será o dono e o responsável por esse plano.

Quando os requisitos forem levantados, espere diferenças de opinião sobre quais são eles e qual sua importância relativa. Apenas o mais simples dos projetos possui claramente um cliente que oferece todos os requisitos; portanto, você precisa ter algum mecanismo para consentir sobre o que é legitimamente aceito como um requisito. Isso pode ser tão simples quanto um patrocinador que toma uma decisão ou pode ocasionar a formação de um comitê de requisitos, capaz de resolver quaisquer conflitos de requisitos. Torne esse mecanismo o mais simples possível ou correrá o risco de nunca concluir o estágio de levantamento de requisitos de um projeto. (As pessoas podem gerar e discutir sobre requisitos para sempre. Uma de suas primeiras tarefas é ter controle sobre esse processo e cuidar para que ele seja concluído em tempo hábil.) Na última pergunta da Tabela 2.2, observo a necessidade de os requisitos serem rastreáveis. Isso porque, quando houver conflitos, você precisará saber quem envolver em qualquer discussão e a quem informar se seus requisitos forem rejeitados do projeto.

Lição de ouvir 4 — continue a verificar

O primeiro ponto que observei aqui no levantamento de requisitos foi não supor nada. Quando você tiver documentado os requisitos e acordado com o cliente, admitir que eles nunca mudarão é uma suposição frágil. Regularmente, volte ao cliente e verifique os requisitos básicos do escopo; quando as principais decisões estiverem sendo tomadas com base nos requisitos que alterarão ou modelarão as principais partes do projeto, teste-os com seu cliente. Receber uma declaração no formato "estamos fazendo x por causa de seu requisito y" é um meio poderoso para que as pessoas sejam forçadas a ver as implicações de seus requisitos e, a partir daí, decidir se eles realmente são necessários e se devem ser alterados.

Não faça isso somente uma vez; continue a verificar com o cliente. Você deverá estar constantemente vigilante para questionar a si mesmo — *os requisitos mudaram, as suposições mudaram?* Todos os bons projetos possuem um processo de controle de mudança que pode ser usado quando os requisitos mudarem, para gerenciar a avaliação e o impacto dessa mudança sobre o projeto e obter o consentimento para isso, quando acontecer. Porém, o processo de controle de mudança é simplesmente um mecanismo para lidar com a mudança; ele não gerará as mudanças em si.

Nesse estágio, alguns gestores de projetos poderão estar pensando "mas eu não quero mudanças". Um projeto sem mudanças é algo mais simples de entregar que aquele que não para de mudar. Isso é verdade e um motivo importante pelo qual vale a pena esforçar-se para que eles estejam corretos logo no início. Contudo, por mais abrangentes que sejam, por mais tempo que passe conversando com seu cliente sobre os requisitos de escopo, as pessoas são falíveis, elas não conseguem prever o futuro com precisão e até mesmo o cliente mais experiente não está no controle nem conhece tudo. Um projeto que entrega com sucesso as necessidades de ontem não tem garantias de que seja considerado um sucesso hoje. Cuide para que ele esteja sob controle, mas esteja aberto a mudanças.

Sempre que precisar verificar se está entendendo corretamente, não tenha medo de fazer uma pergunta aparentemente estúpida. Em alguns casos, fazer esse tipo de pergunta pode dar a entender que você não está compreendendo, mas isso é raro. De modo geral, fazer as perguntas realmente básicas pode gerar um conhecimento muito mais profundo e enfatizar suposições ocultas. Esse é um truque que os executivos bem-sucedidos conhecem muito bem. Observe-os; eles geralmente farão perguntas aparentemente inocentes e, por meio delas, descobrirão coisas que a pergunta mais elaborada nunca revelaria.

Lição de ouvir 5 — o cliente precisa ir além das especificações de requisitos

Lembre-se de que, por melhor que seja seu processo de levantamento de requisitos, ele não levantará todas as necessidades de seu cliente. Estas se referirão ao modo como trabalha com ele, o estilo de interação que adota e diversos outros fatores. Todos nós somos imperfeitos, trabalhamos em um mundo político e social que possui demandas que transcendem requisitos puramente funcionais e, por fim, todos nós somos humanos e o modo como interagimos é importante para nós. Sua tarefa como gestor de projetos consiste em ver não apenas se o projeto entrega os requisitos especificados, mas também se ele faz isso de um modo que seja aceitável ao cliente.

Lição de ouvir 6 — lembre-se de que o projeto não é seu

Como um gestor de projetos, sua tarefa é garantir que o projeto cumpra seus objetivos, mas no final das contas, o projeto não é seu. Você é o agente de seu cliente, e isso precisa refletir-se no modo como ouve seu cliente e pensa a respeito do projeto e também em seu comportamento. A orientação de alto nível é que seu cliente possui o 'que' do projeto e você possui o 'como'. Nessa situação, o 'que' refere-se ao escopo e aos requisitos e o 'como' ao modo em que ele é gerenciado e entregue.

Isso não significa que você não deverá ter percepções, ou mesmo opiniões, mas precisa saber quem tem a última palavra na situação do 'que'. Um relacionamento construtivo é aquele em que você pode questionar o cliente sobre os requisitos, mas as escolhas são dele; de modo semelhante, ele pode questioná-lo sobre como você planeja entregar o projeto, porém a escolha final é sua.

Dois bons exemplos de quando isso normalmente é esquecido estão na definição de requisitos e ao fazer mudanças no escopo. Os gerentes de projetos devem resistir à tentação de incluir ou remover requisitos que lhes pareçam óbvios; se acham que algo está faltando ou não deva ser incluído, devem aconselhar o cliente, mas deixar que ele tome a decisão. No caso de mudanças desencadeadas pelo cliente, o problema pode ser mais insidioso. Os gestores de projetos geralmente desenvolvem apego a um projeto e uma ansiedade para concluí-lo, podendo ficar ressentidos quando se tentam impor mudanças que complicam suas vidas. Vale a pena lembrar que o projeto não existe para o benefício do gestor e, desde que o cliente entenda o impacto de uma mudança, a decisão é dele.

O projeto pertence ao cliente, e este precisa saber como ele está evoluindo e que tem o direito de alterá-lo ou cancelá-lo quando quiser. Quando ouvir seu cliente, seja receptivo, ouça o que ele tem a dizer e não deixe de debater e contestar suas necessidades, perguntas e sugestões — mas não se esqueça de quem tem a última palavra.

Lição de ouvir 7 — ouvir provavelmente é a sua maior tarefa

Não existe algo como projeto-padrão, nem pode haver regras absolutas sobre até que ponto é necessário ouvir. Mas, normalmente 50 por cento a 75 por cento de seu tempo de comunicação referem-se a ouvir, em vez de transmitir. Conheço gestores de projetos muito bem-sucedidos que passam 90 por cento ou mais de seu tempo comunicando-se. A matemática não é complexa e significa que eles estão gastando algo em torno de 45 por cento a 68 por cento de seu tempo ouvindo. Naturalmente, não é apenas ouvindo os clientes do projeto, mas também a equipe envolvida e outros *stakeholders*.

Para algo que possivelmente tomará dois terços de seu tempo, você não acha que vale a pena garantir que seja muito bem-feito? Achamos que ouvir é uma habilidade inata, em que todos nós somos bons. Também costumamos não pensar em ouvir como algo que podemos aprender a fazer e melhorar. Mesmo assim, geralmente não temos consciência de como ouvimos mal. É possível melhorar as habilidades de ouvir. Procure obter retorno sobre as suas e trabalhe para melhorá-las.

Comunicando-se com seu público-alvo

Então, agora você tem um conjunto amplo e abrangente de requisitos, que todos no projeto entendem. Sabe que existem algumas suposições, mas elas são claras e explícitas, e sabe o que acontecerá se elas se revelarem falsas. Também elaborou mecanismos eficientes para regularmente retornar a seu cliente e verificar se nada mudou. O projeto está correndo e as coisas começam a acontecer.

> **Ponto-chave da lição**
> Fale, fale e fale novamente — o relatório semanal não fará tudo. Pratique e aprenda as 18 lições de comunicação para garantir que se comunicará total e continuamente com seu cliente e a equipe de projeto.

A gestão de projetos não opera em uma caixa-preta. Até mesmo quando você sabe tudo o que deve fazer, é preciso voltar e falar com o cliente, além de falar continuamente com a equipe de projeto. Uma das diferenças absolutamente fundamentais entre o bom e o ótimo gestor de projetos é a quantidade de comunicações regulares.

Deveria ser óbvio por que você precisa se comunicar com sua equipe de projeto. Visto que documentou um escopo e um conjunto de requisitos, pode não ser tão óbvio o motivo pelo qual precisa falar com seu cliente. Em vez de ignorar esse ponto por ser tão simples, realmente vale a pena colocar-se no lugar de seu cliente porque isso gera compreensão e a oportunidade para um compromisso de empatia abrangente.

Os principais motivos pelos quais você precisa se comunicar com seu cliente no decorrer do ciclo do projeto são:

- Normalmente não é seu dinheiro que se está gastando nem seu recurso que se está usando, e os verdadeiros donos têm o direito de entender como as coisas estão indo e se os recursos estão sendo bem utilizados. Na maioria das organizações os recursos, de uma forma ou de outra, são escassos ou limitados e vale a pena lembrar, como gestor de projetos, que as pessoas têm a opção de alocá-los em algum outro lugar a qualquer momento. Os recursos mais comuns de dinheiro e de tempo podem facilmente ser deslocados para outro trabalho e os gestores precisam fazer uma escolha ativa e contínua para canalizá-los a um projeto. Para que um projeto continue a ser um sucesso, ele precisa de acesso contínuo aos recursos. Os gestores só continuarão a alocar pessoas se souberem que o projeto vale a pena e está funcionando. Você precisa não apenas entregar resultados, mas deve ser visto entregando-os e, para isso, é necessário falar com seus clientes!

- O sucesso como gestor de projetos requer confiança. Você não tem um direito inalienável de ser confiável e não se consegue isso automaticamente; a confiança precisa ser conquistada, e pode ser melhorada com boas comunicações regulares. Se você desaparecer por seis meses, dizendo a seu cliente que voltará quando tudo estiver pronto, provavelmente descobrirá que ele não está impressionado e não acredita em você (e não deve aceitar isso).

- As coisas mudam e você precisa discutir isso minuciosamente; não pode assumir que as mudanças a serem feitas, sejam em custo, tempo, uso de recursos, escopo ou qualquer outra, serão aceitáveis aos clientes. Por outro lado, não pode admitir que o próprio cliente não desejará fazer as mudanças. O mundo em que os clientes operam é dinâmico: embora há algumas semanas seu projeto possa ter sido sua prioridade número um, pode ser que não seja mais assim hoje.

- Você pode precisar ou querer que o cliente ou patrocinador de um projeto faça algo em seu favor. Passar as coisas para cima ou adiante na cadeia de gerenciamento, quando feito de maneira construtiva, pode ser um modo extremamente poderoso de realizá-las.

- Como seres humanos todos nós gostamos de ser comunicados e baseamos nossos julgamentos dos outros em grande parte nessas interações. Pode parecer banal, mas um gestor de projetos que faz questão de se esconder em um canto enquanto gerencia um projeto tem menos chances de ser considerado um braço seguro. Isso pode até ser injusto, mas faz parte da natureza humana.

- É bom ter de informar o progresso — isso mantém os gestores de projetos alertas! Seja honesto consigo mesmo — você não trabalha mais quando alguém está medindo seu desempenho?

- Gerenciar um projeto refere-se a ter a informação correta. Se não buscá-la, não ouvir e não fizer as perguntas certas, nunca conseguirá entregar um projeto bem-sucedido.

O mecanismo básico para as comunicações de um gestor de projetos normalmente conta com alguma forma de relatório regular, seja ele semanal ou mensal (em alguns casos, diário ou trimestral). O restante desta seção descreverá como, embora essencial, isso por si só não é o suficiente. Existem 18 lições de comunicação adicionais que o gestor de projetos deve aprender, estruturadas em três grupos principais:

1. Seu planejamento e abordagem para as comunicações (lições 1 a 4).

2. O estilo e o método de comunicação (lições 5 a 13).

3. Regras para servir de base a todas as comunicações (lições 14 a 18).

Então, quais são as 18 principais lições de comunicação?

Lições 1 a 4: seu planejamento e abordagem para as comunicações

Lição de comunicação 1 — planeje seu cronograma de comunicações

A abordagem ideal para suas comunicações deve ser confiável, descontraída e natural, mas isso não significa que ela não deva ser planejada. As comunicações devem ser planejadas em um projeto como qualquer outra tarefa. Para um projeto pequeno, isso pode ser muito simples; uma programação de projetos de grande porte, envolvendo muitas pessoas, pode até mesmo necessitar de uma equipe de planejamento de comunicações dedicada. Nesse contexto, a palavra 'plano' significa não apenas o plano formal que você cria, documenta e gerencia como gestor de projetos, mas também as regras e os modelos mentais que desenvolve, analisa e estrutura em suas interações cotidianas.

Suas comunicações podem incluir uma série de pessoas, mas devem girar em torno de três públicos-alvo:

1. **Equipe de projeto.** Planeje reuniões regulares para avaliar o progresso, discutir problemas, riscos e mudanças, e também para combinar o que a equipe focalizará no próximo período (não deixe isso à mercê de interpretações individuais do plano). Combine um cronograma e formato dos relatórios e/ou reuniões regulares.

2. **Relatório ao cliente.** No mínimo, existem dois grupos principais a serem considerados: o patrocinador, para atualizações e suporte contínuo, e os usuários finais, em preparação para os resultados do projeto. Combine reuniões e relatórios conforme a necessidade.

3. *Stakeholders*. Como parte de sua gestão contínua dos *stakeholders*.

(No Capítulo 9, discutirei os limites das comunicações do gestor de projetos e as situações em que se pode precisar de algum suporte de especialistas profissionais em comunicações.)

Inicie seu planejamento de comunicações refletindo sobre os objetivos de quaisquer interações e depois pense na mensagem e na abordagem a comunicar. Lembre-se de que as comunicações não servem apenas para transmitir informações e mensagens; também se trata de criar relacionamentos.

Não existe um plano de comunicações genérico; ele variará de alguns pensamentos informais sobre projetos menores e mais simples até um trabalho complexo em um importante projeto de mudança. Genericamente, seu plano de comunicação deve ser formado por três componentes principais:

1. **Tarefas dentro do plano de projeto.** Haverá alguns *deliverables* e eventos de comunicação importantes a serem incluídos em seu plano de projeto. São principalmente apresentações e ações baseadas em torno dos principais marcos do seu projeto. Os eventos específicos dependem da escala e do tipo do projeto. Os exemplos mais comuns de um projeto maior incluem um evento de mobilização, apresentações ao cliente relacionadas à aceitação de *deliverables* ou eventos destinados aos *stakeholders* para preparar para o impacto do lançamento do projeto. Para programações de projetos complexas, pode haver um pacote de trabalho de comunicações separado, composto de múltiplas tarefas. (Ver lições 2, 3 e 17.)

2. **Orientações e regras para os membros da equipe de projeto.** Em projetos pequenos, todas as comunicações serão de responsabilidade de seu gestor. À medida que os projetos crescem, isso pode se tornar impraticável e uma boa ação consiste em esboçar quais comunicações regulares devem ser feitas, por quem e em que formato. Assim, por exemplo, o gestor de projetos pode ter responsabilidade pelas atualizações mensais ao patrocinador, mas outros grupos de clientes podem ser atualizados por outros membros do projeto. Nas grandes programações de projetos, essas orientações precisarão ser documentadas formalmente, como parte do plano de comunicações. (Ver lições 2, 7, 10, 11 e 13.)

3. **Abordagens de comunicações contínuas para o gestor do projeto.** De modo geral, são os pensamentos dinâmicos e não documentados do gestor de projetos. Incluo nisso abordagens como decidir manter conversas casuais regulares com os membros da equipe de projeto. O fato de existir uma combinação informal em constante mudança, de estratégias proativas e táticas reativas, não significa que elas não devam ser muito bem pensadas. Excelentes gestores de projetos veem as comunicações como um conjunto holístico de atividades de apoio à realização dos objetivos do projeto. (Ver lições 4, 11, 13, 15 e 16.)

Lição de comunicação 2 — aceite o relatório regular como parte do trabalho

Para iniciar seu plano de comunicações, é mais fácil começar pensando a respeito do ciclo de relatórios regulares que fará e as reuniões que manterá como gestor de projetos. Essas interações regulares formam a base para um conhecimento fatual do *status*, que é essencial para determinar que prática de gestão é exigida em um projeto. Existem muitas opções e muitos formatos. Na prática, minha experiência é que um relatório semanal é essencial para o patrocinador do projeto, apoiado por relatórios menos frequentes e reuniões para outros grupos de clientes.

Muitos gestores de projetos reclamam sobre os relatórios em ciclos semanais ou mensais. Você precisa aceitar que se trata de um componente central de seu trabalho e, se for difícil, significará que você não tem contato com seu projeto. Uma vez criado um relatório semanal, as atualizações necessárias para a semana seguinte deverão ser fáceis. Tente padronizar o cabeçalho do relatório e elaborar um formato que se ajuste ao maior número possível de ouvintes.

No que se refere a seu principal relatório de *status* semanal, ele deverá oferecer pelo menos:

- Uma declaração muito clara do *status*. Você está adiantado, atrasado ou em dia? O ideal é que isso seja abordado sem ambiguidades nas primeiras linhas do relatório.

- Uma descrição simples de quaisquer problemas importantes que estejam afetando o progresso, o que está sendo feito sobre eles e quando eles serão resolvidos.

- Uma descrição simples de quaisquer novos riscos, ou mudanças no *status* de risco, sobre os quais o público-alvo desse relatório precisa estar ciente.

- Uma especificação de algo que você necessita como retorno dos leitores do relatório (por exemplo, decisões, recursos, ajuda para a solução de problemas etc.).

Mantenha tais relatórios muito simples e curtos. Quem precisar de mais detalhes, poderá solicitá-los. Relatórios semanais muito complexos correm o risco de que as pessoas não se preocupem em lê-los e a informação realmente importante se perca nos muitos detalhes (é preocupante a frequência com que tenho visto atualizações de *status*, lido e recebido muitos trechos pequenos de informação, mas sem ter ideia alguma se o projeto estava ok ou não). Meu relatório ideal certamente não é maior do que um lado de uma folha de papel. Lembre-se de que você deseja e precisa que a equipe de projeto se comunique com você. Esse comportamento será influenciado a partir do seu; se tratar as comunicações do projeto como uma sobrecarga dolorosa ou uma burocracia trivial, eles também as tratarão dessa forma!

Lição de comunicação 3 — use apresentações formais de modo apropriado

Em seguida, em seu plano de comunicação estarão algumas apresentações formais. As opiniões variam sobre se a apresentação pessoal (provavelmente usando os onipresentes *slides* do Microsoft PowerPoint) é realmente um uso eficaz do tempo. Essa é uma parte da vida corporativa moderna e, se isso agrega valor ou apenas faz parte do ritual cultural dos negócios contemporâneos, não importa, você terá de fazê-lo.

Não é possível prever quais apresentações serão exigidas em um projeto. Às vezes, no decorrer de um projeto, os *stakeholders* notarão que algo os está afetando e pedirão uma apresentação; talvez os clientes solicitem uma análise do motivo pelo qual um projeto está saindo errado; talvez os membros da equipe de projeto precisem entender mais sobre alguma parte do projeto com a qual estão tendo dificuldade. Assim, reserve algum tempo para apresentações não planejadas, mas comece planejando as que você sabe que serão exigidas. Pense em momentos cruciais em que terá informações importantes para relatar aos clientes e outros *stakeholders*. A base para esse cronograma de apresentações formais faz parte do plano de atividades de seu projeto (ver Capítulo 5); portanto, baseie as datas de apresentação em torno dos principais marcos e eventos críticos no projeto.

A atitude certa em relação às apresentações é encará-las como parte do trabalho. Você deverá vê-las como uma oportunidade de brilhar, e não de ser o gestor obscuro, desconhecido do projeto. Os gestores de projetos que fazem comentários do tipo "estou fazendo tantas apresentações que mal consigo trabalhar em minha função" estão deixando de entender a importância fundamental da comunicação. É possível que uma equipe de projeto tenha de fazer muitas apresentações; nesse caso, fale com seu patrocinador para reduzi-las. Porém, em geral, reclamar sobre isso significa deixar de entender o sentido delas. As apresentações podem ser úteis para você e para o projeto. Mais importante, em pouco tempo elas podem oferecer uma oportunidade para obter coisas das quais seu público-alvo precisa. Use-as para conseguir suporte, decisões tomadas, recursos alocados, questões resolvidas e riscos aceitos. Os pontos a serem lembrados são:

- Comunique-se de acordo com seu público-alvo, e não com seu processo, modelos existentes etc.

- Use uma mídia diferente de modo sensato — apresentações de *slides* podem ser poderosas, mas também podem cansar pessoas insensíveis.

- Pense no que você e o projeto desejam de cada apresentação e inclua isso na própria apresentação.

- Decida se o material que está desenvolvendo é apenas para ser apresentado ou se será lido como um documento isolado. Algumas ótimas apresentações são quase impossíveis de entender sem que o apresentador as explique; de modo semelhante, alguns documentos que são ótimos de ler não se prestam a apresentações. Se precisar de ambos, planeje isso cuidadosamente.

- Force, se necessário, uma comunicação com seu cliente. Se ele não a quiser, é um bom sinal de que confia em você, mas também pode significar que não está interessado o suficiente no resultado e você pode não conseguir que ele faça as coisas que deseja ou de que necessita.

Lição de comunicação 4 — use comunicações informais espontânea e continuamente

Finalize seu plano de comunicações refletindo a respeito de suas comunicações informais. Não estou dizendo que deva planejar cada pequena conversa, mas deve conscientemente considerar o equilíbrio entre comunicações formais e informais. As comunicações informais têm importância muito grande para diversos objetivos, incluindo construir relacionamentos e confiança, descobrir informações críticas rapidamente e obter uma série de pontos de vista quando não houver um consenso. O fato de tais comunicações não serem oficiais e se caracterizarem pela descontração não significa que não devam ser deliberadas. É extraordinário ser uma dessas pessoas que cria relações naturalmente, que conhece tudo e todos; mas nem todos são assim e, mesmo para quem o é, um pouco de reflexão ajuda a garantir que todas as posições do campo estejam cobertas.

Não importa quão formal seja o ambiente ou a cultura em que trabalha, não conte com apresentações formais como seu único mecanismo de comunicações. Contar demasiadamente com comunicações formais resultará em falta de compreensão e confiança reais entre um gestor de projetos e seu público-alvo. As comunicações informais — pequenas conversas, ligações, bate-papos durante os intervalos e e-mails (porém, ver a lição 11) — são parte fundamental de seu trabalho contínuo. Além disso, se realmente não gosta de apresentações formais, poderá reduzir a necessidade delas realizando apresentações mais informais. Quanto maior a frequência com que liga para os principais clientes, ou encontra com eles na máquina de café, ou os chama para almoçar ou beber algo, mais leve será sua carga sobre apresentações formais.

As comunicações informais funcionam bem com certos grupos de clientes, mas são particularmente importantes para sua equipe de projeto. O gestor de projetos que conta apenas com informação estruturada formal provavelmente não entenderá todas as questões nem desenvolverá um bom relacionamento com a equipe. Simplesmente caminhar em meio à equipe de projeto uma ou duas vezes por dia, perguntando-lhes como estão, trará à tona todos os tipos de informação crítica, ajudará a unir o gestor de projetos à equipe e, de maneira não desafiadora, poderá relatar o progresso e o *status* do projeto em conformidade com o que os membros da equipe estejam realmente experimentando. Isso também permitirá observar comunicações não verbais para obter informações como os estados emocionais, que são essenciais à gestão eficaz de pessoas.

As comunicações informais não tratam apenas de falar às pessoas; elas se referem principalmente a ouvir. A melhor maneira de descobrir o que está realmente acontecendo em um projeto é simplesmente dar uma volta e ouvir os membros da equipe envolvida. Seus comentários sempre devem ser colocados em contexto e analisados sob diferentes pontos de vista, mas merecem ser descobertos. As comunicações informais são mais eficazes quando se manifestam como um diálogo. Este é importante não apenas porque o fluxo de informações bidirecional é essencial, mas porque constitui a base da criação de relacionamentos.

Lições 5 a 13: o estilo e o método de comunicação

Lição de comunicação 5 — use a linguagem especializada de seu público-alvo onde for apropriado

A maioria dos projetos possui especialistas de um tipo ou de outro e cada um tem seu próprio jargão, suas ferramentas de comunicação. Além disso, muitas organizações possuem um conjunto de linguagens especializadas por causa do setor industrial em que se encontram, pelo modo como são estruturadas ou porque isso faz parte da cultura organizacional. A capacidade de escolher e usar a linguagem dos diversos envolvidos em um projeto é fundamental para gestores de projetos. Se trabalha em uma empresa de um setor, isso normalmente não é um problema, pois suas comunicações naturalmente estarão ajustadas ao jargão local. Porém, se você for um gestor de projetos que se locomove, contratado ou consultor, indo de uma empresa a outra e de um setor da indústria a outro, deverá aprender a usar a linguagem a seu redor.

Não considere o vocabulário local como jargão irritante mais do que, se estivesse trabalhando em outro país, consideraria a linguagem local como tal. O jargão terá se desenvolvido por muitos motivos e pode ser um modo eficiente de se comunicar. Pense nele como parte do ambiente em que está trabalhando. Seu trabalho é se ajustar a ele e não esperar que ele se ajuste a você.

Lição de comunicação 6 — evite muito jargão de gestão de projetos

Os gestores de projetos, como outros especialistas, têm seu jargão próprio. Não pense que outras pessoas o entendam, ou mesmo que precisam entendê-lo. Essa lição é o oposto de precisar usar o jargão local. Tenho ouvido pessoas que questionam a diferença entre um gestor de projetos e de programação de projetos, ou entre um caso de preocupação e um risco, com demasiada frequência. Pela minha experiência, certos termos causam confusão, por exemplo:

- Estrutura de detalhamento de trabalho (WBS — *Work Breakdown Struture*)
- Documento de iniciação do projeto (PID — *Project Initiation Document*)
- Solicitação de mudança.

- Termos de controle de planejamento e progresso, por exemplo, Pert, Gantt, caminho crítico, cadeia crítica, análise de valor agregado.

- Funções de projeto, como gestor de projetos, gestor de programação de projetos, gestor de portfólio, diretor de projetos, patrocinador de projetos, gestor de departamento de gestão de projetos.

Em qualquer projeto, pode haver muito mais termos que não são entendidos universalmente. Se estiver pensando em usá-los, meu conselho é:

- Pergunte a si mesmo se o conceito que o termo engloba é exigido na conversa em curso (por exemplo, o número de conversas em que é preciso usar as palavras WBS, PID ou Pert deve ser muito limitado!).

- Tente encontrar alternativas na linguagem comum do dia a dia (por exemplo, um gráfico de Gantt pode ser descrito para a maioria das pessoas simplesmente como um gráfico; o fato de que existem outros tipos e formatos de gráficos normalmente é irrelevante).

- Explique o termo antes de usá-lo, quando conseguir achar uma opção. (Um termo como 'caminho crítico' é útil, mas não intuitivamente óbvio em seu significado. Explique-o para depois utilizá-lo. Até mesmo termos como 'caso' e 'risco' não são claros para os que não são gestores de projetos).

Lição de comunicação 7 — esclareça o que você quer dizer com riscos

Uma informação-chave que normalmente precisa ser comunicada em um projeto é o grau de risco. Pode ser difícil não apenas para alguém passar adiante o conceito básico de risco, mas também para seu interlocutor entender as implicações. Tenho visto muitas apresentações para executivos nas quais o gestor de projetos indevidamente passa de modo rápido por um registro de risco. Isso vem na forma de "bem, aqui estão os riscos, mas não se preocupe com eles, pois vou resolvê-los e só os apresentei porque me pediram para fazer isso". Ou isso está errado e os riscos realmente podem 'descarrilar' o projeto ou, se for verdadeiro, são riscos secundários e provavelmente não precisariam ter sido comunicados aos executivos.

Comunique um entendimento pleno dos riscos. Garanta que seu cliente entenda que o trabalho pode realmente falhar e não o faça pensar que você simplesmente está lhe dizendo que isso é algo que está resolvendo. Comece certificando-se de que o termo 'risco' seja realmente entendido no contexto de um projeto, ao contrário de seu uso no português coloquial.

Espere que o cliente pergunte o que pode ser feito a esse respeito (se não o fizer, pode ser que ele tenha assumido que isso não seja um problema para ele, ou que não entendeu o impacto possível do risco) e tenha uma resposta para essa pergunta.

No Capítulo 10, falarei mais sobre gerenciamento de risco e planos de contingência.

Lição de comunicação 8 — apresente informações complexas de maneira clara

Muitos projetos tornam-se complexos com o tempo, seja por causa de sua escala ou, às vezes, por causa da natureza de seu conteúdo. Uma habilidade real é a capacidade de explicar informações complexas e detalhes sobre um projeto em termos concisos, facilmente compreensíveis. Isso é especialmente importante quando se fala com pessoas no nível sênior.

Aprenda a diferenciar entre o que é complexo, o que as pessoas precisam entender e o que não passa de um mero detalhe. Muito poucas pessoas com quem falará precisarão saber detalhes sobre tudo no projeto; portanto, não desperdice seu tempo e o deles relatando o que não importa. Diga-lhes o que for relevante e, se não souber, pergunte o que é relevante para eles. De modo semelhante, a complexidade não precisa ser explicada de maneira complicada. (O caos é complexo e, sendo um perito na teoria do caos, tenho certeza também de que é muito complicado, mas algumas das teorias e algoritmos específicos para eventos caóticos são intelectualmente simples. É possível explicar o conceito fundamental com algumas frases. Para a maioria das pessoas, basta essa explicação simples.)

Ao falar com pessoas, dedique tempo e esforço para explicar conceitos difíceis e não assuma conhecimento automático. Confirme sua compreensão e prepare uma explicação mais detalhada, se for necessário. Porém, embora deva estar preparado para explicar ideias complexas, verifique primeiro com seu público-alvo se as entendem. Se sim, abandone a explicação e simplesmente prossiga para a próxima parte de sua apresentação. As pessoas ficam facilmente irritadas se lhes forem explicados conceitos que já conhecem.

Não subestime o que as pessoas podem considerar como conceitos complexos. Por exemplo, ao conversar com engenheiros, você pode muito bem parecer arrogante se falar sobre a necessidade de uma especificação de requisitos. Ao se dirigir a executivos, você pode não apenas precisar fazer isso, mas também ter de explicar o que é uma especificação de requisitos. Já estive em muitas situações em que a necessidade de uma especificação de requisitos teve de ser explicada a membros da diretoria da empresa. Não que eles fossem estúpidos; simplesmente, isso não fazia parte de sua experiência. A melhor coisa a fazer é perguntar se as pessoas conhecem os conceitos e, se conhecerem, seguir em frente; se não, explique. Se estiver preocupado que seu público-alvo possa sentir que está sendo arrogante, comece com uma frase do tipo "eu geralmente percebo que as equipes não entendem esse termo". Então, pelo menos eles não sentem que você está especificamente supondo que eles sejam idiotas!

Lição de comunicação 9 — adapte as comunicações ao público-alvo

Público-alvo diferentes exigem diferentes estilos de apresentação; não suponha que você possa usar o mesmo conjunto de *slides* utilizado para uma reunião com executivos em uma reunião da equipe de projeto. Sim, você deve reutilizar materiais, sempre que possível, sob pena de estar constantemente desenvolvendo materiais de comunicação. Porém, não suponha que o que funciona bem para um grupo automaticamente será adequado para outro.

Existem inúmeros públicos possíveis, mas aqueles em que você deve começar a pensar são, claramente:

- A equipe de projeto e equipes de pacote de trabalho distintas.
- Fornecedores terceirizados do projeto.
- O patrocinador do projeto.
- O executivo (colegas ou chefes do patrocinador).
- Clientes.
- Usuários finais.
- Proprietários de recursos.
- Outros *stakeholders*.

Os pontos a serem levados em consideração, ao se dirigir a esses públicos-alvo, são:

- **Por que você está se apresentando para ele?** Sem entender isso é difícil desenvolver comunicações relevantes. Frequentemente, as pessoas se acham fazendo apresentações por motivos não muito claros. (Se realmente não sabe, então pergunte a quem preparou a reunião o que ele gostaria que fosse abordado. Se você mesmo a preparou, então deve saber!)
- **O que é relevante para eles?** Muitas características do projeto não serão relevantes e o público-alvo tem tempo e paciência limitados. Considere também se alguma informação é confidencial e não deve ser comunicada por razões práticas, de relacionamento ou legais.

- **Qual é a melhor forma de passar essa informação esse público?** Ao fazer isso, você deverá considerar qual vocabulário usar. Termos e conceitos técnicos ou especializados precisam ser explicados?

- **Qual é o melhor tipo de mídia?** Formal ou informal? É uma apresentação, um e-mail, um boletim, um cartaz ou algo mais?

- **O que você pode tirar disso?** Diferentes públicos podem exercer diferentes impactos sobre o projeto. Por exemplo, público com pessoas no nível senior podem alocar mais recursos, uma equipe de projeto bem motivada pode realizar mais trabalho etc.

Lição de comunicação 10 — comunique-se de modo eficaz com públicos seniores

Um dos desafios que novos gerentes de projetos enfrentam é o de se apresentar pela primeira vez a um público sênior ou de executivos. Uma boa apresentação para esse tipo de público pode facilitar sua vida; uma apresentação fraca pode causar problemas significativos para um projeto. Portanto, para um público sênior, especificamente, vale a pena esforçar-se mais e considerar o seguinte:

- **O que é relevante para esse público?** Muitas características do projeto não serão relevantes e seu público-alvo tem tempo e paciência limitados. Um bom ponto de partida é realmente desafiar-se — por que você está se apresentando a essas pessoas e o que eles esperam dessa apresentação? Liste as perguntas que elas será capaz de responder *depois* de sua apresentação, as que elas não podem responder de antemão. Alguns exemplos mais comuns dessas perguntas são:

    - Qual será o resultado do projeto e isso ainda acontecerá?
    - Qual será o impacto do projeto sobre as áreas do negócio?
    - Qual é o *status* atual?
    - Quais são os riscos e as consequências?
    - O que mais você acha que devemos saber?
    - Existe algo que possamos mudar para torná-lo melhor/mais fácil?
    - Normalmente, eles *não* estarão interessados em coisas como os detalhes de como funciona seu processo de controle de mudança, ou qual versão do Microsoft Project você está usando.

Se não puder identificar quais perguntas sua apresentação responde, ela provavelmente será um fracasso. Vale a pena ter em mente o que os públicos seniores esperam em particular quando os projetos lhes são apresentados: confiança de que você está no controle da situação e confiança de que você está lhes contando toda a verdade.

- **O que eles estão achando e pensando?** Você não pode ler mentes — ninguém pode, mas todos nós temos uma capacidade inata para perceber o que os outros estão sentindo e isso é especialmente importante em públicos seniores. Tente pelo menos perceber o seguinte:
  - Qual seu estado de espírito. Você nem sempre tem escolha, mas tente guardar mensagens difíceis para ocasiões em que as pessoas estejam de bom humor.
  - O que eles estão pensando enquanto você se apresenta. Eles podem estar pensando "isso é interessante" ou "isso está agregando valor"; por outro lado, podem estar pensando "isso é chato, por que estou aqui?", ou então podem estar irritados. Tente analisar o que você está fazendo para criar alguma sensação negativa e adapte seu estilo e conteúdo em função disso. Não estou dizendo para evitar mensagens duras, mas, se a informação que estiver apresentando for opcional e eles estiverem obviamente chateados, reduza-a.

- **Qual é a melhor forma de dar-lhes essa informação?** Aqui não existe uma regra de ouro além de ajustar-se de acordo com a situação. Alguns executivos adoram detalhes, outros são pessoas do tipo 'visão geral'. Alguns gostam de apresentações e outros, de texto. Em parte, isso resulta do viés pessoal, mas também está relacionado à familiaridade de cada executivo com o assunto que você está apresentando. É melhor não tentar apresentar visões gerais de alto nível se o executivo for um *expert*. É preciso ajustar seu conteúdo a isso também. É fácil quando você conhece bem seu público, entretanto, haverá muitas situações em que ela será nova ou desconhecida. Se não a conhece nem consegue descobrir seu estilo preferido, meu conselho geral é planejar uma apresentação formal. Mantenha-a em um nível razoavelmente alto, mas seja capaz de aprofundar-se nos detalhes, se for necessário. Uma boa maneira de fazer isso é criar uma apresentação de alto nível com um conjunto de apêndices com detalhes, caso precise entrar neles. Os executivos geralmente estão mais interessados nas implicações de um projeto do que nos detalhes em si.

- **Isso se faz melhor formal ou informalmente? Em grupo ou individualmente?** Os motivos pelos quais você pode querer falar com alguém informalmente, em vez de formalmente, resumem-se no estilo pessoal, no conteúdo que você está comunicando e no grau de risco que tolera na comunicação para um grupo.

Por exemplo, novos dados controversos e sem comprovação geralmente são mais bem apresentados de modo informal e individual.

- **O que você pode tirar disso?** Os públicos seniores são aquelas que têm o poder de realocar mais recursos ao seu projeto, confirmar mudanças e aceitar riscos. Além disso, são aqueles que podem ajudar no progresso de sua carreira. (Esse é um modo de pensar perfeitamente razoável, desde que não se torne obsessivo ou exagerado.)

- **Isso é controverso ou comum? Existem grandes surpresas?** Quando os públicos seniores são solicitadas a tomar decisões importantes, a dar suporte a uma abordagem ou, geralmente, quando você precisa de seu apoio e não é certo se o terá, pode valer a pena fazer-lhes uma 'pré-venda' individual, antes de enfrentá-los como um grupo. Se você apresentar uma decisão contenciosa importante a um público sênior sem aviso e sem dar-lhes a oportunidade de pensar a respeito, eles provavelmente responderão mal, sentindo que você os está forçando a uma decisão. Lembro-me de um projeto específico que foi cancelado porque o gestor do projeto surpreendeu um executivo poderoso com algo que ele não apoiou. O problema não foi que o executivo não concordava com a abordagem que estava sendo tomada pelo gestor de projetos, mas que isso lhe causou problemas com seu próprio chefe. Se o executivo tivesse sido avisado individualmente, ele teria tido tempo para obter suporte de seu próprio chefe, ajustar a mensagem de acordo e possivelmente mudar um pouco o projeto para ajustá-lo a suas necessidades. Tendo sido surpreendido, esse executivo então perdeu a confiança no gestor do projeto e retirou seu suporte. Isso efetivamente cancelou o projeto.

- **Como esse grupo toma decisões?** Alguns grupos e culturas gostam que as decisões sejam tomadas em fórum, com bastante debate, mas outros preferem aquelas feitas de antemão com o grupo efetivamente estampando uma resposta que cada um deles já aceitou. Por fim, a maioria dos grupos não é igual; pode haver um ou alguns indivíduos dominantes cujo apoio seja indispensável garantir. Desenvolver a dinâmica e a política de tomada de decisão é uma grande habilidade para os gerentes de projeto seniores. Se, por exemplo, houver um tomador de decisões dominante, tente obter sua aprovação antes que receba a aceitação final sobre uma decisão.

- **Planeje sua apresentação.** Mesmo que seja para uma conversa informal com um executivo sênior, vale a pena estruturar mentalmente seus pontos principais e, uma vez que o tempo com o pessoal sênior normalmente é restrito, estruture seus pensamentos de modo a poder abordá-los rapidamente. Em geral, tenho um conjunto de cinco ou seis pontos sobre *status*, principais questões e qualquer ajuda de que preciso, tudo preparado e continuamente atualizado em minha mente. Então, posso percorrer esses pontos se me deparar com algum executivo sênior em minhas rondas diárias pelo escritório.

Ao fazer uma apresentação, você receberá retorno dos executivos. Parte deles farão comentários, críticas e perguntas, mas alguns responderão com mensagens e ideias. Tente guardar suas sugestões e, se for preciso, leve alguém com a finalidade de fazer anotações. Quando tiver concluído a reunião, deverá analisar suas ideias e levá-las consigo ou rejeitá-las formalmente. Você poderá ter de envolver seu patrocinador se rejeitar as ideias de alguém. Mas não há nada que irrite mais um público sênior que sentir que seus comentários foram completamente ignorados.

Se você não sabe como um público sênior reage, que coisas o deixarão entusiasmado e o que o irritará, faça uma pesquisa. Alguém que você conheça já terá lidado com o mesmo grupo. Pergunte-lhes o que funcionou bem e o que saiu errado.

O último ponto que desejo enfatizar é evitar preocupar-se obsessivamente com seus públicos mais seniores. Eles podem ser perceptivos e difíceis, mas geralmente são os mais equilibrados e realistas na avaliação de riscos e problemas. Não subestime o perigo do fracasso ou um tratamento áspero, mas lembre-se de que o que normalmente pode ser um tópico de discussão séria para um gerente intermediário é aceito com um sinal positivo para um executivo sênior, se for bem administrado.

Lição de comunicação 11 — não conte com e-mails

A correspondência on-line é um recurso da vida corporativa moderna e um excelente suporte na gestão de projetos. O e-mail constitui um fantástico recurso de produtividade e tem uma boa funcionalidade. Trata-se de um modo de comunicação maravilhoso para um vasto grupo de pessoas simultaneamente, para distribuir documentos e para as ocasiões em que as comunicações assíncronas são necessárias, como em fusos horários diferentes. A vida dos gestores de projetos seria muito mais difícil sem e-mails. Porém, às vezes todos nós os achamos irritantes. Muitas vezes, é o grande volume deles e, em outras, é seu conteúdo.

Não comentei com detalhes qualquer meio de comunicação específico. Escolhi o e-mail, pois ele agora é bastante predominante, muito poderoso e perigoso! A maioria das pesquisas em comunicação mostra que o sucesso nas comunicações se resume, basicamente, a três componentes: a mensagem que você está transmitindo (ou seja, as palavras), sua linguagem corporal e o tom de sua voz. Com o e-mail, só se pode controlar o primeiro. Na falta dos outros dois, é muito fácil haver má interpretação. Existem outros meios escritos que potencialmente sofrem do mesmo problema, mas, em minha experiência, as pessoas tendem a ler relatórios apenas pelas palavras nele escritas. Quando leem e-mails, elas interpretam ou assumem uma linguagem corporal e um tom correspondente e já vi piadas bem-intencionadas serem interpretadas como insultos. Tenho certeza de que você já passou por experiências semelhantes.

Meu conselho sobre a etiqueta no e-mail, na verdade, resume-se a quatro pontos:

1. Sempre dê preferência ao telefone (se você não puder ter um encontro frente a frente), para conversas individuais. O uso de e-mail para falar com uma pessoa quando você pode ligar para ela é, na realidade, um abuso da tecnologia.

2. Pense cuidadosamente em suas palavras e evite uma linguagem que possa transmitir uma carga emocional que não seja sua intenção, sempre que precisa utilizar o e-mail. Só porque o e-mail é fácil de usar, não significa que a comunicação deva ser descuidada. Constantemente gasto mais tempo preparando um e-mail importante que com uma apresentação, exatamente porque não terei a oportunidade de repará-lo, ou dar entonação à minha voz, depois que for enviado.

3. Limite o número de pessoas para quem você copia um e-mail. Uma lista longa de destinatários após o 'cc:' dá ideia de mala direta. Se as pessoas necessitam lê-lo, envie a elas diretamente. Se não precisam, não mande. Pessoalmente, excluo automaticamente todos os e-mails copiados para mim. Isso pode parecer draconiano, mas me economiza muito tempo e, por fim, as pessoas descobrem e me enviam apenas o que é realmente relevante.

4. Não use a facilidade de cópia oculta que está disponível na maioria dos sistemas de e-mail. Até mesmo insisti para que fosse desativada nas equipes que liderei. Ninguém, exceto o destinatário da cópia oculta, saberá que você a utilizou. Entretanto, se for descoberto, não confiarão mais totalmente em você.

Lição de comunicação 12 — seja específico

A lição simples aqui, porém fundamental, é evitar confusão, ambiguidade e a possibilidade de respostas divergentes, sendo específico em sua linguagem e interrogando as pessoas quando usarem linguagem não específica. Palavras como 'suficiente', 'bastante', 'muito', 'um pouco' devem ser evitadas, especialmente em situações formais como na fase de definição de requisitos ou na apresentação de *status*. Você precisa definir e entender exatamente o quanto ou por quanto tempo.

Tente sempre ser específico. É melhor ocasionalmente ser percebido como exigente do que deixar passar ou causar dúvida com relação a informações vitais.

Lição de comunicação 13 — apresente informações fatuais essenciais em mensagens completas e em intervalos de tempo regulares

As comunicações informais são mais bem executadas no estilo de diálogos contínuos. Qualquer informação passada pode ser parcial ou incompleta e você pode atualizá-la ou adaptá-la continuamente à medida que o diálogo evolui.

Esse é o modo normal de conversação — e um modo eficaz para as pessoas trabalharem juntas, criarem relacionamentos e administrarem as comunicações dinâmicas em andamento.

No entanto, imagine por um momento que você não seja o gestor de projetos, mas alguém sendo atualizado sobre o *status* de um projeto por seu gestor. Você não quer uma conversa; quer saber sobre o *status*. Quando for informado do *status*, você poderá ter dúvidas, porém o ideal é que, terminada a atualização, você tenha pleno conhecimento do *status*. A informação fornecida é completa e faz sentido lógico para explicar o cenário. Você pode, então, querer discutir suas implicações ou aprofundar-se em mais detalhes, mas de preferência seu conhecimento da situação é abrangente. Além disso, quando o gestor de projeto informar sobre o *status*, você não deseja que ele retorne em cinco minutos dizendo "... e outra coisa...", e cinco minutos mais tarde, "... e eu queria acrescentar...". Você espera que a mensagem seja completa. Por fim, você não espera que ele retorne uma hora depois, ou possivelmente até mesmo no dia seguinte, para lhe dizer que tudo mudou. A menos que ele o tenha advertido sobre algo significativo acontecendo nesse espaço de tempo, que altere o *status*, você provavelmente só deseja uma atualização uma semana ou um mês depois. Você deseja ser atualizado em intervalos de tempo regulares.

Existe uma variedade de informações essenciais para a qual o diálogo informal não serve como um mecanismo adequado para compartilhamento em um ambiente de projeto — especificamente informações fatuais como *status* do projeto, riscos e problemas e instruções sobre o trabalho a ser feito em seguida. Estes precisam ser completos em si mesmo e apresentados em intervalos de tempo regulares.

Por que isso é importante? Como dissemos, ninguém deseja conhecer metade de um risco, parte do *status* ou um pouco da próxima atividade a realizar. Nessas situações, informações parciais normalmente não têm significado ou, pior ainda, podem transmitir uma mensagem completamente errada e dar a impressão de que o gestor do projeto não sabe realmente o que está acontecendo. Se soubesse, certamente comunicaria a mensagem inteira. Por fim, se continuar mudando o que disse em pequenos intervalos de tempo, isso destruirá a confiança em sua competência. O processo de pensamento do púbico-alvo seria algo do tipo "o que você disse ainda há pouco é verdadeiro ou não? Se era, por que precisa mudar? Por que eu deveria acreditar no que está dizendo agora?" O *status* muda, mas não significativamente em curtos intervalos de tempo, a menos que se tenha perdido o controle. Isso parece óbvio, mas constantemente a informação do projeto é apresentada em segmentos incompletos. Com que frequência você já foi atualizado por alguém que pareceu não lhe dizer nada realmente significativo ou o deixou desconfiado, porque está sempre mudando a informação?

A abrangência é determinada pelo nível de detalhe apropriado ao público com quem você está se comunicando. No nível mais alto, uma atualização de *status* de projeto precisa refletir se você está em dia ou não e se atualmente acha que manterá essa condição em dia. Uma declaração simples como "estamos em dia e atualmente esperamos permanecer assim" é uma mensagem completa. Em um nível ligeiramente mais baixo, uma atualização de *status* de projeto pode exigir uma declaração como "estamos em dia com as tolerâncias esperadas e esperamos permanecer assim. Existem dois riscos que estamos monitorando e achamos improvável que ocorram agora, mas, se ocorrerem, atrasaremos em seis semanas". Esta pode ser uma mensagem completa, desde que não existam outros fatos relevantes a esse nível de detalhe. A habilidade aqui é determinar o que é realmente relevante para um nível de detalhe específico. Esse julgamento baseia-se em conhecer seu projeto e o nível de detalhe que seu público necessita.

Lições 14 a 18: regras para servir de base a todas as comunicações

Lição de comunicação 14 — diga a verdade

Diga a verdade. Evite mentir. Reconheça seus enganos e erros. Existem situações em que dizer a verdade absoluta não é produtivo, mas elas devem ser raras e evitadas ao máximo. Não estou dizendo que não deva adaptar sua mensagem. Se houver má notícia, adoce-a um pouco e escolha o momento mais propício para transmiti-la. Isso é bom-senso e boa gestão de pessoas. Se for tentado a mentir, pergunte-se qual o risco envolvido — é pessoal ou do projeto? Se você for descoberto, o que ou quem sofrerá mais: o projeto ou você pessoalmente? (Ver no Capítulo 10 uma discussão mais profunda.)

Se ignorarmos a moral por um instante, o problema das mentiras não triviais é que elas sempre voltarão para assombrá-lo. Você correrá o risco de acabar com seu relacionamento e com toda a confiança que mantém com seu gerente, cliente ou outro membro da equipe, se eles notarem que mentiu ou mesmo que reteve informações. Se você se sentir tentado a mentir, pergunte-se qual é a chance de que eles venham a descobrir isso. Pergunte a si mesmo quais pontos fracos você está tentando esconder.

Outro aspecto de dizer a verdade é estar comprometido com toda a verdade. Se considerarmos que nós mesmos somos confiáveis, porém não francos o bastante, acredito que estaremos fazendo declarações de lealdade insinceras. Existe o momento certo e o errado para comunicar uma mensagem ruim, mas é melhor assumir que você fará isso. A informação relevante não se restringe àquela que é verdadeira, ela deve também ser completa e oportuna. Isso requer total franqueza com seu cliente.

Quase tão importante quanto dizer a verdade é demonstrar que você está dizendo a verdade. É muito comum ouvir declarações como "bem, não acreditei nele, pois sua linguagem corporal estava toda desajustada" ou "ele parecia enrolado". Geralmente, como gestor de projetos, você não apenas quer a confiança das pessoas, você *precisa* disso. Construir uma reputação de honestidade e franqueza é um grande bônus para o gestor de projetos e isso vem de dizer a verdade e demonstrar que está falando a verdade.

Lição de comunicação 15 — mantenha apenas uma versão da verdade

Não há nada mais frustrante para o cliente de uma equipe de projeto do que receber repetidamente informações diferentes e contraditórias sobre *status* e riscos, mas isso é bastante comum. Com frequência, sou patrocinador de projetos nos quais, ao converssar com diferentes membros da equipe, recebo interpretações radicalmente diferentes sobre o *status* do projeto. Isso tem muitas causas. Alguns membros do projeto terão apenas informações parciais, outros terão informações históricas que agora não são verdadeiras, outros interpretarão os fatos sob uma perspectiva diversa e, às vezes, as pessoas deliberadamente espalharão informações erradas. Isso pode causar uma perda de confiança significativa no projeto. Em sua vida pessoal, se seu carro estiver na oficina e o atendende lhe disser que estará pronto às 17 horas, o mecânico informar que descobriram alguns problemas e que ele provavelmente precisaria de mais dois dias, mas o vendedor falar que você não precisa se preocupar porque ele já estaria quase pronto, como você se sentiria? Quando isso ocorre, é frustrante e destrói sua confiança na oficina. Você falou com muitas pessoas, mas ainda não sabe a verdade com qualquer grau de credibilidade e a tendência é piorar.

Para evitar isso, você precisa fazer com que a equipe de projeto comunique consistentemente 'uma versão da verdade':

- Reúna-se regularmente com a equipe de projeto e discuta o *status* do projeto, para que todos tenham uma visão comum. Combine com a equipe que qualquer um que realmente queira ou necessite de uma atualização de *status* completa deve procurar o gestor do projeto.

- Comunique toda a equipe, quando as atividades críticas forem concluídas, ou quando problemas importantes ocorrerem ou forem resolvidos, de modo que ninguém esteja repassando a história passada ao mundo exterior. Um curto e-mail é suficiente.

- Explique ao patrocinador e a outros grupos de clientes a quem eles devem recorrer para obter atualizações de *status* e advirta-os de que qualquer outra fonte não terá o quadro completo. Quando estou conduzindo um projeto, prefiro combinar desde o início com meu patrocinador que me procure para obter informações de *status* — não porque eu não queira que ele fale com alguém da equipe, mas para garantir que, quando estiver analisando o *status* do projeto, ele tenha o quadro completo.

Lição de comunicação 16 — gerencie as expectativas obsessivamente

A frase 'gerenciar expectativas' poderia ser a fórmula perfeita da gestão de projetos, e qualquer um que trabalhe nesse círculo a ouvirá o tempo todo. Mas o que ela significa realmente?

Um dos fatores críticos de sucesso dos gestores de projetos é gerenciar as expectativas de seu cliente no decorrer do ciclo de um projeto. Assim como um bom político, o gestor de projetos precisa garantir que o que se entrega no final é o que o cliente espera. Isso é bem diferente de dizer que o que se entrega no final é o que foi combinado no início; as coisas mudam e, mesmo com o melhor gerenciamento de risco, imprevistos ocorrem e os clientes mudam de ideia, o que tem impacto sobre cronogramas e custos. Todos os gestores de projetos conhecem o gerenciamento de expectativas na teoria. Mesmo assim, como cliente, regularmente me surpreendo com erros que acontecem sem aviso prévio em projetos conduzidos por gestores de projetos aparentemente competentes em diversas ocasiões. Se você surpreender seu cliente, não estará gerenciando suas expectativas.

Tenho visto muitos projetos entregarem uma fração do que foi solicitado originalmente e ainda serem vistos como um grande sucesso porque as expectativas do cliente foram devida e interativamente gerenciadas para baixo à medida que o projeto seguia em frente. Por outro lado, tenho visto projetos realmente entregues a mais em relação à linha de base original, mas recebidos como um fracasso completo, pois as expectativas do cliente aumentaram inadvertidamente enquanto o trabalho prosseguia.

A melhor abordagem para gerenciar expectativas é usar as instruções a seguir. Esses pensamentos deverão estar em sua mente o tempo todo:

- Reflita e seja explícito consigo mesmo a respeito dos tipos de problema e risco que precisa relatar a seu cliente. Isso se trata tanto de entender seu cliente (um custo excedente de 0,5 por cento importa para ele, ou deve ser 5 por cento ou mesmo 25 por cento para que ele se incomode?) como de entender seu próprio apetite por risco pessoal (você acha que pode recuperar-se facilmente da situação sem envolvimento do patrocinador?). Existe um equilíbrio no envolvimento de seu patrocinador, que discutirei melhor no Capítulo 4. Esse equilíbrio deverá ser considerado no tocante à escalada (isso será tratado com detalhes adiante no livro, mas se refere a solicitar apoio, ação e aprovação da gerência superior). Em termos simples, você deve perceber que, se escalar tudo, não agregará valor a nada. Por outro lado, se escalar muito tarde, irritará seu patrocinador não só porque isso o atinge pessoalmente, mas porque ele, por sua vez, poderá precisar levar o caso a instâncias superiores. Ele tem seus próprios gerentes e preza pela chance de ter uma conversa subsequente com eles. Surpreendendo-o, você poderá ter perdido a oportunidade de contar com sua ajuda.

- Tente compreender o apetite de seu patrocinador por risco e informação. Alguns deles preferem um microentendimento; outros só querem informações mais graduadas sobre problemas e riscos em reuniões regulares agendadas. Minha regra é: se estiver em dúvida, tenha uma conversa informal com o patrocinador. No início do projeto, pergunte-lhe qual é seu estilo preferido — é 'tranquilo' ou deseja atualizações detalhadas diariamente? Essa pergunta simples pode evitar muita tensão mais à frente.

- Adote a mentalidade de não fazer surpresas. Ninguém gosta quando as coisas saem erradas, as pessoas gostam menos quando ninguém previu que as coisas poderiam sair erradas e elas odeiam quando descobrem tarde demais que isso aconteceu. Se houver um risco importante de descarrilamento, cuide para que o cliente saiba disso. Não enfie sua cabeça na areia e finja que não está acontecendo nada nem esconda isso porque você tem medo da reação do cliente. Quanto mais tempo deixar passar, pior será (e você corre o perigo de converter uma conversa desagradável sobre problemas no projeto em um risco pessoal significativo). Se algo ocorrer que gere um impacto sobre o projeto, cuide para que o cliente saiba disso. Coloque-se no lugar dele. É muito, muito mais fácil lidar com uma mudança conhecida nos planos do que, de repente, ter de lidar com algo inesperado. Considere sua vida particular. Você prefere que um construtor ligue para você na noite anterior à reforma do telhado de sua casa, quando os andaimes estão todos montados, para dizer que vai atrasar um mês, ou que ele ligue um mês antes para avisar sobre esse atraso? Você prefere saber que seu avião vai atrasar dois dias quando chegar ao aeroporto ou uma semana antes? A maioria das pessoas prefere a segunda opção.

- Torne as expectativas proporcionais ao ponto onde você se encontra no projeto, quando estiver realinhando-as. Por exemplo, com possíveis exceções, em minha opinião é indesculpável dizer aos clientes um dia antes da entrega final: "a propósito, atrasaremos a entrega em um mês". Seria aceitável adverti-los que havia um risco de acontecer isso alguns meses antes do prazo, e talvez informar-

-lhes o que aconteceria com um mês de antecedência. Da mesma forma com o custo. Você falhou em gerenciar as expectativas se, na reunião de progresso anterior, disse ao cliente que tinha gasto dez por cento do orçamento e estava a dez por cento do caminho andado, mas agora, sem aviso, diz que gastou 50 por cento do orçamento, porém está com apenas 12 por cento concluídos. No mínimo, você deveria tê-lo advertido sobre o risco de que isso pudesse ocorrer. Tudo o mais é gerenciar mal o risco, e, pior ainda, o projeto.

- Quando precisar modificar as expectativas, faça isso na própria linguagem dos clientes e de modo que eles entendam as implicações. Diga-lhes o impacto nas medidas que usam (dinheiro, tempo, mais pessoas, taxas de falha etc.). Por exemplo, os gestores de projetos normalmente dizem "existe um risco de x acontecer". Os clientes geralmente interpretam isso como "existe algo que lhes causará alguma dor, mas vou tratar disso". Se quiser que seu cliente entenda o risco, diga mais claramente que o impacto desse risco é algo como "25 por cento de chance de que precisaremos gastar mais R$ 100 mil; se quiser ter a certeza de que o projeto será entregue, deverá manter um orçamento de contingência". Seus clientes certamente não gostarão disso, no entanto, é melhor adverti-los do que simplesmente começar a gastar mais dinheiro. Deixe claro que fará o melhor, mas que, se o risco acontecer, pode ser que não consiga evitar o impacto.

- Permaneça fiel ao princípio de 'uma versão da verdade' (Lição de comunicação 15).

- Entregue conforme o prometido. Toda vez que você faz uma promessa, cria expectativa em alguém. A orientação comum de prometer menos e depois entregar mais é uma boa direção. Pense em si mesmo como se tivesse uma marca pessoal e desejasse que essa marca gerasse crença e confiança em si mesmo. Para que isso se torne verdade, você precisa cumprir suas promessas. Nada produz mais expectativas medíocres para o futuro do que um registro de promessas não cumpridas no passado. *Se não tiver certeza, não prometa* e, quando estiver inseguro, definitivamente não prometa nada (evite a todo custo a tendência de prometer para manter as pessoas satisfeitas. Uma promessa deve ser baseada em um alicerce de realidade, e não de pensamento ilusório).

- Seja coerente. Se precisar dizer 'não', tenha firmeza nisso. Se disser 'sim', faça-o.

- Sempre tente oferecer soluções aos seus clientes ou, pelo menos, caminhos para uma solução sempre que lhes mostrar um problema. Mesmo que saiba que a solução é inaceitável para eles, vale a pena apresentar problemas na ótica mais positiva.

- Comunique as más notícias com rapidez, sempre que precisar. Cuide para que seu cliente nunca descubra más notícias sobre seu projeto a partir de terceiros ou pelos boatos. Isso reduz a credibilidade e não gera a confiança de que você está no controle.

Gerenciar expectativas corresponde, simplesmente, a entender o *status* e o risco de um projeto, além de combinar isso com seu cliente por meio de comunicações suficientes em tempo hábil.

Lição de comunicação 17 — comunique para depois entregar (não entregue para depois comunicar)

No decorrer deste capítulo, preparei um quadro das habilidades de comunicação que levam ao sucesso na gestão de projetos e tentei aumentar a conscientização da importância crucial de ter e desenvolver tais habilidades. Mas não caia na armadilha de pensar que a comunicação substitui a entrega real. Ocasionalmente, quando não concluímos algo, todos nós somos tentados a sair disso com palavras inteligentes — se nos sairmos bem dessa situação com frequência, falar em vez de fazer pode tornar-se um hábito.

A gestão de projetos trata de entrega, da mesma forma como o futebol trata de fazer gols. Para que isso aconteça, você precisa ter boas habilidades de comunicação, pois a entrega é baseada na interação das pessoas, e uma interação bem-sucedida e produtiva requer comunicação. Essa é a habilidade fundamental da gestão de projetos, mas não pense que a comunicação substitui a entrega, assim como a habilidade de drible de um jogador de futebol não é uma alternativa para marcar gols.

Não caia na tentação de atenuar um progresso fraco com relatórios inteligentes. Não substitua os marcos de progresso reais por eventos de comunicação. Não use a conversa como um substituto para a ação. Não baseie seus planos em torno de suas comunicações; baseie suas comunicações em torno de seus planos de entrega. Não confunda preparar e realizar reuniões com fazer progresso. Continue falando, mas fale *enquanto* entrega.

Se não fizer nada além de continuar falando, poderá se dar bem por um tempo, mas não alcançará realmente aquilo que pode. A comunicação é um suporte essencial para a entrega, e alguns dos *deliverables* podem incluir um elemento de comunicação, mas a comunicação não é a entrega.

Lição de comunicação 18 — lembre-se de que você é o modelo de atuação

Seu estilo de liderança, seja ele qual for, será seguido pela equipe de projetos. Não é importante para você apenas comunicar-se; parte de sua função deve ser cuidar para que a equipe inteira se comunique. Algumas pessoas serão naturalmente mais abertas que outras, outras serão apresentadores mais formais e certos especialistas tenderão a aderir ao jargão que somente eles entendem realmente. Mas você não conseguirá gerenciar o projeto a menos que toda a equipe de projeto constantemente troque informações relevantes e compreensíveis com você.

Com seu encorajamento, aconselhamento e um pouco de instrução, a maioria dos membros da equipe estará receptiva e começará a lhe dar as informações que são a razão de existir de um gestor de projetos. O mais importante de tudo é o desempenho visivelmente consistente de si mesmo como gestor de projetos, mostrando como você acredita que a comunicação é importante e valiosa. Seu comportamento como comunicador servirá como o modelo de atuação para o restante da equipe. Se fizer isso, sua equipe acompanhará.

As 18 lições de comunicação básicas são resumidas na Tabela 2.3.

Tabela 2.3 As 18 lições de comunicação para os gestores de projetos

Nº	Lição de comunicação e competência dos gestores de projetos
Seu planejamento e abordagem para as comunicações	
1	Planeje seu cronograma de comunicações.
2	Aceite o relatório regular como parte do trabalho.
3	Use apresentações formais de modo apropriado.
4	Use comunicações informais espontânea e continuamente.
O estilo e o método de comunicação	
5	Use a linguagem especializada de seu público-alvo onde for apropriado.
6	Evite muito jargão de gestão de projetos.
7	Esclareça o que você quer dizer com riscos.
8	Apresente informações complexas de maneira clara.
9	Adapte as comunicações ao público-alvo.
10	Comunique-se de modo eficaz com públicos seniores.
11	Não conte tanto com e-mails.
12	Seja específico.
13	Apresente informações fatuais essenciais em mensagens completas e em intervalos de tempo regulares.
Regras para servir de base a todas as comunicações	
14	Diga a verdade.
15	Mantenha apenas uma versão da verdade.
16	Gerencie as expectativas obsessivamente.
17	Comunique para depois entregar (não entregue para depois comunicar).
18	Lembre-se de que você é o modelo de atuação.

CAPÍTULO 3

O que é realmente seu projeto?

Este capítulo define uma técnica simples para chegar a um entendimento completo daquilo que seu projeto precisa ter definido para alcançar os objetivos. Esse entendimento eu chamo de escopo. Em algumas situações, os gestores de projetos definem a palavra 'escopo' de forma muito mais precisa, mas, para mim, o modo mais útil de considerar o escopo é como a coleta de informações de que se necessita antes de continuar a desenvolver um plano significativo de atividades e recursos para um projeto. Essa é a base da gestão de projetos.

A importância de entender o escopo

Ao ser designado como gestor de projetos em um desenvolvimento específico, seu trabalho começará pela definição do escopo, o que requer uma análise minuciosa: deve consistir em toda a informação que você provavelmente necessitará para planejar um projeto, mas não pode ser um exercício infindável. O escopo deve ser conciso e facilmente inteligível, abrangente e completo.

> **Ponto-chave da lição**
> O alicerce que serve de base a todos os bons projetos é um entendimento claro do escopo. Sem isso, um gestor de projetos terá dificuldade em realizar uma entrega bem-sucedida.

Nunca é demais enfatizar a importância de um bom entendimento do escopo. Trata-se da pedra fundamental sobre a qual todas as outras atividades de gestão do projeto são montadas. O escopo define o que está dentro e o que está fora do projeto. Enquanto você não entendê-lo, não deve começar a desenvolver seu projeto com qualquer detalhe. Não se apresse em desenvolver soluções antes que entenda o escopo.

Uma maneira de pensar na definição do escopo é como um exercício de redução de risco. Essa definição não remove toda a incerteza do projeto, entretanto, delimita-o de modo a pelo menos confirmar os riscos. Grande parte da gestão de projetos trata de esclarecer a compreensão e remover a incerteza, e isso começa com uma definição de escopo adequada.

Conforme descrevemos no Capítulo 2, escopo é diferente de requisitos. Estes se referem às definições detalhadas e não ambíguas daquilo a que os *deliverables* de um projeto devem corresponder. O escopo trata das instruções que, em primeiro lugar, permitem montar um bom plano de projeto, e uma parte disso pode abranger o levantamento de requisitos. O escopo precisa ser completo, mas está em um nível de detalhe muito mais alto que o dos requisitos. Além disso, o escopo contém uma compreensão de fatores que são importantes ao processo de entrega do projeto, mas que não possuem relevância quando o projeto estiver concluído (por exemplo, como seu cliente deseja que você atue no projeto). O relacionamento entre objetivos, escopo e requisitos aparece na Figura 3.1.

Para um gestor de projetos, entender plenamente o que está dentro do escopo é tão importante quanto conhecer o que está fora dele. A incapacidade de entender ou comunicar o escopo é o mais próximo que um gestor pode chegar de um pecado capital.

Quando tiver falado com seu cliente e desenvolvido um entendimento do escopo de um projeto, a próxima coisa a fazer é escrevê-lo. O motivo disso é óbvio: ele não será esquecido e poderá ser facilmente compartilhado. Também é importante que a prática de escrever o escopo de uma maneira coerente sirva como um bom teste para saber se você o entendeu ou não. Se não conseguir escrevê-lo, é bem provável que não o tenha compreendido totalmente e, com certeza, terá dificuldade para comunicá-lo aos outros membros da equipe.

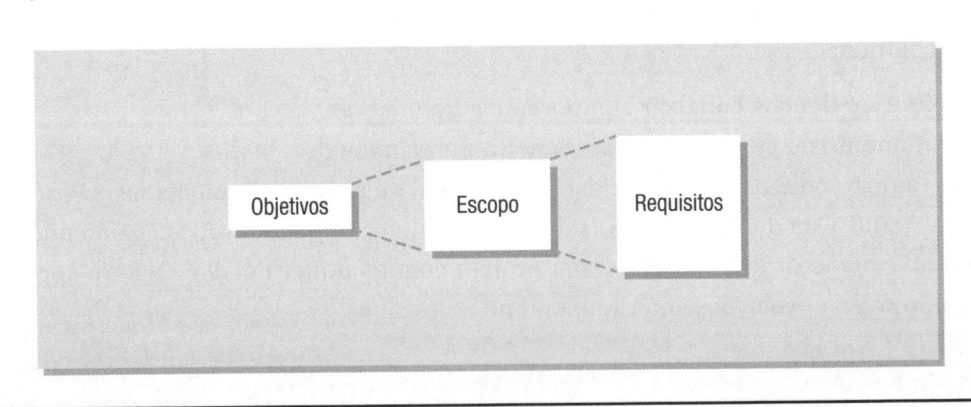

Figura 3.1 O relacionamento entre objetivos, escopo e requisitos

As principais perguntas no levantamento do escopo

Existem muitas maneiras de captar o escopo de um projeto. Normalmente, os gestores de projetos têm uma série de modelos de documentos de escopo que eles preenchem. Outros utilizam sua experiência e intuição para coletar as informações que definem o escopo. De qualquer forma, o levantamento de informações de escopo trata da comunicação com seu

> **Ponto-chave da lição**
> O escopo de um projeto pode ser mais bem entendido analisando-se um conjunto de perguntas estruturadas com seu cliente.

cliente e não da criatividade em favor do gestor de projetos. Independentemente do mecanismo específico que um gestor de projetos utilize, deve haver uma série de perguntas a serem respondidas pelo cliente.

As próximas subseções abordam oito perguntas principais e doze secundárias, que você poderá usar para garantir que realmente definiu o escopo do projeto. É aceitável determinar que a pergunta seja irrelevante no contexto em que você está atuando, ou determinar que não poderá respondê-la ainda e que, nas primeiras fases do projeto, tomará alguma ação para obter a resposta. Porém, nessa situação, você precisa aceitar que, quando obtiver a resposta, ela poderá ter um impacto sobre seus planos, exigindo que você os altere. A impossibilidade de responder a qualquer uma dessas perguntas aumenta o risco do projeto.

Na definição dessas perguntas, não estou sugerindo que, em toda situação, você simplesmente as repasse uma por uma com seu cliente, embora essa seja uma abordagem válida e viável em algumas ocasiões. Contudo, você precisa determinar a melhor maneira para fazê-las no ambiente e contexto de seu projeto. Ao final, você deverá ser capaz de passar por essas perguntas e respondê-las de modo abrangente, ou demonstrar com clareza que são irrelevantes a seu projeto, ou ainda aceitar que está trabalhando com um risco derivado de informações incompletas.

As perguntas de escopo são apresentadas na Figura 3.2 e também como uma lista de verificação na Tabela 3.1, ao final do capítulo.

Pergunta de escopo 1 — qual é o objetivo geral do projeto?

O objetivo dessa pergunta é produzir uma declaração simples, de preferência com uma sentença, que resume o que o patrocinador do projeto pretende conseguir. Essa declaração oferece tanto uma estrutura na qual operar e detalhar o restante do projeto como uma comunicação básica que todos aqueles envolvidos poderão compartilhar para entender por que o projeto existe. Tudo o mais que for dito sobre o projeto pode ser comparado com essa declaração de objetivo; se não for

Figura 3.2 As oito perguntas para levantamento de escopo

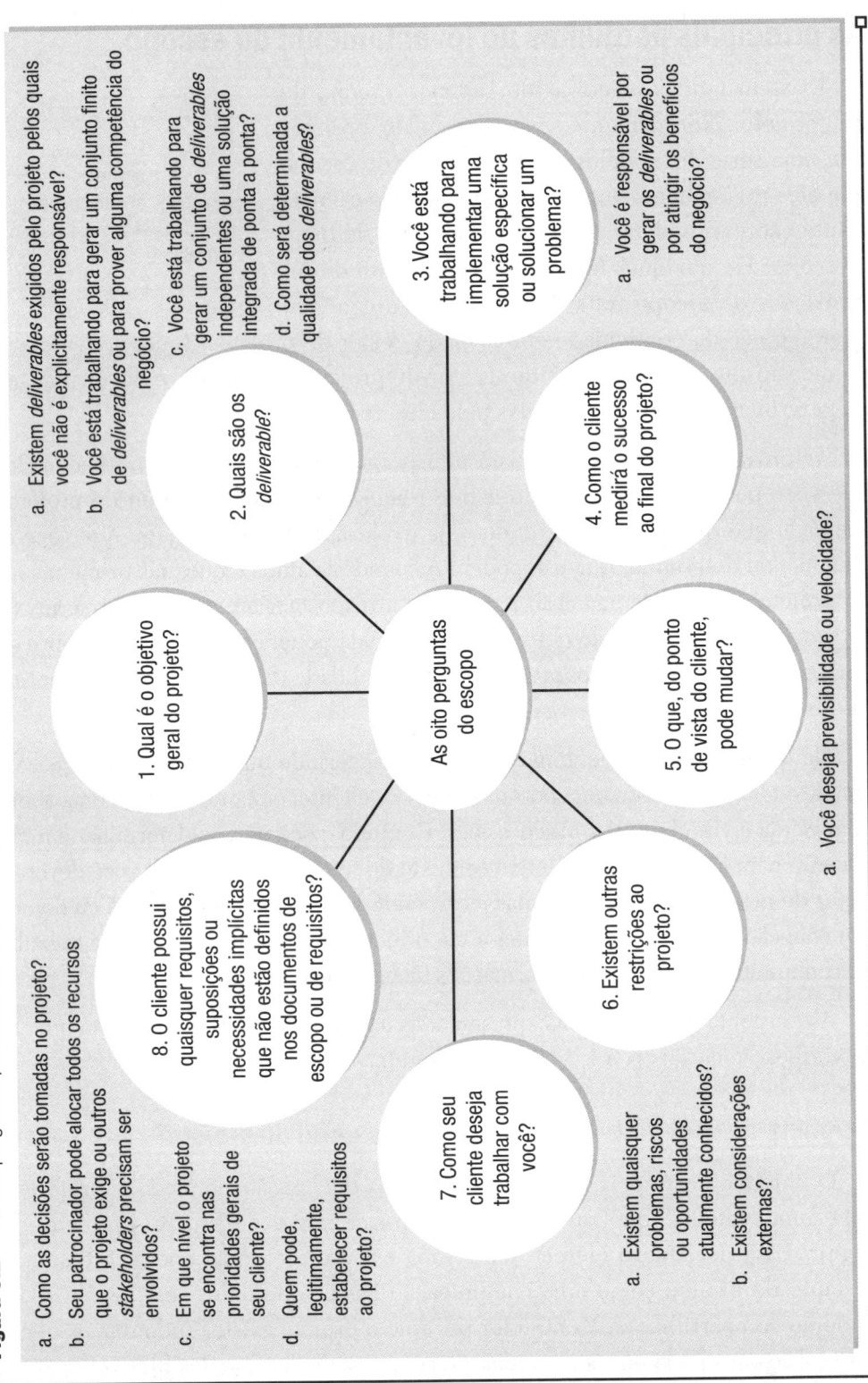

As oito perguntas do escopo

1. Qual é o objetivo geral do projeto?
    a. Como as decisões serão tomadas no projeto?
    b. Seu patrocinador pode alocar todos os recursos que o projeto exige ou outros *stakeholders* precisam ser envolvidos?
    c. Em que nível o projeto se encontra nas prioridades gerais de seu cliente?
    d. Quem pode, legitimamente, estabelecer requisitos ao projeto?

2. Quais são os *deliverables*?
    a. Existem *deliverables* exigidos pelo projeto pelos quais você não é explicitamente responsável?
    b. Você está trabalhando para gerar um conjunto finito de *deliverables* ou para prover alguma competência do negócio?
    c. Você está trabalhando para gerar um conjunto de *deliverables* independentes ou uma solução integrada de ponta a ponta?
    d. Como será determinada a qualidade dos *deliverables*?

3. Você está trabalhando para implementar uma solução específica ou solucionar um problema?
    a. Você é responsável por gerar os *deliverables* ou por atingir os benefícios do negócio?

4. Como o cliente medirá o sucesso ao final do projeto?

5. O que, do ponto de vista do cliente, pode mudar?
    a. Você deseja previsibilidade ou velocidade?

6. Existem outras restrições ao projeto?

7. Como seu cliente deseja trabalhar com você?
    a. Existem quaisquer problemas, riscos ou oportunidades atualmente conhecidos?
    b. Existem considerações externas?

8. O cliente possui quaisquer requisitos, suposições ou necessidades implícitas que não estão definidos nos documentos de escopo ou de requisitos?

compatível com ela ou não relevante a ela, não deve ser considerado como parte do projeto. Cada requisito colocado em um projeto deve estar relacionado a alcançar esse objetivo; se não estiver, não pertence a ele. Portanto, é de extrema importância fazer isso certo.

Alguns exemplos simples de objetivos válidos poderiam ser:

- O objetivo do projeto é projetar, desenvolver e lançar com sucesso o novo produto para o mercado, de pequenas e médias empresas (PME), coerente com a estratégia e o foco do negócio.

- O objetivo do projeto é ajustar e implementar o novo sistema de auditoria financeira dentro do departamento de finanças e na sede corporativa.

- O objetivo do projeto é projetar e completar a readequação do escritório em São Paulo de modo que possa atender aos requisitos da estratégia de crescimento para 2010.

São declarações simples e claramente compreendidas, mas que também oferecem o escopo básico do projeto e a partir das quais qualquer um pode facilmente determinar se as atividades que estão realizando se encaixam ao projeto.

Vale a pena estar ciente de alguns sinais de alerta. Se seu objetivo só puder ser definido como uma série de declarações e estiver vinculado a uma sentença usando 'e' várias vezes, então você deverá questionar se esse é logicamente um único projeto ou um conjunto de tarefas não relacionadas. Em segundo lugar, ao escrever seu objetivo, verifique se é realmente o objetivo. É muito fácil assumir um entendimento, e convém a um cliente desatento aceitar sua definição sem realmente pensar a respeito dela. Verifique se o objetivo está realmente correto. É absolutamente essencial que essa parte do projeto esteja correta, pois *tudo* o mais deriva dela.

Pergunta de escopo 2 — quais são os *deliverables*?

Todo projeto produz algum resultado, conhecido como *deliverables*. Trata-se da *raison d'être* de um projeto e, até que sejam produzidos, o projeto não estará terminado. Os *deliverables* são escolhidos para cumprir o objetivo, mas poderão existir várias maneiras diferentes de cumprir qualquer objetivo e é a escolha dos *deliverables* que define grande parte da forma e direção de um projeto. Parece óbvio, portanto, que o ponto de partida para o planejamento de um projeto deva ser a obtenção de uma definição dos *deliverables* — óbvio, mas normalmente isso não é feito de modo claro ou é pressuposto, em vez de captado nas conversas com o cliente. Já vi inúmeros projetos em que o gestor, quando perguntado sobre quais são os *deliverables*, não conseguia responder com confiança ou clareza total, ou onde ele era surpreendido, em uma fase posterior, por algo que o cliente estava esperando receber e que não havia sido levado em consideração.

A primeira coisa a entender, seja qual for o cliente ou o projeto, é qual será o resultado esperado. O que o cliente espera que você entregue? Aqui não se trata de realizar uma captura detalhada de requisitos ou mesmo de uma lista completa de *deliverables*, mas obter um entendimento das expectativas do cliente sobre o que o projeto precisa produzir. Sem esse entendimento, não é possível sequer chegar ao planejamento de um projeto com algum grau de certeza. A pergunta de escopo mais importante e mais simples que o gestor de projetos precisa fazer, portanto, é "qual é o resultado esperado do projeto?".

Os *deliverables* podem incluir objetos tangíveis, como um novo prédio, resultados intangíveis, como o desenvolvimento de alguma propriedade intelectual ou software, ou algum processo, como uma mudança organizacional. Qualquer que seja ela e a forma como foi definida, o gestor de projetos precisa manter essa definição sempre em mente durante todo o projeto. Somente quando isso for entendido é que valerá a pena fazer as perguntas de escopo restantes.

Se realmente não for possível descrever os *deliverables* ou resultados do projeto, você não estará pronto para iniciar o projeto. Uma solução é realizar um pequeno projeto exploratório ou uma revisão de conceito para começar. O *deliverable* dessa revisão de conceito é uma definição completa dos objetivos e resultados do projeto principal.

Pergunta subsidiária 2a — existem *deliverables* exigidos pelo projeto pelos quais você não é explicitamente responsável?

Atender ao objetivo de um projeto exigirá o desenvolvimento de uma série de *deliverables*, mas pode ser que existam outros projetos em curso que estejam produzindo alguns deles. Não há sentido em fazer algo duas vezes e, na realidade, isso pode causar problemas (pense, por exemplo, na situação em que dois projetos visam a entregar o novo sistema financeiro da empresa).

Nessa situação, você precisa identificar por quais entregas *não* é responsável e, em vez de desenvolver um plano detalhado com atividades pertinentes, simplesmente demonstrar uma dependência externa. Isso remove a tarefa de entrega, mas atribui ao gestor de projetos a tarefa muito diferente de gerenciar uma dependência externa. (Contudo, você deverá estar certo de que aquilo que seu projeto entrega, mais a entrega dessa dependência externa, alcançará o objetivo.)

Pergunta subsidiária 2b — você está trabalhando para gerar um conjunto finito de *deliverables* ou para prover alguma competência do negócio?

Este é um ponto um tanto sutil, mas fundamentalmente importante. Conheço muitos projetos considerados um sucesso na visão do gestor, porém um fracasso aos olhos do cliente, pois o gestor de projetos entregou o que lhe foi pedido, no entanto, o cliente não conseguiu usá-lo plenamente. Um exemplo clássico disso é um sistema de TI. Nesse caso, o gestor de projetos está entregando um software ou uma competência técnica para utilizá-lo? O primeiro significa que sua equipe predominantemente seria composta por desenvolvedores de software, o segundo que teriam de ser considerados todos os outros tipos de problemas: treinamento e possivelmente recrutamento de pessoal, mudança do processo de negócios, acesso ao software e muito mais. Um sistema de TI é apenas um pedaço de software; uma competência do negócio é o conjunto completo de habilidades necessárias para utilizar o software e oferecer os benefícios associados a seu uso.

Ao combinar sua lista de *deliverables* com o cliente, examine-os e pense por que eles não seriam suficientes para habilitar o cliente a utilizá-los plenamente. O que esse conjunto de *deliverables* faz para o cliente? Que competências adicionais ele lhe oferece? Essa competência é obtida completamente com apenas esses *deliverables*? Pergunte a seu cliente do que mais ele precisa. Verifique se ele conseguirá realmente alcançar o que deseja somente com esses *deliverables*. Se não, volte, redefina o escopo e replaneje o projeto para incluir os itens que faltaram. Isso pode exigir mais tempo e dinheiro, entretanto, evitará o fracasso do projeto.

Para muitos projetos de negócios, vale a pena considerar seu processo, sistemas e impacto organizacional. Se estiver entregando um novo sistema de TI, você também precisará do processo e das mudanças organizacionais associadas a ele? Se estiver entregando uma melhoria de processo, quais são as implicações para o projeto organizacional e para os sistemas de TI que lhe dão suporte? Se estiver entregando uma mudança organizacional, como um *downsizing*, existem implicações para os processos de negócios ou sistemas de TI?

Pergunta subsidiária 2c — você está trabalhando para gerar um conjunto de *deliverables* independentes ou uma solução integrada de ponta a ponta?

A maioria dos projetos possui uma série de *deliverables* distintos, que podem ter uma existência perceptível e completa como entidades independentes ao final do projeto. Por outro lado, no caso de muitos projetos, especialmente aqueles voltados à tecnologia, esses *deliverables* precisam ser integrados. A integração de itens separados, como sistemas de TI ou outras partes da tecnologia, não é uma tarefa trivial. Mesmo assim, tenho visto dezenas de projetos que entregam esses itens distintos de formas bastante eficazes, para chegar ao ponto em que alguém indique que eles devam estar integrados — entretanto, não existe uma equipe de integração de sistemas nem tempo ou tarefas planejadas para isso. Às vezes, a necessidade de integração pode ser bastante óbvia, como ao entregar várias partes de software, enquanto em outras ocasiões ela pode ser mais sutil. (Pense na montagem de um sistema de computação, que depois será interligado por uma rede de dados a outro sistema. Geralmente as pessoas testam os sistemas e alguém testará o enlace de dados, mas quem é responsável por testar a junção de ambos?) É muito melhor definir isso no início do projeto.

Pergunta subsidiária 2d — como será determinada a qualidade dos *deliverables*?

Dependendo da natureza de seu projeto e do tipo de *deliverables*, você terá resíduos específicos de trabalho para incluir em seu plano que compreendem a verificação de qualidade e a aceitação dos *deliverables*. Na maioria dos casos, se estiver familiarizado com o contexto de negócios de seu projeto, você já saberá disso e poderá pensar que não precisa fazer essa pergunta. Nenhum gestor de projetos de TI competente projetaria um plano sem incluir uma fase completa de testes. Nenhum gerente de projetos de novos produtos experiente desenvolveria uma estrutura de trabalho sem pensar na experimentação pelos consumidores. Contudo, vale a pena perguntar ao cliente se existem necessidades específicas de teste, experimentação, avaliação e auditoria ou padrões específicos definidos para a conformidade dos *deliverables* (que podem abranger padrões legais e regulatórios, dentre outros).

A qualidade é indiscutivelmente a dimensão mais importante dos *deliverables* de um projeto e, no longo prazo, normalmente é a única coisa que importa. Um ou dois anos após o término de um projeto, todos terão esquecido o atraso de um mês ou o estorno de 15 por cento no orçamento, mas ainda se lembrarão da entrega de um excelente conjunto de *deliverables* — e se lembrarão ainda mais de uma entrega abaixo do padrão, que lhes crie problemas todos os dias. A boa qualidade não se refere aos melhores *deliverables* possíveis, mas à adequação deles ao propósito a que se destinam. É de extrema importância esclarecer desde o início o nível de qualidade exigido.

A qualidade pode ser difícil de definir e mais difícil ainda de avaliar. Os clientes geralmente lutam com a definição dos padrões de qualidade mais que com qualquer outro tipo de requisito. Por esse motivo, embora seja preciso definir a base do nível de qualidade exigido no escopo, é necessário um diálogo contínuo com os clientes no decorrer do projeto. Os clientes precisam entender o que está sendo entregue, o nível de qualidade, as implicações de qualidade de quaisquer concessões de tempo ou custo feitas no projeto, bem como o impacto sobre seu negócio ocasionado pela qualidade dos *deliverables* que serão gerados ao final do projeto.

Pergunta de escopo 3 — você está trabalhando para implementar uma solução específica ou solucionar um problema?

Em outras palavras, você está trabalhando no conjunto de soluções ou no conjunto de problemas? Isso pode parecer um tanto esotérico, portanto explicarei de outra maneira. O projeto que está conduzindo foi definido para solucionar um problema específico ao qual a solução ainda não é conhecida ou você está trabalhando para implementar uma solução que já foi definida? Isso pode ser melhor entendido com um exemplo. Vamos considerar o caso de uma empresa que está conduzindo um projeto para alcançar algum crescimento nas vendas. Uma forma possível de entregar tal crescimento é gerar um novo produto que possa ser vendido para um novo segmento de mercado ao qual a empresa não atende atualmente. Seu projeto poderia ser definido com o objetivo de entregar o novo produto, que proverá o benefício do crescimento nas vendas, ou ter a meta de realmente alcançar o crescimento em si. Isso não é a mesma coisa?

Bem, realmente não. No primeiro caso, você terá sucesso se implementar o novo produto, não importando se ele alcançará ou não o pretendido aumento nas vendas. Essa é a solução que lhe pediram para entregar. No segundo caso, em que o problema do crescimento nas vendas é de sua responsabilidade, você pode muito bem decidir fazer algo completamente diferente para elevar o nível de vendas, mas, se decidir entregar o novo produto e ele não alcançar o crescimento exigido nas vendas, você não terá obtido sucesso. Se seu projeto está estruturado para solucionar um problema é, bem provável que o primeiro passo seja analisar e selecionar possíveis soluções antes de sua implementação. Se seu projeto for elaborado em torno da entrega de uma solução já selecionada, não haverá essa etapa.

É o cuidado no direcionamento para um entendimento tão sutil quanto esse, nas primeiras fases da formação do projeto, que transformará uma entrega comum de requisitos em uma tarefa de gestão de projetos com valor agregado. Isso também pode mudar completamente a direção e o resultado do projeto.

Um exemplo específico em que estive envolvido foi um projeto no qual fomos solicitados a aumentar a área geográfica de captação de sinal de uma estação de TV. Trabalhamos muito, mas não conseguimos chegar a uma forma economicamente viável de expandir a cobertura da estação. Na verdade, tínhamos perdido o foco, pois o problema do cliente não era realmente como expandir sua cobertura, mas convencer a diretoria de que estava realizando um bom trabalho. A diretoria tinha certeza de que sua gerência era falha porque achava que a cobertura poderia ser expandida. A solução que a gerência nos pediu foi uma cobertura expandida, embora ela mesma duvidasse que isso pudesse ser feito. A alternativa teria sido nos pedir para ajudá-la a convencer a diretoria de que isso não poderia ser feito. Quando realmente entendemos o problema, desenvolvemos e apresentamos à diretoria uma análise bastante estruturada e rigorosa sobre o motivo pelo qual a cobertura não poderia ser expandida. A diretoria aceitou nossa análise e, a partir desse momento, deu todo o suporte à gerência. O lado negativo foi que desenvolver essa análise, embora complexa, foi um trabalho de consultoria relativamente pequeno. O projeto original de expandir a rede teria custando muito mais!

Pergunta subsidiária 3a — você é responsável por gerar os *deliverables* ou por atingir os benefícios do negócio?

Essa é uma variante importante, porém específica, da pergunta 3. Deixe-me descrevê-la de outra forma: se você gerar os *deliverables* combinados e eles não atingirem os benefícios esperados, quem será responsável? Você? Se for, então focalize nos benefícios, e não simplesmente nos *deliverables* do escopo original — eles podem não oferecer os benefícios exigidos (ou podem oferecer mais, implicando que o projeto poderia ter sido executado mais rapidamente ou a um custo menor).

Você precisará rastrear a obtenção do benefício no decorrer do ciclo do projeto, não simplesmente assumir que eles serão atendidos quando gerar os *deliverables* ao final do projeto. Seu trabalho não terminará até que os benefícios tenham sido alcançados.

Para citar um exemplo, um colega esteve envolvido em um projeto para reduzir o custo do processamento de pedidos de uma empresa. A solução escolhida foi um novo sistema. Ele foi contratado para implementá-lo, o que foi feito com sucesso. O problema foi que o patrocinador não alcançou os benefícios originalmente esperados (ou seja, o custo não foi reduzido suficientemente) e ele achou que isso era responsabilidade do gestor de projetos. Meu colega, infelizmente, nunca esclareceu quais eram suas responsabilidades e achou que bastaria implementar o sistema de computação. Como resultado disso, houve muita discussão e dificuldades.

Se você é novo em gestão de projetos, meu conselho é que assuma a responsabilidade pelos *deliverables* e não pelos benefícios, que são de responsabilidade do patrocinador do projeto. Se você é um gestor de projetos experiente, que deseja ganhar mais e tem essa opção, então assuma também a responsabilidade pelos benefícios. As pessoas valorizam muito mais quem diz coisas como "vou atingir as economias de custo" ou "aumentarei a lucratividade da empresa", em vez de "entregarei o sistema de TI" ou "lançarei o novo produto". Contudo, se o patrocinador quiser que assuma a responsabilidade pelos benefícios, você poderá, em troca, exigir mais poder de decisão e definição de escopo do que o gestor de projetos normalmente tem. O ponto principal é deixar sua responsabilidade absolutamente clara. (Se assumir a responsabilidade pelos benefícios, poderá até questionar se ainda é um gestor de projetos ou um gerente geral de negócios, mas isso é um detalhe!)

Pergunta de escopo 4 — como o cliente medirá o sucesso ao final do projeto?

Ao final de cada projeto, o cliente avaliará se o sucesso foi alcançado. Isso pode ser feito formalmente, por meio de algum processo estruturado, ou pode ser uma avaliação informal baseado no *felling*. Embora você possa preferir a abordagem intuitiva, pois pode parecer que lhe dá mais margem para ação, meu conselho é sempre documentar formalmente os critérios de sucesso no início do trabalho. Como gestor de projetos, você precisa saber como o cliente avaliará o sucesso (e isso pode ser mais amplo que simplesmente listar os *deliverables*). Se não tiver esse parâmetro de mensuração em bases diárias, não poderá estar certo de que está trabalhando para entregar tudo o que foi exigido. Além disso, as visões do cliente em relação ao sucesso normalmente mudam no curso de um projeto e, sem uma documentação formal dos critérios de sucesso, você não terá qualquer base de comparação para controlar essas mudanças.

Pergunta de escopo 5 — o que, do ponto de vista do cliente, pode mudar?

Todo gestor de projetos sabe que, em algum ponto de quase todos os projetos, as coisas não saem de acordo com o planejado. Na verdade, se eles sempre seguissem o plano, na maioria das vezes, ou o projeto seria algo tão simples que não precisaria de um gestor de projetos, ou teria sido desenvolvido um plano tão detalhado para cobrir todas as eventualidades que, provavelmente, absorveria muito mais recursos do que seria necessário. Acredito que, se as coisas nunca saíssem errado, nunca precisaríamos de um gestor de projetos!

Assim, quando as coisas saem errado, o que podemos fazer? É nesse ponto que os gestores de projetos devem começar a pensar e falar sobre o equilíbrio entre tempo–custo–qualidade, sob o argumento de que não podem se concentrar em todos esses três fatores ao mesmo tempo. Se você tiver de cumprir rigorosamente o custo e a qualidade dos *deliverables*, poderá precisar ser flexível com o tempo gasto. Se tiver de cumprir rigorosamente o tempo e o custo, poderá precisar ser flexível com a qualidade. Os gestores de projetos geralmente mencionam esse modelo de tempo–custo–qualidade.

Concordo totalmente com esse modelo fundamental de gestão de projetos — embora eu pense que essa seja uma negociação em quatro dimensões, em vez de tridimensional — tempo, custo, qualidade e escopo ou riqueza funcional. Separo a qualidade (até que ponto o *deliverable* final corresponde às necessidades) da funcionalidade (quantos dos requisitos originais foram atendidos), pois podem ser alterados separadamente. Por exemplo, posso mudar a funcionalidade de um sistema de TI (ou seja, fazer com que faça mais ou menos) sem afetar a qualidade; por outro lado, posso alterar a qualidade (ou seja, torná-lo mais ou menos confiável) sem afetar a funcionalidade. A importância desses quatro fatores é que todos eles podem ser flexibilizados e que geralmente existe uma compensação entre alterar uma dimensão e modificar as outras.

Até esse ponto, os gestores de projetos mais experientes pensarão "mas isso nós já sabemos". Pode ser, mas o que aqueles que entendem bem disso normalmente se esquecem de fazer é:

- Garantir que o cliente entenda isso no início do projeto. Diga ao cliente que, em algum ponto, ele provavelmente terá que voltar para tomar decisões com base na negociação entre o tempo que um projeto leva, seu custo, seu nível de qualidade e seu escopo. É uma conversa fácil, ainda que um tanto abstrata, se conduzida no início do projeto. Mas pode se tornar muito complicada, se deixada para depois, quando negociações baseadas em compensações serão exigidas. Vale a pena apresentar formalmente as implicações ao patrocinador do projeto em uma das primeiras reuniões.

- Além disso, os gestores de projetos costumam pressupor que entendem qual é o equilíbrio da negociação. Eles são notórios por tomar decisões de negociação baseadas em comparações sem entender claramente as prioridades do cliente. Trabalhei em uma empresa na qual as equipes de projetos se esforçavam para garantir que os projetos não ultrapassassem o orçamento repetidamente. A empresa em geral tinha pouca verba, de modo que eles concluíram que essa seria a coisa certa a fazer. Eles alcançavam as metas de custo para os projetos regularmente e, portanto, achavam que estavam fazendo um ótimo trabalho, embora o departamento em particular para o qual trabalhavam não fosse tão restrito em orçamento e tivesse mais para gastar do que era alocado aos projetos. No entanto, esse departamento não poderia arcar com quaisquer atrasos na entrega. Ironicamente, no esforço de minimizar gastos em recursos, e assim economizar dinheiro, com frequência os projetos ultrapassavam o prazo. Em outra empresa, vi uma equipe trabalhando com afinco para manter um projeto no prazo e no orçamento, mas para isso a qualidade era prejudicada. Como o resultado era um produto para venda ao consumidor em um mercado competitivo, atrasá-lo geraria perda financeira para a empresa. Contudo, reduzir a qualidade foi um desastre total, pois o produto simplesmente não foi vendido.

Deixe-me desafiá-lo, se estiver trabalhando em um projeto agora mesmo: entre tempo para entrega, custo total, qualidade dos *deliverables* ou escopo, você poderia dizer, com confiança absoluta, qual seria o mais importante para seu cliente? Você poderia afirmar com certeza até que ponto poderia alterar esses fatores? Se a resposta for 'não' ou algo do tipo "não podemos modificar qualquer um deles", você deverá retornar, verificar e aprofundar seu conhecimento.

Não fique surpreso se seus clientes acharem difícil uma conversa sobre negociações com base em comparações. Pelo menos no início, eles podem dar respostas contraditórias ou não abrir mão de nada. Isso não será útil, mas do ponto de vista do cliente, na verdade, é uma mentalidade bastante sensata. Ele pode, com razão, questionar por que você concordou em entregar um projeto no tempo, custo, qualidade e escopo total, para agora pedir alterações. Para rebater isso, você precisa garantir que o cliente entenda que você tentará entregar tudo dentro do tempo, do custo e com a qualidade e funcionalidade completas, e que não se trata de uma desculpa ou saída para você, mas uma forma de garantir a entrega *se* surgirem problemas ou mudanças. Para refinar a clareza, faça perguntas como "se x ocorresse, você preferiria que y ou z acontecesse?", em que y e z são mudanças respectivamente de tempo, custo, qualidade ou escopo.

Comece fazendo perguntas genéricas como "você preferia que aumentássemos o tempo ou o preço?", depois prossiga para as específicas: "você preferiria que o tempo aumentasse em uma semana ou o preço em R$ 20 mil?". Desse modo, você pode começar obtendo uma priorização geral que pode ser usada em decisões comuns (por exemplo, se tenho um problema para resolver, é melhor que a solução afete o tempo ou o custo?). Mencionando valores específicos, você pode começar a entender tolerâncias absolutas — o tempo não pode variar mais que alguns dias, a qualidade precisa permanecer alta, a funcionalidade pode ser bastante redimensionada e o custo não pode aumentar mais que 20 por cento. Essas tolerâncias variarão de um projeto para outro, mas, uma vez compreendidas, lhe darão uma base para um controle gerencial eficaz.

Ao fazer isso, descubra se existem restrições absolutas sobre qualquer uma das quatro dimensões da gestão de projetos:

- Existe um momento que, se ultrapassado, torna o projeto sem sentido? (Existe um evento crucial a ser atingido ou o plano de negócios começa a ruir após um tempo?)

- Existe um custo que o projeto não pode ultrapassar? (Há um orçamento absoluto que, independentemente do plano de negócios, é tudo o que está à disposição? Há um custo que, uma vez atingido, significa que o plano de negócios começa a ruir?)
- Existe um escopo mínimo abaixo do qual o projeto não oferecerá algo de valor?
- Existe um padrão de qualidade mínimo que, na prática ou por motivos externos, não pode ser reduzido?

Quando entender o que o cliente considera seus possíveis pontos e níveis de flexibilidade, teste sua *racionalidade*. Os clientes podem fazer afirmações corajosas sem pensar em todas as implicações. O trabalho de gestor não é ignorar as necessidades dos clientes, mas garantir que eles entendam as consequências daquilo que estão pedindo. Certa vez, fui responsável por conduzir uma programação de projetos em que o patrocinador deixou bem claro que o que mais importava era a data da entrega. Ele racionalmente nos autorizou a aumentar o custo, se fosse preciso, ou reduzir o escopo até certo grau. Do ponto de vista de gestão de projetos, ele parecia ser o cliente ideal; ele sabia o que queria e entendia que poderia ter de fazer escolhas para obtê-lo. Também não estava preocupado com a qualidade ou, pelo menos, não entendia realmente a abrangência da questão. Para cumprir o prazo, tivemos de comprometer a qualidade, pois não podíamos realizar o teste completo, que seria o ideal. Insistíamos em solicitar mais prazos para incorporar melhores textos, mas o foco do problema referia-se ao tempo. Quando concluímos o projeto, ele foi um grande sucesso para a empresa e o preço das ações subia cada vez mais. Somente depois de alguns meses, quando os consumidores finais começaram a reclamar das falhas no produto que haviam comprado e deixar de fazer negócios com a empresa, o verdadeiro custo de atingir o prazo à custa da menor qualidade veio à tona e o patrocinador do projeto entendeu claramente o requisito que havia nos imposto. Essa foi uma lição dolorosa para mim; se tivéssemos feito um teste de racionalidade no início, poderíamos ter previsto o resultado.

Pergunta subsidiária 5a — você deseja previsibilidade ou velocidade?

Existe uma questão específica de negociação que merece ser levantada, se seu cliente avalia a velocidade da entrega como algo de grande importância. A velocidade pode ser extremamente importante e um atraso na entrega pode afetar adversamente um plano de negócios muito mais do que se imagina. Todavia, às vezes, as pessoas pedem velocidade quando o que realmente desejam é previsão de tempos de entrega. Isso é comum quando o projeto faz parte de um conjunto de atividades que precisam ser reunidas em determinado tempo. A previsibilidade é muito diferente da velocidade; francamente, isso é óbvio, pois as palavras têm significados diferentes. No entanto, é muito comum confundi-las no subconsciente ou ter um modelo mental em que elas estão intimamente relacionadas. Na realidade, são muito diferentes e normalmente contraditórias.

Pergunta de escopo 6 — existem outras restrições ao projeto?

Quando um projeto é iniciado, geralmente existem algumas restrições sobre sua evolução. Alguns exemplos comuns incluem soluções que são inaceitáveis em um ambiente em particular, pessoas que não devem ser usadas ou envolvidas, orçamento máximo disponível ou prazo máximo de entrega. Antes que desenvolva seu plano, é preciso conhecer essas restrições.

Pergunta subsidiária 6a — existem quaisquer problemas, riscos ou oportunidades atualmente conhecidos?

Avaliar problemas, riscos e oportunidades de melhoria é uma parte central do trabalho com projetos. Entretanto, não há mal algum em fazer essa pergunta nesse ponto, para identificar algo de que o cliente esteja ciente e que você possa levar algum tempo para descobrir.

Pergunta subsidiária 6b — existem considerações externas?

Muitas empresas estão sujeitas a uma série de considerações externas que precisam ser entendidas e levadas em conta pelo gestor de projetos. Dentre os exemplos reguladores mais comuns estão: questões legais, aspectos, diretrizes sociais específicas devido à natureza da organização e regras de saúde e segurança. Em alguns casos, elas podem alterar fundamentalmente a abordagem a ser investida em um projeto, com implicações significativas para os recursos usados e cronogramas seguidos.

Pergunta de escopo 7 — como seu cliente deseja trabalhar com você?

Trabalhar bem com pessoas não é apenas uma questão de fazer o que elas querem; também se trata de trabalhar de um modo que as agrade, ou pelo menos as deixe à vontade. Por exemplo, seu cliente prefere atualizações verbais diárias, relatórios semanais por e-mail ou apresentações mensais? As preferências pessoais pelas diversas técnicas variam, e você não deve pressupor que sabe o que é melhor. Adequar-se ao estilo de trabalho de seu cliente pode ser um detalhe, mas a inadequação pode criar um desgaste significativo e, por ser um fator crítico de sucesso, é melhor que seja determinado de imediato. Além disso, se as demandas do cliente forem pouco negociáveis, agora é a hora de começar a administrar suas expectativas. Um breve diálogo nessa fase sobre como eles gostam de ser informados sobre problemas, riscos, progresso e gastos e como preferem se envolver no desenvolvimento e na tomada de decisão e assim por diante, melhorará o relacionamento e evitará mal-entendidos, além de auxiliar no desenvolvimento do plano.

Pergunta subsidiária 7a — como as decisões serão tomadas no projeto?

Durante o ciclo de um projeto, será preciso tomar uma sequência contínua de decisões. Um projeto nunca seguirá, simplesmente, uma série de etapas previamente organizadas. Recursos devem ser realocados, opções para solucionar problemas devem ser escolhidas, diferentes mudanças devem ser aceitas ou rejeitadas. Você pode evitar muita dor de cabeça e tempo perdido combinando desde o início e de forma ampla com seu patrocinador que tipo e nível de decisão pode tomar dentro do projeto, quais precisa submeter à aprovação dele e, por fim, quais dependem de outros grupos de clientes ou *stakeholders*.

Um exemplo disso é se você, como gestor de projetos, pode levantar e autorizar requisições de compra não planejadas e até qual valor. Basicamente, a questão é o que está dentro de sua autoridade de tomada de decisão e quem deverá envolver para outras decisões.

Pergunta subsidiária 7b — seu patrocinador pode alocar todos os recursos que o projeto exige ou outros *stakeholders* precisam estar envolvidos?

A tarefa de alocação e gestão de recursos será descrita no Capítulo 5. Nem é preciso salientar a importância de entender com quem deve trabalhar para ter os recursos necessários alocados ao projeto. O ideal é que seu patrocinador seja capaz de prover isso. Na prática, isso raramente acontece e, embora a legitimidade do projeto venha do envolvimento do patrocinador, você constantemente terá de lidar com uma série de gerentes que são os donos dos recursos. Isso aumenta a complexidade não apenas no início do projeto, mas também no decorrer dele, pois essas pessoas poderão remover recursos em qualquer fase, a menos que o relacionamento com elas seja bem administrado.

Pergunta subsidiária 7c — em que nível o projeto se encontra nas prioridades gerais de seu cliente?

Você não precisa realmente saber a resposta para essa pergunta para definir o escopo de um projeto, mas, na verdade, precisa conhecê-la para planejar o projeto, uma vez que tenha o escopo. Todos os projetos exigem recursos, seja de dinheiro, equipamento especializado ou pessoas. Seu acesso a eles decorrerá dos recursos que o cliente tem e para o que mais eles estão sendo usados. O fator determinante será o nível de prioridade atribuído ao projeto pelo cliente. Se for a mais alta possível, você poderá admitir que terá acesso aos recursos que ele tem à disposição. Se for baixa, você precisará adequar seu planejamento e os cronogramas ou o escopo devem ser ajustados para refletir isso. O que realmente importa não é a prioridade absoluta para o cliente, mas a prioridade relativa a outros projetos que ele esteja patrocinando. Por exemplo, mesmo que a sua seja a segunda atividade mais importante que ele deseja concluir dentre centenas, isso de nada adiantará se o projeto com prioridade mais alta utilizar os recursos de que necessita.

A priorização também pode afetar o tipo de recurso requerido. Por exemplo, um projeto com baixa prioridade normalmente não terá acesso aos principais membros da equipe que estarão alocados ao trabalho com prioridade mais alta. Portanto, projetos de menor importância podem contar com pessoal ou consultores contratados. Como tais recursos costumam ser mais caros, isso ironicamente aumenta o orçamento exigido para esses projetos.

Discutirei detalhes da priorização no Capítulo 10. Aqui me limitarei a dizer que, em princípio, seu cliente pode relutar ou achar difícil atribuir-lhe uma alta prioridade. Embora todos tenham uma lista implícita de prioridades, poucos têm uma lista explicitamente documentada. Se pensar em sua própria vida, é muito difícil priorizar todas as atividades que realiza, uma em relação à outra. Isso porque requer decidir por uma opção entre tantas; mesmo sendo difícil, seu cliente tem de fazer isso. (Há casos em que os clientes empregam gestores de projetos assertivos especificamente para que entreguem projetos de baixa priorização.)

Você não necessita de uma classificação de prioridade absoluta, mas precisa vislumbrar se terá o direito de alocar pessoas de outra atividade ou se existe trabalho com prioridade mais alta que você não deverá atrapalhar, se puder evitar. Acredito firmemente na importância de entender esse ponto. Seu trabalho como gestor de projetos é realizá-los, não ir contra os desejos de seu cliente. Constantemente, vejo gestores de projetos de baixa prioridade forçando o sucesso por empenho pessoal e, sobretudo, importunando as pessoas para realizarem o trabalho exigido. O projeto acaba tendo êxito, mas, se isso custa o atraso de outro com prioridade mais alta na mente do cliente, você não o terá realmente ajudado.

Pergunta subsidiária 7d — quem pode, legitimamente, estabelecer requisitos ao projeto?

Uma lista deverá ser elaborada e acordada, contendo as pessoas cujas informações devem ser ativamente buscadas para definir requisitos detalhados quando o projeto estiver em execução. Isso pode afetar a complexidade de um projeto, dependendo do tamanho dessa lista e do perfil das pessoas relacionadas. Além disso, como muitos podem ter uma opinião sobre um projeto e querer influenciar sua direção, você precisa saber se deverá escutá-las ou não. Um projeto com uma única pessoa atuando como fonte de requisitos pode ser incomum, mas, nesse caso, é simples levantar os requisitos. Listas maiores não apenas oferecem problemas de logística no levantamento de requisitos como também significam que você pode ter de se envolver na solução de conflitos entre as diferentes visões de requisitos dos *stakeholders*.

Se a lista de nomes for muito extensa, conteste e discuta com o patrocinador as implicações disso no tocante ao uso de tempo e recursos. Além do mais, seja claro ao informar para que tipos de requisitos as pessoas podem contribuir. Alguns podem ser dispensados para apenas comentar a respeito e acrescentar algo aos requisitos em uma parte específica do projeto.

Pergunta de escopo 8 — o cliente possui quaisquer requisitos, suposições ou necessidades implícitas que não estão definidos nos documentos de escopo ou de requisitos?

Isso é efetivamente uma ênfase do ponto discutido no Capítulo 2 a respeito de não fazer suposições e verificar o entendimento regularmente. Nem é preciso dizer, mas continue verificando com o cliente, no decorrer do desenvolvimento da especificação detalhada de requisitos e da definição de escopo do projeto, se eles abrangeram tudo o que o cliente tem em mente.

Todas as perguntas de escopo aparecem como uma lista de verificação na Tabela 3.1. Use-a para determinar se você pode ou não responder a cada questão do escopo. Se não puder, isso significará que ela não se aplica ou que é um risco ao projeto? Se for um risco, o que você fará a respeito?

Tabela 3.1 Lista de verificação de perguntas de escopo

Perguntas de escopo	Você pode responder?		
	Sim	Não	
		Sem resposta	Risco
1. Qual é o objetivo geral do projeto?	☐	☐	☐
2. Quais são os *deliverables*?	☐	☐	☐
a. Existem *deliverables* exigidos pelo projeto pelos quais você não é explicitamente responsável?	☐	☐	☐
b. Você está trabalhando para gerar um conjunto finito de *deliverables* ou para prover alguma competência do negócio?	☐	☐	☐

  c. Você está trabalhando para gerar um conjunto de *deliverables* independentes ou uma solução integrada de ponta a ponta? ☐ ☐ ☐

  d. Como será determinada a qualidade dos *deliverables*? ☐ ☐ ☐

3. Você está trabalhando para implementar uma solução específica ou solucionar um problema? ☐ ☐ ☐

  a. Você é responsável por gerar os *deliverables* ou por atingir os benefícios do negócio? ☐ ☐ ☐

4. Como o cliente medirá o sucesso ao final do projeto? ☐ ☐ ☐
5. O que, do ponto de vista do cliente, pode mudar? ☐ ☐ ☐

  a. Você deseja previsibilidade ou velocidade? ☐ ☐ ☐

6. Existem outras restrições ao projeto? ☐ ☐ ☐

  a. Existem quaisquer problemas, riscos ou oportunidades atualmente conhecidos? ☐ ☐ ☐

  b. Existem considerações externas? ☐ ☐ ☐

7. Como seu cliente deseja trabalhar com você? ☐ ☐ ☐

  a. Como as decisões serão tomadas no projeto? ☐ ☐ ☐

  b. Seu patrocinador pode alocar todos os recursos que o projeto exige ou outros *stakeholders* precisam ser envolvidos? ☐ ☐ ☐

  c. Em que nível o projeto se encontra nas prioridades gerais de seu cliente? ☐ ☐ ☐

  d. Quem pode, legitimamente, estabelecer requisitos ao projeto? ☐ ☐ ☐

8. O cliente possui quaisquer requisitos, suposições ou necessidades implícitas que não estão definidos nos documentos de escopo ou de requisitos? ☐ ☐ ☐

CAPÍTULO 4

Algumas características fundamentais

Este capítulo define as principais características de personalidade exigidas dos gestores de projetos.

Imagine que eu necessite de um gestor de projetos para gerenciar algum trabalho. Tenho diversas escolhas e, portanto, vou realizar um processo de seleção. Se você já teve de contratar gestores de projetos, estou certo de que está familiarizado com o procedimento. Tenho alguém à minha frente com um bom currículo. Até o momento, parece adequar-se ao cargo, sabe como se comunicar e parece entender todas as coisas que um gestor de projetos precisa saber. O que mais devo procurar? Além da adequação básica para a função, devo descobrir três coisas sobre essa pessoa:

- Tem senso de posse sobre o que faz — envolve-se no projeto?
- Tem bom-senso?
- Pode ser criativa?

Além das habilidades de comunicação, esses são os outros atributos que realmente diferenciam o gestor de projetos excelente do mediano. Eles aparecem na Figura 4.1 como três dos quatro pilares para o sucesso do projeto.

O senso de posse e envolvimento

O senso de posse é um padrão de pensamento que leva as pessoas a se importarem passionalmente com uma forma de trabalho eficaz e intensa. É um estado emocional que gera o prazer do sucesso e o desprezo ao fracasso. É a mentalidade que faz

> **Ponto-chave da lição**
> Para ser um gestor de projetos mais bem-sucedido, você precisa manter e externar um senso de posse total do projeto e de seu resultado.

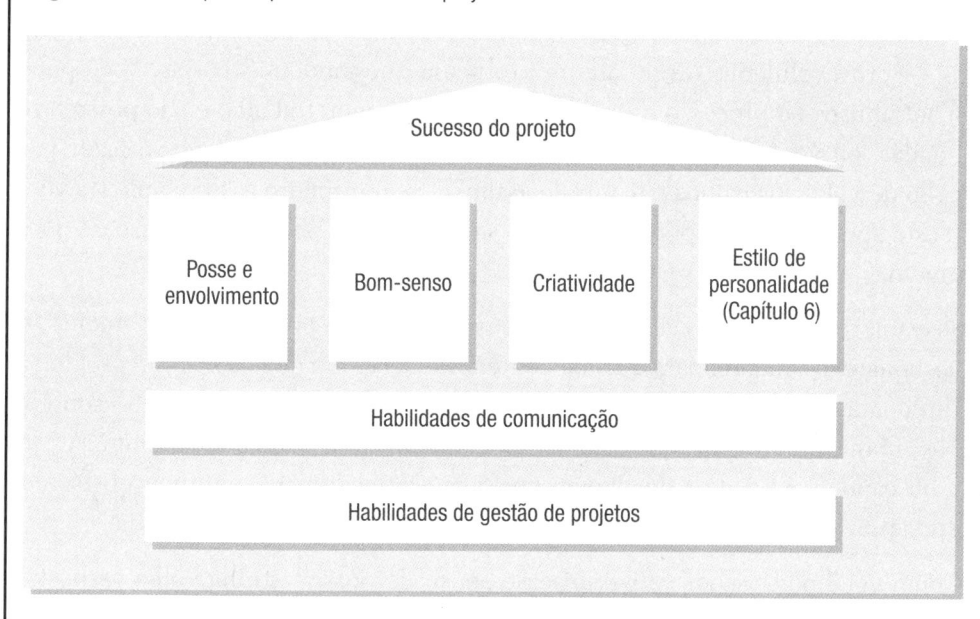

Figura 4.1   Os pilares para o sucesso do projeto

```
                    Sucesso do projeto

   ┌──────────────┐ ┌──────────┐ ┌──────────────┐ ┌──────────────┐
   │   Posse e    │ │ Bom-senso│ │ Criatividade │ │   Estilo de  │
   │ envolvimento │ │          │ │              │ │ personalidade│
   │              │ │          │ │              │ │  (Capítulo 6)│
   └──────────────┘ └──────────┘ └──────────────┘ └──────────────┘

              Habilidades de comunicação

             Habilidades de gestão de projetos
```

alguém atuar como se fosse totalmente responsável por algo, mesmo que não o seja. É a força que faz as pessoas se envolverem em uma atividade em vez de se distanciar dela.

Se você é um gestor de projetos, não consegue controlar tudo no projeto, mas precisa se sentir responsável pelo todo. Pode-se debater sobre a diferença entre responsabilidade e obrigação, no entanto, no que se refere ao sentido verdadeiro de posse, não há distinção. Você é a única pessoa que tem responsabilidade geral e, além disso, precisa sentir como se tivesse plena confiabilidade. Não evite isso. Tome posse mesmo quando o projeto estiver uma bagunça. O verdadeiro sinal de alguém que vale a pena ter por perto é o daquele que levanta a mão e toma posse das coisas quando tudo está saindo errado. Agindo dessa forma você terá a gratidão das pessoas, que o recompensarão e o procurarão para trabalhar com elas novamente!

Um projeto pode ser entregue por um gestor de projetos que não tenha um verdadeiro senso de posse por seu conteúdo ou resultado. Já me envolvi em muitos projetos que alcançaram seus objetivos, apesar de gerenciados por alguém sem pleno senso de posse. Mas, quando as coisas saem erradas, ficam complicadas ou se tornam desafiadoras de alguma outra forma, o senso de posse leva ao sucesso. Quando for tarde da noite e faltar pouco para concluir o trabalho, a paixão o conduzirá. Quando um gestor entrega um projeto sem esse senso de posse, normalmente é porque o trabalho não era tão difícil ou tão complexo.

Como saber quando um gestor de projetos tem esse senso de posse? Só se pode saber quando as dificuldades chegam. O projeto atrasará, talvez por razões justificáveis — provavelmente surgiu algum problema que mudou as coisas. Você pensa "bem, administrei o processo e esse é o resultado; fiz meu trabalho e não posso fazer mais nada", ou você se pergunta "Ok, aconteceu isso, mas o que posso fazer para colocá-lo de volta aos trilhos e mantê-lo assim?". Se o primeiro caso se aplica a você, então está apenas fazendo por fazer; se é o segundo, você possui esse senso de posse do projeto.

Se estou recrutando um gestor de projetos, o que devo procurar? Basicamente, eu os questionarei e sondarei para que me contem situações em que ocorreram problemas e pedirei para que descrevam o que fizeram e como se sentiram. Perguntarei sobre situações em que eles fracassaram na entrega. O que fizeram e como se sentiram? O que estou buscando é a imagem de alguém que seja obstinado para contornar obstáculos, que sinta prazer dessa situação e que sinta ter fracassado, se não o conseguir.

Como você pode saber se possui esse senso de posse? Minha velha resposta a essa pergunta é como a velha resposta à pergunta "como saberei se estou apaixonado?" — o sensato simplesmente responde que você apenas sabe. Você sabe quando está comprometido com algo. Se não tiver certeza, faça a seguinte pergunta a si mesmo: como você se sentiria se o projeto não alcançasse suas metas por motivos fora de seu controle? Se simplesmente encolher os ombros e pensar "bem, não foi culpa minha", você não tem o senso de posse; se, por outro lado, sentir-se desapontado e insatisfeito, provavelmente o tem.

Excelentes gestores de projetos sentem paixão por cumprir as metas de sucesso do projeto; eles não tratam o assunto como um algoritmo que gera a resposta certa ou não. Os melhores farão aquele esforço extra para achar soluções e maneiras de contornar quando as coisas saírem erradas; eles não aceitam respostas de sua equipe sobre quanto tempo levarão ou quanto custará, sem um desafio rigoroso e estruturado. Os grandes gestores de projetos escalam problemas para resolvê-los, não para escapar da responsabilidade. Mesmo que tenham levado o problema até o mais alto nível da empresa, saberão que são os responsáveis por executar o projeto e tratarão essa escalada simplesmente como outra tarefa a gerenciar, e não como um repasse de responsabilidade.

Excelentes gestores de projetos não usam apenas seu senso de posse para levá-los à entrega, eles fazem refletir essa paixão nas equipes que estão gerenciando e nos clientes a quem estão atendendo.

Uma boa analogia é com os esportes. Todos podem participar de algum esporte e a maioria das pessoas pode ganhar em algumas situações ou contra alguns adversários. Mas ser realmente bem-sucedido não significa vencer quando se pode escolher o adversário ou vencer apenas de vez em quando. Trata-se de vencer consistentemente e isso não pode ser alcançado sem a paixão por vitória. Os psicólogos de esportes lhe dirão que, embora habilidade e oportunidade sejam necessárias para sobressair-se no esporte, seu estado e atitude mental também são crucialmente importantes para o sucesso. De modo semelhante, os gestores de projetos precisam de competência e habilidades em gestão de projetos, mas também de paixão e iniciativa.

Esse senso de posse não significa que os gestores de projetos devam alcançar coisas impossíveis. Trata-se de um estado emocional de apego e compromisso com o trabalho, de modo que o sentido pessoal de sucesso ou fracasso esteja alinhado com o sucesso ou fracasso do projeto. Não estou dizendo que, sem isso, você não possa gerenciar projetos de modo competente; isso é possível. Você pode ser competente, mas nunca se destacará. Você pode se manter ocupado, porém as pessoas não farão aquele sacrifício adicional para tê-lo à frente de seus projetos.

Posse não é um sentido remoto, deve ser experimentada e manifestada por meio do envolvimento total em um projeto. Como um gestor de projetos, você não é um proprietário ausente que retorna ocasionalmente a suas terras para garantir que seus arrendatários estejam trabalhando bem. Você precisa ser um membro integral e ativo da equipe, bem no centro da ação. Faça essa pergunta a si mesmo: como é sua imagem mental quando entrega seu projeto? A de um observador bem informado tentando colocar alguma forma e estrutura a uma série de eventos sobre os quais tem controle apenas parcial e se sentindo um tanto impotente na tentativa de mudar as coisas, sendo sua arma principal a capacidade de acompanhar o que está acontecendo e levar os problemas a um nível de gerência superior quando necessita de ajuda? Você se vê como uma divindade poderosa, porém entusiasta, que está acima do projeto e cuja função é supervisionar, relatar e ocasionalmente dar instruções e movimentar pessoas e tarefas em um jogo de xadrez gigante? Ou você se sente como o componente central do projeto, responsável por sua entrega, lutando ao lado de todos os outros para aprontá-lo e fundamentalmente envolvido no funcionamento rotineiro do projeto? Se sua imagem é algo como as duas primeiras situações, você está na função errada. Você precisa ser o componente central do projeto.

Se quiser se destacar, você precisa se sentir dono do projeto e permanecer intimamente envolvido com ele durante todo o seu ciclo. Um fator final que torna o comprometimento importante é que o trabalho será pessoalmente mais agradável se estiver comprometido.

Ponderação — estilo de gestão de projeto

Os gestores de projetos têm uma família inteira de processos e ferramentas, além de listas de verificação e sistemas para lhes dar suporte. Entretanto, a gestão de projetos não é uma ciência exata, que pode ser aplicada como uma equação matemática para fornecer uma resposta exata. Está na definição de um projeto que ele é um empreendimento único. Se cada projeto é diferente, a abordagem para gerenciá-lo deve, até certo ponto, ser única também. Os gestores de projetos exigem ponderação para adequar sua abordagem de gestão às demandas do projeto. (No restante do livro, repetidamente vou me referir à necessidade de ponderação.)

> **Ponto-chave da lição**
> Cada projeto é diferente e um gestor de projetos precisa se adaptar a cada um. Embora ferramentas e processos possam ajudar, a base para essa adaptação deve ser a ponderação do gestor de projetos.

O senso (ou ponderação), por definição, é mais uma arte do que uma ciência. Ocasionalmente, as pessoas parecem ter nascido sensatas, mas, normalmente, isso vem com as 'cicatrizes' da prática. Aprende-se a ter bom-senso com a experiência e não em sala de aula ou lendo um livro como este. Não se trata de um assunto teórico nem algo que eu possa lhe dar —, você tem bom-senso e o desenvolve ou não o tem nem nunca terá.

Contudo, posso oferecer alguma ajuda. A ponderação é fundamental para o gestor de projetos e, se não posso concedê-la, pelo menos posso indicar algumas áreas em que ela deve ser aplicada. A lista a seguir traz uma amostra de 15 áreas primordiais em que um gestor de projetos regularmente tem de aplicar ponderação. Não se trata de uma lista completa, pois esses pontos não são como geometria euclidiana, que oferece, com absoluta certeza lógica, respostas inquestionavelmente corretas em cada situação. Eles exigem que se tome decisões com base no equilíbrio entre diferentes questões. Ser capaz de encontrar esse equilíbrio é o que realmente torna os gestores de projetos bem-sucedidos. Escolhi esses exemplos específicos porque representam decisões do dia a dia que os gestores de projetos precisam tomar e dão uma ideia da abrangência das ponderações exigidas.

As 15 áreas de ponderação selecionadas são:

1. O que está no escopo?
2. O que deve estar no plano?
3. Quais elementos do processo de gestão de projetos devem ser aplicados e quais devem ser ignorados?
4. Quando escalar?
5. Quando entrar em detalhes e quando ser superficial?
6. Quando fazer e quando delegar?

7. Em quem você pode confiar em sua equipe de projeto?
8. Qual é o nível de risco aceitável?
9. Qual é o nível de atividade paralela aceitável?
10. Qual é o nível de mudança aceitável?
11. Quando adotar o processo de gestão de mudanças?
12. Quando é razoável prosseguir com base em uma suposição?
13. De quantos níveis organizacionais de gestão de projetos você precisa?
14. Quando considerar *stakeholders* mais amplos?
15. Quando o projeto está concluído?

Ponderação 1 — o que está no escopo?

Nos capítulos 2 e 3, esbocei a importância de entender o escopo de um projeto e defini uma série de perguntas que você pode utilizar para garantir que o conhece suficientemente bem. Também descrevi a incapacidade de entender ou comunicar o escopo como o mais próximo que um gestor pode chegar de um pecado capital. Isso é um dos pontos mais importantes que um gestor de projetos discute com seu cliente e, usando as perguntas que esbocei, você deverá obter uma boa definição do escopo. Porém, a realidade é que, a menos que esteja trabalhando para um cliente muito estruturado (talvez um ex-gestor de projetos), a definição final do escopo está sujeita, até certo ponto, à ponderação do gestor de projetos.

De modo geral, um gestor de projetos assertivo pode influenciar um cliente na definição do escopo e auxiliá-lo nesse processo de modo mais ou menos amplo. Um profissional menos assertivo pode, simplesmente, ficar à mercê de seu cliente. Os gestores de projetos costumam entender melhor que seus clientes as questões sobre o escopo, de modo que podem, até determinado ponto, embora um tanto inescrupuloso, manipulá-lo para favorecer a si mesmos. Em cada caso existe um perigo. A definição rigorosa do escopo para um conjunto restrito de *deliverables* pode ajudar a garantir a entrega, mas corre o risco de levar ao efetivo fracasso do projeto. Se nem tudo o que é realmente necessário for incluído, você poderá, no papel, ter alcançado o resultado exigido, porém, tomando uma visão mais centrada no cliente, terá fracassado. Isso também pode ocasionar clientes insatisfeitos. Mesmo que esteja bem documentado e assinado pelo cliente, se o resultado ficar aquém de suas expectativas, ele ficará insatisfeito. Em compensação uma definição de escopo muito ampla pode levar a uma situação em que um projeto nunca termine. Portanto, a habilidade necessária é ajudar o cliente a definir um escopo para um determinado projeto, o qual possa ser alcançado com os recursos e o tempo disponíveis, além de atender a suas reais necessidades.

As ações comuns que podem resultar em uma definição de escopo muito ampla surgem do que normalmente é conhecido como escalada de escopo e do desejo do cliente de usar um projeto para oferecer uma série de necessidades não relacionadas. Escalada de escopo é a tendência de projetos aparentemente bem-sucedidos estarem sujeitos a uma série constante de acréscimos ao escopo (às vezes, sem controle de mudança, porém, mesmo que seja aplicado, esse controle não funciona, pois cada mudança é aceitável quanto a seu impacto incremental, mas o impacto acumulativo de muitas mudanças leva ao fracasso do projeto). Os clientes também podem acrescentar requisitos não relacionados ao escopo de um projeto, simplesmente porque existe uma equipe de projetos e eles acham que ela poderá ser usada para que obtenham todos os tipos de extras de que possam precisar. A escalada de escopo é perigosa; ela pode levar a um ponto em que o projeto se torna grande demais para ser concluído. Requisitos não relacionados, acrescentados ao critério do cliente, têm potencialmente os mesmos perigos, se não maiores, que podem afetar uma equipe de projeto.

A ponderação que você precisa fazer como gestor de projetos é equilibrar as seguintes perguntas:

- Está definido o escopo de modo amplo o suficiente para agregar valor ao cliente?
- Está definido de modo minucioso o suficiente para ser alcançado com os recursos e habilidades disponíveis e no tempo solicitado?
- Está definido de maneira significativa, que seja coerente com os objetivos do projeto e que possa ser comunicado com facilidade?
- Atenderá ao objetivo (e nada mais!)?

Ponderação 2 — o que deve estar no plano?

Quando o escopo do projeto estiver definido, a próxima coisa que um gestor de projetos deverá fazer é montar o plano do projeto. Discutirei sobre planejamento no Capítulo 5, mas vale a pena darmos uma passada inicial nesse assunto.

O planejamento do projeto, por si só, não é uma atividade conceitualmente difícil, embora seja muito poderosa. Ele formará a base para decidir sobre os recursos exigidos e a extensão de tempo que o projeto levará, além de revelar outros problemas e riscos que o gestor de projetos deverá resolver.

A ponderação no planejamento do projeto basicamente tem a ver com o nível de detalhe que o plano inclui e quantas atividades que não estão dentro do escopo do projeto deverão ser inseridas no plano (dependências externas). Um erro comum dos gestores de projetos iniciantes é criar um plano denso e complicado, mostrando cada atividade até um nível muito profundo de detalhamento. No outro extremo, alguns gestores de projetos simplesmente gastam alguns minutos para montar um resumo de alto nível.

Antes de decidir sobre a técnica correta, vale a pena garantir que você entenda para que serve realmente o plano e como vai empregá-lo na prática. Um modo de enxergar a finalidade do plano é que ele deverá ajudá-lo a realizar as cinco tarefas seguintes de gestão:

1. O processo de planejamento ajuda a explorar o projeto e a desenvolver o entendimento. Caso seja feito em um padrão aberto, o planejamento promove o diálogo construtivo entre os membros da equipe de projeto e o cliente, reduzindo a incerteza e, consequentemente, o risco.

2. O plano permite que você entenda quanto tempo o projeto levará e quais recursos serão exigidos no decorrer das diversas fases do projeto até a entrega. Ao fazer isso, é preciso haver condições que permitam sua análise hipotética. (Por exemplo, se incluir mais uma pessoa na equipe por algumas semanas ou afastar outras por um período, qual será o impacto sobre o plano?)

3. O plano lhe permitirá alocar trabalho para as diversas pessoas ou equipes envolvidas no projeto e garantirá que todas as tarefas por elas realizadas se juntem para alcançar o resultado exigido.

4. O plano visa a ajudá-lo a medir o progresso. Sem um plano, não é possível decidir, em qualquer período, se você fez o suficiente para chegar ao ponto final, ou se deveria ter feito mais.

5. O plano é uma ferramenta de comunicação para explicar à equipe do projeto, aos clientes e a outros *stakeholders* o que eles querem saber e o que você precisa que eles saibam.

O próximo passo é entender como o plano será usado na prática. Trata-se de uma ferramenta, e não um fim. Ele só precisa ser bom o suficiente para alcançar as cinco finalidades esboçadas e nada mais. Estará sujeito a mudanças e necessita ser um documento vivo no decorrer do projeto. Por melhor que seja seu planejamento, em um projeto com qualquer grau de complexidade, tarefas terão de ser acrescentadas, cronogramas mudarão e o plano o ajudará a gerenciar isso. Torne-o muito complexo e a tarefa de atualizá-lo se tornará impossível.

Com um nível de planejamento muito alto, não será possível alcançar os resultados definidos anteriormente. Por exemplo, se uma importante programação de projetos for definida em tarefas isoladas, cada uma com um prazo de um mês, você não poderá desenvolver os recursos exigidos. Com um nível de planejamento muito baixo, o plano se tornará um fim em si mesmo e, como gestor de projetos, você gastará muito tempo criando-o e atualizando-o. Além disso, ficará fácil perder-se nos detalhes e deixar de enxergar o todo.

Se seu plano for suficiente para alcançar as cinco finalidades descritas anteriormente, ele estará bem detalhado. Inclua mais algum detalhe e estará apenas criando mais trabalho para si mesmo. O objetivo principal é mostrar que o trabalho se encontra dentro do escopo de seu projeto; dependências externas devem ser mostradas, mas somente em um nível muito alto. Não tente planejar todas as dependências externas com detalhes em seu plano. (De qualquer modo, veja no Capítulo 10 os problemas da gestão de dependências externas.)

Ponderação 3 — quais elementos do processo de gestão devem ser aplicados e quais devem ser ignorados?

Se tentar aplicar todos os preceitos e normas da gestão de projetos a cada situação, passará sua vida inteira aplicando processos e nada será realmente entregue. Existem atividades (como questões de planejamento e gestão) que provavelmente precisam ser realizadas em cada projeto, mas existem outras que podem ser excluídas. Com frequência vejo gestores de projetos produzindo todo tipo de documentação e seguindo processos não relevantes ao projeto que estão gerenciando, simplesmente porque são obrigatórios na organização em que trabalham. Deve haver, sim, um conjunto mínimo de atividades obrigatórias comuns aos gestores de projetos, entretanto deve ser um conjunto pequeno, em que a implementação de outros processos dependa da ponderação do gestor de projetos. Por exemplo, se os níveis de risco forem baixos e o impacto do atraso na entrega for pequeno, não se preocupe com planos de contingência.

Lembre-se de que o processo de gestão de projetos existe para ajudá-lo, e não para atrapalhá-lo. Portanto, use-o cuidadosamente quando for útil, mas, nas ocasiões em que ele atrapalhar ou não agregar valor, ignore-o. O uso de um bom processo implica um trabalho adicional, contudo isso será compensado com maior eficiência, produtividade ou menor risco no longo prazo. Por outro lado, quando não puder alcançar esses retornos, trabalhe sem ele. Como gestor de projetos, sua abordagem gerencial deverá ter prioridade sobre o processo. Se você é um gestor de projetos novato ou inexperiente, use o processo. Uma das principais lições a aprender, à medida que se ganha experiência, é quando se deve afastar dele. Como gestor de projetos, o processo de gestão é *sua* ferramenta, não sua camisa de força.

Ponderação 4 — quando escalar?

A ponderação exigida aqui não é apenas a de cumprir a regra 'sem surpresas' (ver Capítulo 2, lição de comunicação 16, sobre gestão de expectativas), mas também a de evitar sobrecarregar o patrocinador e não agregar valor. De forma simples, se você escalar tudo, estará agregando muito pouco valor. Sua tarefa é resolver questões e gerenciar riscos, não simplesmente atuar como um canal para os gerentes de nível mais alto. Quando você atinge um obstáculo, sua tarefa é removê-lo. Por outro lado, você precisa dar aos patrocinadores e clientes o devido alerta sobre problemas e riscos que não conseguirá resolver. Se escalar tarde demais, aumentará o risco de fracasso. Uma capacidade essencial é saber discernir entre quando é inapropriado escalar e quando isso é imprescindível.

Também é importante lembrar que escalar não o exime da responsabilidade pela resolução do problema em questão. Você ainda é o gestor do projeto e também o responsável pela entrega; apenas uma das tarefas está sendo feita por alguém de nível mais alto.

Ponderação 5 — quando entrar em detalhes e quando ser superficial?

Até certo ponto, isso depende do tamanho do projeto. Porém, supondo que eu esteja falando sobre projetos de grande porte ou programações de projetos, isso se torna uma decisão crítica. Seja muito superficial e provavelmente perderá detalhes importantes; aprofunde-se demais e deixará de fazer a tarefa do gestor de projetos e ficará sobrecarregado. O segredo é identificar os membros da equipe que são totalmente confiáveis e aqueles que não são. Entre em mais detalhes com aqueles que não são confiáveis, em vez de se aprofundar na área em que demonstra ser mais experiente ou está mais bem informado. A segunda coisa que você deve garantir é que terá um mecanismo robusto para o acompanhamento do progresso; isso logo demonstrará onde você precisa focalizar sua atenção.

Ponderação 6 — quando fazer e quando delegar?

Esse é um desafio de gestão geral que todos os novos gestores têm dificuldade de dominar, mas que precisam aprender. Delegar a outras pessoas tarefas prioritárias, em vez de você mesmo fazê-las, é bastante natural para quem é experiente em seu cargo. Normalmente, é difícil gerenciar pessoas pela primeira vez. Todos os gestores devem delegar; se você não se sente capaz disso, então não deve ser um gestor. É fácil se a tarefa a ser delegada não estiver em sua área de competência; nesse caso, é óbvio que precisa contar com especialistas. Porém, você também necessita usar de delegação regularmente até mesmo para as tarefas que acha que pode fazer bem. Não é simplesmente uma questão de falta de tempo, ocorre que os membros de sua equipe nunca aprenderão se não os deixar experimentar. Naturalmente, se alguém é inexperiente, precisará de mais ajuda, mas pelo menos deixe-o tentar fazer.

Se você estiver gerenciando o projeto devidamente, não terá tempo para mais nada. Dedicar-se a outro trabalho significa que estará desconsiderando sua responsabilidade principal. No entanto, lembre-se sempre de uma boa regra dos militares: não peça a sua equipe nada que você mesmo não estaria disposto a fazer.

Ponderação 7 — em quem você pode confiar sua equipe de projeto?

O gestor de projetos terá de examinar uma grande variedade de áreas, gerenciando o progresso e ajudando a remover quaisquer obstáculos. O principal mecanismo de controle a seu dispor nessa situação será a avaliação do progresso em relação ao plano. Onde houver alertas ou problemas, o gestor de projetos deverá entrar com mais detalhes. Em grandes programações de projetos, acontece constantemente de o gestor de projetos não poder abranger todas as áreas com detalhes suficientes para estar absolutamente a par do progresso e da solução de problemas. Uma boa maneira de enfrentar isso é ser capaz de determinar em quais membros de sua equipe pode confiar para seguir o plano de projeto combinado e procurá-lo quando precisar de ajuda. Desse modo, você poderá dedicar mais de seu tempo aos membros da equipe que necessitam de acompanhamento mais minucioso.

Existem duas dimensões aqui das quais o gestor de projetos precisa estar ciente. A confiança em uma base pessoal significa que, quando alguém disser que fará algo, você acreditará nele. Há também a confiança de que alguém tenha as habilidades e competências para realizar o trabalho exigido, de modo que, quando disser que fará algo, você saberá que ele será perfeitamente capaz de fazê-lo.

Ponderação 8 — qual é o nível de risco aceitável?

Existem três riscos distintos que você precisa conhecer ao gerenciar um projeto: risco para o negócio (ou seja, se esse projeto sair errado, qual será o impacto sobre o negócio?), risco para o projeto (ou seja, o que pode sair dos trilhos e com que probabilidade?) e risco pessoal (ou seja, qual é o risco para si mesmo, por exemplo, para sua reputação, caso ocorra algo errado?).

O risco para o negócio não deverá ser realmente uma preocupação do gestor de projetos, mas tarefa do patrocinador do projeto (embora, obviamente, seja útil oferecer-lhe um bom conselho). Não posso falar sobre risco pessoal, visto que, por definição, é uma questão individual. Trata-se de algo que envolve conscientização e um bom autoconhecimento. O grau de risco aceitável varia de um projeto a outro e de uma empresa a outra. Supondo que você tenha um processo bem estruturado de gestão de riscos e realmente entenda o grau de risco que está enfrentando, os pontos a considerar ao avaliar se o nível de risco é aceitável são:

- Você entende totalmente os riscos que identificou ou eles são apenas a ponta de um *iceberg*?
- Os riscos são questões independentes ou eles são inter-relacionados e cumulativos?
- Você tem como contornar o risco — caso ocorra, ele pode ser reduzido, você pode atenuar sua ocorrência ou tem um plano de contingência? (O plano é viável e existem recursos para implementá-lo?)
- Qual é o nível de propensão ou aversão ao risco da organização em que está trabalhando?
- Até que ponto é crucial que o projeto seja entregue? Se o risco fizer o projeto sair dos trilhos, isso terá um impacto significativo sobre o cliente ou ele enfrentará isso facilmente?
- Sua equipe de projeto é boa? Uma equipe forte normalmente é mais capaz de lidar com riscos e resolvê-los.

Ponderação 9 — qual é o nível de atividade paralela aceitável?

Para muitas pessoas o modo ideal de fazer alguma coisa é realizar uma tarefa de cada vez, em outras palavras, fazer as coisas sequencialmente. Algumas atividades precisam ser feitas assim. Um exemplo trivial é que você não pode fisicamente testar um novo carro até que ele tenha sido montado. Porém, se realizar todas as atividades em um projeto sequencialmente, ele pode se tornar inaceitavelmente longo. Logo, a maioria dos projetos possui certo grau de atividades paralelas — na verdade, pode-se argumentar que por isso é preciso um gestor de projetos para administrar os diversos fluxos de trabalho paralelos (no caso de um projeto) ou projetos paralelos (no caso de uma programação de projetos). Normalmente, a questão só se torna um problema quando, no desejo de agilizar a atividade ou de recuperar o tempo perdido após um atraso, tarefas originalmente planejadas como sequenciais transformam-se em paralelas. Isso pode aumentar o risco e você deverá sentir-se instintivamente desconfortável quando muitas tarefas são reunidas dessa maneira. As perguntas que precisará fazer a si mesmo são:

- Tenho recursos suficientes para realizar o trabalho em paralelo? Isso pode agilizar o progresso, mas também consumirá os recursos mais rapidamente.

- Algumas das tarefas agora em paralelo são logicamente possíveis apenas se executadas sequencialmente? Por mais que queira concluir algumas tarefas em paralelo, talvez elas devam ou só possam ser feitas sequencialmente.

- Qual é o impacto sobre o teste, o treinamento e a entrega? Escolhi essas porque normalmente são as últimas tarefas em um projeto. Em geral, portanto, essas fases são espremidas em módulos cada vez mais curtos de atividades cada vez mais paralelas. Atalhos aceitáveis envolvem o desenvolvimento de planos de teste e treinamento antes que os *deliverables* estejam prontos para esse fim, e o teste de componentes individuais antes que todos os componentes estejam prontos. O risco aumenta quando os testes de integração, aceitação do usuário e de prontidão operacional são realizados em paralelo. Corte o teste, ciente do risco. Reduzir o foco na entrega voltará a assombrá-lo quando tentar liberar recursos do projeto.

- Como gestor de projetos, você pode realmente administrar isso e sua equipe é capaz de fazê-lo? Um projeto com meia dúzia de tarefas paralelas é muito mais fácil de administrar que outro com 20. Administrar 20 tarefas em paralelo aumenta a sobrecarga da gestão e também a habilidade exigida. Adotar com eficácia caminhos paralelos de tarefas acaba com a margem de erro e torna crítica a entrega no prazo. Na maioria dos projetos, se a data de um *deliverable* sofre defasagem por uma pequena porcentagem, isso poderá ser recuperado. Quando todas as atividades são realizadas em paralelo, isso pode não ser possível. O trabalho paralelo aumenta a necessidade de uma equipe habilitada e experiente.

Deve-se também diferenciar entre atividade paralela do projeto e atividade paralela aos membros individuais da equipe de projeto. Muitas evidências mostram que, por mais que valorizemos as pessoas que trabalham em multitarefas, isso é inerentemente ineficaz; em alguns casos, até 40 por cento do esforço pode ser desperdiçado alternando-se entre as tarefas. Naturalmente, com frequência, temos de realizar multitarefas, mas, de outro modo, será muito mais eficiente trabalhar nas tarefas sequencialmente. Logo, tente evitar um plano, mesmo aquele com muitos fluxos de trabalho paralelos, em que os indivíduos devam regularmente alternar entre tarefas. Faça com que trabalhem o máximo possível em uma tarefa por vez.

Outro motivo para evitar o trabalho paralelo é que isso pode atrasar a entrega de benefícios. Se você trabalha sequencialmente, cada tarefa é concluída mais rapidamente, e se elas ocasionarem benefícios ao negócio, alguns serão entregues mais cedo. Em geral, isso é um problema mais pertinente às programações de projetos do que aos projetos em si, mas vale a pena ser considerado. A Figura 4.2 mostra isso.

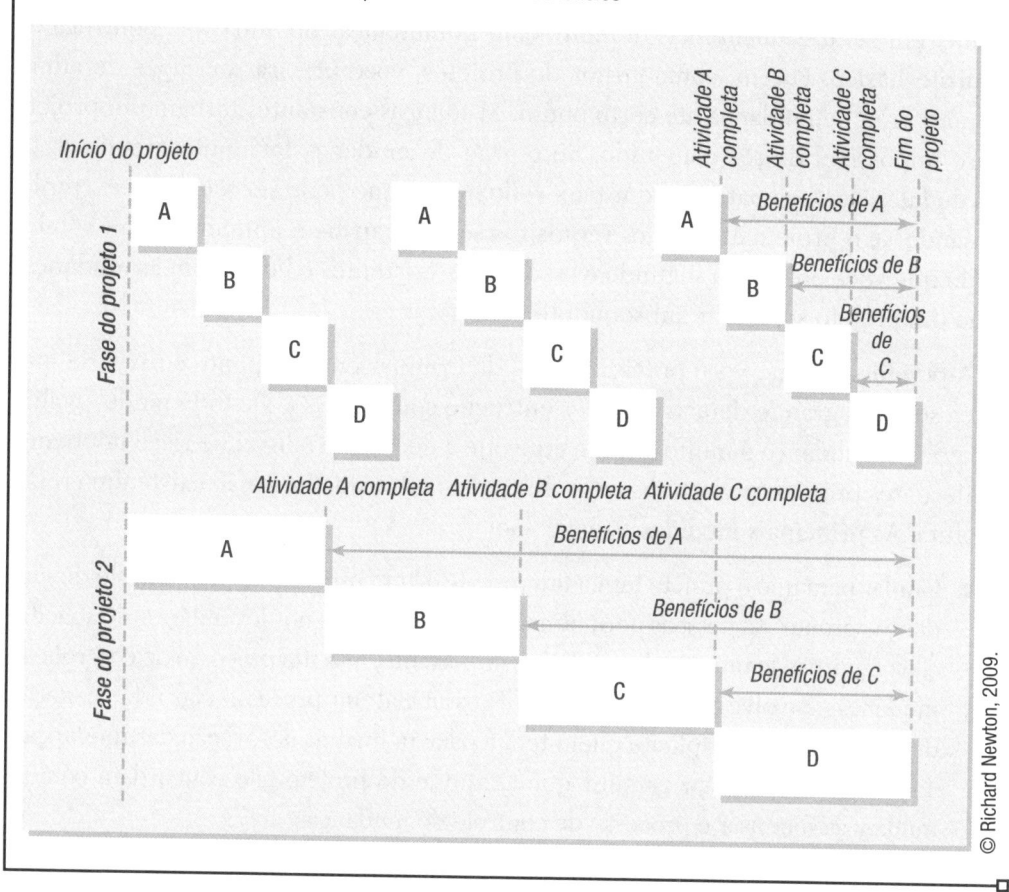

Figura 4.2 O efeito do trabalho paralelo sobre os benefícios

Um último ponto sobre muitas atividades paralelas: não são apenas as tarefas planejadas as que você precisa evitar que se tornem paralelas. Se muitos problemas e riscos a resolver estiverem surgindo, pode-se chegar ao ponto em que o lidar com eles possa ser muita coisa para administrar, e um simples entrave acaba se tornando uma pane total. Embora não seja o ideal, o gestor de projetos pragmático precisa aceitar que, às vezes, nem todos os problemas podem ser resolvidos ao mesmo tempo e deve ser considerada a possibilidade de estender o cronograma de projeto para resolver algumas questões sequencialmente.

Ponderação 10 — qual é o nível de mudança aceitável?

O projeto dos sonhos é aquele em que nada muda. Quando isso acontece, com certeza é muito mais fácil fazer uma entrega confiável. Na verdade, alguns gestores de projetos utilizam o processo de controle de mudanças mais como um mecanismo para evitá-las, do que para controlá-las. Mesmo assim, as mudanças ocorrerão; isso é uma realidade. Em algumas situações, pode ser um benefício positivo. Muitas empresas estabelecidas, que vendem produtos e serviços baseados em projetos para um cliente, em geral ganham mais dinheiro com as mudanças do que com a entrega do requisito básico. Porém, como gestor de projetos, você precisa ser capaz de administrar o grau de mudança até certo ponto. Mudanças constantes tornam um projeto quase impossível de ser concluído. Se o grau de mudança for muito grande, você terá de falar com seu patrocinador para reduzi-lo (o que pode ser feito, por exemplo, atrasando-se o projeto até que os requisitos sejam mais bem entendidos, ou combinando que você entregará segundo os requisitos existentes e lidará com as mudanças como um projeto separado, subsequente).

A ponderação que você precisa fazer é determinar em que ponto o nível de mudança se torna grande demais para ser entregue com sucesso. De todo modo, avaliar se o grau de mudança é muito grande equivale a decidir se o nível de risco também o é: diferentes projetos podem absorver diferentes intensidades e não existe uma regra absoluta. As principais medidas a tomar são:

- Cuidar para que o projeto tenha um processo bem estruturado de controle de mudanças pronto. As pessoas normalmente se concentram nos formulários de solicitação e registro de uma mudança. Isso é importante, mas um processo de controle de mudanças envolve mais do que isso. É essencial um processo claro de aceitação de mudanças, que explicite quem tem a palavra final na aprovação das mudanças. Também é importante garantir que a equipe do projeto não concordará com as mudanças sem usar o processo de controle de mudanças.

- Desenvolver a capacidade de explicar o impacto da mudança sem emoções. Não caia na armadilha de rejeitar mudanças porque elas o incomodam pessoalmente. Isso aparecerá em suas comunicações com o cliente. O projeto é de seus clientes e, se querem fazer a mudança, eles podem, mas precisam entender totalmente o impacto resultante. Quando realmente entendem o impacto de uma mudança sobre o tempo ou custos dos projetos, eles geralmente não seguem em frente com ela. A menos que você dedique tempo para explicar isso, do ponto de vista de um cliente, fazer mudanças parecerá essencialmente algo 'gratuito' e eles tenderão a pedir mudanças, quer queiram ou não.

- Determinar a importância da mudança. É apenas desejável ou, na verdade, essencial? Vale a pena contestar bastante. É interessante ver como muitas das chamadas mudanças 'críticas', quando cuidadosamente analisadas, deixam de ser desesperadamente importantes quando as pessoas entendem todos os seus impactos, sobretudo quando requerem mais dinheiro ou adiamento do projeto para serem implementadas.

- Determinar o impacto da mudança sobre o projeto. Como a mudança afeta o compromisso entre tempo–custo–qualidade–escopo? Se um cliente realmente atribui prioridade ao prazo de entrega, a mudança geralmente precisa ser minimizada. Por outro lado, se o escopo e a qualidade do resultado tiverem importância fundamental, a quantidade de mudança passível de incorporação será maior.
- Avaliar como a equipe do projeto está lidando com isso. Muita mudança pode acabar desmotivando uma equipe de projetos, principalmente se todo seu trabalho pesado for desperdiçado como resultado dela.

Ponderação 11 — quando adotar o processo de gestão de mudanças?

A ponderação aqui se destina a garantir que o processo de gestão de mudanças alcance o que se propôs atingir: administrar o processo de mudança ocorrendo no projeto, administrar o risco associado à mudança e garantir que ela seja totalmente avaliada e seu impacto compreendido antes de sua implementação. Assim, em termos gerais, o processo de gestão de mudanças deve ser ativado sempre que for aplicável. Por outro lado, gestores de projetos e técnicas de gestão de projetos são, normalmente, acusados de muita burocracia e, mesmo com a melhor boa vontade do mundo, os processos de gestão de mudanças sempre terão algum grau de sobrecarga administrativa.

Dois fatores devem ser considerados por um gestor de projetos em relação às mudanças:

1. O impacto de uma mudança sobre um projeto depende não apenas da mudança, mas também de quando ela é solicitada. Pode ser relativamente fácil fazer mudanças fundamentais em um projeto no início de seu ciclo de vida sem afetar o custo ou o cronograma geral. Por outro lado, ao final de um projeto, até mesmo pequenas mudanças podem exigir muito mais trabalho. (Um exemplo bem simples: se você tem um projeto para construir um carro a partir de um *kit* e decide no início que deseja mudar seu motor de dois litros para três litros, isso pode ser simples; porém, ao final da montagem, quando o carro estiver quase completo, mudar o tamanho do motor será complicado e adiará a conclusão do projeto.)

2. Muitas pessoas podem querer ou solicitar mudanças, mas algumas (como o patrocinador) têm mais direito de esperar que suas mudanças sejam implementadas do que outros *stakeholders*.

Quando se fala em mudanças, existem pequenas alterações que são solicitadas no início do ciclo de vida do projeto, que podem ser realizadas com um impacto muito pequeno sobre o projeto e que não precisam passar por um processo completo de gestão de mudanças. Se uma mudança não causar alteração de prazo, custo, recursos ou plano de um projeto, é razoável que seja aceita sem uma extensa avaliação, embora mesmo nesse caso deva ser uma mudança ocasional e excepcional, em vez de se tornar um padrão comportamental.

É uma ponderação útil a fazer. Todavia, se estiver em dúvida, adote o processo de gestão de mudanças em todas as modificações. Eu também não diria à equipe de projeto que é permitido evitar esse processo, para que a mudança descontrolada não se torne a norma.

Ponderação 12 — quando é razoável prosseguir com base em uma suposição?

As pessoas fazem suposições o tempo todo e os projetos não são imunes a isso. Às vezes, elas são feitas como uma ação explícita; em outras ocasiões, estão implícitas em atividades e processos de pensamento. Nos projetos, surgem suposições quando não há informações completas. Por exemplo, em um projeto de sistema de TI, você pode precisar saber o número de usuários para calcular o hardware necessário para o sistema ser executado. É possível supor que o número de pessoas que usará esse sistema será o mesmo de outro semelhante. Não é um fato comprovado, mas parece uma decisão razoável para que possa prosseguir com o planejamento do hardware. Outro exemplo pode envolver a entrega de um novo produto do qual não se sabe quantos serão vendidos. Você pode supor um volume de vendas com base em sua experiência de outro produto e, a partir disso, planejar a capacidade de produção.

O poder das suposições para um gestor de projetos é que uma suposição bem fundamentada permite um rápido progresso quando não há tempo para comprovações ou elas não são possíveis nem pertinentes. O perigo é que as suposições podem estar erradas e isso pode ter um impacto prejudicial sobre o projeto. Em todo caso, são perfeitamente válidas de se fazer. Nunca fazê-las geralmente levará a uma atividade de desenvolvimento muito lenta e existem muitas coisas que se pode supor sem implicar muito risco a um projeto. Se você tentar fazer tudo certo, poderá nunca progredir, mas fazer muitas suposições ou assumir muito risco com suposições cruciais em torno de componentes essenciais do projeto é algo a ser evitado.

A ponderação exigida de um gestor de projetos é encontrar o equilíbrio entre as respostas para as três perguntas a seguir:

1. Qual é o impacto de não fazer uma suposição? (Seu trabalho será adiado, o custo aumentado etc.?)

2. Qual é o risco de fazer uma suposição? (Qual é a probabilidade de que ela esteja errada e qual será o impacto, se estiver errada?)

3. Qual é a facilidade ou dificuldade de confirmar a suposição que deseja fazer?

Inerente a isso é a necessidade de entender em que momento as suposições estão sendo feitas e torná-las explícitas, além de ter um processo de gestão para administrá-las, associado à sua avaliação de risco. (No Capítulo 10, estabeleço a essência de um processo de gestão de suposições, que considero uma habilidade central da gestão de projetos.)

Ponderação 13 — de quantos níveis organizacionais de gestão de projetos você precisa?

Em vários projetos, é comum encontrar muitos níveis de fluxo de trabalho, pacote de trabalho, gestores de projetos e programação de projetos. É importante lembrar que o objetivo é entregar e não gerenciar a entrega. Quando o projeto está completo, o mais importante é que os *deliverables* existam e não se sua estrutura de gestão foi grandiosa. Somente os projetos de grande porte requerem vários níveis de gestão. A questão principal é muito mais de imagem (o excesso de níveis dá a impressão de ineficiência, como a construção de um império, bem como de ociosidade do executivo que está no topo — todos esses fatores são malvistos por clientes, patrocinadores e membros da equipe de projeto). Um modo simples de analisar isso é verificar quantas pessoas há *gerenciando* o trabalho em comparação com *fazendo* o trabalho. Se o número de gestores não for uma pequena porcentagem (menos de 25 por cento, talvez até 10 por cento) dos que realmente executam o trabalho, isso indica excesso de níveis de gestão. Tenho visto projetos nos quais 40 por cento a 50 por cento da equipe parecem estar gerenciando, em vez de entregando. É um índice muito alto. Por outro lado, uma proporção de menos de 10 por cento de gestão, é um indício de escassez de gestores.

Ponderação 14 — quando considerar *stakeholders* mais amplos?

Se os *stakeholders* incluir qualquer um que tenha impacto sobre o projeto ou seja afetado por ele, significará incluir praticamente todos em uma empresa. Obviamente, é muita coisa para gerenciar. Por outro lado, ignorar os *stakeholders* além do cliente imediato poderá deixar de lado pessoas capazes de impedir o progresso ou exercer outro impacto sobre o sucesso do projeto. Para decidir quais *stakeholders* são importantes, comece usando sua intuição, mas também faça uma análise formal para identificar pessoas ou *stakeholders* com maior impacto potencial. Essa é uma atividade de redução de riscos, com o objetivo de minimizar o impacto externo no projeto. Deve-se considerar:

- Aqueles que podem ter uma influência importante sobre a alocação contínua de recursos.
- Aqueles que podem influenciar a aceitação do projeto, seus *deliverables*, a mudança resultante ou a realização dos benefícios do negócio.
- Aqueles que de outras formas podem causar um risco significativo para o projeto.

No Capítulo 10, analiso novamente os *stakeholders* e discuto melhor os processos em torno desse assunto.

Ponderação 15 — quando o projeto está concluído?

Teoricamente, é muito fácil entender quando um projeto está concluído, pois basta que ele tenha atendido aos requisitos combinados. Para alguns projetos, isso é 'preto no branco', mas, para muitos outros, a situação é menos clara. A realidade é que um projeto está finalizado quando o cliente e a equipe de projeto concordam com isso, e existem muitas situações em que há controvérsias sobre esse consenso.

A falta de clareza normalmente envolve momentos de entrega e situações de acomodação. Por exemplo, um novo software de computador geralmente terá *bugs* — o projeto termina quando o desenvolvimento formal está concluído ou quando todos os *bugs* tiverem sido encontrados e corrigidos (observando-se que podem ser necessários meses ou até mesmo anos para que alguns *bugs* obscuros se tornem aparentes)? Como alternativa, uma equipe de projetos pode ser solicitada a dar suporte a novos usuários por meio de um período de treinamento e familiarização. O problema é que, quando eles se acostumarem a ter suporte o tempo todo, estarão dispostos a abrir mão disso. Depois de quanto tempo os usuários são capazes de seguir sozinhos? Uma situação diferente ocorre quando um novo prédio é terminado. Ele pode ter falhas ou defeitos. Normalmente se elabora uma lista de defeitos que precisam ser consertados antes que um cliente aceite que o trabalho no prédio está concluído. Mas quando algo é legitimamente um defeito e quando é uma mudança de requisitos?

Chegar ao término também pode ser controvertido quando, na última hora, o cliente percebe que não pode usar os *deliverables* por algum motivo ou observa que existe uma lacuna neles. Já estive em várias reuniões de entrega de projetos quando alguém representando a comunidade de usuários ou o cliente disse "mas precisamos disso também, senão não poderemos usá-lo" ou "caso contrário, não alcançaremos os benefícios". Pode haver uma lacuna nos requisitos ou no escopo, e, embora você tenha entregue absolutamente tudo o que foi solicitado, o problema existe e você não pode simplesmente fugir dele.

Você não deve abandonar seu cliente com *deliverables* que não funcionam ou estão abaixo do padrão ou que ele não possa utilizar. Mesmo que a lacuna seja falha do cliente, não é produtivo afirmar, mesmo na linguagem mais politicamente correta que "isso não estava no escopo, de modo que o problema é totalmente seu". Por outro lado, se uma equipe de projetos nunca puder ser dispensada, no mínimo, será um uso ineficaz dos recursos do projeto. Isso pode custar dinheiro diretamente, resultando em discussões sobre quem deverá pagar a conta, sem falar no custo de oportunidade referente ao trabalho que os membros da equipe poderiam estar produtivamente realizando se não estivessem amarrados ao projeto.

Para suspender o suporte aos projetos, uma vez que eles tenham ganhado vida, o segredo é:

- Garantir, desde o início do projeto, que o cliente esteja ciente de sua responsabilidade, especialmente de levantar todas as suas necessidades. Embora possa parecer óbvio, lembre o cliente regularmente que o projeto terminará, a equipe sairá de cena e um dia eles terão de usar e manter os *deliverables* por conta própria.

- Tomar cuidado, em primeiro lugar, para gerenciar um processo bem estruturado de captação de requisitos. Isso reduzirá a probabilidade de que os clientes, por fim, digam-lhe que existem outras coisas de que precisam.

- Combinar um cronograma com critérios claros para o término do suporte quando os *deliverables* tiverem sido passados adiante.

- Pensar bem nas implicações do projeto para os *stakeholders*. O que eles precisam para que estejam satisfeitos e permitam que você encerre seu trabalho? Inclua essa informação no plano de projeto.

- Planejar para liberar o pessoal de modo gradual durante o período de suporte.

- Construir uma boa gestão de expectativas a respeito da qualidade e do impacto dos *deliverables*.

Com relação ao cronograma e aos critérios para o fim do suporte, combine tudo antecipadamente e não ao final do projeto. A seguir, aloque um tempo de suporte em seus planos e orçamentos e acrescente alguma contingência em torno disso. Por exemplo, ao lançar um novo produto, a equipe de projetos pode dar suporte a operações em tempo real até que os usuários finais estejam suficientemente familiarizados com quaisquer novos processos envolvidos e tenham resolvido quaisquer problemas que possam surgir com o produto depois que ele estiver nas mãos dos clientes finais. Uma diretriz poderá ser combinada de modo que o suporte seja fornecido pelo período de um mês após o lançamento e até que nenhum problema importante ocorra por duas semanas. Embora esses critérios possam não coincidir (por exemplo, você pode ter esgotado o tempo planejado, mas ainda encontrou mais de um problema importante nas duas últimas semanas), eles pelo menos oferecem uma base para administrar as expectativas acerca do projeto e um linha de raciocínio que você pode usar para se liberar de um projeto que considere concluído. Pela minha experiência, o suporte pós-lançamento nunca é concluído mais rapidamente que o previsto e, quanto menos planejado, mais tempo ele leva. Para *deliverables* mais complexos, o suporte pós-lançamento pode durar vários meses.

A definição de critérios de saída não deve ser arbitrária, mas também não pode ser totalmente científica. Decidir o que é um problema importante que pode interromper o lançamento ou algo secundário que pode ser aceitável requer um diálogo construtivo com o cliente. Você precisa equilibrar seu desejo de fechar um projeto, quando há usos mais eficazes e produtivos (ou interessantes!) para seu tempo, com a necessidade contínua do cliente por ajuda.

Não é necessário manter todo o pessoal na equipe de projetos no período de suporte pós-lançamento. Em geral, é mais eficiente optar por uma redução gradual até que reste apenas uma equipe íntima nos estágios finais do suporte. O ideal é estabelecer um acordo com os gerentes de linha dos membros da equipe para que qualquer um dos que forem liberados possa ser realocado, se surgir alguma necessidade pertinente.

Outra base para um término bem-sucedido é o gerenciamento das expectativas do cliente a respeito da qualidade dos *deliverables* e do impacto provável sobre sua empresa. Se os cronogramas e orçamentos do projeto exigirem ajustes, informe seu cliente. Um cliente que entenda que um *deliverable* não será perfeito e que, além de benefícios, causará alguma dor de cabeça à organização provavelmente apoiará melhor a saída da equipe de projetos do que aquele para o qual isso foi uma completa surpresa.

O cenário alternativo, quando, na última hora, o cliente observa que os *deliverables* não estão completos ou não são utilizáveis, embora o projeto tenha sido entregue de acordo com o escopo, é mais complexo de resolver. Não existe uma técnica única para remediar esse problema e a solução ideal está em um forte relacionamento com o cliente. Sempre que se começa a debater se um conjunto de *deliverables* está completo ou não, há o risco de confronto entre projeto e cliente, mas chegar a esse ponto significa desastre na certa. Ao perceber uma lacuna entre os *deliverables* e as necessidades do cliente, cuide para que você e ele estejam se comunicando, ouvindo e falando. Se estiverem apenas discutindo, não chegarão a lugar algum. Tente manter o debate aberto e focado na solução, em vez de apontar culpados. Se isso for inevitável, faça-o depois que o problema estiver resolvido.

Se o cliente realmente tiver se esquecido de algo, é razoável que você aponte, em linguagem moderada, que a culpa foi dele. Mas você não deve simplesmente lavar as mãos. Combine uma extensão do projeto e faça o que for preciso. Caso tenha sido contratado externamente, é claro que deve ser pago por isso, entretanto terá de executar o trabalho da mesma forma. Você não quer que seus clientes digam que aquilo que entregou não funciona, qualquer que seja o motivo, certo?

A situação mais confusa de todas ocorre quando requisitos do projeto foram omitidos pelo cliente, mas você foi contratado como um especialista no assunto nesse tipo específico de projeto. O cliente terá o direito de pensar que, embora ele tenha aceitado os requisitos, você deveria tê-lo advertido sobre quaisquer omissões. Lembro-me de várias reuniões com consultores, em que eles afirmaram que não fizeram algo porque não foram solicitados, tendo como resposta que foram contratados como especialistas e consultores e deveriam ter notado a lacuna. *Essa é uma visão razoável para o cliente manter se você tiver sido contratado como um especialista no assunto.* Resolver esse problema pode variar de uma situação para outra. Meu conselho, novamente, é focalizar a solução e não apontar culpados. Esteja disposto a assumir a responsabilidade (e, portanto, o custo). Faça com que chegar a uma solução seja uma negociação, e não uma disputa.

Por fim, não confunda o ato de concluir um projeto com o de cumprir o prazo de um plano. O ideal é que os dois coincidam, mas isso não é comum. Com frequência, as empresas focalizam o prazo à custa de todos os outros aspectos e pode ser do próprio interesse da equipe de projetos concluir na data combinada. Pode haver uma conspiração explícita, ou normalmente inconsciente, entre as equipes de projetos e certos *stakeholders* para, a todo o custo, terminar no prazo. Você deve evitar a tentação de colocar suas necessidades ou as da equipe de projeto na frente das de seu cliente quando se trata de entregar no prazo. Embora a entrega com atraso seja ruim, deve causar menos danos do que simplesmente parar quando o prazo acaba. Seu pensamento pode ser "se eu não concluir em tempo, terei perdido o prazo do projeto, e certamente isso é um fracasso". Perder prazos e cronogramas de projetos costuma ser sintoma de uma fraca gestão de projetos. Mas você não deve deixar que sua necessidade de ser percebido como um gestor de projetos heroico, que sempre entrega em tempo, atrapalhe o fornecimento de um resultado de alta qualidade. Não cometa o engano de confundir a importância de cumprir o prazo, e o fato de que ocasionalmente esse é *o* fator crítico, com o conhecimento de que, na maioria das situações, uma data específica para finalizar o projeto é uma restrição artificial. A menos que haja algum evento crucial — como concluir a construção de um prédio para a abertura dos Jogos Olímpicos — que não possa ser alterado, o tempo é importante, mas apenas um fator entre vários que são fundamentais. Custo, escopo, qualidade e benefícios do negócio, todos são importantes. Sim, se você não entregar em tempo, não terá alcançado o sucesso total; porém, se o custo de cumprir o prazo for um resultado abaixo do padrão, ou pior, algo que prejudique a empresa que está implementando o projeto, você precisa tomar uma decisão equilibrada sobre o que é melhor para seu cliente. Isso pode significar ultrapassar a data final e, se sua reputação pessoal ficar um pouco abalada, paciência.

Deixe-me dar um exemplo em que a rapidez na entrega foi colocada à frente do término 'real' de um projeto. Trabalhei para uma empresa que estava implementando um pacote de software importante, capaz de melhorar significativamente as operações. Como é comum em pacotes desse tipo, o trabalho para implementá-lo era altamente complexo e exigia muita coleta e limpeza de dados, desenvolvimento e mudança de processos, além de mudança organizacional. O pacote foi implementado e resultou em um caos operacional. Partes do sistema não funcionaram plenamente conforme o esperado, os dados nele contidos não foram totalmente precisos e o impacto sobre as operações existentes foi maior do que se esperava. A justificativa dada foi a de que se tratava de dificuldades iniciais normais, mas aqueles envolvidos nas operações sabiam que era muito mais profundo do que isso. O negócio sobreviveu e por fim prosperou, embora não sem uma grande dor de cabeça. Ao final do projeto, o gestor de projetos orgulhosamente anunciará que o software havia sido implementado seis meses antes do que em qualquer empresa. Sem dúvida, isso melhorou a reputação do gestor de projetos, porém deixou muitos de nós pensando que teria sido melhor ter levado mais seis meses para que funcionasse corretamente. Um conjunto de *deliverables* mal lançado pode acabar custando muito mais do que os benefícios de negócios que ele deveria oferecer.

Ponderações na gestão de projeto — resumo

A lista de áreas em que a ponderação é exigida poderia continuar quase indefinidamente, pois existem muitas ponderações que um gestor de projetos precisa fazer dia após dia. Algumas delas serão específicas ao projeto que se está conduzindo. Tudo o que fiz aqui foi oferecer alguns pontos de reflexão fundamentais.

Creio que não possa lhe dizer nada mais sobre como desenvolver o bom-senso. Gostaria muito de poder fazê-lo para poupar novos gestores de projetos de experiências dolorosas. Mas eu estaria mentindo se não dissesse que a experiência e as 'cicatrizes' possuem um valor tremendo. Não é que um gestor de projetos inexperiente e brilhante não consiga entregar um projeto complexo; entretanto será mais difícil e seus dedos devem sair chamuscados no processo.

Para começar como um gestor de projetos, você pode ter de se esforçar para achar o ponto de equilíbrio, especialmente porque ele varia de uma situação para outra. No entanto, se com o tempo você descobrir que não consegue desenvolver essa capacidade, realmente vale a pena repensar se a gestão de projetos é a carreira certa para você. Mas, supondo que você melhore com o tempo, quando as coisas saírem erradas, aprenda com elas e seja positivo a esse respeito. Muito poucas pessoas (ou nenhuma) nasceram com perfeito discernimento, portanto, aceite enganos ocasionais como uma oportunidade para aprender. O bom processo de gestão de projetos requer que você os reveja quando estiverem terminados e em intervalos periódicos durante sua realização. Quando erros ocorrerem, pergunte a si mesmo: "se eu tivesse feito uma avaliação diferente nessa situação, teria me saído melhor?". Se a resposta for 'sim', aprenda para a próxima vez.

Quando algo der errado, acho que é importante refletir sobre a famosa frase de Nietzsche: "o que não me mata me torna mais forte"!

Um toque de criatividade

Os gestores de projetos são responsáveis por gerenciar a entrega de um conjunto de itens em particular — sejam eles documentos, processos, sistemas de computação, prédios ou novos produtos, entre outros. Eles os entregam conforme uma especificação de requisitos e geralmente de acordo com um processo definido de gestão de projetos. Em geral, a solução é definida não pelo gestor do projeto, mas por alguma pessoa ou equipe especializada, como um grupo de engenheiros de projetos, que o gestor de projetos gerencia. Normalmente, eles fazem esse trabalho, para outro alguém, um cliente, que precisa do resultado. Nessa situação, certamente, a última coisa necessária é a criatividade e, sem dúvida, o que realmente se faz imprescindível é uma capacidade de gerenciar um processo de modo eficaz.

> **Ponto-chave da lição**
> Nunca seja criativo com os requisitos de seu cliente, mas sempre procure formas criativas de entregar esses requisitos.

Há um pouco de verdade nessa afirmação e, de fato, existem muitas partes de um projeto em que não é o caso de um gestor de projetos atuar criativamente. Uma atitude criativa quanto aos requisitos de seu cliente geralmente é inaceitável. Os gestores de projetos que mudam os requisitos do projeto para facilitar o trabalho ou reduzir o risco (e eu já vi isso) sujeitam-se a um fracasso quase certo em atender às necessidades do cliente. Essas mudanças devem ser controladas pelo cliente.

Se é assim, onde há lugar para a criatividade necessária para solucionar problemas e remover obstáculos de um projeto? Acontecem coisas nos projetos que não são planejadas e que atrapalham o andamento. Esses obstáculos precisam ser removidos ou contornados para ensejar o sucesso. Para esses casos, a criatividade ajuda. Por exemplo:

- **Contestação do cliente.** O gestor de projetos existe para executar a necessidade do cliente, não para defini-la. Isso não significa que você não deva se sentir em posição de contestar os requisitos do cliente, caso descubra que eles resultarão em problemas. O raciocínio a ser evitado é aquele em que você, como gestor do projeto, pensa: "você não quer realmente isso". Porém, com base em sua experiência e no que você enxerga quando planeja o projeto, é muito produtivo ajudar o cliente a entender que determinado requisito específico aumentará significativamente o risco, custo ou prazo e que ele teria um projeto mais curto, mais simples ou mais fácil se o requisito fosse removido. Por outro lado, você pode verificar que requisitos adicionais podem ser atendidos facilmente pelo projeto. Novamente, vale a pena levantá-los com o cliente. O raciocínio a adotar é o de um consultor profissional. A decisão caberá ao cliente, mas, às vezes, um pouco de conselho criativo poderá ser útil. Se a ajuda não for então bem resolvida, deixe de oferecê-la; contudo, se fizer isso com sensibilidade, descobrirá que em muitas situações ela contribui para acumular confiança e manter um relacionamento produtivo.

- **Planejamento e abordagem geral.** Seu plano define, até certo ponto, a abordagem a ser adotada para entregar um projeto. Sempre há mais de uma maneira de fazer algo. Por exemplo, existem várias maneiras de definir uma estrutura de detalhamento de trabalho (WBS — *Work Breakdown Structure*) para um projeto e, então, planejar a sequência das atividades. Isso se torna especialmente útil quando os recursos são escassos ou o prazo de conclusão é curto. Quando tiver completado seus planos, realmente conteste a si mesmo — havia um modo melhor de organizar o trabalho? Lembre-se de que você pode mudar o plano como quiser, desde que atenda às exigências do escopo.

- **Organização e estrutura do projeto.** Como você organizará a equipe do projeto? Mais uma vez, existem várias maneiras de fazer isso e que terão diferentes pontos fortes e fracos. Se você estiver achando problemática a interação e a gestão da equipe, tente verificar o modo como os organizou e procure algumas saídas.

- **Solução de problemas.** Encontrar um modo de contornar um problema ou obstáculo para um projeto é um excelente uso da criatividade. É incrível a frequência com que problemas, aparentemente insolúveis, podem ser resolvidos com ideias criativas.

- **Redução de riscos.** Como gestor de projetos, com que frequência você já considerou um risco como um fato consumado? O risco é um fato, e você sente que não há nada que possa fazer além de aceitá-lo. Na realidade, raramente *nada* poderá ser feito a respeito de algo; provavelmente, você apenas não está sendo criativo o suficiente.

- **Planejamento de contingência.** Desenvolver bons planos de contingência e outras opções que reduzam o risco e não aumentem excessivamente a sobrecarga de custo para um projeto requer conhecimento amplo e capacidade de desenvolver novas ideias e alternativas.

- **Contestação e ideias gerais.** Contestar especialistas, sem ser um deles e sem acertar ingenuamente tudo o que dizem, pode ser evitado analisando-se o problema em questão, por ângulos diferentes. O especialista estereotipado é notoriamente conservador no modo de pensar em sua própria área, e contestar de maneiras novas e originais pode resultar em soluções melhores. Como gestor de projetos, você não é responsável pelo trabalho dos especialistas, mas faz parte de sua função sondar, contestar e garantir que a solução que eles estão propondo seja adequada à finalidade a que se destina. Os gestores de projetos precisam tornar-se aptos a reconhecer a criatividade ou a falta de pensamento criativo na equipe de projeto.

Além dessa lista, eu argumentaria que a gestão de pessoas pode ser melhorada pelo pensamento criativo sobre o modo como você envolve, motiva e conduz a equipe de projetos. Não se trata de demandar um comportamento peculiar ou modos de interação estranhamente originais sem um propósito — é mais um desejo de ver os gestores de projetos usarem sua ponderação sobre *quando* uma abordagem alternativa é necessária para então poderem buscá-la e aplicá-la criativamente.

A criatividade tem suas raízes em muitos locais. Na prática, suas principais fontes são:

- **Você mesmo e a equipe de projetos.** A fonte de criatividade mais óbvia e facilmente disponível é você mesmo e outros membros da equipe de projetos. Não caia na armadilha de pensar que você não é criativo. Todos nós temos potencial criativo na situação certa, que pode significar simplesmente refletir sobre algo durante a noite ou desligar-se do projeto por um ou dois dias — para dar espaço ao pensamento criativo, pois não há nada como a sobrecarga de trabalho para acabar com a criatividade. Encoraje uma cultura de projeto em que as pessoas precisem entregar suas tarefas de acordo com o plano, mas saibam que o pensamento criativo e a inovação serão valorizados. À medida que o plano evolui, mantenha reuniões regulares. Lançar ideias é algo que deve ser elogiado. Incentive as sugestões incomuns mesmo que não as implemente. Uma das chaves para a criatividade é desenvolver um ambiente em que as pessoas se entusiasmem pelo conceito de aparecer com novas ideias.

Um fator significativo a ser considerado, consigo mesmo e com a equipe, é o fenômeno do 'pensamento em grupo'. Em termos simples, a equipe começa a pensar da mesma maneira e entra em uma camisa de força criativa. Estranhamente, esse é um risco em particular para equipes compactas e de alto desempenho que em outras situações elogiaríamos. Elas podem se convencer de que não existam soluções além daquelas que estão vendo atualmente (da mesma forma, elas podem se convencer de que aquilo que representa um risco importante é algo secundário). A criatividade às vezes exige a disposição de assumir certo grau de risco. Obviamente isso precisa ser administrado e compreendido, mas o risco criativo apropriado ao resultado é aceitável.

- **Outras pessoas.** Pessoas fora do ambiente de projeto normalmente podem ser excelentes fontes de ideias criativas, se você não estiver achando soluções dentro do projeto ou da equipe. É preciso que se esteja aberto às ideias de outras pessoas. Em uma situação de projeto, obter conselho externo pode ajudar. O ideal é que você escolha alguém em quem confie e estruture seu problema de modo claro e conciso, sem oferecer muita informação contextual (pois isso pode inadvertidamente restringir o pensamento construtivo). Então consulte esse terceiro independente e veja qual é sua visão. Frequentemente, um novo olhar pode acrescentar ideias criativas. Se puder encontrar alguém que ouça, sem quebrar a confidencialidade do cliente, tire proveito disso. Conheço muitos gestores de projetos que conversam sobre essas questões com seus cônjuges, descobrindo que eles podem oferecer respostas ingênuas que são surpreendentemente úteis.

- **Processos formais.** Existem diversas técnicas formais para o pensamento criativo que podem ser úteis. Podem ser tão simples quanto a técnica bem conhecida de *brainstorm* ou pode ser mais complexa e envolvente. Se você tem necessidade frequente de soluções criativas, vale a pena buscar algum treinamento formal nesses métodos para projetos futuros.

A Tabela 4.1 oferece uma pequena lista de verificação que resume o capítulo. Você pode usá-la para examinar suas próprias características de personalidade e as áreas nas quais pode querer melhorar. Ela tem como finalidade identificar não apenas as características que você possui, mas aquelas que exibe e usa ao gerenciar projetos.

Tabela 4.1 Revisão de suas próprias características de personalidade

Característica de personalidade	Você exibe isso nos projetos?		Se não, o que você fará para melhorar nesse aspecto?
	Sim	Não	
Posse e envolvimento			
Ponderação, por exemplo, respondendo a:			
O que está no escopo?	☐	☐	
O que deve estar no plano?	☐	☐	
Quais elementos do processo de gestão de projetos devem ser aplicados e quais devem ser ignorados?	☐	☐	
Quando escalar?	☐	☐	
Quando entrar em detalhes e quando ser superficial?	☐	☐	
Quando fazer e quando delegar?	☐	☐	
Em quem você pode confiar em sua equipe de projeto?	☐	☐	
Qual é o nível de risco aceitável?	☐	☐	
Qual é o nível de atividade paralela aceitável?	☐	☐	
Qual é o nível de mudança aceitável?	☐	☐	
Quando adotar o processo de gestão de mudanças?	☐	☐	
Quando é razoável prosseguir com base em uma suposição?	☐	☐	
De quantos níveis organizacionais de gestão de projetos você precisa?	☐	☐	
Quando considerar *stakeholders* mais amplos?	☐	☐	
Quando o projeto está concluído?	☐	☐	
Criatividade, por exemplo, usando-a para:			
Contestação do cliente	☐	☐	
Planejamento e abordagem geral	☐	☐	
Organização e estrutura do projeto	☐	☐	
Solução de problemas	☐	☐	
Redução de riscos	☐	☐	
Planejamento de contingência	☐	☐	
Contestação e ideias gerais	☐	☐	

CAPÍTULO 5

O início de seu projeto

Este capítulo aborda o trabalho necessário para que um gestor de projetos passe da situação em que ele tem uma definição do que deve entregar (o escopo) para a posição em que ele sabe como fará a entrega e possui os recursos para começá-la. Como quando se faz uma grande pedra rolar — planejamento, estimativa, alocação de recursos e mobilização de pessoal muitas vezes são a parte mais difícil de um projeto. Ter a ideia de fazê-la rolar não foi difícil, mantê-la rolando nem sempre é tão difícil, mas vencer a inércia inicial pode ser muito difícil.

Grande parte do planejamento e da alocação de recursos tem menos a ver com a arte de ser um gestor de projetos e mais com um conhecimento real dos mecanismos e ferramentas de gestão. Não posso afirmar que este seja um estudo particularmente abrangente e completo desses assuntos. Esta seção analisa os princípios e oferece algum contexto para o restante do livro. Ela inclui muitas dicas que acredito serem úteis. Para uma pessoa não especialista na mecânica do projeto, isso agregará valor. O benefício real deste capítulo é dar-lhe uma estrutura que o ajudará a pensar e testar se o modo como você está tratando o planejamento e a alocação de recursos é seguro. Além disso, examina essa realidade em um ambiente real e a diferença entre as situações teóricas que você aprende sobre gestão de projetos e as experiências concretas de vida na preparação de um projeto.

No que se refere a aquilo que aprendeu até este ponto, a implementação do conhecimento deste capítulo na prática dependerá da clareza e inteireza do escopo que você definiu, de sua capacidade contínua de se comunicar, crucialmente de seu bom-senso e, até certo ponto, de sua criatividade. Outro ponto que se deve ter em mente é que cada projeto é exclusivo. Use seus planos e recursos dos projetos anteriores para ajudá-lo a pensar, mas adapte-os à situação específica que está gerenciando agora.

Planejar

A primeira habilidade que os novos gestores de projetos aprendem, bem como a atividade que os não gestores associam mais de perto à gestão de projetos, é o planejamento. Ele é fundamental. Sem um plano, como dizer se o cronograma está em dia, atrasado ou adiantado e se o orçamento está sendo cumprido, estourado ou poupado? Para quantificar seu aspecto crítico, conheço alguns gestores de projetos muito bem-sucedidos que gastam até 30 por cento de seu tempo definindo o escopo e planejando um projeto.

> **Ponto-chave da lição**
> O modo como planeja e provê recursos para seu projeto definirá a estrutura e as restrições dentro das quais você operará em seu desenvolvimento. Dedique tempo e esforço para fazê-lo corretamente.

Creio que é importante, desde o início, que se diferencie planejamento das ferramentas de planejamento, como o Microsoft Project. É como a diferença entre escrever e um processador de textos. O software é extremamente útil e você seria um tolo em não utilizar suas facilidades poderosas, mas simplesmente inserir dados em uma ferramenta de planejamento de projetos jamais gerará um bom plano. Planejar bem requer o uso do cérebro.

Antes de iniciar o planejamento, você deve se perguntar para que está planejando. Se não puder responder a essa pergunta, provavelmente o plano que desenvolver não será particularmente útil. As três respostas mais comuns para essa pergunta são:

1. Você está desenvolvendo um plano porque precisa formar uma visão de quais tarefas existem em um projeto e, a partir disso, determinar quanto tempo levará para executá-las e quais recursos serão necessários. Esse é o plano como trabalho central do gestor de projetos.

2. Você está desenvolvendo um plano para explicar aos executivos seniores e aos outros *stakeholders* como o projeto será gerenciado. Pode ser para conseguir aprovação e suporte para seu plano ou simplesmente para explicar o *status* e os tópicos àqueles que precisam saber. Esse é o plano como um veículo de comunicação externa.

3. Você pode desenvolver um plano para permitir às pessoas envolvidas no projeto serem alocadas para esse trabalho e para que elas entendam sua função nele. É preciso entender que um plano de projetos serve tanto para assegurar que as pessoas sejam alocadas às atividades corretas como para avaliar o encadeamento de tempo. Esse é o plano como um veículo de gestão do trabalho e de comunicação interna.

A realidade é que, em algum estágio na maioria dos projetos, você necessita de um plano para poder fazer as três coisas. Essas tarefas devem estar inter-relacionadas, e o plano usado em cada caso deve ser derivado da mesma informação básica. Mas não considere que seja a mesma representação do plano em cada caso. Como gestor de projetos, você precisa ser capaz de alterar o nível e o escopo do detalhe e o estilo da apresentação em cada uma dessas situações e potencialmente em diferentes variações dessas situações. Em uma apresentação para a alta gerência, ela normalmente desejará ver um gráfico de marcos de alto nível, mas um indivíduo que está trabalhando no projeto desejará ver o detalhamento da atividade relevante a ele, enquanto você, como gestor de projetos, precisará de várias visões, dependendo da tarefa que está realizando. Toda vez que apresentar um plano, portanto, deverão estar bem definidos:

- O nível de detalhe exigido nessa situação.

- O formato da apresentação. (Por exemplo, uma estrutura de detalhamento de trabalho — WBS — *Work Breakdown Structure* — e os gráficos de Gantt e de rede comunicam diferentes coisas para diferentes públicos. Diagramas de rede são uma ferramenta de gestão de projetos muito poderosa, mas possuem valor limitado como veículo de comunicação para a alta gerência. Gráficos de marcos são ótimos para aqueles interessados no resultado do projeto, em vez de nos detalhes de execução.)

- O grau de 'especificidade'. Por exemplo, ele é genérico sobre recursos e tipos de recursos ou é específico e cita nomes em particular?

Em teoria, o processo de planejamento não é desesperadamente complexo, embora na prática ele possa ser tanto intelectual como fisicamente(!) exigente. O bom planejamento começa com o pleno entendimento do escopo. Embora você deva começar a pensar no planejamento enquanto desenvolve o escopo, o 'planejamento real' não pode ter início até que o escopo esteja claro e entendido. O processo básico é:

- **Monte uma WBS.** Existem muitas definições formais desse termo. Nesse contexto, quero dizer simplesmente dividir o projeto geral em seus componentes de tarefas e depois decompor repetidamente essas tarefas em níveis de detalhes mais profundos até que o plano esteja delineado o suficiente para gerenciar.

- **Identifique e incorpore as dependências entre as tarefas.**

- **Some os períodos que cada tarefa levará.** É nesse ponto que as habilidades de estimativa entram em ação.

- **Determine os tipos de recursos e as quantidades de que precisa para cumprir esse plano.**

- **Acrescente sua disponibilidade real de recursos.** Em alguns casos, isso esticará as tarefas; em outros, poderá encurtá-las. Quando tiver feito isso, terá um plano original completo. Você pode ter de repetir essa etapa várias vezes, refinando o plano como resultado da disponibilidade real de recursos, antes de produzir seu plano de referência básica (*base line*). Isso pode ser visto na Figura 5.1.
- **Acrescente os níveis de contingência apropriados.**

Na implementação desse processo, há um conjunto complexo de considerações mais detalhadas e mais difíceis sobrepostas. O quanto você precisará realmente se aprofundar nelas dependerá da escala, do escopo e da complexidade do processo que está gerenciando. Em meu ponto de vista, as considerações mais importantes estão listadas a seguir. Cada uma delas é assunto de milhões de palavras documentadas em debates e opiniões. Para alguns gestores de projetos, é essencial reforçar suas competências nessas considerações. De acordo com minha experiência, no projeto normal, basta entender os fundamentos de alto nível e aplicar o bom-senso à situação em questão.

- **Quem o ajuda a desenvolver o plano?** Seja qual for o nível de complexidade de um projeto, você não terá o conhecimento ou as habilidades necessárias para desenvolver todos os planos. Pode ser que não tenha as habilidades especializadas para entender o desmembramento de trabalho para algumas tarefas e não seja capaz de estimar as durações delas. Assim, precisará contar com a habilidade de outros e incluí-las no processo. Porém, quem quer que esteja envolvido, o plano ainda é seu; você precisa integrar os componentes e é totalmente responsável pelo resultado.
- **Marcos.** Um plano é uma lista de tarefas e você pode, como gestor de projetos, acompanhar e relatar cada uma delas. Mais construtivamente, é útil desmembrar o projeto em uma série de fases, com o término de cada uma delas assinalado por um marco. Essas fases podem se sobrepor ou ser puramente sequenciais. O objetivo de um marco é ter pontos de verificação no plano que permitam uma amostra *visível*, *mensurável* e *comunicável* do progresso. Por exemplo, ao desenvolver um novo produto, dizer a alguém que determinou a cor normalmente não é útil para dar uma ideia de quanto progresso foi feito; por outro lado, ter um marco para mostrar que todos os requisitos foram captados é importante. Para que os marcos sejam realmente úteis, eles não devem representar simplesmente a medida de realização de um conjunto de tarefas, mas devem resultar no desenvolvimento de um *deliverable* útil, geralmente, mas não sempre, em uma forma tangível. As visões sobre marcos têm mudado no decorrer dos anos; acredito que os bons marcos devam ser relativamente frequentes em um projeto. Por exemplo, em um projeto grande, com duração de mais de um ano, procuro ter

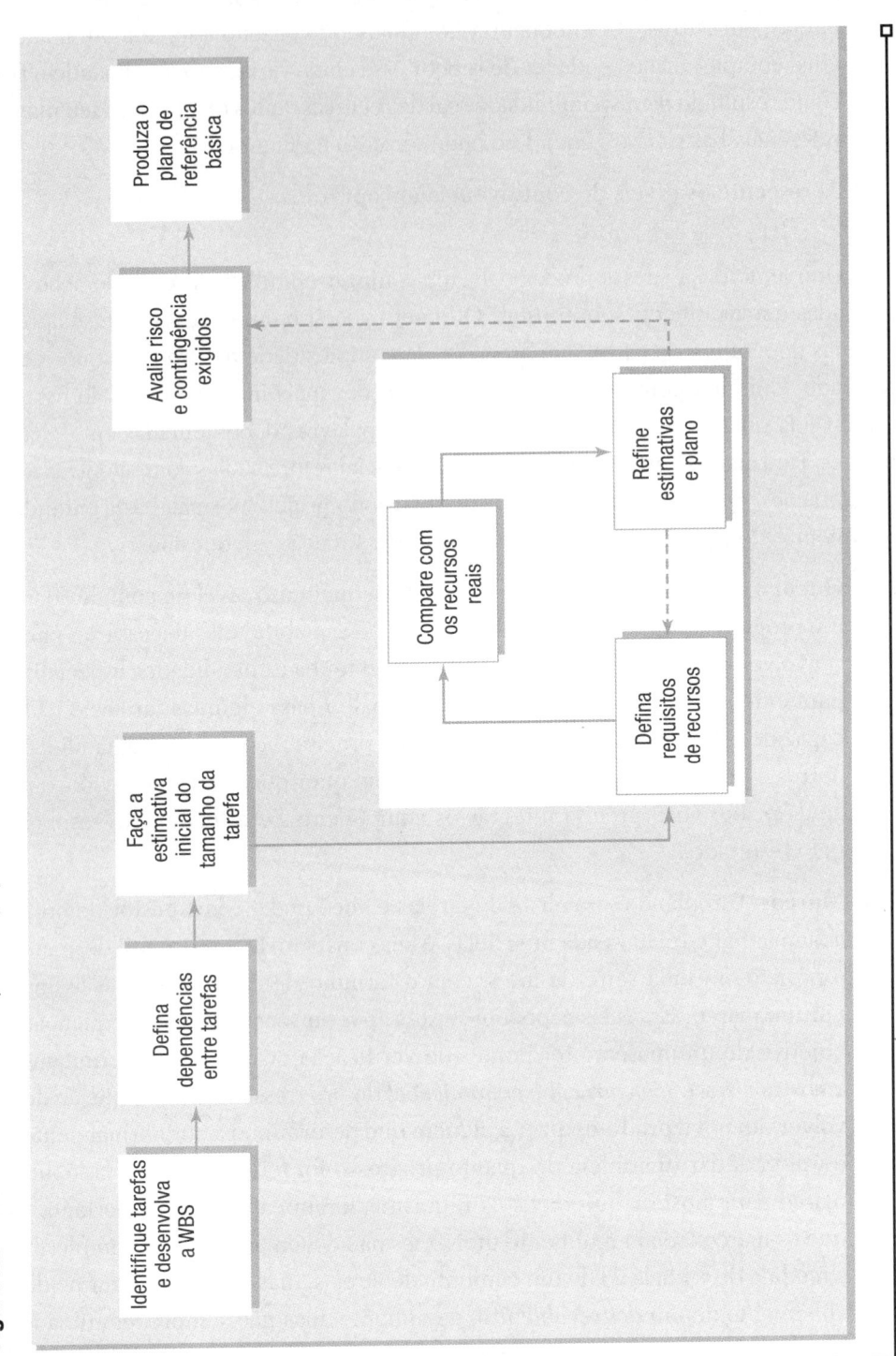

Figura 5.1 Desenvolvimento de um plano de projeto

- Identifique tarefas e desenvolva a WBS
- Defina dependências entre tarefas
- Faça a estimativa inicial do tamanho da tarefa
- Avalie risco e contingência exigidos
- Produza o plano de referência básica

- Defina requisitos de recursos
- Compare com os recursos reais
- Refine estimativas e plano

um marco de desenvolvimento a cada mês, aproximadamente. Sem isso, é difícil manter a pressão para controlar o progresso do projeto. É da natureza humana esforçar-se para cumprir metas e marcos, pois metas externamente visíveis ajudam o gestor de projetos na condução do progresso.

- **Quantos planos?** Um dos erros que os novos gestores de projetos normalmente cometem quando iniciam seu primeiro grande projeto é tentar colocar tudo em um plano mestre. A melhor forma é ter diversos componentes do projeto desmembrados em seus próprios planos. Um resumo destes aparece apenas no plano mestre. Caso contrário, o plano mestre acaba tendo milhares de linhas, o que pode parecer muito impressionante quando colocado em uma parede, mas, na prática, quase ninguém pode realmente gerenciar esse tipo de plano. Isso é fácil com um software de planejamento moderno, que permite o resumo de planos individuais em um plano de projeto ou programação de projetos de nível mais alto.

- **O nível de detalhe em seu plano.** Discuti isso no Capítulo 4, na seção sobre ponderação. É um problema muito comum para gestores de projetos inexperientes. O nível de detalhe deverá permitir que você, como gestor de projetos, aloque trabalho e depois meça o progresso em relação às tarefas. Isso não significa que você precise de um plano minuto a minuto, hora a hora ou ainda dia a dia (embora haja exceções). Normalmente, desmembrar as tarefas em um nível de decomposição aproximado de homem-semana é suficiente. Se você conta com uma equipe de entrega experiente e confiável, esse período pode ser maior, embora o controle dos indivíduos possa se perder, caso seja muito maior que isso. Se precisar ou decidir ir para um nível de detalhe mais profundo, não se surpreenda se a gestão e a manutenção do plano começarem a se tornar incontroláveis. Também é fácil, com planos muito detalhados, perder de vista o objetivo geral e os prazos.

- **Diferenças nos níveis de detalhe em diferentes fases do plano.** Tendo decidido qual nível de detalhe seu plano requer, a próxima consideração é se você pode ou deve planejar todo o projeto no mesmo nível de detalhamento. Para projetos simples ou curtos, a resposta é quase sempre 'sim'. Para programações complexas de projetos, que duram muitos meses, a resposta geralmente é 'não'. Você não sabe o suficiente sobre as etapas posteriores para planejá-las minuciosamente, e isso seria um desperdício de esforço. Nessa situação, você precisa de um plano de alto nível para orientação nas fases posteriores, mas desmembrá-lo em tarefas e tempos muito detalhados provavelmente será infrutífero. Você deve diferenciar explicitamente entre as partes do plano que pode definir com detalhes e aquelas que não pode. Os motivos pelos quais não se pode planejar com detalhes, além de certo ponto, incluem:

- Seus clientes não decidiram o que desejam com detalhes suficientes além dos *deliverables* imediatos. Se não souber o que entregará além de certo ponto no projeto, haverá pouco motivo para planejar minuciosamente além desse ponto.

- O horizonte estratégico de seu negócio é mais curto que a extensão do projeto. Em um negócio moderno, isso geralmente é verdade. Não há sentido em planejar com detalhes além de seis meses, se não souber quais serão a estratégia e a direção dos negócios.

- **Tamanho da tarefa.** O tamanho da tarefa deve ser definido não apenas para refletir a extensão de tempo que uma tarefa leva, mas também para lhe dar uma estrutura de gestão. Para gerenciar, você precisa de partes de trabalho pequenas e discretas, cujo progresso poderá ser medido em bases regulares (semanalmente é um bom parâmetro). Se achar que cada uma de suas tarefas levará meses, decomponha-a em atividades menores que possam ser acompanhadas até o término.

- **Os tipos de dependência.** O modo como as dependências são incorporadas a um plano e, portanto, como as atividades são programadas, tem um impacto fundamental sobre a extensão do projeto. O primeiro tipo de dependência que todos conhecem é aquele em que uma tarefa não pode ser iniciada até que outra tenha terminado. Essas dependências do 'início ao fim' são as mais comuns, as mais fáceis de gerenciar e comunicar e resultarão em um plano sequencial claro, que, normalmente, é muito longo. Pode-se tornar as tarefas dependentes de muitas outras maneiras, dentre as quais as mais úteis são:

    - Fim a fim: uma tarefa não pode terminar antes que outra termine.
    - Início a início: uma tarefa não pode iniciar até que outra se inicie.
    - Deslocamento: uma tarefa começa ou termina um número de dias definidos após outra.

    Descobrir as dependências em um plano e garantir que elas estejam corretas é uma das tarefas mais exigentes intelectualmente para um gestor de projetos. Se não estiver convicto, fique com o processo de início ao fim. A Figura 5.2 mostra diferentes dependências em um formato de gráfico de Gantt.

- **Quanta atividade paralela você permitirá?** Quando montar seu plano, poderá descobrir que ele é todo sequencial, o que geralmente resulta em períodos inaceitáveis para a conclusão. Por outro lado, um plano agressivamente gerenciado pode fazer com que ele se torne todo paralelo. Planos altamente paralelos são inerentemente mais arriscados e exigem uma gestão de projetos mais focada e

Figura 5.2 Tipos de dependência

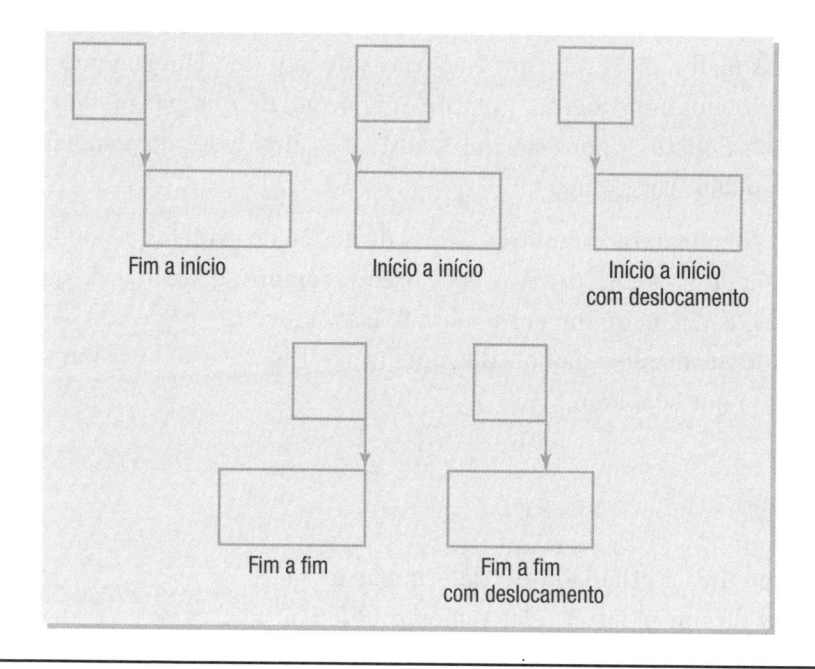

Fim a início

Início a início

Início a início com deslocamento

Fim a fim

Fim a fim com deslocamento

capaz. (Ver na ponderação 9, Capítulo 4, uma discussão mais longa sobre isso e os problemas da atividade paralela.)

- **Que consideração você dará aos riscos?** Existe uma ligação forte entre a gestão de riscos e o planejamento. Lacunas e enganos no planejamento são fonte de uma quantidade significativa de riscos. Por outro lado, você pode usar seu plano para montar ações de combate aos riscos, se pensar nisso desde o início. Antes de terminar seu plano, pense bem — *o que pode sair errado, e devo incluir algo nesse plano para contornar isso? Existem eventos que, se ocorrerem, poderão acabar com o projeto e, se houver, vale a pena incluir atividades para anulá-los ou não?* Você deve usar uma abordagem equilibrada em relação aos riscos. Se decidir que eles precisam ser reduzidos ou minimizados, é muito mais fácil conseguir isso montando tarefas e recursos no plano para contorná-los.

Qualquer que seja o modo como desenvolve seu plano, faça-o com a expectativa de que ele precisará mudar. Ninguém pode prever com absoluta precisão todas as eventualidades (e suspeito de projetos que são executados exatamente conforme um plano). O sucesso de um bom gestor de projetos não é *nunca* alterar um plano. É atender aos objetivos ante um plano mutável. Por esse motivo, vale a pena encontrar o equilíbrio: você precisa gastar tempo suficiente para tornar seu plano robusto e representativo daquilo que se exige, mas não ficar indefinidamente em cima disso — ele nunca será perfeito.

Apresentei o planejamento aqui como algo bastante mecânico, manual, e existem muitas ferramentas maravilhosas que podem ser aplicadas para tornar o planejamento mais fácil e mais robusto. Não usar software de planejamento nos dias de hoje é, no mínimo, imprudente. Lembre-se, porém, de que por melhor que traduzam seus pensamentos e por mais que facilitem as atividades de planejamento, eles não criam o plano. Você o faz.

Assim como a maioria das outras tarefas de gestão de projetos, a ponderação é essencial (ver Capítulo 4). Além disso, você precisa sempre se lembrar de que o plano é uma ferramenta, e não um fim em si mesmo. Isso às vezes é esquecido pelos amantes mais zelosos do controle e da bela documentação. Ele deve servir a um propósito, e basta isso para que seja bom.

Estimar

Normalmente, a atividade de determinar as tarefas dentro de um plano é relativamente objetiva. Ela nunca é fácil, e o desenvolvimento de uma WBS bem estruturada, que não tenha lacunas e seja uma boa maneira de estruturar o trabalho é uma boa realização. Todavia, o trabalho pesado de planejamento costuma estar na estimativa do tamanho da tarefa e dos recursos exigidos.

> **Ponto-chave da lição**
> Esteja preparado para mudar seu plano — a medida do sucesso não é um plano imutável, mas o cumprimento dos objetivos dentro da realidade de mudanças contínuas.

Em alguns casos, ao examinar um plano, você observa várias tarefas com as quais está muito familiarizado e pode identificar fácil e rapidamente o tempo que levará para entregá-las. Entretanto, a maioria dos projetos possui algumas tarefas com as quais não estará familiarizado, que exigem respostas à pergunta *quanto tempo levará uma tarefa que nunca fiz antes?* Infelizmente, não existe uma resposta mágica. Técnicas sofisticadas de gestão de projetos permitem tratar de variações nos níveis de riscos das tarefas, mas entender quanto tempo uma tarefa leva refere-se fundamentalmente a compreender o que está envolvido.

A resposta clássica da gestão de projetos é decomposição. Divida a tarefa em componentes menores e depois estime sua duração. Isso pode ajudar, mas não tanto. Se não entende uma tarefa, é bem possível que não saiba como ela se decompõe. Mesmo que saiba, descobrir a extensão de meia dúzia de tarefas curtas desconhecidas em relação a uma só desconhecida não é inerentemente mais preciso. Assim, o que se pode fazer? A lista a seguir oferece algumas dicas:

- **Estime o tamanho das tarefas que você conhece.**

- **Cuide para que os requisitos sejam claros.** Boas estimativas baseiam-se em requisitos claros. Se seus requisitos forem ambíguos ou se mudarem constantemente, suas estimativas seguirão esse padrão.

- **Procure alguém com experiência para ajudá-lo.** Alguém na organização provavelmente fez algo semelhante em algum momento.

- **Desmembre uma tarefa em atividades conhecidas menores, se for possível e se isso ajudar.** Isso nem sempre funciona, mas frequentemente ajuda.

- **Procure atividades semelhantes para servirem de modelo.** Algumas tarefas são semelhantes a outras e podem ser estimadas comparativamente.

- **Faça uma suposição, na pior das hipóteses.** Mas inclua a contingência de riscos no plano. Quanto mais suposições, maior a incerteza e, portanto, mais contingência você precisa incluir em seu plano. Se tiver de fazer suposições, tente pelo menos colocar alguns limites na incerteza: *não sei quanto tempo essa tarefa levará, mas sei que não é menos que uma semana nem mais que duas.*

Por fim, cuide da apresentação de suas estimativas para patrocinadores e clientes. Mesmo que você faça a devida ressalva, elas podem ser tomadas como fatos consumados e não avaliações baseadas em suposições. Se seu plano for incerto, deixe isso claro e não apresente números muito específicos. Dizer que *levará cerca de um ano* implica uma estimativa ampla. Dizer que *levará 237 dias úteis* soará como uma afirmação precisa, e será entendido por alguns *stakeholders* como um compromisso, apesar de suas ressalvas. Qualquer uma dessas afirmações poderia ser gerada exatamente do mesmo plano, com o mesmo nível de certeza, mas a forma como elas são apresentadas resultará em expectativas radicalmente diferentes para quem estiver ouvindo.

Alocar recursos

A lógica simples determina que, uma vez concluído o plano, o próximo passo é verificar os recursos necessários para realizá-lo. Na prática, a atividade de alocação de recursos deve ser bastante integrada ao planejamento e às estimativas. Um bom gestor de projetos transita rapidamente entre planejar, estimar e alocar recursos. Se a teoria por trás do bom planejamento pode ser complexa, a gestão básica de recursos pode ser bastante exigente, intelectualmente falando.

> **Ponto-chave da lição**
>
> Ao apresentar estimativas de tempo, custo ou recurso, correlacione o detalhe e a precisão de sua estimativa com o nível de certeza associado a ela.

Neste livro, não chegarei a esses extremos. Novamente porque estou mais voltado para a arte da gestão de projetos que para a mecânica, mas também porque somente nas situações mais exigentes será realmente necessário entender os detalhes da alocação de recursos, do nivelamento de recursos e de outras atividades de programação de recursos.

Assim como no planejamento, o ponto de partida para a alocação de recursos deve ser perguntar por que alocar recursos. A resposta óbvia é para determinar de quais recursos você necessita para seu projeto e como poderá obtê-los. Isso não deve ser considerado simplesmente um exercício para acumular talento e habilidades, mas como um processo para ajudá-lo a alcançar seus objetivos de projeto. Também ajudará a construir a ponte entre seu projeto e a organização em que está trabalhando, e deve ser uma consideração importante para as pessoas a quem você recorre e o modo como organiza sua equipe.

O problema com a alocação de recursos é que esse é o ponto em que seu projeto deixa de operar em um vácuo. Até que precise começar a obter recursos, você pode ficar sossegado desenvolvendo documentos de escopo e planos por conta própria, com pouca informação de *stakeholders* e especialistas de suporte. Agora, seu projeto choca-se com a realidade básica da rotina dos negócios. Os recursos de que precisa podem muito bem ser alocados a outra tarefa, e sempre existem mais tarefas que recursos para executá-las. Qualquer que seja o planejamento que você elabore dentro dos limites de seu próprio projeto, ele deverá se ajustar ao planejamento e à alocação de recursos mais amplos da organização em que trabalha.

Supondo que possa determinar as necessidades de recursos de seu plano, alocá-los não é simplesmente uma questão de obter os recursos para as tarefas de que necessita. Existem pelo menos três perguntas adicionais que você, como gestor de projetos, deve ser capaz de responder:

1. De onde obterei os recursos? Eles precisam vir da organização a qual se destina o projeto ou posso utilizar recursos externos adicionais, como contratados e consultores? Meu patrocinador tem autoridade para alocar os recursos de que preciso?

2. Como as pessoas alocadas ao projeto vão interagir com a organização em que trabalham? Por exemplo, elas serão alocadas a um projeto em tempo integral, serão alocadas em um determinado período do projeto e gerenciadas unicamente pelo gestor de projetos por todo o ciclo ou permanecerão em suas funções regulares, e o gestor de projetos as gerenciará em uma função de matriz, em coordenação com seus gerentes funcionais?

3. Como organizarei os membros da equipe de projetos?

Os pontos básicos da alocação de recursos são:

- Determinar no plano quais habilidades você exige, de quantas pessoas com essas habilidades você precisa e por quanto tempo. Nesse contexto, o período de tempo não significa aquele em que as pessoas podem estar envolvidas no projeto — significa o número real de horas em que elas estão disponíveis para trabalhar no projeto (exceto feriados, quando estão doentes ou trabalhando em outras coisas).

- Trabalhar com os donos dos recursos (geralmente gerentes funcionais), para conseguir que as pessoas necessárias sejam alocadas ao projeto.

- Refletir sobre os graus de risco e contingência exigidos no projeto. A compreensão que se tem do projeto é plena, de modo que os recursos podem ser cortados até o osso, ou existem riscos e comprometimentos, que requerem contingência nos níveis de alocação de recursos?

- Agregar o uso de recursos ao plano para entender seus pontos de sobrecarga e subcarga. Concentre-se naqueles que estão continuamente sobrecarregados, pois essa é a principal área de risco. Esses devem ser replanejados e reprogramados. (Você pode usar as facilidades de qualquer software de planejamento para fazer isso, porém tome cuidado com a função de nivelamento de recursos. Pode ser útil pensar em reprogramação, mas, se estiver constantemente sobrecarregado, isso não será de grande valia, pois não pode criar recurso. Além do mais, você precisa tentar entender o que o programa escolhido faz. As diversas ferramentas de planejamento utilizam diferentes algoritmos e técnicas para isso, e nem todas chegarão à mesma resposta. Você deve assumir que, por melhor que seja, qualquer ferramenta precisará de intervenção manual.)

- Evitar cair na armadilha de pensar que a solução para todo problema seja acrescentar mais recursos. Isso reduz a carga de trabalho para outros no projeto e pode tornar as tarefas possíveis, que de outra forma não seriam, mas cada recurso adicional aumenta a complexidade de gestão e a sobrecarga de coordenação e comunicações do gestor de projetos. Logo, em todo projeto, chega-se a um ponto em que acrescentar mais recursos reduz, em vez de aumentar, a eficiência e a produtividade.

- Rever o plano considerando os recursos reais disponíveis, que podem diferir daqueles solicitados originalmente. Você pode repetir as atividades de planejamento e alocação de recursos várias vezes. (Na verdade, até certo ponto, trata-se de uma ação recíproca contínua durante o ciclo de vida do projeto.) É a combinação de alocação de recursos e planejamento que lhe oferece a estrutura real na qual você realizará e gerenciará a entrega. Com frequência, vejo planos que não levam em consideração os recursos. Eles podem oferecer ajuda e orientação, contudo não oferecem qualquer grau de precisão ou certeza.

Uma coisa de que as pessoas se esquecem com frequência é que a alocação de recursos não é simplesmente um dado de entrada no plano; tarefas de alocação devem ser incluídas nele. Dentre os aspectos a considerar estão a ordem em que os recursos são necessários e o tempo de preparação para obtê-los. Se, por exemplo, seu plano requer seis contratados até 1º de março, é preciso haver, algumas semanas antes, uma atividade para recrutar, entrevistar e selecionar os candidatos, além de preparar os devidos contratos. Para alguns recursos, os tempos de preparação são relativamente rápidos e eles podem estar disponíveis em poucos dias, mas, para outros mais especializados, isso pode levar várias semanas. (No caso dos membros permanentes da equipe, pode-se levar meses para encontrar e recrutar a pessoa certa.) Esse tempo de preparação afetará a programação inteira do projeto.

Quando tiver alguma ideia das pessoas de que precisa, terá de definir como elas serão organizadas para o projeto. Não existe resposta certa ou errada, mas os fatores a considerar são:

- **Tamanho do projeto.** Quanto maior o projeto, mais você precisará de uma organização formal e estruturada com funções e níveis de gestão muito claros.

- **Fase do projeto.** A organização pode se adaptar à medida que o projeto evolui. Um projeto em fase de viabilidade, durante a implementação ou durante o suporte pós-implementação pode ter necessidades muito diferentes.

- **Complexidade do trabalho.** As tarefas a realizar são muito semelhantes ou existe uma grande variação?

- **Tipo de pessoal**. Eles são de tempo integral ou parcial? São técnicos juniores ou especialistas seniores, como advogados? Cada um precisa ser gerenciado de maneira diferente.

- **Relacionamento com usuários finais**. Você está trabalhando com os usuários finais durante o projeto ou não tem contato com eles e apenas fará a entrega quando concluir?

Assim como outros aspectos do planejamento, a alocação de recursos é uma estimativa. Não entre em detalhes infinitos (como a programação de recursos hora a hora, como vi certa vez). A realidade sempre trará muitos fatores que movimentarão seus planos e recursos. Seu plano de recursos oferece a linha básica para a gestão.

Alocar recursos a tarefas é algo que deve ser feito de modo que a responsabilidade pela entrega de cada componente do plano fique clara e esteja com um único indivíduo ou, em projetos maiores, com uma única equipe. Isso tem mais a ver com a gestão da entrega do que com a alocação de recursos, mas afeta os recursos e o detalhamento de tarefas. Você não deseja estar na situação de ter de resolver a questão de "se um determinado item precisar ser alocado a várias pessoas, quem será responsável por um eventual atraso?". Para evitar esse problema, garanta que você alocará tarefas a pontos explícitos de responsabilidade; se isso não for possível, decomponha a tarefa ainda mais, até que seja.

Ao planejar acerca das pessoas em seu projeto, não assuma disponibilidade em tempo integral. Se estiver executando um projeto grande, bem financiado e amplamente aceito pela empresa como de crucial importância, pode ser que conte com uma equipe de projeto completa em período integral. Na prática, grande parte do tempo do gestor de projetos normalmente é gasto negociando trabalho com recursos de tempo parcial, que possuem 20 outras tarefas para fazer. Embora ineficiente, é o que acontece e, a menos que você atue em uma organização que tenha projetos como sua atividade central, isso provavelmente não mudará. Ao combinar sobre seu plano e seus recursos, você precisa entender não apenas quem terá à disposição, mas em que proporção de tempo. No caso de recursos de tempo parcial, é essencial confirmar que a disponibilidade assumida realmente combine com disponibilidade real (as empresas constantemente sobrecarregam os principais recursos). (Ver na ponderação 10, Capítulo 4, os riscos da multitarefa.)

O último ponto a ser abordado sobre alocação de recursos é que geralmente focalizamos as pessoas. Na realidade, existe uma série de outros recursos que necessitam ser gerenciados e alocados da mesma maneira, como dinheiro (o orçamento, conforme a seguir) e o equipamento especializado. Um problema típico de recursos em um novo projeto é o acesso a mesas, computadores e até ao prédio no caso de contratados ou consultores. Se não puder oferecer esses recursos no momento em que esse pessoal começar a trabalhar, estará desperdiçando pelo menos parte de sua verba, pois eles não serão totalmente eficazes até que tenham tais facilidades. Inclua isso em seu plano!

Orçar

Eu poderia usar a palavra orçamento com relação a qualquer recurso, mas nesse contexto quero dizer planejar a quantidade de dinheiro necessário a um projeto. Orçamento e acompanhamento de gastos normalmente são a parte mais fraca da gestão de projetos e quase por completo ignoradas por algumas organizações. Um dos motivos para isso é que costuma ser mais fácil disfarçar um gasto a mais, que pode ser ocultado de muitas maneiras, do que esconder um atraso. Para ser um gestor de projetos totalmente qualificado, você precisa saber como gerenciar custos e também o equilíbrio entre custo, tempo, qualidade e escopo.

Existem muitos custos que necessitam ser orçados, mas os principais são:

- Itens que o projeto precisa comprar como componentes dos *deliverables* (por exemplo, matéria-prima utilizada ou software de computador adquirido).

- Itens que o projeto deve pagar por serem exigidos para realizar o trabalho no projeto (por exemplo, a locação de um escritório ou a compra de computadores e sua manutenção durante todo o projeto).

- Custos com recursos externos — contratados e consultores. (Pode ser a uma taxa diária ou a um custo fixo. Não se esqueça dos gastos, que, no caso de consultores de alto nível, podem acrescentar 20 por cento ao custo.)

- Custos com recursos internos — pessoal de sua própria organização. Mesmo que não sejam realmente custeados deve-se no mínimo acompanhar o tempo que eles dedicam ao projeto. A melhor prática é custear o tempo interno. No mínimo, existe um custo de oportunidade por ter recursos atrelados a seu projeto. Recursos internos não cobrados tendem a ser tratados como se fossem gratuitos, o que cria alocação e uso ineficazes.

Em um nível mais simples, um orçamento é o custo total de todos esses itens. Entretanto, existem diversos outros fatores a serem considerados. Os principais são:

- O sistema financeiro e o enfoque da organização em que você está trabalhando. Por exemplo, existe uma cobrança cruzada pelo uso de recursos internos, ou eles são efetivamente 'gratuitos' para o projeto? Algumas atividades são capitalizadas e outras não, e você precisa estar apto para acompanhar isso? Quais são os requisitos de prestação de contas e acompanhamento?

- Qual é a atitude da organização com os gastos a mais? É melhor prever um orçamento exato e depois arriscar estourá-lo ou é melhor prever um orçamento total e arriscar ter dinheiro sobrando no final?

- Como o orçamento é alocado e como o gasto é aprovado? Não caia na armadilha de supor que, só porque você tem um orçamento, poderá gastá-lo. Uma autorização ainda pode ser necessária para o gasto real, mesmo que você tenha um orçamento totalmente aprovado.

- Como acompanhará o gasto em relação ao orçamento e, por exemplo, você precisa vinculá-lo aos sistemas financeiros da empresa ou não? Se precisar, saiba que os sistemas financeiros podem estar estruturados de um modo diferente daquele que você pensa a respeito das finanças de seu projeto.

- Qual custo foi assumido no plano de negócios para o projeto? A maioria das organizações requer plano de negócios para qualquer projeto significativo, ou seja, avaliar o custo em relação ao benefício. Normalmente, o custo do plano de negócios é uma estimativa ampla, e a realidade no planejamento detalhado pode vir com uma resposta diferente. Com frequência, o custo do plano de negócios atuará como um orçamento máximo dentro do qual operar.

- O que você deve pagar com o orçamento do projeto? Às vezes, pode ser que tenha de pagar atividades que não fazem parte estritamente dele, como treinar o pessoal para poder realizar certas atividades inerentes ao projeto. Normalmente, é de seu interesse fazer isso para entregá-lo com sucesso. Porém, isso requer que você seja claro a respeito dele desde o início. Obter o dinheiro no início do projeto em geral é mais fácil do que no meio do caminho.

Deixei esta seção para depois do planejamento e da alocação de recursos por ser dependente deles. Contudo, por ter disposto seu orçamento e suas restrições financeiras acima da alocação de recursos e do plano, eles certamente precisarão ser revistos.

Pensando sobre contingência e risco

Até o momento, discuti os diversos aspectos do planejamento como se pudéssemos planejar e estimar com precisão. Isso nunca é perfeitamente verdadeiro e, antes que você finalize tudo, deve considerar o grau de risco de seu projeto. A capacidade de entender e gerenciar o risco é uma habilidade absolutamente fundamental da gestão de projetos e começa agora, no estágio de planejamento.

> **Ponto-chave da lição**
>
> Incluir a contingência em um plano é essencial e não um sinal de fraca gestão de projetos. O fator crítico é quanta contingência e como você a aloca e gerencia. Isso deverá estar relacionado ao grau de risco de seu projeto específico.

A resposta ao risco na fase de planejamento é a contingência. E esta é usada de duas maneiras correlatas neste livro:

- **Contingência.** Como uma proteção a seus planos, para permitir que você reaja ao surgimento de mudanças e de riscos. Deve existir em todo plano de projeto.

- **Planos de contingência** (ver Capítulo 10). São atividades alternativas específicas, executadas de acordo com seu plano básico, normalmente em paralelo. Esses planos são implementados apenas quando o grau de risco e a importância para o negócio de um projeto são suficientemente altos para garantir o desenvolvimento de uma solução alternativa (ou parcial), caso o plano principal deixe de ser entregue. Isso não será mais discutido nesta seção.

É essencial que a contingência seja incorporada em um plano. Não se trata em absoluto de um sinal de mau planejamento ou gestão ineficiente de projetos. O importante é o grau de contingência previsto e sua forma de alocação. Também costumo suspeitar de gestores de projetos que sempre afirmam cumprir os projetos dentro do prazo e do orçamento, sem nunca apresentar quaisquer riscos. Se fosse tão fácil assim, em primeiro lugar, não precisaríamos realmente de gestores de projetos!

Vale a pena começar a pensar a respeito dos principais motivos da incerteza em nossos planos. São eles:

- Você simplesmente não pode prever tudo; o risco em um nível ou outro é inerente a tudo o que fazemos.

- As coisas mudam. Pode-se argumentar que a mudança deve ser gerenciada por meio de um processo de controle de mudanças. É verdade, mas a mudança pode resultar de algo como um escopo ou requisitos mal entendidos ou mal interpretados. Do ponto de vista do cliente, nada mudou. Por sua vez, um membro da equipe que adoece não configura, realmente uma mudança no sentido estrito da gestão de mudanças, mas é uma mudança no que se refere à validade de seu plano.

- Suas estimativas podem estar erradas. Uma estimativa não passa disso, de uma estimativa. É uma ciência notoriamente inexata.

- Seu patrocinador ou cliente pode esperar que você seja capaz de absorver um pequeno grau de mudanças, sem lançar mão de um controle formal de mudanças e impactos sobre o projeto.

- Existe um risco específico inerente ao projeto que você está planejando. Isso vem de quatro fontes — risco técnico (pode ser feito, já foi feito antes?), risco de gestão (qual é a complexidade para gerenciar?), risco de requisitos (o que se deseja foi realmente entendido?) e risco ambiental (algo muda fora do projeto e exerce impacto sobre ele).

O primeiro passo na inclusão de alguma contingência ao plano é considerar como você estima o tamanho da tarefa. Isso depende do tipo de tarefa que esteja planejando. Para poder estimar com qualquer grau de precisão, você precisa ter experiência e habilidade na tarefa específica cuja extensão está estimando. O que normalmente acontece é que as pessoas superestimam o tempo que as tarefas levarão. No caso extremo, planejam uma tarefa para lhes dar praticamente cem por cento de certeza de completá-la, embora isso signifique que as tarefas estendam-se mais do que elas realmente duram na média, e a duração geral do plano também passa a ser muito longa. Creio que as pessoas façam isso por uma combinação de anseio por uma vida fácil e de medo do fracasso. O melhor é fazer com que as pessoas estimem as tarefas no tempo que achem que levarão em média, sem permitir que adicionem qualquer tempo de contingência. Você, como gestor do projeto, deve então incluir módulos de tempo de contingência que poderá alocar quando um imprevisto acontecer e algumas tarefas levarem mais tempo que o planejado. A vantagem disso é que você quase sempre verá que muitas tarefas são entregues no prazo, e a extensão geral do projeto é encurtada. (A desvantagem é que isso pode tornar a contingência explícita para outros gerentes que, com menor conhecimento da realidade do risco e da incerteza, podem pedir que ela seja removida.) Existem diversas questões culturais a serem resolvidas para manter a centralização a contingência. Basicamente, você precisa incutir uma cultura de projeto em que as pessoas não pensem que estão sendo punidas quando atrasam e que necessitem mergulhar em um pote de contingências, mas equilibrem essa necessidade levando-as a sério e tentando ao máximo evitar seu uso.

Fazendo um resumo simples:

- Evite prever uma contingência para cada atividade.
- Mantenha seus recursos de contingências centralizado.
- Gerencie pessoas para atingir o plano —, mas libere a contingência quando for necessário.
- Gerencie e monitore seus recursos de contingências. Se ele estiver esgotando-se mais rápido que o andamento do projeto, um problema estará surgindo.

As contingências não se referem apenas ao tempo — também devem ser consideradas em relação ao orçamento de recursos que você tem disponível. Por fim, lembre-se de que elas existem para lhe dar uma ferramenta para gerenciar riscos, e não como uma desculpa para um fraco desempenho ou gestão!

Mobilizar

Você tem um plano, uma equipe de trabalho para entregar o plano e um orçamento aprovado para gastar. Não há grandes dificuldades para mobilizar a equipe de projeto quando você está nessa posição, mas a mobilização deve ocorrer. Ela precisa ser uma atividade específica, a qual o gestor de projetos tem a responsabilidade central de empreender. A mobilização pode ser comparada à situação na qual uma brigada de soldados está pronta para a batalha: eles têm as armas em punho e entendem o que devem fazer, mas ainda precisam de alguém para realmente dar a ordem de iniciar o trabalho.

A tarefa básica da mobilização é a de comunicação. Você pode usar todas as habilidades definidas no Capítulo 2. O estilo e a abordagem que você utiliza para mobilizar o pessoal podem ter um impacto significativo sobre seu relacionamento com eles e, portanto, sobre o sucesso com que você os gerenciará durante o ciclo de vida do projeto. Os objetivos da mobilização são:

- Energizar e alinhar a equipe de projeto. Se ela for grande, isso pode exigir um esforço considerável (ver Capítulo 8).

- Garantir que a comunidade ampla de *stakeholders* dê suporte ao projeto e esteja pronta para apoiá-lo (ou ter atividades planejadas para contornar a resistência onde for necessário).

- Assegurar que os membros da equipe de projeto entendam os objetivos de seu envolvimento, as tarefas de trabalho específicas que lhes foram alocadas e como eles se encaixam dentro do plano geral.

Quando isso for feito, a entrega do projeto poderá ser iniciada.

Há um último ponto que deve ficar claro para todos durante a mobilização. O plano oferece a estrutura na qual a equipe trabalhará e com a qual será medida, mas cada membro é responsável por suas tarefas. Ter um plano definido não remove a necessidade individual de pensar. O plano é um auxílio para eles e para você, não uma isenção de responsabilidade.

Projetos no mundo real — problemas práticos comuns a serem contornados

Assim como acontece com muitos que escrevem sobre gestão de projetos, evitei as restrições que, na prática, ocorrem nos projetos. Não importa o quanto você planeje e desenvolva as estruturas corretas para gerenciar um projeto estará sujeito a uma série de problemas do mundo real. A lista deles não tem fim, mas, nesta seção, selecionarei alguns dos mais comuns a serem resolvidos no início do projeto e discutirei o que você pode fazer a respeito deles.

> **Ponto-chave da lição**
> De modo geral, a teoria da gestão de projetos define o ambiente ideal para configurar e executar um projeto. Na prática, nem todas as condições ambientais ideais serão alcançadas e, como gestor de projetos, você precisa aprender a lidar com situações abaixo do ideal, gerenciando uma série de restrições e comprometimentos.

Os 11 problemas do mundo real que costumo experimentar são os seguintes:

1. Requisitos e objetivos vagos. É muito difícil entregar um projeto se seus requisitos e objetivos não forem claros. Mesmo que você passe pelo processo de definição de escopo descrito no Capítulo 3, se o cliente não sabe as respostas fundamentais, você não pode simplesmente inventá-las.

2. **A equipe errada.** Você pode ter alocado pessoas insuficientes ou uma equipe com habilidades ou competências abaixo do ideal.

3. **As pessoas alocadas ao projeto não têm realmente tempo algum para se dedicar a ele.** Isso é surpreendentemente comum. Um gerente designa seu pessoal a muitas tarefas ao mesmo tempo. Ou então a equipe foi alocada somente em tempo parcial, o que torna sua logística complicada e estende os prazos do projeto.

4. **Localização e configuração da equipe.** Os membros da equipe estão fisicamente espalhados por toda a parte e reuni-los para que trabalhem juntos aumentará bastante os custos do projeto, o que não foi planejado.

5. **Não ter permissão para tempo ou orçamento de contingência.** O projeto foi planejado de modo eficiente, mas tem riscos e, para acomodá-los, você preparou um pote de contingências com tempo ou custo. Seu cliente vê isso e pede sua remoção.

6. **Existem muitos *stakeholders* ou donos de requisitos.** O esforço para reunir todas as visões, inserir, avaliar e agrupá-las, resolvendo quaisquer conflitos, impedirá que os cronogramas sejam atendidos.

7. **Seu patrocinador não tem poder suficiente para dar o suporte necessário ao projeto.** Ele quer realizá-lo e o contratou para isso, mas não pode, alocar o pessoal nem o orçamento necessários para desenvolvê-lo.

8. **O projeto é mais complexo que qualquer um que você já gerenciou.** Isso o faz pensar se está além de suas capacidades.

9. **O orçamento, o cronograma ou os recursos são fixados antes de seu plano, porém não correspondem a suas necessidades quando o planejamento é feito.** É o dilema clássico da gestão de projetos. Os exemplos mais comuns são ter de manter um orçamento que foi definido durante um ciclo de orçamento mais antigo, ou o advento de um 'evento crítico' — que precisa ser atendido e não pode ser deslocado no tempo.

10. **Não existe uma solução conhecida para o problema que o projeto está tentando resolver.**

11. **Você não tem informações suficientes para planejar com qualquer grau de precisão.**

Todas essas são restrições ao projeto que você está tentando conduzir. Espera-se que elas tenham se tornado claras quando você estava definindo o escopo do projeto. Às vezes, elas se evidenciam mais tarde, no ciclo de vida do projeto, e podem, por exemplo, ser expostas por meio de seu processo de gestão de suposições (ver Capítulo 10). Há muitas outras que podem existir, mas, de forma geral, diante de uma restrição desse tipo, o que você pode fazer a respeito?

- Considere a restrição como um desafio construtivo. Com frequência, você descobrirá que um desafio gera pensamento criativo sobre maneiras alternativas de resolver problemas.

- Planeje, em princípio, seu projeto sem as restrições. Se começar por elas, há o risco de que você se concentre mais nelas do que em atender aos requisitos do projeto. (Se a restrição significa que você não tem toda a informação, faça suposições explícitas e planeje usando-as.)

- Avalie o impacto da restrição. Não entre imediatamente em pânico nem adote uma mentalidade negativa a respeito. Se essa restrição for real, o que ela realmente significa para seu projeto? Afirmações como 'não é possível' não são construtivas; elas precisam ser quantificadas. Especificamente, o que não é possível?

- Reveja, depois, sua abordagem ao projeto — o que você pode alterar para permitir isso? Qual seria o impacto sobre o escopo, a qualidade, o custo ou o tempo do projeto? Por exemplo, se o tempo fosse menor do que seu plano previu, você aumentaria o recurso e o custo, ou reduziria o escopo e a qualidade para entregar no prazo? Se você tivesse um gargalo específico de recursos, como acesso limitado ao espaço físico ou a um sistema específico, seria possível trabalhar em turnos em vez de tentar usar o recurso limitado em paralelo?

- Examine o ciclo de vida do projeto que você está implementando e veja se é preciso acrescentar fases adicionais. Por exemplo, se não houver uma solução conhecida para o problema que o projeto está tentando resolver, talvez você precise de uma espécie de fase de seleção de soluções antes de iniciar seu projeto. Ou então, se não tiver informações suficientes para planejar com qualquer grau de precisão, acrescente uma etapa de viabilidade formal no projeto para obtê-las.

- Tome medidas atenuantes que existirem. Por exemplo, se seu patrocinador lhe disser que não pode ter uma reserva de contingências explícita de dinheiro ou tempo, você poderia chamá-la de outra forma ou embuti-la no plano de outra maneira? Para citar outro exemplo, se você tiver muitas pessoas no projeto, mas elas forem apenas de tempo parcial, isso poderia ser aliviado ao menos fazendo com que elas tivessem os mesmos tempos disponíveis a cada semana para trabalhar no projeto?

- Fale com seu cliente e explore as opções. Comece garantindo que ele entenda seu plano básico e por que ele fornece a resposta indicada. A seguir, determine se é uma restrição absoluta, que não pode ser mudada, ou algo que ele decidiu por alguma outra razão. Às vezes, os gerentes impõem tais restrições simplesmente porque isso torna sua vida mais fácil ou porque acreditam que a inclusão de uma contestação é uma boa técnica gerencial. Cuide para que eles entendam e aceitem as implicações da restrição.

- Apresente-lhes, desse modo, as opções, e não um fato consumado. Por exemplo, se seu cliente quiser tudo pronto em menos tempo do que você planejou, dê-lhe a opção de oferecer o tempo extra ou uma alternativa como orçamento extra ou escopo reduzido para cumprir os prazos. Nada como um leque de opções.

- Tome uma decisão explícita sobre como gerenciará essa restrição — não use subterfúgios.

- Replaneje o projeto de acordo com isso e comunique as mudanças, uma vez que tenha decidido qual caminho seguir. Não ignore a restrição nem considere que ela não terá impacto algum.

- Observe que sempre há uma escolha. Até mesmo o mais crítico dos eventos críticos só merece ser realizado a certo custo!

Essas etapas são resumidas na Figura 5.3.

Um problema diferente ocorre quando você herda um projeto que existe há algum tempo, talvez informalmente, sem uma gestão de projetos apropriada, e, por um motivo ou outro, o gestor de projetos original não está mais disponível. Isso é muito comum e um momento de atenção. Se herdar um projeto, tente assumi-lo com a condição de que pode revisá-lo e prepare o espírito de seu cliente para mudança de tempo, custo ou escopo do projeto. Ninguém gosta de ouvir isso, mas, se não deixar isso claro, poderá enfrentar problemas adiante. Naturalmente, você pode ter a sorte de ter assumido um projeto perfeito, mas as chances são de que, se o gestor de projetos foi substituído, algum motivo existe. Antes de se comprometer com o projeto, revise, confirme e, se for preciso, mude o escopo. Depois revise, confirme e, se necessário, mude o plano. Isso é mais complexo do que no início do projeto, pois você precisa considerar não apenas o que tem de ser feito, mas o que foi feito e se foi feito em um nível de qualidade suficiente. A maioria dos gestores de projetos constantemente se vê na situação de assumir

Figura 5.3   Lidando com problemas do mundo real

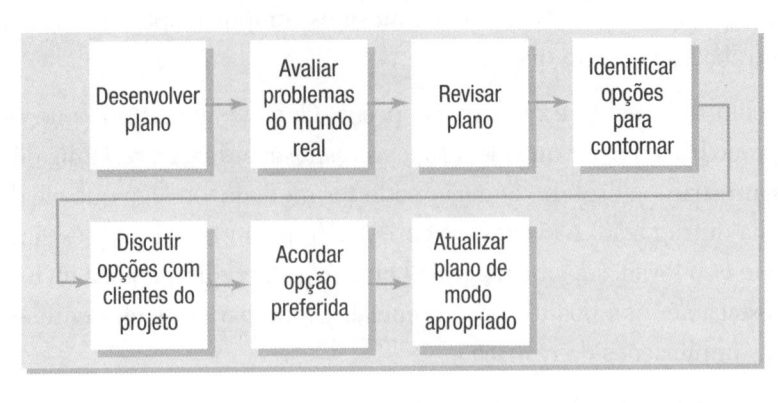

```
Desenvolver plano → Avaliar problemas do mundo real → Revisar plano → Identificar opções para contornar
                                                                                    ↓
Discutir opções com clientes do projeto ← Acordar opção preferida ← Atualizar plano de modo apropriado
```

projetos no meio do caminho. Esse é o momento de ser assertivo e prometer que fará o melhor para dar a volta por cima, porém não se comprometa com nada até que tenha a chance de revisar o escopo, o plano e o *status*. Quando tiver feito isso, redirecione as expectativas para o que realmente acontecerá!

Por fim, lembre-se de que a gestão de projetos trata da ponderação equilibrada e da criatividade. Normalmente existem formas alternativas de fazer as coisas que podem atender aos objetivos dentro das restrições definidas; portanto, procure-as. No entanto, é preciso ter margem para manobras, você não é um fazedor de milagres. Não importa quão experiente, poderoso ou teimoso seja o chefe para o qual está trabalhando, ele não tornará o impossível possível (ver Capítulo 11).

Com base no conteúdo deste capítulo, a Tabela 5.1 oferece uma lista de verificação de planejamento e mobilização. Use-a para rever como iniciará os projetos e onde você poderá conseguir melhorar.

Tabela 5.1   Lista de verificação de planejamento de projeto

Aspectos de planejamento e mobilização	Sim	Não
Você conhece os diferentes usos dos planos e pensa neles enquanto desenvolve seu plano?	☐	☐
Você conhece os diferentes formatos de planos e usa o mais apropriado para cada situação?	☐	☐
Usa o processo lógico para o planejamento? (Ver Figura 5.1.)	☐	☐
Desenvolve seu plano no nível de detalhe mais apropriado, tanto para o plano como um todo como para diferentes fases do plano?	☐	☐
Se seu projeto, ou programação de projetos, for complexo, você o decompõe em subplanos fáceis de administrar?	☐	☐

Você envolve as pessoas certas no desenvolvimento do plano, para obter uma gama de experiência, ideias e desafio construtivo?	☐	☐
Você apresenta um conjunto apropriado de marcos de desenvolvimento em seu plano?	☐	☐
Está claro quem é responsável pela entrega de toda e qualquer tarefa no plano?	☐	☐
Você identifica todas as dependências, usando o tipo correto, de acordo com a natureza da relação entre as tarefas?	☐	☐
Você examina o melhor nível de planejamento paralelo, considerando questões como tempo do projeto, leque de controle gerencial, níveis de multitarefa e entrega de benefícios?	☐	☐
Você desenvolve as melhores estimativas que pode e vincula seu nível de certeza de estimativa à gestão de riscos e às contingências?	☐	☐
Você considera o risco no desenvolvimento de seu plano, aplicando a ele o impedimento ou a redução de risco apropriados e incluindo nele um nível de contingência apropriado, relacionado à incerteza?	☐	☐
Você é claro a respeito das suposições que faz no planejamento e as vincula aos riscos?	☐	☐
Você revê seu plano para levar em conta os recursos reais em oposição aos teóricos (incluindo a disponibilidade real)?	☐	☐
Você obtém comprometimento em relação aos recursos antes de assumir que terá acesso a eles?	☐	☐
Você inclui tempos de preparação ou tempos de aquecimento para os recursos em seu plano?	☐	☐
Você aloca os recursos de forma sensata — nem sobrecarregando nem subestimando indivíduos?	☐	☐
Você prepara uma estrutura organizacional de projeto apropriada, considerando as características do projeto?	☐	☐
Você garante que terá orçamento suficiente, considerando todos os aspectos do plano e o enfoque orçamentário de sua organização?	☐	☐
Você prepara mecanismos para acompanhar o uso de orçamento e recursos (incluindo recursos internos)?	☐	☐
Você inclui atividades apropriadas de mobilização em seu plano?	☐	☐
Você considera os desafios reais que provavelmente enfrentará na prática e monta seu plano em torno deles?	☐	☐

CAPÍTULO 6

Estilos pessoais

Este capítulo analisa os estilos pessoais: primeiro aqueles que aconselho que sejam evitados por qualquer gestor de projetos; em segundo lugar, atributos do estilo pessoal a serem encorajados. Se você se sente propenso ao primeiro conjunto de características, pode limitar seu sucesso e, portanto, precisa aprender a moderá-las. Você pode não ter naturalmente todo o segundo conjunto, mas elas podem ser aprendidas até certo ponto, ou você pode trazer para sua equipe pessoas que tenham essas habilidades.

> **Ponto-chave da lição**
> Não existe um estilo pessoal certo para um gestor de projetos; os gestores bem-sucedidos possuem diversos estilos. Mas existem certas técnicas a evitar e alguns atributos de estilo importantes a desenvolver.

Estilos a serem evitados

Existem muitos estilos de gestão de projetos e não há um tipo de habilidade e estilo pessoal que assegure o sucesso. Conheço muitos gestores de projetos ponderados e introspectivos, alguns são extrovertidos, compulsivos e comunicadores assíduos, outros entendem de tecnologia e usam análise lógica para conduzir pessoas à conclusão certa, outros, ainda, formam uma equipe e um consenso orientados à entrega de resultados sem entrar nos detalhes. Existem inúmeras abordagens e opções. Não há um único estilo de personalidade certo para ser um bom gestor de projetos, mas estar convicto de que alguns métodos de interação devem ser evitados. Essencialmente, entre esses existem quatro estilos que você pode reconhecer. São estereótipos — mas são estereótipos baseados na realidade e que podem lhe parecer familiares.

> **Ponto-chave da lição**
> Certos estilos pessoais limitarão seu sucesso como gestor de projetos.

Estereótipo 1 — garoto briguento

Você provavelmente já está acostumado com esse tipo de pessoa. O garoto briguento é conhecido por todos (eu deveria dizer *pessoa briguenta*, mas não me parece correto e, em minha experiência, essa característica é mais comum aos homens que às mulheres). São pessoas que gerenciam na base do medo e, quando as coisas saem erradas, começam a gritar. A técnica geral é fazer que todos saibam quem é o chefe. Falam muito sobre respeito, que confundem com poder. Também interpretam mal a liderança e, em vez de liderar, gostam de "colocar as pessoas em seu devido lugar". Eles se dão bem com pessoas submissas e costumam ser obsessivos com cargos e posição nas hierarquias organizacionais. Trata-se da versão adulta do garoto briguento do *playground*. Com isso, não compreendem que a entrega não requer confronto e geralmente é prejudicada com isso.

Use esse estilo com cautela e ciente do risco! Não que o briguento nunca consiga resultados. Eu estaria mentindo se dissesse que isso nunca funcionou ou que, ocasionalmente, não seja útil para conseguir direcionar o pessoal com firmeza. Às vezes, isso é essencial. Cabe reconhecer a diferença entre uma exigência ocasional e uma agressividade opressiva para obter submissão e entrega. Na realidade, além de ser um estilo antipático, é um modo muito frágil de desenvolver algo confiável e consistente. O estilo briguento tem vários pontos fracos fundamentais:

- Não desenvolve confiança (que é algo bidirecional). Se as pessoas acharem que você não confia nelas, elas, por sua vez, não confiarão em você. Equipes de projeto sem membros confiantes dificilmente chegam ao sucesso. Em geral, a equipe mais produtiva é aquela que trabalha harmoniosamente e não a que trabalha em uma atmosfera de medo.

- Cria problemas desde o início do projeto. Se as pessoas pensarem que serão colocadas sob pressão excessiva e de um modo desagradável quando estiverem atrasadas, elas tenderão a superestimar a extensão das tarefas para garantir que possam ser concluídas dentro do prazo.

- As pessoas que o temem evitarão ou adiarão contar-lhe a verdade, especialmente se for má notícia. Elas procurarão encobrir os erros ou adotar uma atitude defensiva. A gestão de projetos realmente boa requer que o gestor conheça os riscos logo cedo e saiba, imediatamente, quando as coisas estiverem saindo erradas. Já vi situações, em várias ocasiões, em que o gestor foi o último a saber que o projeto não ia bem, pois seus colaboradores tinham muito medo de lhe contar. Lembro-me até de uma programação de projetos específica com um orçamento de várias centenas de milhões de reais, em que quase todos na equipe sabiam que seria um desastre, exceto o gestor. Nem é preciso dizer que o projeto fracassou e ele foi demitido.

- Os membros da equipe, às vezes, a ser gerenciada e cobrada pelos *deliverables* ou pelo cumprimento de tarefas são realmente mais experientes do que o gestor de projetos. Atuar como um garoto briguento nessas situações normalmente não funcionará.

- Os membros da equipe que têm um chefe agressivo podem trabalhar com afinco por medo, mas provavelmente não com entusiasmo ou paixão. Pessoas apaixonadas, entusiásticas, produzirão mais e de forma mais criativa. As que são intimidadas raramente entregam resultados de alta qualidade. Produzem apenas o suficiente para evitar a intimidação e falarão pelas costas sempre que não puderem contestar a chefia.

- As pessoas, e geralmente as melhores; por fim, vão evitá-lo e tentarão de tudo para não participar de seus projetos no futuro. A entrega coerente depende de outras pessoas também. O gestor de projetos é um participante e não a equipe inteira.

Se você é desse tipo, da próxima vez que sentir que está ficando vermelho e estiver tentado a bater na mesa e gritar com alguém, respire fundo e acalme-se. Tente gerenciar de um modo mais humano. Os gerentes mais tenazes, exigentes, eficazes e produtivos raramente chegam a esse estado; aqueles realmente implacáveis nunca chegam.

Os gestores bem respeitados conseguem as coisas com facilidade porque os membros de sua equipe querem contribuir com eles, e não porque têm medo deles.

Estereótipo 2 — malucos por processo, planejadores compulsivos e obcecados por detalhes

Outro estilo ineficiente de gestão de projetos, não raro, é o da pessoa que está mais obcecada por um ou outro detalhe do projeto do que por seu progresso geral.

É importante observar que não estou criticando aqueles que se importam com os detalhes mais do que com as visões de alto nível. Não há nada de errado em estar interessado nos detalhes, pois enfocar um nível muito alto pode ser arriscado. Entretanto, o gestor de projetos existe para gerenciar o projeto como um todo e, exceto no menor deles, normalmente não tem tempo para conhecer cada detalhe de tudo.

Isso pode assumir três formas características. Primeiro, existem aqueles que são obcecados pelo processo de gestão de projetos mais do que pelo próprio projeto. Eles concentram-se em garantir que tenham executado cada atividade da gestão de projetos possível, assinalando cada item em todas as suas listas de verificação. A satisfação vem apenas quando eles sabem que realizaram todas as tarefas do processo e, quando o projeto sai errado, eles tendem a ver isso como inevitável e não como resultado de muito processo de gestão e pouco gerenciamento. O uso correto do processo consiste em aplicar uma tomada de decisão equilibrada. Muito pouco processo pode resultar em caos, enquanto o excesso de processo pode ser estéril. O bom processo é poderoso, mas nunca abrange todas as situações, e a habilidade está em utilizá-lo rigorosamente quando apropriado, mas poder avaliar rapidamente quando é necessário extrapolar. O obcecado pelo processo burocrático normalmente pensará *não farei isso, não é parte da minha função*. Algumas coisas não são tarefa do gestor de projetos, mas para alcançar o progresso ele é responsável por organizá-lo e as restrições do processo não devem impedir isso.

Em segundo lugar, existem aqueles que continuamente focalizam o plano, atualizando-o a cada oportunidade, em uma vã tentativa de mantê-lo perfeitamente correto. Diariamente, existe uma vasta coleção de dados de *status*, tarefas são realinhadas e o caminho crítico é reavaliado. Conheci gestores de projetos que todos os dias gastavam horas para manter o plano atualizado. O que eles não entendiam é que o plano era simplesmente uma ferramenta; não um resultado por si só. O planejamento é essencial, e os planos são poderosos — mas eles são um meio e não um fim.

Por último, e de modo um tanto diferente, existem aqueles que se tornam obcecados pelos detalhes de muito baixo nível do conteúdo do projeto. Em geral, essas pessoas têm um foco na tecnologia. Elas tentam compreender e ter uma opinião sobre cada aspecto do projeto, podendo ficar estressadas quando não entendem todos os detalhes. Na melhor das hipóteses, esse tipo de gestor de projetos fica sobrecarregado; na pior, o projeto fracassa porque o quadro geral está sendo ignorado.

Existem dois motivos básicos para as pessoas focarem esses tipos de detalhe. Primeiro, elas podem estar mais interessadas nos detalhes do que na entrega do projeto. Se isso for verdade e realmente quiserem trabalhar nos projetos, pode ser melhor que trabalhem em um departamento de gestão de projetos (PO — *Project Office*) do que como gestores. Esses POs oferecem mais escopo para a gestão bastante detalhada de planos, focalizando os processos de gestão de projetos. O segundo motivo é que os profissionais com esse perfil não acumularam as habilidades e o conhecimento necessários para atuar de outra forma. A inexperiência tende a resultar em uma ponderação frágil sobre o que é importante para ser um gestor. Quando as pessoas não sabem o que fazer, elas normalmente se agarram a um bote salva-vidas; nesse caso, o bote é sentir-se bem porque estão ocupadas com os detalhes. Se esse for seu caso e não estiver certo sobre o que é mais importante para você, busque ajuda de um gestor de projetos mais experiente.

O sucesso de um gestor de projetos é medido apenas no tocante à entrega de um projeto. Quando ele estiver concluído, a beleza de seus planos, a suficiência de sua documentação e a profundidade de seu conhecimento sobre cada aspecto do trabalho serão irrelevantes. Pense nas outras profissões. Um pintor valoriza bons pincéis e os lavará depois do trabalho, mas sabe que tudo o que importa para seus clientes é a qualidade de sua pintura. Um contador se preocupará com as técnicas e os processos contábeis combinados, porém o que conta realmente é a precisão e a inteireza das contas que ele reúne. Um engenheiro tentará usar os algoritmos e as teorias combinadas no projeto de uma nova máquina, mas novamente, no fim, tudo o que importa é que a máquina funcione conforme os parâmetros de desempenho para os quais foi projetada. O mesmo raciocínio deve acontecer com o gestor de projetos. Use as ferramentas e entenda os detalhes, mas apenas até o ponto necessário para alcançar os resultados desejados.

Estereótipo 3 — o homem Teflon

Algumas pessoas conseguem escapar ilesas de tudo; quando um erro ocorre, não assumem a responsabilidade — sempre a ideia foi de outro. Esses 'homens (e mulheres) Teflon' nunca se deixam atingir por coisa alguma e podem ser encontrados em qualquer grande organização. Carregam o faro de políticos, mas nunca mostram diretamente. De alguma maneira, nunca se enganam, nunca estão no lugar e na hora errada e sempre têm um motivo válido para o erro ou a falha.

Esse estilo de ser capaz de esquivar-se de todas as balas e acusações de falha pode ser bem-sucedido no curto prazo. O problema é que a profissão de gestão de projetos refere-se basicamente a assumir responsabilidade. Em toda situação, algo pode dar errado e assumir a responsabilidade implica arcar com parte da culpa. Se um gestor sempre sai ileso, significa que ele não está assumindo plena responsabilidade. Está se esquivando do senso de posse necessário.

O problema com esse estilo é muito mais sutil do que o dos dois estilos anteriores, pois alguns profissionais construíram carreiras aparentemente bem-sucedidas em torno dele e até alcançaram níveis superiores nas hierarquias organizacionais. A questão principal tem mais a ver com a equipe de projetos do que com qualquer outra coisa. As pessoas se ressentem com outras que trabalham dessa forma e podem esquivar-se sorrateiramente de cada situação; portanto, é menos provável que a equipe de projetos alinhe-se com os objetivos do gestor de projetos desse tipo. Se nada o atingir, pode estar atingindo alguém que terá mais motivos para ficar realmente ressentido. Quando um chefe toma as dores de um componente da equipe para apoiá-lo, isso gera boa vontade e confiança; quando ele constantemente se esquiva comprometer-se com aqueles a seu redor, isso gera um sentimento negativo. A mesma coisa acontece com os gestores de projetos. Creio que todos nós sabemos a resposta para a pergunta: é preferível ter uma equipe ressentida com você ou que o respeite e o admire?

Você pode não fracassar com esse estilo e até sentir que realmente se sai muito bem com ele — mas não se destacará nem fará tão bem quanto poderia. Não pense: "bem, isso funciona para mim"; Pense: "até onde eu teria ido se não agisse dessa forma?". Você pode estar se saindo bem com essa atitude, mas não pense que isso passa despercebido por seus gerentes ou sua equipe.

Estereótipo 4 — o gestor aterrorizado

Algumas pessoas permanecem calmas em todas as situações; conseguem manter a cabeça fria diante de qualquer adversidade. Muitos de nós desejamos ser assim, mas essas pessoas são poucas e raras e, em alguns casos, parecem não ser humanas. Dúvidas e sentimentos ocasionais de falta de controle são normais; contudo, não confunda isso com a tendência ao pânico. Existem alguns gerentes cuja primeira reação, quando a pressão aumenta ou algo sai errado, é entrar em pânico.

Na antiga série de televisão da BBC *Dad's Army*, havia uma personagem, cabo Jones, que, sempre que algo estava começando a dar errado, o que era comum nessa comédia, corria e gritava "não entrem em pânico, não entrem em pânico". Ele, naturalmente, corria sem direção nem controle. O problema com o pânico é exatamente esse. Alguém descontrolado tende a gastar mais tempo administrando seu pânico e tentando colocar seu cérebro para funcionar novamente do que realmente realizando um trabalho construtivo.

Quando sentir a pressão, evite o pânico. Ele nunca é construtivo. Se sentir as garras do medo pegando-o e puxando-o para o pânico, resista. É absolutamente normal se preocupar e até sentir um pouco de estresse, mas, quando o pânico se instala, você deixa de ser produtivo. Pior ainda, o pânico tende a ser contagioso — quando alguém se aflige dessa maneira, isso pode se espalhar rapidamente. A pior pessoa para entrar em pânico em um projeto é o gestor do projeto! Isso envia uma mensagem clara à equipe, que pensará: "se ele está entrando em pânico, deve ser algo realmente ruim". Com o tempo, se você entrar em pânico com frequência, as pessoas perderão a confiança e a fé em você.

Quando as coisas ficam difíceis, é hora de uma boa liderança, e bons líderes podem sentir medo e até ter dúvidas, mas eles não demonstram isso a suas equipes.

Estilos a serem encorajados

Esta seção define os blocos de construção do estilo pessoal que os gestores de projetos devem considerar.

> **Ponto-chave da lição**
> Escolha o estilo que melhor desenvolve sua marca pessoal. Aprimore os atributos do bom estilo para ajudá-lo a ter sucesso.

Não existe simplesmente um estilo melhor para os gestores de projetos. Diferentes estilos são adequados a diferentes pessoas, organizações, setores da indústria, equipes de projeto e tipos de projeto. No fundo, aconselharia sempre um gestor de projetos a tentar ser honesto consigo mesmo e evitar um estilo com o qual não se sinta totalmente à vontade. Adotar um estilo dissonante geralmente é algo perceptível e, como consequência, pode ocasionar problemas. Entretanto, isso não significa que o gestor de projetos não deva, com o tempo, aprender a ter diferentes estilos para diferentes ocasiões ou, então, tentar aprender novos estilos. O estilo que você adota, apresenta às pessoas e utiliza é, até certo ponto, uma escolha pessoal: saiba que se trata de uma escolha e tem um impacto sobre o desempenho.

Em outras partes deste livro, conversamos sobre a marca pessoal de um gestor de projetos. Todos nós somos atraídos por produtos de marca, porque representam algo que proporciona às pessoas um sentimento de confiança. Selecionamos esses itens pela promessa que contêm de certo nível mínimo de qualidade e uma experiência específica. Uma marca refere-se inicialmente à imagem, mas, como todo bom gerente de marketing lhe dirá, a menos que a realidade corresponda ao alarde publicitário, ela não sobreviverá. Se você for influenciado a comprar determinado tipo de carro, mas ele não corresponder a suas expectativas, a marca dele será desvalorizada a seus olhos. Uma marca pode ser tão poderosa quanto frágil: toda vez que você compra um alimento ou bebida, a experiência pode encorajá-lo a comprar qualquer coisa da mesma marca novamente ou fazê-lo evitá-la para sempre. Esse princípio também pode ser aplicado às pessoas. Criamos uma marca com o tempo, geralmente por acaso, contudo escolher o estilo ideal a adotar lhe permitirá gerenciar e melhorar sua marca pessoal. Se quiser ser um gestor de projetos bem-sucedido, requisitado para conduzir os projetos mais interessantes, terá de pensar sobre qual é sua reputação e sua marca — e como você a cria e mantém. Embora uma grande proporção do julgamento das pessoas sobre nós esteja relacionada a nosso sucesso na entrega dos projetos, grande parte disso também se deve ao estilo pessoal que assumimos. Tenho certeza de que você conhece pessoas que se destacam em suas tarefas, mas não se superam em suas carreiras por causa de seu estilo pessoal.

Ao pensar sobre sua marca pessoal, você precisa, portanto, pensar em quais atributos do estilo pessoal têm o impacto mais forte sobre a percepção das pessoas a seu respeito. Existem 11 fatores que acredito serem os mais importantes. Na realidade, são uma combinação de características de personalidade e competências:

1. Empatia com seu cliente.
2. Habilidade de gestão e liderança.
3. Capacidade para lidar com estresse.
4. Respeito pelas pessoas.

5. Dinamismo e positivismo.
6. Habilidade de formar redes de relacionamentos (*networking*).
7. Sensibilidade política.
8. Presença.
9. Senso de humor.
10. Sensibilidade ao ambiente.
11. Adaptação de seu estilo à situação.

A próxima seção, portanto, refere-se menos a estilos em si e mais sobre os atributos do estilo. Se você não tem esses atributos, tente desenvolvê-los ou pense em como trazer para a equipe outros profissionais que os tenham.

Atributo 1 — empatia com seu cliente

Um gestor de projetos não é o cliente e precisa, às vezes, ser capaz de distanciar-se dele. A afinidade constante com o cliente pode fazê-lo começar a pensar exatamente como ele e, por conseguinte, limitar a criatividade e o campo de visão. Entretanto, ao mesmo tempo, como gestor de projetos, você deve ser capaz de refletir sobre as coisas do ponto de vista do cliente quando isso for relevante. Por décadas, o lema fundamental dos negócios tem sido 'o cliente é o rei' e isso também é verdade do ponto de vista de um projeto. Tratar o cliente como rei requer uma capacidade de enxergar sob sua perspectiva e comunicar-se de uma maneira que lhe seja útil. É isso o que eu quero dizer com empatia com o cliente.

Os momentos em que realmente importa adotar o ponto de vista do cliente são:

- Quando você está coletando os requisitos iniciais e desenvolvendo um conhecimento do que o cliente deseja.

- Quando decisões ou mudanças são necessárias em um projeto — se você fosse o cliente, isso seria trivial ou uma questão primordial sujeita a debate e consideração séria?

- Quando as comunicações estão sendo realizadas ou planejadas — o que o cliente entende, o que é importante para ele e como ele gosta que isso seja comunicado?

Toda vez que estiver em uma dessas situações, tente colocar-se na posição de seu cliente. Pergunte a si mesmo:

- Por que ele está agindo dessa maneira?
- Do que ele precisa?
- Em que posso ajudá-lo?
- Qual é a melhor forma de me aproximar dele e oferecer ajuda?
- Quais são suas suscetibilidades e como evitá-las ou abordá-las com cuidado?
- Se não posso evitá-las, existe algo mais que eu possa aconselhá-lo a fazer?

As pessoas que se esforçam para entender melhor seus clientes e responder da maneira mais produtiva são as mais apreciadas. Isso não quer dizer que você deva fazer tudo aquilo que seu cliente quiser. Se acha que algo está errado, deve falar sobre isso; se não pode executar algo, deve avisar. Mas isso tem de ser feito da maneira mais construtiva possível.

Atributo 2 — habilidades de gestão e liderança

Existe um grande volume de papel dedicado a definir e explicar a boa gestão e a boa liderança. Não tentarei resumir isso em poucas palavras aqui, mas devo indicar que, embora haja alguma inter-relação entre elas, tratam de atividades diferentes. A gestão de projetos, por definição, constitui uma tarefa de gestão e nem é preciso dizer que os gestores de projetos necessitam de boas habilidades de gestão. Em algumas situações, eles também precisam ser líderes.

Sem mencionar todos os detalhes da gestão de projetos, a tarefa de um gestor relaciona-se a avaliar o trabalho a ser feito, avaliar as pessoas disponíveis para realizar o trabalho e fornecer à equipe de projetos papéis claros e objetivos definidos. A soma dos objetivos entregues pelas funções especificadas resultará no projeto final. A tarefa de gestão contínua consiste, então, em monitorar o progresso e remover os problemas que foram levantados. Embora a técnica seja específica à gestão do projeto, a tarefa básica é a mesma que qualquer gerente precisa fazer: priorizar e distribuir o trabalho a ser feito, alocá-lo à equipe que se está gerenciando, ajudá-los a desenvolver suas habilidades e aprender com o trabalho que estão executando e gerenciá-los para que concluam suas tarefas.

Embora muito se fale e escreva sobre liderança, e todos nós, intuitivamente, tenhamos uma visão a respeito dela, trata-se de um conceito mais nebuloso. Em um extremo, a liderança trata de oferecer os discursos de motivação e um bom exemplo à equipe; isso é importante, mas não constitui a tarefa central no dia a dia. Para mim, a liderança refere-se à estrutura que é desenvolvida para as pessoas operarem dentro de seus limites — como você apresenta e comunica os objetivos do projeto? Qual é a cultura da equipe de projetos? Quanto espaço dá às pessoas para realizarem suas tarefas? Como obtém e mantém aprovação e suporte da equipe de projetos? Que exemplo elogia e qual comportamento reprova? Que comportamento você exibe diariamente para atuar como o modelo funcional para outros? A necessidade de liderança nos projetos, especialmente naqueles que exigem grandes equipes, é evidente. O papel de gestão é unicamente o do gestor de projetos, enquanto a responsabilidade da liderança pertence a um grupo maior de pessoas, incluindo o patrocinador do projeto. Contudo, a liderança é necessária em um projeto e o gestor de projetos não pode assumir que ela será fornecida pelo patrocinador ou qualquer outra pessoa. O papel de liderança do gestor de projetos deve avaliar que tipos de liderança é exigida, determinar o que está sendo fornecido e preencher a lacuna com o que for necessário. Não existe uma única função de liderança para o gestor de projetos assumir — ela variará de uma situação para outra, dependendo daquela exigida pela equipe de projetos e da liderança que está sendo entregue de outras fontes. Um patrocinador de projetos prático e inspirador pode oferecer toda a liderança necessária, mas um tomador de decisão nos bastidores, que seja invisível à equipe do projeto, pode não oferecer nada disso. Uma tarefa-chave para o gestor de projetos é, portanto, fazer uma avaliação do requisito de liderança e desenvolver o que pode ser feito para cumpri-lo.

Uma habilidade essencial para os gestores de projetos é fazer as coisas acontecerem mesmo que nem sempre tenham autoridade formal legítima sobre todas as pessoas no projeto. Todos nós podemos falar e sonhar com equipes totalmente dedicadas, mas gestão de projetos trata muito de obter fatias de tempo das pessoas, tempo que é um recurso escasso para elas. Assim, por que elas deverão lhe dedicar esse tempo? Bem, pode ser parcialmente porque pensam que você tem autoridade para isso, mas também pode ser que suas habilidades de gestão, combinadas com as de liderança, encorajem-na a fazer isso.

Os gestores de projetos que entendem e podem implementar sua função de gestão, além de serem capazes de determinar o tipo de liderança exigido em cada situação, terão sucesso. Ter sucesso exigirá que você não apenas gerencie bem e, quando for necessário, lidere bem, mas, também, que seja visto como um bom gestor e líder.

Algumas habilidades importantes de liderança e gestão para gestores de projetos a serem consideradas estão listadas na Tabela 6.1. Poderia ser uma lista infinita e sempre há debate quanto a quais são exatamente as habilidades de liderança. Assim, a lista serve para lhe dar uma ideia e não para tornar-se exaustiva.

Atributo 3 — capacidade de lidar com estresse

Os projetos podem ter ambientes difíceis de trabalho. Este pode ser intenso e difícil, e o tempo, o orçamento e outros recursos disponíveis podem ser limitados. Os

Tabela 6.1 Habilidades de gestão e liderança para os gestores de projetos

Habilidades de gestão	Habilidades de liderança
■ Definir funções e responsabilidades de equipe/individuais e preparar uma estrutura organizacional de projeto apropriada. ■ Mobilizar a equipe de projeto. ■ Introduzir novos membros na equipe. ■ Avaliar habilidades necessárias para as tarefas. ■ Atribuir tarefas adequadas aos membros da equipe e definir objetivos individuais. Oferecer níveis necessários de suporte individual (com base em tarefas alocadas *versus* competências individuais e motivação). ■ Definir prioridades. ■ Oferecer oportunidades de aprendizagem para os membros da equipe. ■ Definir o processo de gestão para uma equipe de projetos (por exemplo, controles, níveis de autoridade delegados, prestação de contas e coleta de informações, escalada, tomada de decisão, reuniões etc.). ■ Motivar a equipe de projetos. ■ Resolver conflitos e questões referentes à equipe e ao projeto. ■ Oferecer *feedback* do desempenho e orientação. ■ Avaliar, gerenciar o desempenho e recompensar apropriadamente os gestores de projetos e outros membros do projeto. ■ Garantir a qualidade dos *deliverables*. ■ Oferecer habilidade de gestão de projetos e proporcionar controles de projetos e processos de gestão apropriados.	■ Estabelecer a visão e a estratégia do projeto. Criar uma visão compartilhada com a equipe. Posicionar o projeto em um contexto mais amplo. ■ Definir e modelar o estilo de comportamento desejado da equipe de projetos (por exemplo, níveis de energia, estilos de interação etc.). ■ Motivar a equipe de projeto. ■ Adaptar o comportamento a cada situação. ■ Criar um ambiente que extraia o melhor dos membros da equipe de projetos e em que eles possam entregar resultados de modo seguro e produtivo. ■ Influenciar a ampla comunidade de *stakeholders* para facilitar a entrega do projeto. ■ Incentivar os membros da equipe a se desenvolverem, sem colocá-los em situações de risco ou fracasso excessivo. Oferecer espaço para que os membros da equipe aprendam. ■ Ouvir, aconselhar e treinar os membros da equipe de projetos. ■ Adaptar o estilo à situação — do autocrata diretivo ao facilitador voltado para o consenso.

gestores de projetos precisam estar pessoalmente comprometidos com o ponto final ou objetivo. O resultado disso é que os gestores de projetos estão sujeitos a muito estresse.

Um exemplo de um motivador de estresse característico para um gestor de projetos é a taxa de mudança. Você precisa ser capaz de lidar com o fato de que tudo mudará — cronogramas, requisitos, recursos, orçamentos. Eles são flexíveis e, ainda assim, você deverá ter a capacidade de gerenciar e entregar conforme as expectativas! Dependendo de seu tipo de personalidade, isso pode ser estressante. Planeje proativamente, mas esteja disposto a reagir quando precisar. Por instinto, as pessoas não gostam de mudança e uma resposta frequente a essa mudança constante é o sentimento de estresse.

Existem muitos mecanismos para lidar com o estresse, como ser naturalmente relaxado, fazer exercícios pesados, tomar um drinque ou conversar francamente com as pessoas. Qualquer que seja, se estiver propenso ao estresse, precisa encontrar um mecanismo para lidar com ele, sob pena de sua carreira como gestor de projetos acabar sendo mais problemática do que compensadora. Tenho aconselhado várias pessoas sujeitas ao estresse a reconsiderar sua escolha por essa atividade.

O outro ponto sobre estresse não é apenas gerenciá-lo para si, mas também evitar exibi-lo abertamente à equipe. É menos provável que as pessoas confiem em alguém que vive estressado e, quando as coisas se complicam, elas geralmente olham para o gestor de projetos. Algumas vezes procuram ajuda, em outras, simplesmente confiança. Um gestor estressado não aparenta confiança.

Por fim, não fique estressado porque as coisas desandam de vez em quando. Vale a pena lembrar que o mundo não acabará se seu projeto ficar atrasado ou ultrapassar o orçamento. Não se trata de deixar de lado seu senso de comprometimento com o objetivo, mas colocá-lo no devido contexto. Além disso, lembre-se de que, se tudo corresse tranquilamente, não seria necessário um gestor de projetos. Recuperar-se de situações difíceis é sinal de uma gestão de projetos eficaz e algo bastante valorizado. É verdade que, se tudo correr perfeitamente bem, você acabará sendo invisível — e é correto concluir que esse seja um indicador de sucesso e não de fracasso, contudo, na realidade, as pessoas se lembram mais daquelas que recuperaram projetos de situações difíceis.

Atributo 4 — respeito pelas pessoas

A gestão de projetos trata em grande parte da gestão de pessoas. É uma tarefa que envolve a interação diária com elas. Você precisa respeitar os componentes de sua equipe por dois motivos. Primeiro, simplesmente porque é mais provável que eles o respeitem se forem respeitados; segundo, as pessoas trabalham melhor quando se sentem respeitadas e valorizadas. Você depende de sua equipe de projetos para realizar um bom trabalho e qualquer coisa que possa melhorar esse ponto só aumentará sua chance de sucesso.

Se você não respeita sua equipe de projetos porque sinceramente acha que ela não está apta para o trabalho, tente mudá-la. Você pode não gostar dessa sugestão, pois será muito difícil, entretanto, a menos que você mesmo faça o trabalho, prejudicará o projeto e é sua função possibilitar sua entrega. Se não puder mudar a equipe, tente pelo menos esconder seu descontentamento.

Ter respeito pelas pessoas não significa ser fraco ou medroso. Respeitar alguém significa contar-lhe as boas e as más notícias; fazer-lhe crítica construtiva e também elogiá-lo quando merecido; pedir que faça as tarefas que devem ser feitas, e não apenas as que ele quer fazer.

Atributo 5 — dinamismo e positivismo

Existem dois atributos que todo gestor busca em cada membro de sua equipe — uma atitude positiva para o trabalho e um estilo dinâmico de realizá-lo. A recíproca é verdadeira — bons gestores de projetos devem liderar por meio de exemplo, apresentar um ponto de vista positivo e conduzir o trabalho em um estilo ágil.

A capacidade de parecer dinâmico inspirará energia em outras pessoas. Equipes apáticas são menos divertidas e menos motivadas. Um gestor de projetos dinâmico ajuda muito. A energia bem administrada e canalizada entregará um resultado muitas vezes melhor que aquele de uma equipe de projetos diferente.

Um gestor de projetos positivo desenvolve sentimento de confiança na equipe, e a confiança ajuda as pessoas a contornar os obstáculos do dia a dia com facilidade. Isso não é um apelo para subestimar ou ignorar os problemas, mas para encará-los com a atitude de que eles podem ser contornados. Não sei como a mente humana funciona, entretanto, quando se trata de solucionar problemas, aqueles que os encaram com um estado de espírito positivo costumam solucioná-los mais rápida e construtivamente.

Com frequência me vejo em situação de ter de escolher entre especialistas bem qualificados e, mais céticos, e um profissional dinâmico com muita energia. É necessário um bom equilíbrio em uma equipe de projetos, e existem ocasiões em que preciso escolher o especialista, mas na prática são minoria; sempre que posso, opto por energia e entusiasmo no lugar de experiência.

Atributo 6 — habilidade de formar redes de relacionamentos

Os gestores de projetos devem formar suas equipes de projeto, ser capazes de conseguir ajuda e outras informações durante o ciclo de vida do projeto e proporcionar um ambiente que dê suporte favorável ao resultado do projeto. Uma significativa contribuição nessas situações vem das habilidades de inter-relacionamento pessoal.

Um modo de encarar uma rede de contatos é como uma estrutura de relacionamentos pessoais que você pode invocar quando precisar de ajuda ou conselho. Você deve montar essa rede e usá-la para encontrar pessoas e recursos de que necessita e para estabelecer comunicações informais que servem de base para seu cotidiano (para transmitir e receber informações). Essa rede de relacionamentos consiste em diálogos contínuos em torno do negócio, para que você saiba o que está acontecendo, quem poderá ajudá-lo e como formar equipes de projetos com as pessoas certas. Refere-se também a ter habilidades sutis de negociação, que convençam os donos dos recursos a liberá-los para você, atrair membros para a equipe de projetos e conquistar apoio para seu trabalho. Uma boa rede de relacionamentos oferece informações e promove a ação.

Algumas pessoas têm habilidades inatas de inter-relacionamento pessoal. Todos nós podemos pensar em alguém que conhece todos no escritório, escuta todas as conversas e notícias em primeiro lugar e sempre consegue aquilo que deseja. Mas essas habilidades são possíveis não apenas para os extrovertidos sociáveis. Uma rede de contatos pessoais pode ser construída deliberadamente a fim de identificar as pessoas a quem é útil conhecer e de preparar situações para falar com elas. É bastante aceitável ser completamente aberto a respeito daquilo que você está fazendo. A maioria dos gerentes de nível superior entende a necessidade de redes de relacionamentos pessoais e responderá bem se você pedir um pequeno intervalo de seu dia (tente 30 minutos ou até menos) simplesmente para se apresentar. Tendo feito isso, será bem, muito mais fácil pedir-lhes conselhos ou apoio em outra oportunidade.

Ironicamente, um dos melhores grupos que já encontrei para isso é o de fumantes. Há muito poucos motivos para invejá-los, mas um deles é o de suas redes de contatos informais. Nos ambientes modernos os fumantes precisam sair para fumar e, nessa situação, normalmente compartilham informações. Não estou sugerindo que você passe a fumar para poder entregar seu projeto, entretanto aprenda o exemplo das comunicações informais regulares e de uma rede de relacionamentos pessoais.

Atributo 7 — sensibilidade política

Os gestores de projetos devem evitar o jogo político, no entanto é preciso ter ciência de que ele existe. É comum os projetos entrarem em coflito com jogos de influência existentes em muitas organizações. Você deve evitar envolver-se neles, mas também desenvolver a capacidade de sentir quando há manipulação nos bastidores e quando você precisa pedir ajuda a seu patrocinador.

Normalmente, as pessoas envolvem-se nesses jogos porque possuem algum direito adquirido que é ameaçado ou afetado negativamente pelo resultado de um projeto.

Uma boa avaliação dos *stakeholders* oferecerá uma boa base de compreensão do panorama político (ver Capítulo 10).

Nem todos gostam de estar em um ambiente político. Se você realmente não consegue suportar as pressões das manobras políticas e direitos adquiridos, deve evitar certos projetos. Aqueles relacionados a assuntos como mudança de negócios, transformação organizacional e trabalho de integração pós-fusão tendem a ser altamente politizados. Se você não gosta de política, evite esse tipo de projeto. Além disso, algumas, caracterizam-se por uma cultura muito política (por exemplo, há agências do governo e instituições acadêmicas onde os jogos políticos são frequentes) e os projetos nesses ambientes provavelmente terão mais influência política do que em outros tipos de organização.

Por mais que tente, a menos que permaneça em projetos pequenos ou bastante focados, é pouco provável que você possa evitar completamente a política. Seja sensível a tais questões e busque ajuda se elas estiverem interferindo em seu projeto.

Atributo 8 — ter presença suficiente

Nem todos os gestores de projetos possuem presença natural, e esse não é um problema crítico. Ela pode, por exemplo, ser equilibrada com os pontos fortes de seu principal patrocinador. Conheço alguns gestores introvertidos e muito bem-sucedidos.

No entanto, haverá ocasiões em que precisará ser capaz de manter a atenção de um público e gerar respeito. Isso acontece sobretudo em grandes programações de projetos e em situações em que as coisas não estão indo muito bem — então uma equipe de projetos recorrerá ao gestor em busca de orientação e segurança. Também haverá oportunidades para interagir com gerentes e executivos de nível superior, que respondam bem à presença. Isso é algo que vale a pena tentar desenvolver; busque *feedback* sobre se você tem ou não presença e o que necessita fazer para estimulá-la.

Atributo 9 — um senso de humor

A capacidade de gerar e apreciar o humor é uma característica extremamente positiva de um gestor de projetos. As pessoas gostam de trabalhar com alguém que consegue provocar risos. Administrar projetos é uma atividade estressante e a capacidade de rir das situações ajuda a gerenciar o estresse.

Se você não é naturalmente engraçado, não se preocupe. Uma boa alternativa é simplesmente sorrir bastante. As pessoas gostam de quem sorri. Parece algo banal, mas não subestime o valor disso. Um sorriso bem colocado pode mudar completamente a dinâmica de uma conversa e levar um indivíduo de um estado de espírito negativo para outro positivo.

Atributo 10 — ser sensível ao ambiente

Conforme indicado muitas vezes nesta seção, a gestão de projetos trata principalmente de gerenciar pessoas, e pessoas e grupos de pessoas variam bastante no modo como se comportam e como esperam que outros se comportem. Um estilo de interação que parece perfeito em um ambiente pode ser completamente inadequado em outro. Como gestor de projetos, você precisa aprender a ser sensível a seu ambiente.

Existem muitos fatores desencadeadores para diferentes ambientes e diferentes comportamentos. Os quatro que sempre tento considerar são:

1. O país em que estou trabalhando.
2. O tipo de organização para a qual se destina o projeto.
3. O tipo de função com a qual o projeto está lidando.
4. Algo específico à organização em que estou atuando.

No topo dessa lista está a cultura do país em que você está trabalhando. Um exemplo de diferença cultural é o uso casual de nomes *versus* sobrenomes ou títulos — em alguns países, o emprego dos primeiros nomes é quase obrigatório, em outros, algo inferior a senhor Newton soa simplesmente grosseiro. Em seguida vem a cultura da organização em que você está atuando. Na maioria das agências de propaganda, se estiver lidando com o departamento de criação, vestir um terno fará com que destoe da maioria das pessoas, mas vestir jeans e camiseta em um escritório de advocacia também será pouco apreciado. Em terceiro lugar, considero a função com a qual estou interagindo. Os departamentos de engenharia possuem características e linguagem muito diferentes dos de marketing. Os engenheiros tendem a focalizar e valorizar detalhes; os profissionais de marketing dificilmente apontarão requisitos específicos e normalmente falarão sobre ideias e conceitos. Os departamentos financeiros e jurídicos trabalham lado a lado e são vistos como funções 'corporativas' que policiam as pessoas tanto quanto as ajudam, porém seus estilos e técnicas de trabalho variam bastante. Os departamentos financeiros começam o trabalho bem cedo pela manhã; vejo que os jurídicos geralmente não fazem isso, mas podem ficar no escritório até tarde da noite. Por fim, existe a própria organização. Algumas empresas empenham-se em desenvolver uma cultura ou atitude específica, seja ela aberta e honesta ou controlada e focalizada. Muitas empresas possuem uma cultura apoiadora, que ajuda as pessoas a terem sucesso; outras têm um foco mais bruto na entrega e qualquer hesitação é vista como fracasso.

Se não for sensível à cultura da organização em que está trabalhando, com o tempo verá que não consegue apoio, as pessoas tentam evitar trabalhar com você e a confiança em suas capacidades não se desenvolverá facilmente.

Quando se acostumar com uma cultura organizacional específica, você se verá naturalmente seguindo seus padrões de comportamento. Isso é bom, mas, quando o projeto terminar, não leve esses comportamentos para outra organização, a menos que eles sejam diretamente apropriados.

Atributo 11 — adaptar seu estilo à situação

A última coisa a dizer sobre estilo pessoal é que não só não existe um único estilo correto para todos os gestores de projetos, mas também não existe um estilo correto para todas as situações. Usando um exemplo extremo, rir ou contar piadas é algo esperado em uma festa de casamento, porém não em um velório. A maioria de nós automaticamente adapta nosso estilo quando passamos para uma situação diferente sem nem precisarmos pensar no comportamento apropriado a ser adotado em meu exemplo de um casamento e um velório. Com os projetos isso não é diferente; no dia a dia, eles nos colocarão em muitas situações diferentes e só porque certo modo de interagir funciona para você em alguns casos, ou quase sempre, não o mantenha em todas as situações. Adapte seu estilo como for adequado.

Em muitas situações, é impróprio contar vantagens. Gabar-se e enfatizar continuamente as coisas maravilhosas que conseguiu, normalmente, é algo recebido com desdém. No entanto, às vezes — por exemplo, em entrevista de emprego ou se estiver tentando desenvolver confiança em sua habilidade de liderar uma grande programação de projetos —, isso pode ser essencial. Existem inúmeros exemplos de situações em que se deve ajustar seu modo de interação.

Todavia, não ajuste seu estilo de vida sem pensar, controle *conscientemente* o estilo que adota, pois isso evitará que você inadvertidamente assuma um modo de agir indevido. Por exemplo, se você sente que está se tornando defensivo, lembre-se de que nem sempre é bom adotar um estilo defensivo de interação. Pense no que será mais produtivo em determinada situação. Deixar de adaptar seu estilo pode levá-lo a parecer rígido e sem imaginação, e as pessoas começarão a desenvolver suposições falsas a respeito do que você está sentindo e pensando.

A Tabela 6.2 resume os estilos deste capítulo em três categorias — estilos individuais, estilos relacionados à interação com outros e estilos relacionados ao macroambiente de trabalho.

Tabela 6.2 Estilos pessoais para gestores de projetos

Estilos individuais	Estilos relacionados à interação com outros	Estilos relacionados ao ambiente
Estilos a serem evitados		
■ Malucos por processo, planejadores compulsivos e obcecados por detalhes	■ Garoto briguento	
■ O gestor aterrorizado	■ O homem Teflon	
Estilos a serem encorajados		
■ Capacidade para lidar com estresse	■ Empatia com seu cliente	■ Ser sensível ao ambiente
■ Dinamismo e positivismo	■ Habilidades de gestão e liderança	■ Adaptar seu estilo à situação
	■ Respeito pelas pessoas	
	■ Habilidade de formar redes de relacionamentos	
	■ Sensibilidade política	
	■ Ter presença suficiente	
	■ Um senso de humor	

CAPÍTULO 7

Gerenciar seu projeto

Este capítulo analisa a essência do trabalho diário exigido do gestor de projetos sobre um projeto ativo. Dessa forma, pode ser surpresa para alguns leitores que este seja um dos capítulos mais curtos do livro.

Para ser um gestor eficaz de projetos, é importante ter um bom entendimento dos processos, das metodologias e das ferramentas de gestão. Visto que esses mecanismos não são o foco principal deste livro, este não é um estudo extenso sobre esses tópicos. O que esta seção fará é dar uma ideia geral dos princípios e oferecer algum contexto para o restante do livro. Para a pessoa que não é especialista na aplicação prática desses princípios, isso agregará algum valor. O benefício deste capítulo é dar-lhe uma estrutura para testar se o modo como está realizando a gestão de projetos é adequado. Fundamentalmente, esta seção é pequena porque, se tiver preparado seu projeto corretamente, conforme descrito nos capítulos 3 e 5, se usar as ferramentas de comunicação descritas no Capítulo 2 e se tiver os atributos de personalidade descritos nos capítulos 4 e 6, a verdade é que a gestão de projetos no dia a dia não será uma tarefa tão difícil e exigente quanto normalmente é apresentada. (Isso se reflete no fato de que não comecei a discutir esse assunto antes do Capítulo 7.) Por outro lado, se não tiver trabalhado duro para definir bem o escopo de seu projeto ou montar o plano e os recursos corretos e se não tentar usar boas habilidades de comunicação, a gestão de seu projeto logo poderá se tornar um pesadelo completo.

Para poder controlar um projeto, você precisa ser capaz de lembrar o que deve e pode gerenciar, entender o que vai incentivá-lo a realizar uma ação gerencial e, a partir disso, realmente gerenciar.

> **Ponto-chave da lição**
> Para executar bem seu trabalho, um gestor de projetos precisa entender o que está gerenciando, ter um mecanismo de fornecimento de informações para entender quando a ação de gestão é exigida e, por fim, implementar uma ação quando a informação lhe disser que isso é necessário.

O que gerenciar?

Quando você se inicia na carreira de gestor de projetos, é fácil ficar desconcertado com a quantidade de coisas a fazer diariamente. O plano é complicado. Existem muitas pessoas realizando atividades mais ou menos sob controle, e mais ou menos relevantes a seu projeto. Há vários *stakeholders* externos tentando influenciar o projeto. E, por último, existem muitas coisas que estão completamente fora de seu controle, com as quais você acredita que deve se preocupar. Logo, o que deve ser gerenciado?

> **Ponto-chave da lição**
> O grau de dificuldade na gestão de um projeto está intimamente relacionado ao modo como você preparou os alicerces (em relação a expectativas, escopo, plano e recursos).

Em seu papel como gestor de projetos, existem apenas cinco pontos pelos quais você é realmente responsável por gerenciar. Eles podem ser muito difíceis, mas mantenha o foco neles e sua vida será bem mais fácil. Qualquer outro ponto em que se envolver deverá ser porque tem um impacto sobre os tópicos a seguir:

- **O tempo que o projeto está levando para ser entregue.** Este normalmente é medido como o progresso em relação ao plano.

- **Os recursos que você está usando para entregar.** Mais uma vez, isso geralmente é medido como gastos de recursos (homens/hora, dinheiro etc.) em relação aos planos originais. É mais difícil que medir o progresso e conta com uma série de estimativas. Além disso, você precisa esforçar-se para garantir que continua a ter acesso aos recursos necessários. Isso não pode ser aceito sem questionamento. Em geral, as pessoas focalizam totalmente o tempo e ignoram ou deixam de dar importância ao uso de recursos — pode ser porque isso é muito difícil de monitorar e, também, porque um gestor de projetos pouco cauteloso pode justificar mais facilmente o uso a mais de recursos do que o não cumprimento do prazo. A entrega ineficaz é uma falha tanto quanto a entrega atrasada.

- **A qualidade do trabalho feito e dos *deliverables* produzidos.** Quando determinar a qualidade de uma tarefa implica avaliar se ela é boa o suficiente para permitir que as tarefas seguintes sejam feitas adequadamente e, portanto, permitir que os objetivos gerais do projeto sejam atendidos. A qualidade dos *deliverables* consiste em avaliar se eles se ajustam à finalidade intencionada. Além disso, você deverá examinar a qualidade no tocante ao processo de projeto que está aplicando. Essa pode ser a parte mais difícil da gestão de um projeto, embora, normalmente, seja a menos ponderada.

- **O escopo e o resultado.** Você continua a atender ao escopo do projeto e esse escopo ainda é relevante e ligado ao resultado desejado?
- **Seu cliente.** Você ainda está atendendo a suas expectativas?

Um modo de analisar a atividade de gerir seu projeto é levar em conta o objetivo da gestão de projetos, que consiste em converter uma necessidade, especificada por objetivos e critérios de sucesso, em um resultado alcançado. Isso requer esclarecer os objetivos, traduzi-los em um escopo, convertê-lo em definições de *deliverables* e estes em um plano de projeto. Essas quatro etapas tratam da preparação e do planejamento de um projeto. Tendo planejado o projeto, determinam-se as ações de sua equipe, as quais resultam na geração de *deliverables*. Os *deliverables* cumprem o escopo e, com isso, o resultado é alcançado. Essas quatro etapas seguintes são a entrega do projeto. O processo geral de passar de necessidades para planejamento e preparação até a entrega e, a partir disso, alcançar o resultado desejado aparece na Figura 7.1.

Figura 7.1 O processo de gestão de projetos

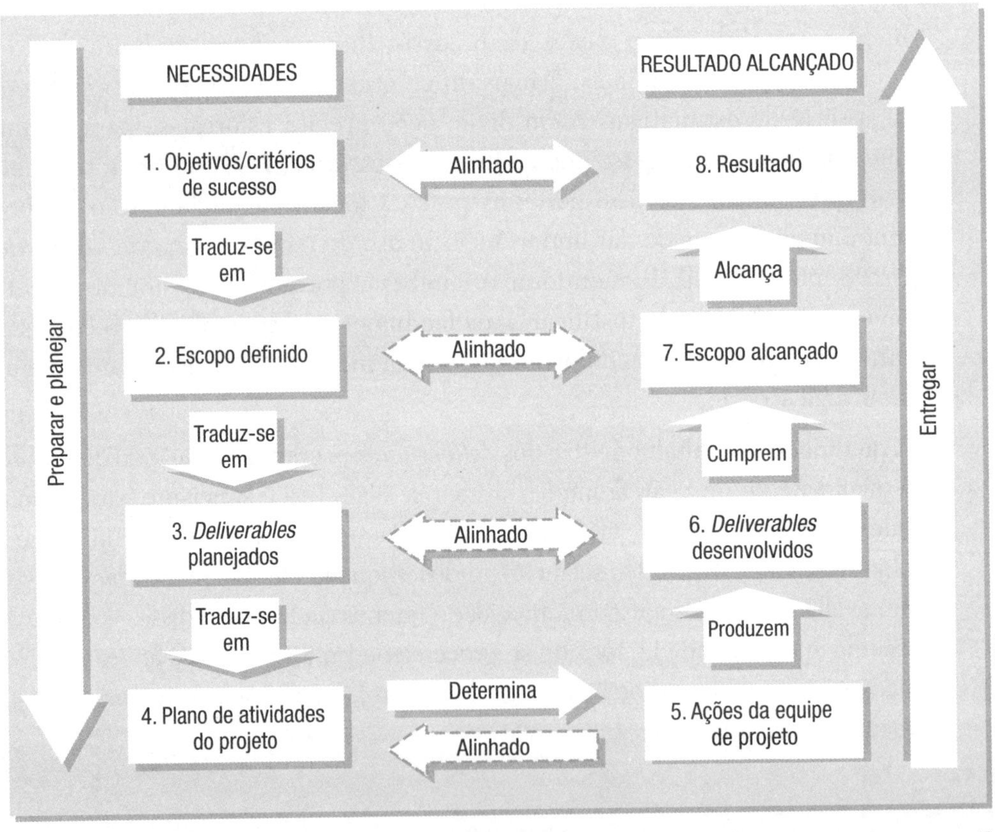

© Richard Newton, 2009.

O processo de gestão de projetos na Figura 7.1 passa por oito etapas, que são numeradas no diagrama. A tarefa do gestor de projetos é:

- Realizar fluentemente as etapas de 1 a 4 para gerar um plano que alcançará o resultado desejado.

- Gerenciar, diariamente o plano e garantir que as ações da equipe de projeto (na Etapa 5) sejam aquelas definidas no plano (criado na Etapa 4) e cumpram as restrições de tempo e custo.

- Garantir que as atividades realizadas realmente levarão à geração dos *deliverables*, cumprirão o escopo e alcançarão o resultado desejado. Embora o trabalho principal esteja focado em garantir que haja uma ligação próxima entre o plano de atividades e as ações da equipe de projeto (ou seja, entre as etapas 4 e 5 mostradas na figura), também é preciso haver alinhamento entre os *deliverables* planejados e aqueles desenvolvidos (etapas 3 e 6), entre o escopo definido e o alcançado (etapas 2 e 7) e entre os objetivos/critérios de sucesso e o resultado (etapas 1 e 8).

Um modo de pensar a respeito do gestor de projetos é compará-lo com o capitão do navio e com seu piloto. Atuando como piloto, o gestor de projetos precisa conduzir o navio diariamente conforme o plano. Mas, atuando como capitão, também precisa garantir que os movimentos diários do navio sejam periodicamente confirmados para que levem ao destino esperado. Para chegar ao destino correto, você deve fazer comparações contínuas entre plano e atividades, sem esquecer também de verificar periodicamente o alinhamento entre aonde você deseja chegar e sua localização e direção atuais.

Como saber quando tomar uma ação gerencial?

Grande parte da teoria de gestão de projetos, seus processos e ferramentas, é dedicada a fornecer ao gestor do projeto mecanismos que indiquem quando a ação gerencial é exigida. Eles são descritos com mais detalhes nos capítulos 2 e 10, mas, em suma, as principais ferramentas de que um gestor de projetos dispõe são:

- Relatório formal de progresso e monitoramento do progresso:
  - Relatórios de progresso e outros insumos formais da equipe de projeto. (Uma boa ferramenta, que frequentemente não é usada para seu máximo proveito, são os cronogramas para os membros da equipe.) Não se esqueça de que o progresso precisa medir o que foi produzido em relação ao tempo gasto e não simplesmente quanto tempo foi gasto.

- Planejamento e monitoramento contínuos. Existem diversas ferramentas disponíveis para ajudar nisso, incluindo o mapeamento do progresso em relação ao plano e o uso de ferramentas como análise de valor agregado. Lembre-se de que essa monitoração não implica simplesmente medir quanto tempo foi empregado, quantas tarefas foram realizadas e quanto recurso foi utilizado. É uma medida de quanto se usou em relação a onde se esperava estar.

- Orçamento e controle de gastos — tanto do próprio projeto como de quaisquer sistemas financeiros que lhe estejam dando suporte.

- Reuniões da equipe de projeto — a avaliação do progresso da própria equipe.

- Uso e avaliação de produtos das ferramentas de gestão de projetos, como:
    - Avaliação de riscos.
    - Gerenciamento de problemas.
    - Gerenciamento de suposições.
    - Controle de mudanças.

- Controle e auditorias de qualidade dos *deliverables*. Tanto formais como informais. (Isso não costuma ser considerado ferramenta de gestão de projetos, pois é específico ao conteúdo do projeto. Minha visão é de que, como gestor de projetos, você precisa saber como a qualidade dos *deliverables* será avaliada; caso contrário, como saber se o projeto entregará o que deveria? Para alguns tipos de *deliverables*, como o software, existem processos bem descritos e técnicas para testá-los. Para muitos outros *deliverables*, não existe metodologia-padrão definida.)

- Conversas diárias e comunicações informais. Por melhor que sejam os fluxos de informações formais, não se esqueça do poder de manter os ouvidos atentos.

- Retorno direto do cliente.

Todas essas ferramentas oferecem diferentes conjuntos de informações para um gestor de projetos e, como tal, você precisa estar ciente da gama de ferramentas em seu arsenal e usá-las de modo apropriado. A combinação de ferramentas usadas para gerenciar o projeto é conhecida como *sistema de controle*. Um bom sistema de controle medirá o progresso da atividade (completei as tarefas esperadas dentro do tempo e orçamento planejados?), a criação de *deliverables* (as tarefas estão produzindo o resultado esperado?) e o resultado ou benefícios (os benefícios esperados surgirão?).

No caso de todas essas ferramentas, a profundidade e a qualidade com que as utiliza deverão ser decorrentes da situação em que você se encontra. Trata-se simplesmente de ferramentas, não do resultado final. Para pregar um prego em um pedaço de madeira, você usará um martelo comum; para quebrar toneladas de concreto, precisará de uma furadeira de ar comprimido e possivelmente de algo maior. O mesmo acontece com as ferramentas de gestão de projetos. Sua eficácia deve ser medida apenas de uma maneira — elas possuem o equilíbrio ideal de serem as mais simples possíveis, sem deixar de oferecer-lhe as melhores informações para tomar decisões gerenciais no contexto em que está trabalhando? Quando você estiver configurando seu projeto, terá de determinar quais ferramentas precisará e até que ponto.

A decisão de realizar uma ação caracteriza-se, portanto, por sua capacidade de estruturar o produto dessas ferramentas de modo a lhe oferecer informações valiosas, sua análise da informação e seu julgamento de qual ação será necessária. Procure por duas coisas: primeiro, os problemas individuais específicos, depois, as tendências. Por exemplo, um deslize de um dia de um membro da equipe e de uma grande programação de projetos provavelmente não é relevante para o gestor, mas um deslize de uma semana ou um mês sim. Por outro lado, uma tendência contínua de deslizes de um dia precisa ser controlada.

Como gerenciar?

Se você sabe o que gerenciar, a próxima pergunta a fazer é como gerenciar. Trata-se de um ponto um pouco mais difícil, porém, mais uma vez, quando se tem os fundamentos, é o momento em que todo o esforço é recompensado, em que um gestor de projetos bem-sucedido faz a vida parecer fácil, enquanto outro menos capaz precisa se esforçar mais. Também é o ponto no qual realmente se chega a um equilíbrio entre habilidades analíticas e um toque de criatividade. É onde a ação começa.

Novamente, isso não é intelectualmente complexo, quando se pensa nas ações que um gestor de projetos realmente pode tomar. Não importa quão antigo, experiente e inteligente gestor de projetos você seja, há um conjunto muito limitado de ações que pode fazer em resposta a uma necessidade de gerenciar algo. As alavancas de gestão que você tem são:

- **Mude o modo como a equipe está trabalhando.** Isso pode ser tão simples quanto encorajá-la a trabalhar um pouco mais, pedir que dedique um pouco mais de tempo a seu projeto, mudar a prioridade ou a abordagem do esforço, examinar o modo como a equipe está realmente trabalhando.

- **Mude os recursos de um projeto.** Se um projeto estiver atrasado ou ocasionalmente adiantado, você pode tentar mudar o nível de recursos — ou liberá-los do projeto. Os parâmetros básicos são obter mais recursos ou diferentes recursos. Uma coisa mais sutil, porém igualmente importante a ser feita quando se necessita de recursos, é alterar a prioridade do projeto para facilitar o acesso a eles.

- **Mude o escopo de um projeto.** Um projeto que está em dificuldades pode se tornar mais provável de ser entregue reduzindo-se o escopo e focalizando um conjunto menor de *deliverables* ou requisitos críticos. (Como alternativa, um projeto bem-sucedido pode ter *deliverables* ou requisitos acrescentados.)

- **Acrescente tarefas ao projeto.** Não a ponto de alterar fundamentalmente o escopo, mas, por exemplo, em resposta a problemas ou riscos, você pode acrescentar a resolução de tarefas à carga de trabalho dos membros do projeto.

- **Mude o plano ou a metodologia.** Um plano é apenas um plano; ele se torna uma declaração de fato somente no dia em que um projeto termina. Se estiver errado, poderá ser alterado. Isso pode se dar por meio de uma revisão total ou, então, pela modificação de algumas interdependências para verificar se as coisas podem ser melhoradas. De modo geral, os projetos fixam-se em uma forma de abordagem, quando, na verdade, existem muitas maneiras de solucionar um problema. Se um enfoque não estiver funcionando, vale a pena adotar uma visão criativa em busca de uma metodologia alternativa.

- **Mude a qualidade.** Mudar a qualidade dos *deliverables* dos projetos pode fazer uma grande diferença para o tempo que um projeto dura e os recursos que ele absorve. Isso deve ser levado a sério e explicitado. Tenho visto diversos exemplos de projetos técnicos nos quais engenheiros empenham-se por um nível de qualidade que excede muito o que é necessário ao projeto e, por conseguinte, consomem mais tempo e orçamento para sua entrega. Com mais frequência, as pessoas aparam as pontas para concluir seus *deliverables*. No foco intenso em tempo e dinheiro sob o qual muitos projetos operam, mudanças na qualidade acontecem sem que realmente sejam notadas, até que alcancem um resultado abaixo do ideal.

- **Tome decisões e escale.** Uma coisa que um gestor de projetos deve fazer regularmente, seja por si só ou em conjunto com diferentes grupos de clientes e *stakeholders*, é tomar decisões sobre ações (veja o final deste capítulo). Todas as mudanças citadas anteriormente requerem, de alguma forma, uma tomada de decisão com acordo externo, se forem significativas o suficiente, mas haverá outras decisões diariamente necessárias da parte da equipe de projeto. Ainda que você consulte escalões superiores, ainda será responsável por verificar se alguma ação ou decisão foi tomada, mesmo que por alguém de nível mais alto.

- **Encerre o projeto.** Uma opção válida sempre disponível é realmente encerrar um projeto. Naturalmente, isso não deverá ser feito sem uma análise séria, entretanto, pela minha experiência, deveria ocorrer com mais frequência. A suspensão de qualquer projeto que não alcance o objetivo de seu plano de negócios original deveria ser considerada, caso o objetivo não atingido tenha sido essencial para a decisão de iniciar o projeto. É evidente que, se isso for inevitável, é melhor chegar lá o mais cedo possível e não cair na armadilha do custo irrecuperável. O que foi gasto é fato consumado; o que você precisa é verificar quanto tempo e esforço serão necessários para concluir o projeto a partir de onde se encontra no momento da decisão.

O ponto importante sobre essas alavancas é que é justamente aí que entra o julgamento individual. A maioria das ferramentas e textos de gestão de projetos cuida de prepará-lo para decidir sobre uma dessas atividades, mas realmente não o ajudam tanto assim na tomada da decisão.

Tomar ação é o cerne da gestão de um projeto. Se você não faz ou não consegue fazer isso, não deve ser um gestor de projetos. Se gosta mesmo é de entender e analisar projetos, pense em uma função em um departamento de gestão de projetos (PO — *Project Office*). Se quer ser um gestor de projetos, terá de direcionar a entrega por meio da ação. Não é apenas uma questão de fazer isso, mas de fazê-lo bem.

Quando ocorrem problemas que necessitam de ação gerencial, essa deve ser dirigida para se obter um resultado melhor, não simplesmente para entender o que ocorreu. Na verdade, entender como um problema surgiu é menos urgente que entender como resolvê-lo. Muito tempo pode ser desperdiçado determinando-se quem fez o que e a quem culpar. Isso geralmente é improdutivo e, mesmo que necessário, pode ser realizado depois, quando a tarefa mais urgente de solucionar o problema tiver terminado. Quando o problema for entendido e alguma ação estiver sendo tomada para resolvê-lo, é razoável que você lhe dê atenção gerencial mais focalizada, mas não confunda isso com sufocar a todos com uma necessidade de atualizações constantes e contínuas. As atualizações são necessárias — às vezes diariamente, às vezes com mais frequência —, porém, se os membros da equipe gastarem muito tempo com isso, não resolverão, de fato, o problema. Esse é o momento para exercer uma boa liderança e equilibrar sua necessidade de informação com controle e gestão de clientes, dando às pessoas espaço para entregar.

Quando você tiver determinado e chegado a um consenso a respeito de um curso de ação, ele precisa ser comunicado. Portanto, você deverá ter uma estrutura de reuniões e canais de comunicação pronta para garantir que isso seja feito e a equipe deverá estar preparada para isso. A equipe deverá entender que o plano para o qual estão trabalhando é uma estrutura, e não necessariamente a resposta final. Ela deve esperar que as atualizações regulares estejam de acordo com o que realmente necessita ser feito, dado o *status* atual do projeto.

> **Ponto-chave da lição**
> O sucesso de um gestor de projetos depende de um entendimento do que pode ser gerenciado e das fontes de informações para disparar a ação gerencial. A medida do sucesso depende apenas da ação tomada e de seu resultado.

Controle e gestão de mudanças

Até aqui, no tocante à preparação do projeto (conforme panorama no Capítulo 5) e a sua posterior gestão (conforme definida neste capítulo), descrevi a linha básica do trabalho como o escopo (descrito no Capítulo 2). Na prática, nem o escopo de um projeto nem seus detalhes permanecem estáticos. Portanto, o processo de gestão inteiro, que é baseado na consistência deles, está ameaçado. A resposta para isso não é rejeitar mudanças, mas controlar e gerenciá-las. É aí que o controle e a gestão de mudanças entram em cena.

> **Ponto-chave da lição**
> O controle de mudanças oferece mecanismos para um gestor de projetos responder às mudanças no escopo de um projeto e aos requisitos em um padrão controlado. É essencial, para o sucesso da gestão de projetos, que haja um processo de controle de mudanças robusto, apoiado na definição contínua das expectativas.

A principal fonte de mudanças deverá ser os clientes do projeto — eles desejam a inclusão de requisitos adicionais ou a expansão do escopo. Como alternativa, embora bem menos comum, podem querer diminuir o escopo ou os requisitos — esta também é uma mudança e eles podem esperar, como resultado, que o projeto seja feito mais rapidamente ou com custo reduzido. Haverá mudanças conduzidas pela equipe de projeto, e não pelo cliente (por exemplo, se for descoberto que uma técnica escolhida não funciona e o plano precisa ser modificado). Isso não significa que a equipe de projeto não possa conduzir as mudanças, mas que o volume disso deve ser limitado. À medida que um projeto prossegue e o conhecimento da equipe de projeto sobre o que é exigido melhora, pode ser necessário mudar planos e metodologias a tal ponto que se precise de um controle de mudança formal. Por último, as mudanças podem ser conduzidas pelo ambiente em que um projeto opera. Isso pode ser algo tão fundamental quanto uma mudança legal ou reguladora a ser agregada, ou simplesmente uma mudança em uma dependência externa. Novamente, o ideal é que a mudança seja conduzida pelo cliente do projeto. Os acionadores de mudanças são resumidos na Figura 7.2.

Figura 7.2 Mudança nos projetos.

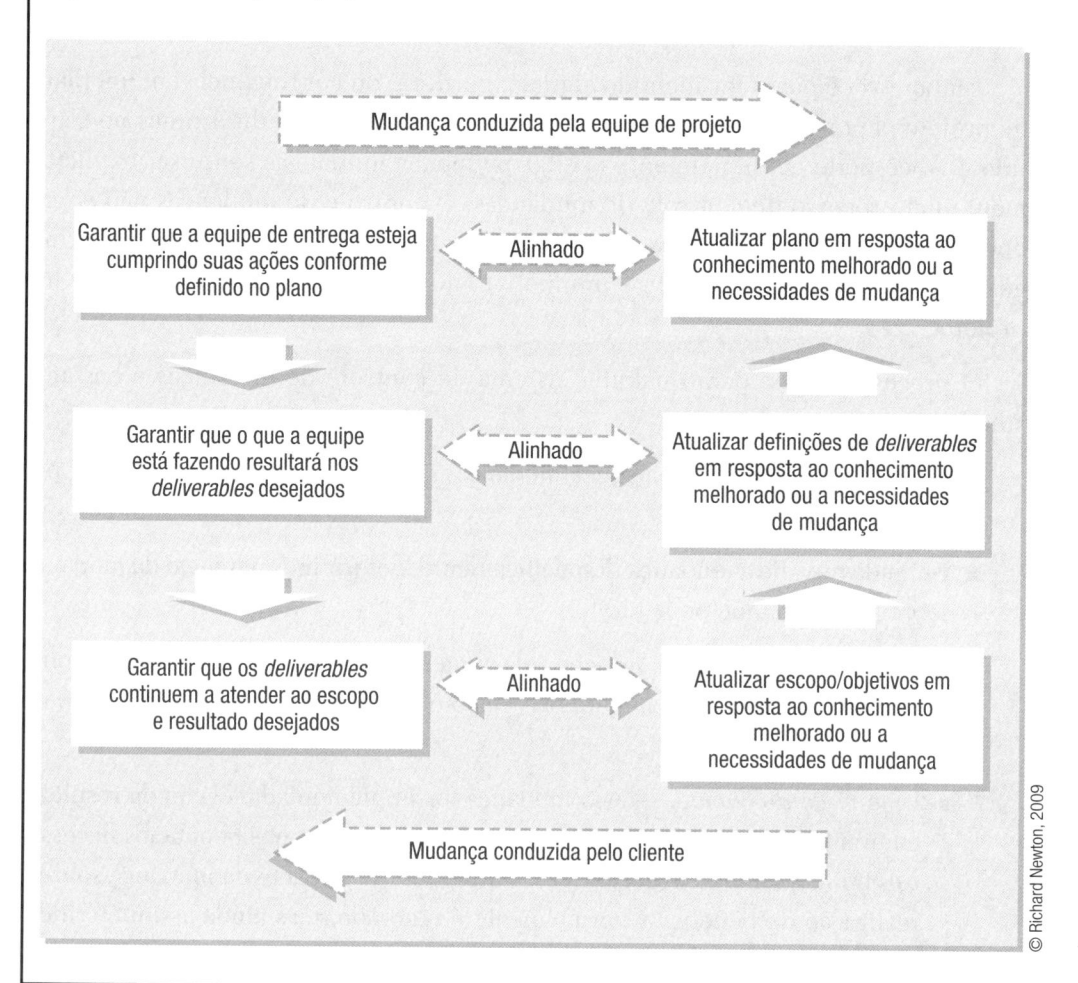

```
                    Mudança conduzida pela equipe de projeto →

Garantir que a equipe de entrega esteja      Atualizar plano em resposta ao
cumprindo suas ações conforme    Alinhado   conhecimento melhorado ou a
definido no plano                            necessidades de mudança

Garantir que o que a equipe                  Atualizar definições de deliverables
está fazendo resultará nos       Alinhado    em resposta ao conhecimento
deliverables desejados                       melhorado ou a necessidades
                                             de mudança

Garantir que os deliverables                 Atualizar escopo/objetivos em
continuem a atender ao escopo   Alinhado    resposta ao conhecimento
e resultado desejados                        melhorado ou a
                                             necessidades de mudança

                   ← Mudança conduzida pelo cliente
```
© Richard Newton, 2009

A Figura 7.2 mostra que, não importa onde ou como uma mudança ocorra, ela precisa repercutir pelos outros aspectos do projeto. Um cliente pode pedir que o escopo ou os objetivos sejam modificados — por exemplo, porque uma meta de desempenho aumentou. Ou querer mudanças nos *deliverables*, por exemplo, a identificação dos requisitos que faltaram. Ou então uma atualização no plano — por exemplo, porque um prazo foi esticado. Qualquer um desses aspectos precisa estar alinhado com o plano e as atividades da equipe do projeto. Por outro lado, isso pode acontecer ao contrário com a equipe de projeto solicitando mudanças por um ou outro motivo, para melhorar o projeto. É esse equilíbrio dinâmico que o controle de mudanças busca gerenciar.

Existem mudanças que não são opcionais, como quando acontece algo que incita uma reação. Porém, na maioria dos casos, vale a pena lembrar que aceitar ou rejeitar uma mudança é uma escolha opcional. Uma parte fundamental da gestão de mudanças consiste, portanto, em entregar a informação para a melhor decisão.

Embora você possa ter incluído alguma (gordura) ou contingência em um plano de projeto para responder a pequenas mudanças, e, conforme discutimos no Capítulo 4, você pode ocasionalmente aceitar pequenas mudanças sem usar explicitamente um processo de controle de mudanças. O controle de mudanças não é uma opção para o gestor de projetos. Ele é fundamental para o sucesso do projeto. Uma gestão de mudanças ineficiente é um motivo muito comum para o fracasso de um projeto.

O processo básico para qualquer sistema de controle de mudanças é bastante simples:

- Identifique e registre quaisquer mudanças que sejam propostas. O que é, por que é desejada.
- Entenda e avalie a mudança. Especificamente, determine o impacto da mudança sobre o projeto, que pode ter:
  - *Uma visão de gestão de projetos*: ela aumentará ou diminuirá o prazo, ampliará ou reduzirá recursos, mudará o custo e terá impacto sobre a qualidade do projeto?
  - *Uma visão do cliente*: se essa mudança for implementada, ela ainda resultará em um projeto que entregue o que o cliente deseja e nos benefícios necessários ou no plano de negócios a ser entregues? O impacto da mudança sobre a realização de benefícios normalmente é ignorado, mas ainda assim é crítico, pois, sem isso, você pode alterar algo que impeça que o projeto entregue o que foi planejado em primeiro lugar.
- Determine opções viáveis para responder à mudança e determinar o impacto resultante sobre o projeto. Por exemplo, se a mudança for um aumento no escopo, você poderá responder esticando o projeto ou mantendo o prazo e aumentando os recursos.
- Discuta com o patrocinador e concordem se a mudança deve ser aceita; se for, qual deve ser a técnica a ser utilizada para isso.
- Adapte seus planos apropriadamente.

A Figura 7.3 mostra o processo de controle de mudanças.

Um fator-chave no controle de mudanças bem-sucedido é dar-lhe suporte com uma boa gestão de expectativas. O controle de mudanças eficaz não trata apenas de dizer

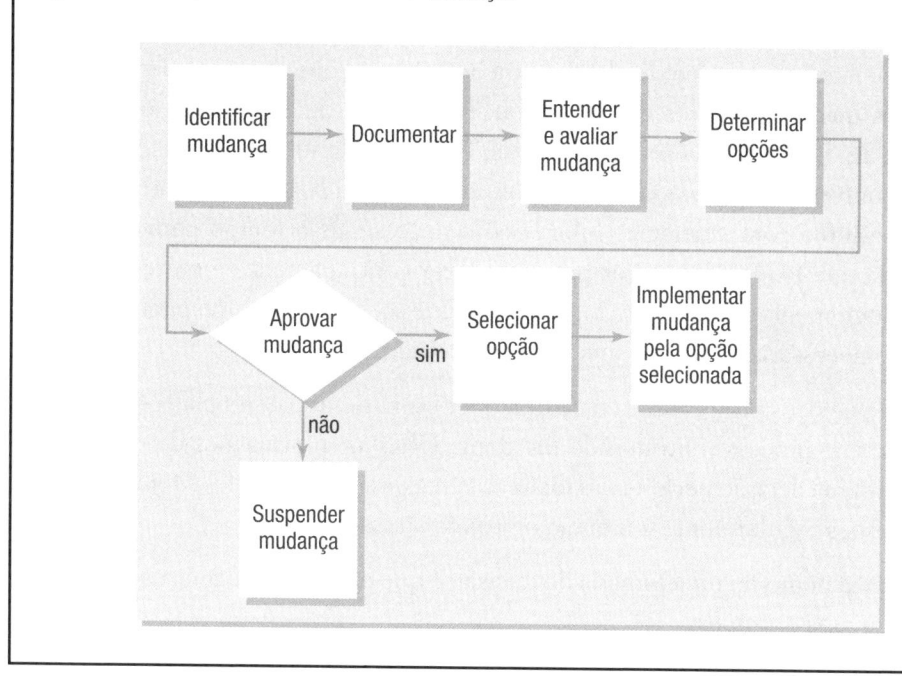

Figura 7.3   O processo de controle de mudanças

```
Identificar mudança → Documentar → Entender e avaliar mudança → Determinar opções
    → Aprovar mudança
        sim → Selecionar opção → Implementar mudança pela opção selecionada
        não → Suspender mudança
```

sim ou não para as mudanças — ele também trata de como as mudanças são implementadas. Defina as expectativas do cliente bem cedo, estabelecendo que, se houver mudanças, elas terão um impacto sobre o projeto; quando as mudanças ocorrerem, comunique-as e reforce o impacto que isso terá, para ter certeza de que seja entendido e aceito. Uma parte essencial dessa gestão de expectativas deverá girar em torno de educar o cliente. Se ele deseja um projeto com um plano absolutamente comprometido e contingência mínima no tempo, custo ou recurso, é pouco provável que você possa mudar algo significativo sem alterar os níveis de custo, tempo ou recurso. Como alternativa, se a mudança for provável, seu cliente deverá manter um orçamento de contingência a ser preparado para lidar com isso.

Tomada de decisão

No decorrer deste capítulo, foi mencionada a necessidade de que o gestor de projetos tome decisões. Ainda que seu planejamento e sua preparação sejam bons e precisos, ocorrerão problemas que exigirão decisões para serem resolvidos. Sempre que houver uma opção, você terá de tomar uma decisão. Portanto, embora isso raramente seja mencionado de forma explícita, análise e tomada de decisão são habilidades fundamentais na gestão de projetos.

Para tomar uma decisão, você pode chutar a resposta certa (geralmente, não é uma boa ideia), ou, de modo mais construtivo, contar com sua intuição e experiência de situações semelhantes para decidir de maneira 'intuitiva' (o que funciona para a maioria das decisões que tomamos no dia a dia), ou, finalmente, de modo mais estruturado, determinar de qual informação você precisa, colhê-la, identificar opções, analisar as opções disponíveis e, depois, tomar a melhor decisão. Uma boa decisão não é 'gratuita'; ela requer esforço para coletar as informações necessárias e tempo para analisá-las. Uma escolha que todos os gestores precisam fazer continuamente é entre decidir de modo suficientemente rápido, para manter o progresso, e gastar tempo para levantar as informações necessárias e formar uma avaliação válida.

Nesse aspecto, os projetos são como qualquer outro desafio gerencial — nem todas as ferramentas e processos do mundo lhe darão todas as informações de que precisa para garantir uma decisão perfeita em todas as situações. Mas você deve tomar e implementar decisões regularmente, ou então o projeto atrasará.

O principal ponto de uma tomada de decisão é que ela é uma negociação constante entre as seguintes questões:

- Até que ponto a decisão é crítica e qual será o impacto se ela estiver errada?

- Até que ponto a decisão é crítica e qual será o impacto se você levar muito tempo para tomá-la? (Muitas decisões devem ser feitas dentro de certo período de tempo. As mais difíceis são aquelas que precisam ser tomadas rapidamente, mas que também necessitam de muita informação e causam um grande impacto se erradas.)

- Entender quem pode e quem deve tomar a decisão. Como você pode fazer isso? Precisa de um especialista? Ela necessita de algum nível de autoridade formal para ser tomada? É algo para seu patrocinador decidir?

- Qual é a cultura de sua organização? Algumas empresas valorizam a tomada de decisão bem pensada, outras valorizam a velocidade e o ritmo mais que a precisão.

Não tenha medo das decisões. Na maioria das situações, é mais importante tomar uma decisão do que estar absolutamente certo de que ela é correta. Análise e paralisia na tomada de decisão normalmente são muito piores que tomar algumas decisões abaixo do ideal. A chave é identificar o pequeno número de decisões críticas e garantir que estejam certas.

CAPÍTULO 8

A equipe

Obtendo o máximo da equipe de projeto

Durante o ciclo de vida de um projeto, o próprio gestor criará uma série de *deliverables* tangíveis cruciais à entrega. Isso inclui planos, registros de problemas e riscos, termos de contrato de projeto e afins. O mais engraçado é que, ao final do trabalho, quando o projeto está concluído, esses itens são, em grande parte, inúteis e têm pouco ou nenhum valor fora do ciclo do projeto. Os *deliverables* reais, aquilo que se deseja em primeiro lugar, serão gerados por outros no projeto. Seja um sistema de computação, seja um novo prédio, as pessoas que o gestor gerencia no projeto são os responsáveis pelos *deliverables* que o cliente busca.

> **Ponto-chave da lição**
> Uma das principais tarefas para um gestor de projetos é gerenciar e motivar a equipe para que entregue tudo o que for exigido. Apenas o processo e as metodologias de gestão de projetos não conseguirão isso. Um gestor de projetos é, acima de tudo, um gestor de pessoas.

Isso é importante lembrar, pois a gestão de projetos trata essencialmente da gestão de pessoas. Gerenciar projetos é atingir resultados por meio de uma equipe. Como gestor de projetos, embora você normalmente não tenha pessoal próprio permanente, e possa até mesmo ter optado por essa carreira para evitar a gerência funcional, terá de aceitar a gestão de pessoas como algo fundamental para sua função. Sem uma equipe, a função do gestor de projetos não tem valor. Sua tarefa principal é garantir que a equipe de projeto seja capaz de fazer a entrega, que ela atinja resultados e que os obstáculos em seu caminho sejam removidos.

Quais são então as principais coisas que um gestor de projetos pode fazer para obter o máximo de sua equipe? Para lhe dar uma ideia disso, mostraremos 17 tarefas de gestão de pessoas, divididas em quatro grupos. Muitas delas você já faz naturalmente, portanto tente identificar aquelas em que é mais fraco e precise melhorar. São elas:

1. Acertando as bases — pessoas certas, habilidades certas, tarefas certas (tarefas 1 a 5).
2. Motivando e montando a equipe (tarefas 6 a 10).
3. Desafios gerenciais da equipe de projeto (tarefas 11 a 15).
4. O contexto mais amplo (tarefas 16 e 17).

Tarefas 1 a 5: acertando as bases — pessoas certas, habilidades certas, tarefas certas

Tarefa de gestão 1 — obtendo as capacidades e habilidades certas

A primeira coisa que um gestor de projetos precisa considerar ao montar sua equipe é quais capacidades e habilidades são necessárias para realizar o projeto. Isso deverá ser tratado em primeiro lugar como um exercício de reflexão, e não como uma análise do que você tem. Quando tiver conhecimento do que seja necessário, analise quais pessoas estão disponíveis e atribua-lhes as funções relevantes no projeto.

Com frequência, haverá uma lacuna entre as capacidades e habilidades da equipe que você tem e as da equipe que você precisa de modo ideal. Tente preenchê-la o melhor que puder, mas é ingênuo esperar uma combinação perfeita entre as habilidades requeridas e as pessoas disponíveis. Essa lacuna deve ser gerenciada como um risco como qualquer outro. (Um motivo importante para começar pensando no que você precisa, e não no que tem, é entender essa lacuna explicitamente e, dessa maneira, poder avaliar o risco que isso cria.) A falta de habilidades para concluir o projeto deverá constar de seu registro de riscos. Não ignore esse ponto, simplesmente aceitando os recursos que recebeu. Sim, no mundo real você não consegue uma equipe perfeita, entretanto, como gestor de projetos, é responsabilidade sua gerenciar os problemas resultantes. Se o impacto da lacuna for pequeno, você poderá contorná-lo, mas não pense que será sempre assim em todos os estágios do projeto.

Busque um conjunto balanceado de capacidades e habilidades, e não caia na armadilha de escolher pessoas que sejam como você. Na verdade, procure aquelas com quem possa trabalhar, porém cuide para que pelo menos algumas delas *não* sejam como você. Elas podem vislumbrar problemas e riscos que não lhe ocorrem ou aparecer com soluções criativas que você não consegue enxergar. Gerenciar pessoas de diferentes perfis contribui para garantir um desafio construtivo e evitar o perigo do pensamento em grupo — que ocorre quando uma equipe pensa da mesma forma e fica cega aos problemas. Isso representa um risco especialmente em uma equipe de projeto pequena, bem motivada e focada, trabalhando em um ambiente fechado. Ache um equilíbrio entre recursos internos e externos. A menos que isso infrinja a política da empresa ou os orçamentos sejam muito apertados, você deverá pensar em colaboradores externos à organização. Existem muitos bons prestadores de serviços e consultores que poderão ajudá-lo. É recomendável que algumas habilidades incomuns que sua organização utilize apenas ocasionalmente sejam adquiridas em empresas contratadas. Por outro lado, usar somente pessoal terceirizado e consultores no projeto custa caro e pode levar a soluções impróprias para o contexto específico. Além disso, o pessoal interno normalmente se ressente com a contratação de uma grande porcentagem de recursos externos.

Tarefa de gestão 2 — busque qualidade em vez de quantidade

Se existe um ponto nesta seção que você não pode deixar de se lembrar, é o seguinte: quando se planeja e define o escopo dos projetos, para chegar ao número de pessoas necessárias, há uma tendência de tratá-las simplesmente em termos numéricos. Você precisa de cinco, 10 ou 20 pessoas? Como se não houvesse diferença entre a quantidade e a qualidade dos resultados providos por elas. Quando estiver em dúvida, prefira ficar com menos colaboradores, porém os melhores. Eles serão mais fáceis de gerenciar e produzirão mais. Posso citar diversos exemplos nos quais um grupo menor entregou muito mais que uma equipe grande. Tenho visto situações em que um único executivo sênior consegue dimensionar de sexta para segunda-feira toda uma estratégia que uma equipe de dez consultores não foi capaz de formular em semanas. Já vi pequenas equipes bem entrosadas produzirem mais em um fim de semana, quando surge a necessidade, do que uma equipe de especialistas com o dobro do tamanho conseguiu realizar na semana anterior. Trabalhei com um grupo de quatro fantásticos desenvolvedores de softwares, que criou em questão de semanas um programa melhor, funcionalmente mais rico e robusto, do que uma equipe de 20 ou 30 pessoas de uma empresa de softwares desenvolveria em seis meses. A vida está repleta de exemplos nos quais um pequeno grupo motivado entrega muito mais que outro bem maior e menos capaz. Quando se trata de pessoas, a qualidade sempre supera a quantidade. Atraia os melhores talentos que estiver a seu alcance, mesmo que isso signifique ter uma equipe mais enxuta.

Não aceite os recursos que lhe são oferecidos sem questionamento. Se houver pessoas mais capazes, mais qualificadas ou mais motivadas em outro lugar na organização, tente trazê-las para o lugar daquelas que lhe foram oferecidas. Talvez você precise atuar como vendedor, para que esses indivíduos queiram ingressar no projeto, ou como negociador com seus gerentes funcionais, para que liberem essas pessoas. Esse esforço será recompensado no decorrer do projeto.

Tarefa de gestão 3 — atribua funções claras e objetivos definidos

O ponto de partida para a gestão de qualquer membro em qualquer equipe é que eles entendam por que fazem parte do projeto e o que se exige deles. Se você convocou alguém para fazer parte do projeto, deve saber por que precisa dele. Os projetos não são simplesmente uma desculpa para recrutar e agregar pessoas! É incrível a frequência com que os membros do projeto se veem sem ter uma ideia clara dos requisitos que lhe foram atribuídos. Por outro lado, se isso for feito de forma abrangente e clara, as chances de sucesso do projeto aumentam bastante.

Por conseguinte, todos na equipe devem saber:

- Qual é seu papel e quais tarefas eles devem realizar. Isso deve ser definido de forma clara e sucinta. A melhor maneira de fazer isso não é simplesmente listar um conjunto de tarefas que o indivíduo precisa completar, mas especificar o objetivo ou a meta que deve ser alcançada.
- Quem no projeto tem permissão para alocar trabalho a eles e decidir com quem ou para quem trabalharão.
- Com quem eles devem interagir e trabalhar para concluir suas tarefas.
- Quanto tempo eles deverão gastar no projeto (tanto a duração como a porcentagem de tempo nesse período que dedicarão ao projeto).
- Quais são as medidas de sucesso para suas tarefas.
- Por que eles foram escolhidos. Evite dizer às pessoas que elas estão no projeto porque foram as únicas disponíveis, mesmo que seja verdade, pois isso não é nada motivador!

Para um projeto grande, esse é um trabalho considerável e, comprovadamente, uma das tarefas mais importantes do gestor de projetos. Para projetos com várias equipes, isso pode ser feito em cascata, com o gestor de projetos realizando esse trabalho no nível dos líderes de equipe, e cada líder desmembrando-o para os membros da equipe. Isso não precisa ser feito de uma forma complexa, contudo, a menos que cada membro da equipe saiba disso, você se arrisca a obter um desempenho fraco e focar em atividades irrelevantes. A menos que possa estabelecer uma ligação direta entre todas as atividades em seu plano de projeto e o trabalho realizado pela equipe, o projeto provavelmente fracassará. A atribuição de funções e a alocação de tarefas não acontecerão automaticamente, pois as pessoas na equipe podem nunca ter trabalhado juntas. Isso certamente requererá sua gestão.

Tente encontrar um equilíbrio entre funções muito detalhadas e um grau de flexibilidade. Visto que nada é totalmente previsível e é improvável que você possa prever cada eventualidade, nenhum plano cobrirá cem por cento de todas as tarefas exigidas. Novas atividades não planejadas surgirão. As funções devem ser definidas de modo que, à medida que um projeto evolui e novas atividades são reveladas, seja possível alocá-las a um membro da equipe sem causar interrupção. Parte disso se refere à elaboração de descrições de cargo de um modo que torne isso possível, mas também fazer com que as pessoas saibam logo de início que sua função *pode* se modificar com o desenrolar do projeto.

Quando tiver atribuído funções e responsabilidades, verifique se existem lacunas ou, quase tão importante, sobreposições — cada tarefa requer que uma pessoa ou uma equipe seja responsável por ela, ou então você terá dificuldade para garantir sua realização. Responsabilidades e obrigações confusas desperdiçam tempo, aumentam a sobrecarga gerencial e contribuem significativamente para o risco de falha na entrega. Ter pontos de verificação isolados para as tarefas é um fator crítico de sucesso nos projetos.

Se estiver trabalhando com uma equipe espalhada geograficamente ou virtual, tome cuidado extra nas definições de função. Se todos compartilharem a mesma sala e você estiver alerta, rapidamente identificará quando as responsabilidades de alguém não foram definidas com clareza suficiente e precisam de algum acerto. Se um de seus membros de equipe estiver a centenas de quilômetros, poderá levar semanas até você descobrir erros nas definições de função. As equipes virtuais podem ser auxiliadas por ferramentas de produtividade; não hesite em investir nelas (por exemplo, salas de reunião virtuais e facilidades de conferência on-line). Mas a tecnologia não contornará completamente a falta de proximidade, e a pedra fundamental de um projeto bem-sucedido são funções e objetivos claros.

Por fim, leve as definições de responsabilidade no projeto ao conhecimento de todos os membros da equipe. Isso ajuda a evitar mal-entendidos (além de pressionar gentilmente aqueles que não estão fazendo sua parte e evitar a desmotivação da equipe).

Tarefa de gestão 4 — seja claro sobre como você deseja que as pessoas trabalhem

Ao executar a tarefa 3, você definiu o que deseja que as pessoas façam por meio de funções e responsabilidades claras. Para oferecer clareza absoluta à equipe, é útil não apenas definir *o que* deseja que cada membro da equipe faça no projeto, mas também *como* espera que eles o façam.

Os membros de sua equipe são especialistas no assunto, com renome internacional, que podem realizar seu trabalho sem assistência e, até mesmo, ficar chateados se lhes disserem como realizar o trabalho que lhes foi designado? Ou são iniciantes que precisam de instruções claras e diretas para concluir suas tarefas com o devido nível de qualidade? Ao dividir o trabalho no projeto, deixe claro aos membros da equipe:

- **Quanto discernimento eles têm na definição do resultado da tarefa**. O resultado é estabelecido com precisão ou existem apenas instruções vagas que você espera que eles atendam?

- **Quanto discernimento eles têm sobre como a tarefa é realizada**. Há um processo predefinido e obrigatório ou você não dá importância a isso, desde que seja feito dentro das restrições acordadas de tempo e de custo?

- **Que nível de garantia de qualidade você exigirá de seu trabalho**. Você simplesmente confia que eles entregarão um resultado de qualidade ou o trabalho será totalmente testado após sua conclusão?

A decisão sobre como quer que as pessoas trabalhem, e portanto quanto controle de gestão e interferência você espera, está associada à quantidade de aprendizado que deseja que os membros da equipe tenham e a pressão sob a qual o projeto se encontra. Naturalmente, se os membros da equipe tiverem maior especialização que você, de modo geral é essencial que haja autonomia no modo como eles devem fazer a entrega. Mas um projeto submetido à alta pressão, em uma situação crítica, geralmente requer orientação direta, com pouca margem para exploração e aprendizado individuais. Por outro lado, em algumas situações, é desejável que as pessoas explorem e aprendam, de modo que possam trabalhar sozinhas da próxima vez. No longo prazo, sempre será melhor dar autonomia às pessoas. Ocasionalmente, você ficará desapontado, mas a motivação tenderá a ser mais alta e as habilidades melhorarão bastante com o tempo.

Tarefa de gestão 5 — saiba quando retirar pessoas da equipe

O que você deverá fazer com um membro da equipe com desempenho fraco, especialmente se isso aumentar o risco do projeto? Manter a combinação certa de pessoas no projeto e remover aquelas que não estão agregando valor é essencial. Por sorte, isso não é algo que você terá de fazer com frequência, mas precisa estar preparado para fazê-lo. (Estou falando sobre remover de um projeto, não da empresa ou com perda real de função. Demitir alguém por mau desempenho é muito mais complexo e um problema sério, que precisa ser tratado com cautela e deve envolver o suporte especializado do departamento de recursos humanos.)

Quando souber de um desempenho fraco, tente agir rapidamente e comece dando às pessoas uma chance explícita para trabalhar melhor. Garanta que elas recebam um retorno claro sobre suas falhas e dê-lhes uma chance de superar isso. Passe pela seguinte lista de verificação:

- O indivíduo com desempenho fraco sabe o que é exigido dele?
- Ele (ou ela) sabe que tem um desempenho fraco? (Algum *feedback* construtivo resolverá o problema?) É muito comum que as pessoas não saibam que estão atuando mal e respondam bem a alguma crítica construtiva. A maioria das pessoas deseja realizar um bom trabalho.
- Você sabe o que está ocasionando o mau desempenho?
- Alguma dessas razões pode ser resolvida com facilidade?
- O indivíduo deseja e é capaz de contornar o problema de desempenho?
- Você já estabeleceu contato e discutiu a questão com seu gerente funcional e informou ao RH?

Isso pode ser visto em detalhes na Figura 8.1.

Naturalmente, faz parte desse processo determinar quais são as alternativas. Às vezes, alguém é melhor que ninguém e, se você não puder mudar o desempenho, mas também não puder ter um substituto, terá de conviver com essa pessoa. Todavia, não pressuponha isso. Há muitas situações em que a ineficácia pode ser tão prejudicial que é preferível não ter ninguém. Um ponto útil é que, se alguém estiver com desempenho baixo e prejudicando o resultado da equipe, você poderá se surpreender ao descobrir que o restante da equipe apoia a remoção dessa pessoa. Não há nada que as equipes de alto desempenho desgostem mais do que um indivíduo que é tido como responsável pela redução de sua capacidade de entrega.

Não postergue demais essa análise. Evidentemente, o melhor de tudo é não aceitar o indivíduo na equipe em primeiro lugar. Embora nunca seja agradável dizer não a alguém, sempre será muito mais fácil fazer isso do que ter de remover um colaborador ineficaz durante o projeto. No entanto, supondo que isso não tenha sido feito, não espere surgir um problema importante para então lidar com a questão. Se fizer isso, estará realmente se esquivando de sua responsabilidade como gestor de projetos. Quando em dúvida, retire as pessoas de fraco desempenho do projeto. Garantir sua entrega é sua tarefa principal. Desenvolver funcionários é uma prioridade secundária para você.

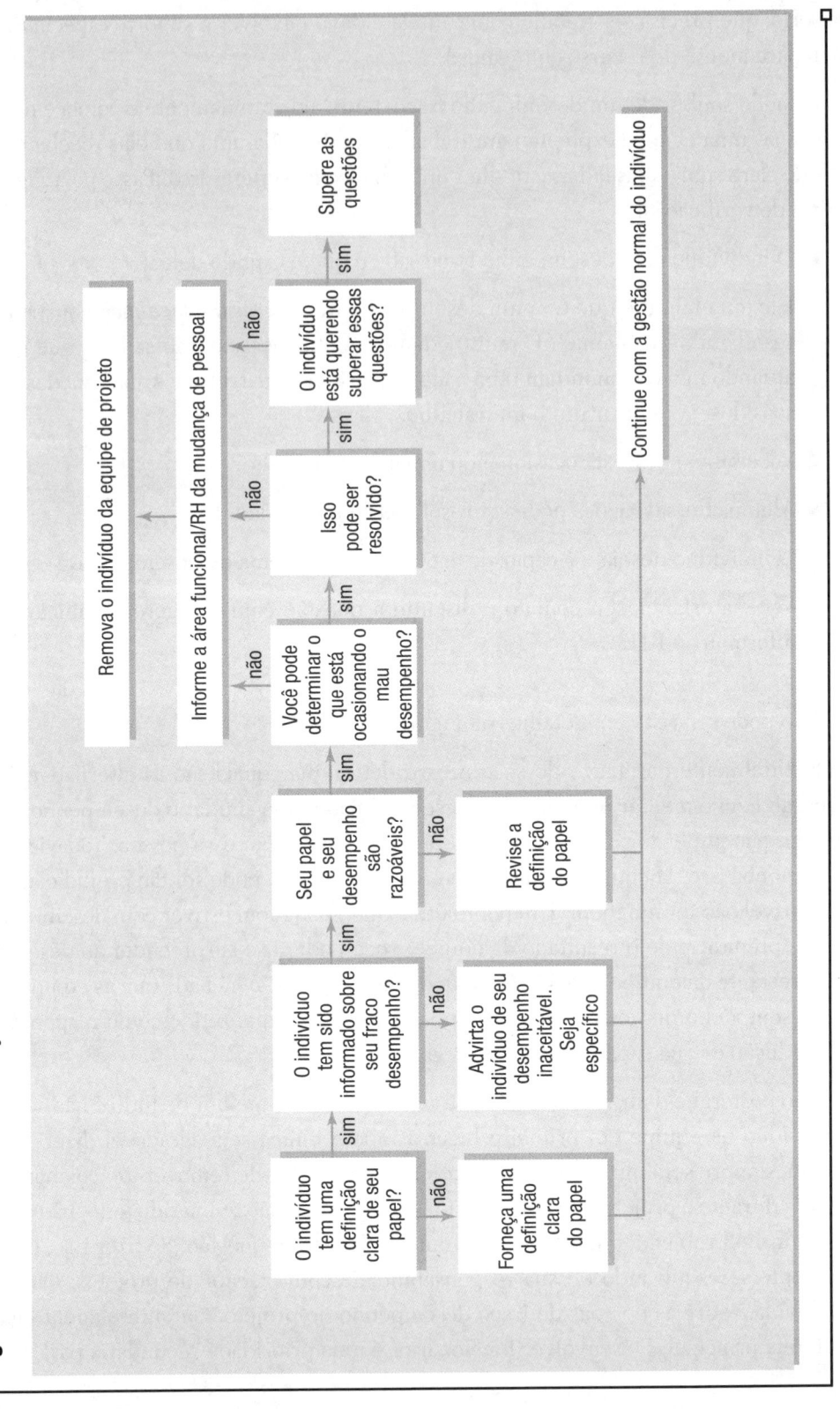

Figura 8.1 Decidindo sobre a remoção de membros da equipe de projeto

Isso pode parecer duro, mas é necessário. Essas pessoas têm um gerente funcional que deve se preocupar com seu desenvolvimento e seus sentimentos.

Essa é uma atividade que costuma ser muito mais fácil para um gestor de projetos do que para um gerente funcional. Supondo que a pessoa retirada do projeto não perca realmente o emprego, você tem a vantagem sobre os gerentes funcionais de não torná-los redundantes ou realizar atividades estruturadas de gestão de desempenho que geralmente consomem tempo. Aconselhe ao patrocinador sobre o risco que a pessoa traz e retire-a do projeto o mais cedo possível.

O desempenho ineficaz em uma situação de projeto não deve ser medido em um sentido absoluto — como você faria como um gerente funcional —, mas em relação aos requisitos do projeto. Por exemplo, alguém pode apresentar um desempenho muito bom, porém das 9 às 17 horas, pois essa é sua carga horária de trabalho. Às vezes isso não é suficiente em projetos, que podem necessitar de picos de trabalho intenso. Nessa situação, você deve considerar a remoção desse membro com restrição de horário. O trabalho que ele está realizando não basta no contexto do projeto que você está conduzindo e, igualmente importante, os demais componentes da equipe que se adaptaram ao horário exigido se ressentirão, se ele não for removido.

Tarefas 6 a 10: motivando e montando a equipe

Tarefa de gestão 6 — o desafio da gerência funcional — alinhar objetivos e motivação

A natureza da maioria dos projetos é que a equipe de trabalho só estará reunida por um período limitado e o gestor do projeto não é o gerente funcional dessas pessoas. O gestor do projeto normalmente possui autoridade ou influência formal limitada sobre os membros da equipe. Existe um relacionamento triplo entre o membro da equipe de projeto, o gerente funcional normal e o gestor do projeto. A gestão de projetos requer a capacidade de administrar essa matriz e, embora isso deva ser minimizado, em toda gestão de matriz existe algum grau de obscuridade. Nem tudo será preto no branco.

O primeiro ponto que qualquer gestor de projetos deve seguir é não reclamar disso — esse é seu destino. Se quisesse ser um gerente funcional, deveria ter ingressado nessa carreira. (Uma característica positiva da gestão de projetos, para muitos gestores, é o fato de que eles não têm a responsabilidade da gerência funcional.) A maioria dos membros da equipe possui um gerente funcional que pode determinar fatores que sejam importantes para eles e que influenciarão seu desempenho, como aumentos de salário, promoções etc. O gerente funcional pode não ter nada a ver com o projeto. Assim, se você não tem responsabilidade de gerência funcional e os recursos que a acompanham, como gerenciar a equipe?

A primeira coisa a fazer é tentar alinhar objetivos:

- Combine com os principais indivíduos no projeto o que eles precisam alcançar para que você os considere um sucesso. Em projetos de grande porte, documente isso, como se estivesse definindo objetivos para qualquer outra função. Isso necessita ser feito em conjunto e em concordância com o gerente funcional deles. (Ver tarefa de gestão 3.)

- Para as pessoas que dedicarão algum tempo ao projeto, vale a pena alinhar formalmente as medidas de desempenho definidas para o sucesso do projeto. Um exemplo negativo extremo é o caso de membros da equipe de projeto que têm pacotes de benefícios, incluindo bônus substanciais, determinados pelo cumprimento de metas definidas por seus gerentes funcionais. Essas pessoas dedicam-se a um projeto por muitos meses, entretanto seus objetivos de desempenho anuais não têm nada a ver com o projeto. Nem é preciso dizer que grande parte de sua concentração se voltará para outro lugar. Discuta com o gerente funcional, e, se ele não for receptivo, com o patrocinador do projeto, a possibilidade de fazer com que os objetivos funcionais reflitam o trabalho que os membros de sua equipe precisam realizar no projeto.

- Tente escolher colaboradores com um interesse pessoal no projeto. Em geral, essas pessoas se apresentarão como voluntárias ou pedirão para serem envolvidas. Interesse, determinação e entusiasmo valem mais que habilidades aparentemente melhores no papel. Todos nós já vivenciamos ocasiões em que o especialista desistiu, mas o não especialista motivado e interessado prosseguiu até realizar a entrega. Você não pode passar sem qualificação, porém não superestime o valor de ter os melhores especialistas em vez de indivíduos pessoalmente mais motivados.

- Cuide para que as pessoas estejam cientes de que se trata de um projeto muito importante e que os gerentes de mais alto nível estão observando. As pessoas não respondem bem a uma vigilância constante, mas provavelmente se empenharão mais se souberem que seus sucessos (e fracassos) serão visíveis a pessoas influentes.

A maioria dos trabalhadores cumprirá suas horas diárias contratadas quando solicitado. Um problema para os projetos é que frequentemente, em algum momento de seu ciclo, isso não será suficiente. Em segundo lugar, o conteúdo do trabalho ou costuma ser uma ampliação do que as pessoas fazem em sua rotina ou pode ser muito diferente dela. Isso motivará alguns funcionários que gostam de desafio, mas não todos. Portanto, em geral é necessário motivar a equipe a trabalhar fora de suas expectativas normais de conteúdo e/ou horas de trabalho.

Às vezes, os gerentes juniores e os inexperientes confundem motivação com autoridade. Como gestor de projetos, normalmente sua autoridade será limitada. Ela pode vir do cargo e trazer consigo a capacidade de controlar recompensas e punições (o feijão com arroz). Em seu papel como gestor de projetos, você terá pouco ou nenhum controle sobre esses fatores, embora possa influenciá-los. A autoridade também pode vir de uma posição de especialidade, e o ideal é que você seja respeitado pela equipe por sua especialidade na gestão de projetos, mas apenas isso não gerará poder irrestrito, pois se trata apenas de um dos muitos tipos de habilidade necessários em um projeto. Todavia, não se desespere: um gestor de projetos pode motivar pessoas, desde que entenda do que se trata a motivação.

O ponto de partida para entender a motivação é a percepção de que a maioria das pessoas não gosta de fracassar. Se você e a equipe quiserem ter sucesso, uma grande parcela dos indivíduos concordará com isso. A maioria das pessoas também aceita um desafio, mas elas precisam ter uma crença fundamental de que o necessário é, pelo menos, possível. A motivação não vem de sua capacidade de gerenciar o feijão com arroz. Ela vem de pessoas engajadas no trabalho, seja porque consideram o trabalho satisfatório ou prazeroso por si só, apreciam o desafio, gostam da equipe em que trabalham ou estão aprendendo ou se desenvolvendo.

Logo, uma vez alinhados os objetivos, há uma série de ações a tomar para que a equipe continue motivada a trabalhar. Para atingi-los:

- Lidere a equipe dando o exemplo. Você deseja que cada membro da equipe considere o sucesso do projeto sua meta pessoal. Como gestor, caso não atue como se suas metas pessoais estivessem alinhadas com as do projeto, será difícil convencer os componentes da equipe de projeto a alinhar as metas deles.

- Dê às pessoas um motivo para que queiram estar envolvidas no projeto e torná-lo um sucesso. Para algumas pessoas, a motivação é intrínseca, faz parte normal de seu trabalho e independe do que lhes é solicitado; para outras, a motivação é controlada por fatores externos. O mais importante desses fatores normalmente é garantir o alinhamento dos objetivos e da recompensa com o sucesso do projeto.

- Cuide para que os objetivos e as metas que você definiu para as equipes e seus membros sejam possíveis — tudo bem se eles forem desafiadores ou demandarem esforço extra, mas ninguém é motivado pelo pensamento constante de metas não cumpridas.

- Mantenha uma distribuição de trabalho justa entre os membros da equipe. De modo geral, as pessoas trabalham muito intensamente, por períodos limitados, sem reclamação. O que leva à desmotivação é metade da equipe trabalhar duro enquanto a outra relaxa. Evidentemente, existem resultados naturais de diferentes habilidades e necessidades de projeto, mas tente balancear, ao máximo possível, a carga de trabalho da equipe.

- Crie, em seguida, um ambiente motivador. O fator de motivação varia de uma pessoa para outra, mas, em geral, você deve:
  - Fornecer muito *feedback* construtivo em bases constantes e informais. O estímulo ao bom comportamento simplesmente por reconhecimento e elogio é um fator de motivação para muitos indivíduos.
  - Encorajar a franqueza e a honestidade, quando houver problemas. As pessoas trabalham melhor em um ambiente que associe bom suporte e ajuda, quando precisam disso, ao desafio.
  - Trabalhar para criar um ambiente de equipe em que as pessoas queiram estar envolvidas e do qual se sintam parte.
  - Tentar permitir que os membros individuais da equipe alcancem suas metas pessoais por intermédio do trabalho no projeto.
  - Tornar o ambiente prazeroso — encoraje uma atitude positiva em relação ao trabalho. Isso pode ser tão trivial quanto criar um ambiente em que seja comum ver a equipe sorrir ou mais formal como organizar eventos sociais. Nenhuma técnica isolada funcionará para todos — fazer um *happy hour* ou assistir a uma corrida de *kart* não agradará a todos os indivíduos, logo você precisa ser criativo para oferecer opções que sejam as mais abrangentes possíveis.
- Evite fazer algo que desmotive as pessoas. As principais coisas que acabam com a motivação são cargas de trabalho desiguais, falta de integração e falta de alinhamento com os objetivos, combinadas com a incerteza. Muitos podem dizer que se desenvolvem em ambientes de mudanças, mas normalmente é porque eles estão certos de que sobreviverão a elas ou possuem habilidades que podem ser prontamente aproveitadas em outro lugar. Metas e objetivos claros combinados com recompensas e elogios constantes reduzem a incerteza.
- Crie a percepção entre os membros da equipe de que seu impacto sobre o projeto é valorizado. Retire aqueles que apresentam um desempenho fraco. É altamente desestimulante para a maioria das pessoas sentir que seu bom trabalho está sendo obstruído por um colaborador ineficaz ou que seu esforço está carregando um 'aproveitador'.

Tarefa de gestão 7 — montando a equipe

A menos que você tenha muita sorte ou trabalhe em uma situação de fluxo contínuo de muitos projetos semelhantes, é bem provável que os integrantes de sua equipe de projeto não tenham trabalhado juntos antes. Não suponha automaticamente que as pessoas se juntarão e trabalharão bem como uma equipe. Você poderá ter algum trabalho para conseguir entrosá-las.

Não existe um único modo correto de montar uma equipe, e diferentes grupos de pessoas formarão ligações em diferentes períodos. Para favorecer isso como um gestor de projetos:

- Leve a mobilização a sério. Quando a equipe for mobilizada inicialmente, garanta que comunicará a finalidade do projeto e as funções de todos. Dê algum tempo para que as pessoas se conheçam e o questionem sobre algo que não esteja claro.
- Garanta que as funções sejam claras e compreendidas.
- Defina expectativas quanto ao ambiente de trabalho e à cultura que você espera na equipe. Lembre a todos que o sucesso do projeto depende de trabalho de equipe e comunicações constantes, abertas.
- Garanta que os canais de comunicação estejam abertos, não apenas entre você e a equipe, mas entre os próprios membros da equipe.
- Reúna as pessoas fisicamente o máximo que puder. Quando isso não for possível, como no caso de uma equipe geograficamente dispersa, tente achar maneiras de encorajar a interação e usar meios de comunicação que sejam os mais próximos possíveis (por exemplo, telefone em vez de e-mail).
- Encoraje atividades entre os membros do projeto que você acredita que estimulem o desenvolvimento da equipe. Acabe com as atividades prejudiciais.
- Observe o crescimento dinâmico da equipe. Se isso não acontecer, você terá de tomar alguma ação, mas não interfira toda vez que houver pequenos problemas. As pessoas precisam aprender a trabalhar juntas.
- Não aceite a montagem da equipe sem questionar. Trabalhe nisso e baseie-se nas tarefas 3, 5, 10 e 11.

Tarefa de gestão 8 — garanta que haja desenvolvimento pessoal para os membros da equipe

Se as pessoas dedicam algum tempo a um projeto, não é um absurdo que esperem alguma forma de desenvolvimento pessoal, e pode ser um grande impulso motivacional o fato de os membros da equipe sentirem que suas habilidades estão sendo aperfeiçoadas. Uma coisa que os gestores de projetos devem observar é que, quando os indivíduos são alocados a projetos, isso normalmente se dá sob a premissa de que terão algum desenvolvimento pessoal a partir disso. O dilema do gestor de projetos é que permitir que os membros da equipe se desenvolvam geralmente significa dar-lhes a oportunidade de aprender ou executar novas tarefas. Quem não aprende algo novo não está realmente se desenvolvendo; no entanto, os colaboradores considerados mais eficazes são aqueles que fazem aquilo que têm mais experiência em fazer. Se deseja que uma parede de tijolos seja construída rapidamente, consiga um ótimo pedreiro, mas em geral ele não estará obtendo qualquer desenvolvimento pessoal com a construção dessa parede, pois já é especialista nisso.

Nesse caso, o que o gestor de projetos deverá fazer?

- Aceitar a necessidade de desenvolvimento das pessoas. Normalmente, esse não é um objetivo central para você (não costuma ser um fator de sucesso do projeto, mas pode vir a ser), porém pode ser fundamental para seu bom desempenho. Portanto, tente obter um equilíbrio entre boas habilidades existentes e metas de aprendizagem. Se quiser incluir algum treinamento formal, cuide para que tenha orçamento para isso.

- Encarar a questão do desenvolvimento desde cedo no projeto, de preferência quando as pessoas começarem a se envolver. Como parte de sua iniciação ao projeto, entenda suas necessidades e o que pensam a esse respeito. Se suas expectativas estiverem desalinhadas ou forem absurdas, tente acertá-las. É melhor ter o desapontamento no início, quando existe a chance de fazer algo a respeito, do que à meia-noite (mais à frente no projeto), quando uma tarefa crítica precisar ser completada para o dia seguinte.

- Tentar vender para a equipe a ideia de aprenderem com aquilo que faz parte natural do projeto. Trata-se basicamente de um exercício de convencimento, mas normalmente as pessoas ficam satisfeitas em aprender algo novo no projeto executando tarefas que realmente precisam ser realizadas.

- Incorporar tudo que for razoável ao plano de projeto — sejam cursos de treinamento, seja o envolvimento das pessoas em atividades específicas. Todavia, assegure-se de que as metas de desenvolvimento pessoal não desviem ou alterem o projeto de alguma maneira que aumente o risco.

- Garantir por sua vez, que não definirá quaisquer expectativas absurdas com que o gerente funcional do indivíduo possa discordar.

- Nem sempre dar uma resposta de imediato quando alguém chegar até você com um problema. É muito melhor para seu desenvolvimento ajudá-lo a encontrar a resposta por si só. Com o nível de suporte correto, a maioria das pessoas é capaz de resolver muitos problemas que considerariam insolúveis a princípio.

Tarefa de gestão 9 — garanta que as pessoas tenham para onde voltar

Algumas das pessoas que trabalham em seu projeto serão profissionais de projeto em tempo integral. São o pessoal de apoio (*staff*), prestadores de serviços e consultores que passam a vida atuando em um projeto atrás do outro. Entretanto, muitos e com frequência a maioria da equipe de projeto terá sido retirada de seus cargos funcionais para estar no projeto. Esses cargos funcionais apresentavam a segurança de não possuírem um prazo para terminar, enquanto um projeto tem um ponto-final muito claro.

Em uma época caracterizada por ciclos regulares de reorganização e corte de redundâncias na maioria dos setores, não se surpreenda se essas pessoas ficarem preocupadas se forem alocadas a uma equipe de projeto por tempo determinado. Se seu cargo funcional pode ficar vago por vários meses ou mais, seu retorno será realmente necessário quando o projeto terminar? Qualquer que seja a resposta verdadeira, obviamente é bastante razoável que as pessoas tenham esse tipo de preocupação. Reduzir a preocupação dos membros da equipe não é apenas uma questão de 'ser gentil'; o motivo pelo qual isso é importante para o gestor de projetos é que profissionais preocupados com seu futuro provavelmente são, no mínimo, menos eficazes ou podem não estar devidamente motivados ou, na pior das hipóteses, podem começar a procurar outro emprego.

Existem maneiras de contornar isso:

- Prepare-se, como ponto de partida, para o surgimento desse problema antes que alguém seja alocado a uma equipe de projeto.
- Obtenha comprometimento formal e explícito de que seu cargo ainda estará disponível quando o projeto terminar.
- Faça, se possível, com que seu cargo seja ocupado por outro funcionário ou contratado enquanto estiver no projeto. Desse modo, o cargo ainda existirá explicitamente.
- Garanta alguma forma de bônus ou pagamento ao final do projeto para o pessoal-chave como recompensa por assumir o risco de entrar nele. Não é uma prática comum, mas, quando a vi sendo executada, foi eficaz.

O último ponto é que, para algumas pessoas, entrar em um projeto é realmente um modo deliberado de deixar seu cargo atual. Para elas, estar no projeto pode ser motivador por si só e elas podem querer desenvolver algumas habilidades transferíveis.

Tarefa de gestão 10 — esteja ciente da dinâmica e da política de equipe

Qualquer grupo de pessoas que esteja trabalhando junto desenvolverá um estilo de trabalho em equipe. A capacidade de entender a dinâmica de sua equipe é crucial para os gestores de projetos. O pensamento de que você pode alocar tarefas às pessoas e elas as entregarão com satisfação, independentemente dos colegas com quem interagem, é ingênuo. Não existe um estilo de equipe certo ou errado nem um modo de resposta certo ou errado para a dinâmica de uma equipe. Você terá, se tiver sorte, trabalhado em ótimas equipes com excelente dinâmica, bem como em equipes pouco eficazes com uma dinâmica fraca.

- **Esteja ciente da dinâmica e monitore-a.** Não a ignore simplesmente como um fato da vida. Em projetos longos, nos quais uma equipe estará reunida por muitos meses ou até mesmo anos, pode valer a pena fazer alguma avaliação formal dos tipos de personalidade. Isso lhe dará um bom *insight* e permitirá observar habilidades ou técnicas que a equipe não possui, ou que possui em demasia. Isso poderá ajudá-lo a gerenciar o balanceamento da equipe. Tais medidas, se compartilhadas com a equipe, podem possibilitar que cada um entenda como ajustar seu comportamento ao dos demais colegas. Se usar uma avaliação formal (seja ela simples como Belbin ou mais complexa como Myers-Briggs ou OPQ — *Ocupational Personality Questionnaire*), cuide para que entenda os resultados. É fácil chegar às conclusões erradas a partir de um conhecimento insuficiente da metodologia.

- **Use-a a seu favor.** Ela pode ser uma força positiva e também negativa. Uma boa dinâmica de equipe e a ausência de política devem ser perseguidas. Se tiver avaliado formalmente os membros da equipe, use seu conhecimento para ajudar a modelar a equipe e direcionar o desempenho individual.

- **Não assuma que seja estática.** Ela mudará com o tempo à medida que a equipe muda e as pessoas passam a se conhecer melhor.

- **Acabe com ela, se começar a atrapalhar.** Se a dinâmica ou política da equipe estiverem reduzindo o desempenho, é sua responsabilidade como gestor do projeto colocar as coisas em ordem.

- **Administre-a, quando precisar trazer novas pessoas para a equipe.** Isso pode ser muito perturbador para uma equipe bem estabelecida e pode ser difícil para o novo integrante.

- **Encoraje a franqueza e a honestidade.** As equipes bem-sucedidas tendem a ter poucas barreiras de comunicações.

- **Lidere dando o exemplo, pois você também faz parte disso.** Se não deseja política na equipe, não faça política. Você quer conquistar a confiança dos membros da equipe; caso haja problemas ou questões mal resolvidas, deseja saber a respeito deles o mais cedo possível, e é mais provável que isso ocorra se as pessoas confiarem em você. Se fizer muita política, provavelmente não desenvolverá confiança. Tente ser coerente em suas declarações e ações.

- **Lembre-se de que a equipe é mais importante do que o indivíduo.** É a equipe que entrega, e não qualquer indivíduo. Você terá estrelas que precisam ser cuidadas, mas tratar as pessoas explicitamente de acordo com diferentes padrões só criará ressentimentos e lamentações negativas. De modo semelhante, por melhores que sejam as habilidades de alguém, não o tolere se estiver atrapalhando a equipe.

- **Gerencia por intermédio dos indivíduos, embora a equipe seja mais importante.** Cada pessoa pode necessitar de um conjunto de interações ligeiramente diferentes para manter-se motivada e alinhada com os objetivos do projeto.

Em muitos projetos, os membros da equipe não terão se encontrado antes e, mesmo que isso tenha ocorrido, podem não ter trabalhado juntos da mesma maneira antes. Você precisa usar a fase de mobilização e depois a gestão contínua para ajudar a equipe a se desenvolver e gerenciar o modo como ela interage no decorrer do projeto.

Tarefas 11 a 15: desafios gerenciais da equipe de projeto

Tarefa de gestão 11 — proximidade física e canais de comunicações

Um dos fatores mais subestimados é a vantagem da proximidade física de uma equipe de projeto. A verdade básica é que as pessoas trabalham melhor quando estão juntas. Os problemas são resolvidos mais rapidamente, soluções mais criativas surgem e o conflito ocorre com menos regularidade quando elas ficam próximas. Sempre que estou iniciando um novo projeto, tento encontrar espaço para a equipe de projeto compartilhar. Acredito que a reunir fisicamente terá efeitos fantásticos sobre a eficiência e a produtividade. Se o projeto for importante o suficiente, valerá a pena empreender esforços e aceitar o tumulto de curto prazo para ter a equipe em um só local.

Na prática, normalmente se evita trazer a equipe para um local físico em que os membros sejam mantidos bem próximos. Isso é colocado na categoria de algo muito difícil de se conseguir. E tido como muito esforço para um benefício mínimo, uma coisa boa para se ter, em vez de essencial. Não desista disso com facilidade. O esforço será compensado quando a produtividade for aumentada significativamente.

Logicamente, nem sempre é possível juntar a equipe. O modo como seus recursos foram alocados, a natureza da organização ou, simplesmente, o tamanho e a distribuição geográfica do projeto podem exigir um modo de trabalho muito disperso. Se possível, insista para que todos os membros da equipe se reúnam fisicamente pelo menos uma vez. Em geral, nessas situações, garanta que os canais de comunicações sejam robustos e que as pessoas se comuniquem da maneira mais 'próxima' possível. Com isso, quero dizer que o ideal é estar frente a frente, depois por videoconferência, logo após por telefone com facilidades de conferência on-line e, finalmente, por e-mail (este deve ser visto como o modo de comunicação mais ineficiente).

Desencoraje ativamente os estilos de comunicação menos pessoais. Estimule muitas comunicações informais contínuas e use ferramentas como o e-mail para aquilo a que eles servem — e não como o único canal de comunicações.

Antes de reunir toda a equipe, saiba que isso tem algumas desvantagens e riscos. O principal deles é que você tem mais chances de ser visto como separado da organização funcional para a qual seu projeto está sendo entregue. Isso representa um problema em particular para o tipo de projeto que precisa de interação constante com a organização funcional, ou de um sólido comprometimento com os resultados do projeto. Isso pode ser contornado com comunicações fortes e regulares, mas, para alguns projetos, como os de mudança de negócios, estar distante da organização principal pode ser uma desvantagem significativa o suficiente para invalidar as eficiências de entrega derivadas de uma equipe compacta.

Tarefa de gestão 12 — gerenciando pessoal geograficamente variado e isolado

Se não puder reunir sua equipe, poderá ter equipes espalhadas geograficamente ou então pessoal individualmente isolado. Isso não precisa ser um problema, mas é uma questão que você deve gerenciar e que aumentará seu *overhead* de gestão. Isso deve ser cuidadosamente controlado.

Algumas dicas úteis a serem consideradas são:

- Torne os relacionamentos entre as equipes e o modo como elas interagirão claros na mobilização. Tente, nesse estágio pelo menos, reunir as pessoas.

- Não se esqueça do pessoal isolado. Eles podem entregar de modo satisfatório e produtivo ou então podem simplesmente ignorar o que deveriam fazer. A menos que você os esteja gerenciando, não terá como saber disso.

- Comunique-se com frequência. As comunicações precisam se tornar mais deliberadas. A oportunidade para conversas informais é reduzida e, por isso, você precisa planejar suas comunicações de forma mais estruturada.

- Verifique se conhecem e compreendem os requisitos exigidos deles — é mais fácil eles cometerem erros quando vocês não estão próximos o tempo todo.

- Garanta que você não desenvolverá qualquer viés ou tensão resultante da localização. Geralmente isso não é produtivo.

- Comunique-se com seu pessoal remoto tão frequente e oportunamente quanto com seu pessoal local, sobretudo para notícias importantes. Nada irrita mais que o sentimento de que o escritório central sabe de algo que aqueles mais afastados descobrem muito mais tarde! Isso gera ressentimento, suspeita e rumor.

- Como gestor de projetos, tente viajar até todos os locais em algum momento durante o projeto, se isso for viável.

Tarefa de gestão 13 — gerenciando recursos de tempo parcial

Todo gestor de projetos deseja uma equipe totalmente dedicada, que só pense e aplique suas energias para um único projeto. Na prática, em quase todo projeto em que estive envolvido, algumas pessoas têm outras tarefas a executar fora do projeto, que podem incluir o trabalho em outro projeto ou atividades operacionais da rotina do negócio.

Muitos projetos de menor envergadura alocam principalmente pessoal de tempo parcial. O projeto 'virtual' que tem apenas um gestor de projetos que precisa pedir, roubar e tomar emprestados recursos para fazer as coisas é, na acepção acadêmica da gestão de projetos, algo ruim, mas que na realidade acontece o tempo todo. Logo, na vida real, grande parte do tempo de um gestor de projetos é gasto atraindo e bajulando recursos de tempo parcial para que se concentrem no projeto em particular, em vez de em qualquer outra tarefa na qual possam estar envolvidos. Pode ser um processo doloroso e demorado para o gestor de projetos, entretanto costuma ser o fator decisivo do sucesso ou fracasso de um projeto. Sua capacidade de fazer isso é uma habilidade essencial.

Supondo que a carga de trabalho do projeto justifique isso, vale a pena forçar para tentar obter o máximo de pessoas de que necessita em tempo integral, mas você terá de aceitar que receberá recursos em tempo parcial — e deverá ser capaz de administrar essa situação.

- **Cuide para que tenha recurso suficiente.** São as horas que as pessoas podem disponibilizar que contam, e não simplesmente o número de envolvidos no projeto.

- **Obtenha quantidades de tempo fixas e mensuráveis das pessoas.** Elas estão disponíveis um dia na semana, dois dias na semana ou por algum outro período?

- **Monitore-as e garanta que obterá o tempo que precisa receber.** Sob pressão, aqueles envolvidos em diversos projetos ou atividades podem simplesmente escapulir de seu trabalho, se isso for fácil e se não for notado.

- **Tente alinhar os tempos de disponibilidade.** Por exemplo, se você tem dois membros da equipe que trabalham apenas dois dias na semana no projeto e precisam interagir, tente pelo menos fazer com que reservem os mesmos dois dias na semana para o projeto.

- **Dedique-se ao projeto em período integral.** Somente os pequenos projetos não requerem dedicação exclusiva do gestor de projetos.

- **Crie um amortecedor de 'ineficiência' para seu planejamento.** O pessoal de tempo parcial pode ser muito produtivo, pois não se cansa logo de focalizar apenas o projeto, embora geralmente diversos recursos de tempo parcial sejam menos eficientes do que menos pessoal em tempo integral. Mesmo que não altere o número de horas trabalhadas necessárias para completar as tarefas, isso pode aumentar sobremaneira o tempo decorrido de um projeto.

- **Avalie o pessoal pelos *deliverables* e não só pelo tempo.** O tempo alocado não deve ser uma desculpa para não entregar.

- **Haverá um pequeno número de indivíduos indispensáveis.** Geralmente em funções operacionais especializadas e, às vezes, em nível júnior na organização. Eles estarão bastante ocupados e terão muito pouco tempo para lhe dedicar, e pedir a atenção deles será como tirar sangue de pedra. Estude a melhor forma de abordagem, use seu poder de sedução e boas maneiras para persuadi-los e recorra a seu patrocinador para que as prioridades deles sejam redefinidas de modo a contemplar seu trabalho. (Se você tiver de recorrer a instâncias superiores para que eles se concentrem em seu trabalho, advirta-os a respeito disso com antecedência. Isso lhes dará a chance de fazer o que tem que ser feito, e também evitará um confronto. Quando escalar, avise-os de que você está fazendo isso não como uma reclamação contra eles, mas para ajudá-los a encontrar tempo para trabalhar com você. Apresentar a escalada como uma forma de contribuição e não uma ameaça ajuda a manter bons relacionamentos de trabalho.)

Veja também as tarefas de gestão 14 e 15.

Tarefa de gestão 14 — gerenciando para cima

O gestor de projetos gerencia uma equipe de pessoas, que atende às solicitações dele simplesmente porque tem algum motivo para satisfazê-las. Com frequência isso acontece porque existe um nível formal de qualificação entre o gestor de projetos e os membros da equipe. Contudo, em quase todos os projetos existem tarefas que precisam ser executadas por gerentes de nível superior e há áreas, como a jurídica, com profissionais seniores que não 'obedecerão' automaticamente ao gestor de projetos.

Como um gestor de projetos enfrenta essa questão?

- Garanta que o indivíduo seja previamente advertido de que o projeto pode exigir seu trabalho, em algum momento. Isso será mais fácil se a pessoa tiver um cargo formal no projeto como patrocinador, embora eu constantemente tenha visto projetos em que é uma surpresa para o patrocinador que ele tenha realmente de fazer algum trabalho. Deixe isso claro desde o início; no mínimo, haverá problemas cuja solução deverá vir de cima.

- Explique os motivos para o trabalho de modo claro e simples — você deve evitar ser condescendente com a pessoa, mas ela precisa saber que a situação realmente exige a intervenção de alguém desse nível, e você não está simplesmente sendo preguiçoso!

- Explique seu cronograma e quando precisa da tarefa realizada. O pessoal sênior raramente dedicará atenção exclusiva a seu trabalho (como já expusemos), terá muitas outras coisas importantes a fazer e costuma não conseguir realizar tudo o que deseja. A prioridade de suas tarefas é constantemente redefinida. Você precisa garantir que isso não acontecerá com a sua. Informar aos gerentes seniores que eles estão atrasados com alguma coisa pode ser necessário, mas normalmente isso os irrita. Se entenderem claramente as implicações de atrasar seu trabalho ou realizá-lo abaixo dos padrões, eles geralmente o entregarão.

- Seja educado, claro e respeitoso, bem como rígido para garantir que a tarefa seja feita. A maioria dos gerentes responde bem a isso.

Tarefa de gestão 15 — gerenciando os especialistas que não possuem dedicação exclusiva

Os gestores de projetos sempre tentarão obter recursos dedicados, algumas vezes por motivos legítimos e outras porque isso simplesmente facilita a tarefa de gestão. Mas existem alguns especialistas de quem quase nunca se poderá justificar um suporte em tempo integral. Um exemplo comum disso são os advogados. Raramente vi projetos com um advogado dedicado. O problema quando se adquire suporte em tempo parcial de um especialista é garantir que suas tarefas sejam tratadas de modo apropriado; para profissionais como os advogados, sua tarefa normalmente é uma de muitas importantes e dar-lhe prioridade absoluta pode não ser possível. Além disso, esses especialistas raramente entendem a reação em cadeia do atraso em seu trabalho — isso não significa teimosia, mas os advogados em geral estão preocupados apenas com o risco legal, e não com o fato de que pode haver uma compensação entre remover *todo* o risco legal e concluir o trabalho no prazo. Generalizando, a maioria dos especialistas focaliza mais a qualidade em seu campo de atuação do que o cumprimento dos prazos do projeto. O rápido progresso que você precisa pode exigir que eles assumam algo com que não estão acostumados, os riscos. Todos vocês terão se deparado com engenheiros, advogados e especialistas de softwares, por exemplo, que gastam tempo para entregar um resultando com mais qualidade do que você precisa, ou que seu prazo permite. Como resultado, você normalmente encontrará advogados e outras atividades especializadas bem pagas no caminho crítico, mesmo que não se tenha previsto isso originalmente. Embora em alguns casos seja inevitável, isso acontece constantemente porque ninguém se dispõe a explicar o contexto do trabalho deles dentro do projeto.

Tudo o que você pode fazer nessa situação é assegurar que o especialista em questão tenha realmente reservado tempo para sua tarefa; entenda totalmente a implicação de estar atrasado (de modo que possa fazer uma escolha racional entre obter qualidade absoluta em sua área e atender ao restante do projeto); tenha um conhecimento claro da qualidade exigida e do grau de risco aceitável para o projeto; e, por fim, entenda que você é um cliente importante desse especialista que deve ser atendido de modo satisfatório. Seja como for, nunca peça a especialistas desse tipo uma solução com risco zero, a menos que tenha uma quantidade infinita de tempo para esperar.

Tarefas 16 a 17: o contexto mais amplo

Tarefa de gestão 16 — trabalhando com a organização como um todo

Projetos não existem isoladamente, e o papel principal da maioria das organizações não é entregá-los. Qualquer projeto em que esteja envolvido visa a mudar algo dentro da organização em que está sendo conduzido. Mesmo assim, é muito comum projetos e equipes de projeto esquecerem-se disso e, por conseguinte, deixarem de gerenciar seu relacionamento e comunicações com a organização na qual atuam.

A necessidade de gerenciar relacionamentos com a organização como um todo varia de acordo com o contexto e o conteúdo do projeto. Por exemplo, em projetos técnicos especializados, pode ser mais fácil pensar em como eles mantêm contato com a organização como um todo. Por outro lado, em uma programação de mudança importante deve ser um dos conjuntos de atividades dominantes de seu plano. Qualquer que seja a situação, é preciso estar ciente de que o projeto só existe por um período limitado e, normalmente, apenas em função do benefício de mais longo prazo da comunidade organizacional mais ampla. Por outro lado, os resultados do projeto, se bem-sucedidos, durarão por muito tempo.

Em geral essa comunidade precisa entender o que lhes será entregue, quando e, às vezes, até mesmo por quê. Eles devem estar preparados para aceitar os *deliverables*, e suas expectativas devem ser gerenciadas quanto ao impacto geral do projeto sobre eles. Avaliar o requisito de comunicações para esse fim e implementá-lo como uma série contínua de interações, sejam elas simples e informais ou como um conjunto complexo de comunicações informais e formais, deve ser aceito como parte da função do gestor de projetos. Em circunstâncias especiais, o gestor de projetos será apoiado ou poderá ainda trabalhar com um especialista em gestão de mudanças ou comunicações, que entregará grande parte dessa tarefa. Mas é uma tarefa como qualquer outra que o gestor de projetos tem de garantir que seja bem realizada e em tempo hábil.

Tarefa de gestão 17 — dispensando a equipe de projeto

Projetos chegam a um fim — isso faz parte de sua própria natureza. Portanto, diferentemente de outras unidades organizacionais, sempre existe um momento conhecido em um projeto em que as pessoas devem ser liberadas, seja para o próximo projeto ou de volta à atividade funcional de onde vieram. Não deixe que isso aconteça ao acaso e as pessoas saiam quando acharem apropriado. Considere o seguinte:

- Prepare-se antecipadamente para a dispensa; não faça isso repentinamente.
- Não termine um projeto simplesmente quando se atinge um ponto no tempo. O fechamento resulta de uma decisão consciente de que o projeto foi concluído e os *deliverables* estão em um padrão que permita isso.
- Administre as expectativas sobre quando as pessoas serão liberadas. Os prazos do projeto costumam ser um pouco flexíveis, e os planos originais para liberar a equipe em uma data podem mudar à medida que o projeto evolui. De modo semelhante, gerencie as expectativas dos membros da equipe sobre quando eles serão liberados.
- Resista à pressão para deixar que recursos cruciais deixem o projeto antes da hora.
- Equilibre a liberação das pessoas — é muito raro poder liberar todos de uma só vez, mas também não é usual precisar de todos até o final do projeto.
- Agradeça explicitamente às pessoas — sobretudo àquelas que se esforçaram um pouco mais. Não é só uma questão de boas maneiras; você poderá necessitar das mesmas pessoas mais à frente, em outro projeto, de modo que é recomendável deixá-las com uma boa sensação.
- Dê retorno sobre o desempenho dos membros da equipe a seus gerentes funcionais.
- Realize uma sessão de fechamento de projeto com a equipe envolvida para apresentar as lições aprendidas.

O encerramento dos projetos é discutido com mais detalhes no Capítulo 12.

A Tabela 8.1 fornece uma lista de verificação de gestão da equipe, com base no conteúdo deste capítulo. Use-a para rever como você está gerenciando suas equipes de projeto e para identificar onde deverá melhorar.

Tabela 8.1 Lista de verificação de gestão de equipe

Aspecto da gestão de equipe — Você...	Sim	Não
garante que a equipe de projeto tem as capacidades e habilidades certas — administrando qualquer lacuna entre as habilidades da equipe de projeto e as necessidades do projeto como um risco?	☐	☐
busca a qualidade em vez da quantidade — procurando menos pessoas, porém melhores, que sejam mais fáceis de gerenciar e produzam mais?	☐	☐
garante que todos os membros da equipe possuam papéis claros e objetivos definidos?	☐	☐
fornece clareza sobre como você deseja que as pessoas trabalhem?	☐	☐
gerencia um desempenho fraco, dando às pessoas uma chance, mas não hesitando em retirar da equipe de projeto quem estiver acrescentando risco desnecessário ou incontrolável?	☐	☐
alinha os objetivos pessoais e a motivação com as necessidades do projeto — mesmo sem autoridade funcional direta sobre os membros da equipe?	☐	☐
trabalha ativamente para montar a equipe?	☐	☐
alinha as necessidades e oportunidades de desenvolvimento pessoal para os membros da equipe com as atividades do projeto?	☐	☐
se possível, garante que os membros da equipe de projeto possam retomar a sua função original quando o projeto for concluído?	☐	☐
monitora conscientemente e responde à dinâmica e política da equipe?	☐	☐
tenta manter a equipe de projeto trabalhando em proximidade física e gerencia os canais de comunicações? Quando não for possível manter as pessoas próximas, você garante que as cadeias de comunicações sejam robustas e que as pessoas se comuniquem da maneira mais 'próxima' possível?	☐	☐
lembra-se de seu pessoal fisicamente remoto e geograficamente disperso, envolvendo-os e informando-os tanto quanto o pessoal local?	☐	☐
gerencia o pessoal de tempo parcial com eficiência — pois nem todos os recursos serão de tempo integral e dedicação exclusiva a seu projeto?	☐	☐
gerencia para cima com eficiência?	☐	☐
gerencia com eficiência os especialistas que não se dedicam exclusivamente ao projeto?	☐	☐
lembra-se conscientemente da organização como um todo — gerencia seu relacionamento e suas comunicações com eles?	☐	☐
planeja o final do projeto e a dispensa da equipe de projeto?	☐	☐

CAPÍTULO 9

Os limites do conhecimento

Então você é um gestor de projetos — sabe o que esse profissional faz e regularmente coloca isso em prática com êxito. Mas o que pode limitar seu sucesso? Existem duas armadilhas em que os gestores de projetos caem e que podem restringir suas realizações. A primeira é tentar aplicar habilidades generalistas de gestão de projetos a uma situação que requer um especialista. A segunda é tentar executar tarefas que podem ser mais bem executadas por outras pessoas. Para evitar essas armadilhas, você precisa entender os limites de seu conhecimento e de suas habilidades.

Este capítulo começa a discutir, explicar e responder a duas perguntas básicas relacionadas aos limites do conhecimento em gestão de projetos:

1. **Quando se necessita de um especialista para gerenciar um projeto e quando se necessita de um gestor de projetos profissional?** Em muitas situações, os gestores de projetos podem se ver envolvidos em debates referentes ao fato de que, por um lado, as habilidades de gestão de projetos podem ser encontradas dentre as capacidades de muitas pessoas, de modo que surge a questão "realmente precisamos de gestores de projetos profissionais?". Por outro lado, existe um pensamento comum de que "a gestão de projetos não é um conjunto de habilidades generalistas aplicáveis a qualquer situação?". Isso leva ao pensamento seguinte: "certamente, alguém capaz de gerenciar um projeto pode gerenciar qualquer outro?". Você precisa entender esse argumento de modo que aplique suas habilidades em projetos apropriados e, também, de modo que possa responder a esse debate quando ele ocorrer. (Especialista nesse contexto relaciona-se a qualquer profissional ou disciplina funcional em particular, como advogado, contador, engenheiro, consultor de RH, analista de TI etc.)

2. **O que os gestores de projetos realmente não devem fazer?** Em qualquer profissão, é útil entender o que faz parte ou está fora do escopo de sua função. No caso de um gestor de projetos, isso é de crucial importância, pois esse profissional é responsável

pela entrega de um projeto, de modo que, com frequência, terá de preencher as lacunas em atividades ou habilidades não cobertas por outros. Existem muitas tarefas a serem completadas em um projeto e há uma tendência de os gestores de projetos realizarem uma série de tarefas que poderiam ser mais bem realizadas por outros. Este capítulo esboça alguns erros específicos a serem evitados.

O generalista *versus* o especialista

Permita-me dividir o mundo em duas categorias de pessoas. Apesar de ser uma divisão artificial, ajudará minha explicação inicial. Imagine que existam apenas dois tipos de profissional: os gestores de projetos genéricos, que só sabem gerenciar projetos e não possuem outro conhecimento especializado, e os especialistas em diversas áreas funcionais, que sabem tudo sobre essa área funcional, porém nada sobre entrega de projetos. Qual é melhor, o gestor de projetos generalista ou o gestor especialista, mas não de projetos? A resposta a essa pergunta é fácil. Se o mundo realmente tivesse apenas esses dois extremos, é óbvio que, para um projeto ser concluído, precisaríamos de ambos: um tipo de pessoa para gerenciar o trabalho e o outro para executar as principais tarefas de entrega, que exigem as habilidades do especialista.

> **Ponto-chave da lição**
>
> Projetos complexos são mais bem gerenciados para a entrega bem-sucedida por pessoas habilitadas em gestão de projetos. Essa disciplina é, em grande parte, uma abordagem genérica para administrar projetos, mas ser um gestor de projetos não constitui uma habilidade completamente genérica, que pode ser aplicada a qualquer projeto e em qualquer situação. Para terem sucesso, os gestores precisam entender e ser capazes de usar a linguagem, os conceitos e as ideias que são utilizadas dentro do contexto do projeto que estão gerenciando.

Na realidade, a pergunta a ser feita é ligeiramente mais complexa, pois existem dois tipos de pessoas que podem, razoavelmente, ser consideradas competentes para assumir a responsabilidade pela entrega de projetos — o gestor de projetos genérico (ou talvez, em uma colocação mais positiva, o especialista em gestão de projetos) e o especialista ou perito em uma disciplina funcional específica, como TI, RH ou finanças, que também pode gerenciar projetos. Qual deles é melhor em uma situação qualquer?

A resposta banal é aquele que provavelmente alcançará mais sucesso no projeto específico em questão. Vou entrar um pouco mais em detalhes antes de dar o assunto por encerrado, porque seria justo dizer que, com essa resposta, estou me colocando em cima do muro. Na prática, isso depende da escala, complexidade e área de conteúdo do projeto.

Como já disse anteriormente, existem muitas pessoas que possuem experiência e treinamento em gestão de projetos, que se autodenominam 'gestores de projetos' e que passam a vida entregando projetos. Há também outras que possuem experiência e treinamento em gestão de projetos e passam a vida entregando projetos, mas, por diversos motivos organizacionais ou pessoais, possuem um cargo diferente. Essa diferenciação pode ser ignorada e, qualquer que seja o cargo, ambos, no fundo, são gestores de projetos generalistas, profissionais ou especialistas na gestão de projetos, em vez de serem especializados no conteúdo do projeto. Por sua vez, existem muitos outros tipos de especialistas — analistas de sistemas de TI, inspetores de quantidade, profissionais de RH etc. — que também podem ter habilidades de gestão de projetos, além daquelas centrais referentes a seu cargo. Que tipo de gestor de projetos é melhor e para qual tipo de projeto?

Nessas situações, não existem regras absolutas quanto a qual seria a melhor escolha para gerenciar projetos, mas minhas orientações gerais são:

- **Gestores de projetos em tempo parcial devem ser usados apenas em projetos pequenos.** Nesse tipo de projeto, é perfeitamente aceitável que o gestor faça outras coisas além de gestão de projetos. Na verdade, é muito provável que essa função esteja contida em uma das outras funções de especialistas na equipe. Esse especialista terá capacidade para gerenciar projetos enquanto desempenha sua própria função, e isso evitará o ônus de um gestor de projetos por tempo integral.

- **A gestão de projetos é uma habilidade especializada por si só.** Não considere que toda e qualquer pessoa poderá fazê-lo ou que tenha tempo para isso. Mesmo que alguém tenha sido treinado para essa função, ele pode não ser um *bom* gestor de projetos. Exceto no caso de projetos menores ou mais simples, geralmente vale a pena ter um gestor que seja realmente competente nessa atividade. O custo de um gestor de projetos dedicado será facilmente recuperado em um projeto maior. Existem muitos fatores que podem tornar um projeto complicado, mas minha regra prática seria que, quando houver menos de quatro pessoas a gerenciar em um projeto, a função do gestor de projetos normalmente poderá ser absorvida por uma das outras funções (embora mesmo assim ainda seja uma proporção significativa das responsabilidades de uma pessoa). Se houver quatro ou mais pessoas em tempo integral no projeto, vale a pena considerar um gestor de projetos por tempo integral; quando houver oito ou mais, isso é essencial.

- **Se você tem múltiplas habilidades, além da gestão de projetos, escolha qual "chapéu está usando" em qualquer situação.** É verdade que muitos especialistas também podem gerenciar projetos, mas, se estiver envolvido em um trabalho complexo e de grande porte, precisa deixar claro qual é sua função. Se for o gestor do projeto, deve focalizar a gestão e não realizar sua função especializada. Se quiser ser o especialista, deixe a gestão do projeto para outra pessoa. Isso decorre simplesmente da necessidade de ter tempo suficiente para fazer aquilo que, em um projeto de qualquer tamanho significativo, é uma função de tempo integral. (Se estiver tentado a realizar as duas funções, por favor leia também a próxima seção neste capítulo.)

- **Os gestores de projetos não precisam ser especialistas no que estão gerenciando.** Os gestores de projetos não devem buscar, exceto por interesse pessoal, ser especialistas em cada disciplina exigida em um projeto. Aquele que acredita que deve conhecer tanto sobre o conteúdo do projeto quanto os especialistas nele envolvidos normalmente não compreendeu bem ou não está executando as tarefas de gestão exigidas. Um projeto muito complexo pode requerer dezenas de especialidades diferentes, e simplesmente não é possível que o gestor de projetos seja um especialista em todas elas. **Mas...**

- **Os gestores de projetos precisam ter conhecimento contextual relevante.** O gestor de projetos generalista não será bem-sucedido no desenvolvimento de todo tipo de projeto. É verdade que esse profissional realiza tarefas muito semelhantes dentro de qualquer projeto e, portanto, é fácil chegar à conclusão de que qualquer gestor de projetos pode gerenciar qualquer projeto. Na realidade, a questão é que os gestores não operam em um vácuo; eles atuam dentro de um contexto organizacional e de projeto específico e com pessoas que estão acostumadas com esse ambiente. Essas organizações têm seus próprios conceitos, linguagem, jargão e métodos de trabalho, e qualquer projeto específico pode ter sua própria área de foco especial dentro de uma empresa. Embora o gestor de projetos não precise ser um especialista em qualquer uma dessas áreas, deve ser capaz de falar a linguagem da equipe a qual está gerenciando e, sem se aprofundar nos detalhes, entender os conceitos e o enfoque das pessoas que estão sendo gerenciadas. Não é possível gerenciar pessoas com quem não se fale nem compartilhe conceitos. Colocando isso mais positivamente: se, em conjunto com especialistas relevantes, puder planejar suas tarefas, avaliar riscos pertinentes ao desempenho dessas tarefas e comunicar-se com eles sem ambiguidade, então você provavelmente saberá o suficiente sobre seu campo de especialidade para gerenciar um projeto nessa área. Por sua vez, se não entender os conceitos básicos com que os especialistas lidam e tiver dificuldade para falar com eles ou entender o que estão fazendo, você não estará apto a gerenciar um projeto nessa área.

Para ajudar a colocar isso de modo mais explícito, darei alguns exemplos simples. Se alguém for capaz de gerenciar bem um projeto de entrega de software para um sistema financeiro, deduz-se que, com um pouco de informação contextual, provavelmente poderá gerenciar outro projeto robusto de software, contudo, a menos que tenha experiência adicional significativa, ele não estará apto a gerenciar a construção de uma ponte ou um processo de mudança de RH com a devida confiança. Por sua vez, se alguém for capaz de gerenciar um projeto de infraestrutura de telecomunicações para um banco, deverá poder fazer a mesma coisa para outras organizações, como uma indústria, pois a tarefa básica que está sendo gerenciada exigirá conhecimento contextual muito semelhante e quase exatamente as mesmas habilidades de gestão de projetos.

Se você não estiver trabalhando como um gestor de projetos, mas contratando um ou terceirizando o serviço, e não puder encontrar alguém com experiência diretamente relevante na área, terá de contar com um profissional de outra área. Um dos aspectos a observar é a rapidez com que eles tentam captar seu jargão, seus detalhes organizacionais, seus modos de trabalho e suas técnicas. Aqueles que o fazem de maneira rápida e consciente realmente são os que provavelmente estão mais próximos de suas necessidades.

Se você for gestor e precisar analisar sua competência para gerenciar um projeto em qualquer situação específica, pergunte a si mesmo:

- Você se sente confortável em gerenciar essa escala de projeto?
- Você entende, de modo geral, o conteúdo do projeto e quaisquer conceitos associados?
- Você é capaz de atuar no contexto da organização para a qual esse projeto está sendo realizado? Entende de forma ampla qualquer linguagem e terminologia especializada que eles utilizam?
- Você consegue planejar, direcionar e controlar os diversos componentes do projeto, considerando que os especialistas necessários estão disponíveis para realizar o trabalho?
- Você consegue avaliar a qualidade dos *deliverables* ou gerenciar um processo de avaliação dessa qualidade?
- Você consegue desafiar os especialistas de modo competente? (Por exemplo, se alguém disser que uma tarefa levará 50 dias, poderia desafiá-lo a executá-la em 25, entendendo as implicações e consequências?)
- A equipe de projetos e o cliente o aceitarão bem e seguirão suas instruções? Você tem credibilidade com eles?

Se a resposta a todas essas sete perguntas é 'sim', você tem habilidades especializadas suficientes para gerenciar o projeto. Se a resposta é 'não' a uma ou mais perguntas, no mínimo precisará de algum suporte ou alguma pesquisa. Se for 'não' a várias perguntas, você deve examinar seriamente sua competência para gerenciar o projeto. Use a Tabela 9.1 para avaliar suas habilidades para gerenciar um projeto específico e determinar que ação tomar.

Tabela 9.1   Lista de verificação de gestão de equipe

Pergunta	Porcentagem de conformidade com a pergunta					Nesse caso, a ação a tomar é...
	0	25	50	75	100	
Você se sente confortável em gerenciar essa escala de projeto?						
Você entende, de modo geral, o conteúdo do projeto e quaisquer conceitos associados?						
Você é capaz de atuar no contexto da organização para a qual esse projeto está sendo realizado?						
Você entende de forma ampla qualquer linguagem e terminologia especializada que eles utilizam?						
Você consegue planejar, direcionar e controlar os diversos componentes do projeto considerando que os especialistas necessários estão disponíveis para realizar o trabalho?						
Você consegue avaliar a qualidade dos *deliverables* ou gerenciar um processo de avaliação dessa qualidade?						
Você consegue desafiar os especialistas de modo competente?						
A equipe de projetos e o cliente o aceitarão bem e seguirão suas instruções? Você tem credibilidade com eles?						

Quanto maior for sua nota, mais confiante deverá estar na gestão do projeto e menos ações precisará realizar. Se sua nota for 50 por cento ou menos para várias perguntas, então deverá se preocupar seriamente com sua capacidade de entregar o projeto.

O que os gestores de projetos não devem fazer?

Esta seção analisa os motivos pelos quais os gestores de projetos realizam atividades que não deveriam fazer, quais são essas atividades a serem evitadas e qual impacto sobre os projetos, se forem executadas pelo gestor de projetos.

Existem diversas tarefas que os gestores de projetos devem evitar. Contudo, pela minha experiência, geralmente acabam realizando e, com isso, aumentam o risco de fracasso. Os motivos pelos quais isso ocorre variam, mas as explicações mais comuns são as seguintes:

> **Ponto-chave da lição**
>
> Os gestores de projetos precisam respeitar a necessidade de uma gama de disciplinas especializadas em seu projeto e devem esforçar-se para obter todos os recursos de que o projeto necessita. Ser o gestor de um projeto de grande porte é uma tarefa de período integral e, mesmo que tenha habilidades para realizar outras tarefas, ele deve focalizar seu tempo e energia na gestão do projeto e não executar outras tarefas.

- Os gestores de projetos assumem a responsabilidade geral pela entrega de um projeto. Eles são os únicos responsáveis em qualquer situação. Devido à falta de recursos, as habilidades das equipes raramente estão perfeitamente alinhadas com as necessidades do projeto. É comum os projetos carecerem de uma habilidade ou outra. No geral, principalmente em projetos menores, o gestor acaba preenchendo pessoalmente as lacunas entre as habilidades da equipe alocada ao projeto e aquelas necessárias. Em um projeto pequeno isso pode funcionar, porém precisa ser gerenciado com cautela. Tenho visto muitos projetos fracassarem, pois, embora seu gestor seja perfeitamente competente, ele está sobrecarregado por desempenhar muitas atividades, além de gerenciar o projeto.

- Com frequência, os gestores de projetos começaram suas carreiras em funções diferentes e acumularam outras habilidades especializadas, além daquelas de gestão de projetos. Pense nos gestores de projetos de TI, que em geral começam na programação ou análise de sistemas, ou nos gestores de projetos técnicos, que normalmente iniciam suas carreiras como engenheiros. Novamente, em pequenos projetos, não existe motivo específico para que eles não usem suas habilidades originais, mas, conforme dissemos na seção anterior, em um projeto grande, o papel do gestor de projetos é de tempo integral. Se você constata que sua gestão não está ocupando todo seu tempo, então provavelmente não está gerenciando o projeto de modo apropriado. Em um projeto complexo, a função do gestor de projetos é gerenciar, e não trabalhar nos componentes ou entregá-los.

- Por fim, e em geral representando um risco significativo, existem diversas disciplinas especializadas que podem nem ser reconhecidas ou ser tidas erroneamente como sinônimas de um gestor de projetos ou, ainda, simplesmente não serem consideradas difíceis, complexas ou demoradas. Na próxima seção, discutirei sobre sete 'delitos' que regularmente seguem esse padrão. A necessidade dessas habilidades pode ter sido esquecida na fase de planejamento e, por isso, os recursos apropriados não entraram no escopo ou a tarefa especializada pode ter sido subestimada. Nesse caso, o que acontece também é que existe uma lacuna entre as habilidades da equipe de projetos e aquelas necessárias para completá-lo. Se isso estiver acontecendo, meu conselho para qualquer gestor é entender suas próprias limitações e tentar evitar fazer ele mesmo as tarefas. Se não planejou essas atividades, não tente remendar a situação assumindo sua execução. Admita o erro e obtenha as pessoas de que precisa para fazê-las com a qualidade de que necessita. Isso pode implicar mais tempo ou mais recursos para o projeto, algo de que seu cliente pode não gostar, mas isso é preferível a fracassar completamente em um projeto. Como um gestor de projetos, você tem seus próprios *deliverables* para gerar, como planos e relatórios de progresso, que consomem tempo e habilidades e pelos quais deverá ser respeitado. Como gestor de projetos, você deverá respeitar as habilidades e o tempo necessários para fazer outras coisas.

Quando os gestores de projetos realizam tarefas que não deveriam realmente ser feitas por eles, dois riscos específicos podem ocorrer:

1. O projeto fracassa porque um tempo insuficiente está sendo alocado à gestão do projeto.

2. O projeto fracassa porque o gestor do projeto está realizando uma tarefa em que não é especialista e este é necessário. Ele pode executar as tarefas, mas elas não são concluídas com a qualidade ou o escopo exigido para entregar o projeto.

Esses dois riscos precisam ser evitados. Em seguida, examinarei a natureza das disciplinas que o gestor de projetos deve evitar. Se você estiver dedicando uma grande porcentagem de seu tempo a essas atividades, estará na função errada.

Habilidades de especialista que não devem ser consideradas tarefa do gestor de projetos

A esta introdução segue-se uma lista de sete 'delitos' que normalmente são atribuídos ao gestor de projetos, mas que, devo enfatizar, precisam ser tratados como atividades separadas que exigem habilidades especializadas. Em projetos pequenos, todas elas podem ser assumidas pelo gestor de projetos, entretanto não nos de maior porte. O mundo dos negócios está repleto de projetos que fracassaram ou foram entregues com grande dificuldade, porque as habilidades a seguir foram esquecidas ou consideradas de responsabilidade direta do gestor de projetos. Em alguns casos, o gestor de projetos tem essa base, todavia, como já vimos, ele precisa focalizar a gestão do projeto, em detrimento de outras tarefas. O que é tão difícil sobre as disciplinas específicas observadas aqui é que todas elas precisam ser até certo ponto compreendidas pelos gestores de projetos e, de maneira restrita, ter seu envolvimento legítimo e constante. Contudo, isso é muito diferente de tomar a principal responsabilidade por elas em todas as situações.

As sete habilidades que selecionei são simplesmente exemplos, embora comuns. Entender quando você deve ou não responsabilizar-se pessoalmente por uma tarefa, ou envolver-se nela, é uma questão de ponderação e tomada de decisão equilibrada. Na verdade, é raro que qualquer situação seja completamente 'preto no branco'. Assim, reflita sobre os pontos a seguir ao decidir se deve ou não realizar uma tarefa pessoalmente. (Ver na seção Resumo, ao final deste capítulo, os critérios para a tomada de decisão.)

Delito 1 — análise do negócio e levantamento de requisitos

Muitos projetos, como atividades de desenvolvimento de TI ou de novo produto, exigem a definição e a documentação de requisitos complexos. Se estes forem equivocados, incompletos, escritos em um padrão extremamente ambíguo ou de alguma outra forma falho, o projeto pode fracassar ou eventualmente resultar sem sentido, ao oferecer um produto ou serviço final errado. Na construção civil, a regra é que um arquiteto treinado deve desenhar um projeto arquitetônico para um cliente antes que o trabalho de construção comece. O mesmo pensamento deve ser aplicado a desenvolvimentos de TI e outros projetos técnicos. A habilidade para entender os requisitos do cliente e redigi-los de maneira coerente é de um analista de negócios e não de um gestor de projetos. Muitos gestores de projetos de TI possuem habilidades de analista, mas não caia na armadilha de "fazer algo só porque você tem condições de fazê-lo". Os gestores de projetos precisam garantir que o processo de captura de requisitos seja robusto e devem ter um bom conhecimento geral a respeito deles, mas isso não significa que necessitem executar o levantamento.

(Ver nos capítulos 2 e 3 a discussão sobre a definição do escopo, que é de responsabilidade do gestor de projetos.)

Delito 2 — gestão de mudanças

Gestão de mudanças é um termo muito mal utilizado. Ele tem vários significados, dependendo dos públicos a que se destina, e é importante entender como você o está utilizando e garantir que seus interlocutores estejam empregando o mesmo significado. Os três principais usos desse termo são:

1. **Gestão de mudanças de projeto.** Provavelmente mais bem denominado controle de mudanças. Trata-se do processo gerenciado para trazer mudanças aos requisitos ou ao escopo de um projeto. Seu objetivo é garantir que quaisquer mudanças exigidas sejam aceitas pela equipe e pelo patrocinador do projeto, e que o impacto seja entendido antes de sua aceitação. Essa habilidade central de todos os gestores de projetos competentes é discutida no Capítulo 7.

2. **Gestão de mudanças operacionais.** É a gestão de mudanças em sistemas ativos de todo tipo. (Um sistema ativo, nesse contexto, consiste em qualquer sistema ou processo técnico que já esteja operacionalizado e faz-se necessário para um módulo de trabalho ou negócio existente — o projeto visa simplesmente a complementar essa carga de trabalho. Normalmente se relaciona com sistemas de TI ou redes, nos quais é comum ocorrerem mudanças em um sistema ativo.) Objetiva reduzir o risco de serviços por meio de alguma mudança. Em projetos técnicos, normalmente é a última etapa do processo; os *deliverables* do projeto precisam ser implementados no ambiente ativo, passando pelo processo de gestão de mudanças operacionais.

3. **Gestão de mudanças organizacionais e de pessoas.** É a gestão da mudança e de seus efeitos sobre pessoas e organizações, garantindo que ela seja bem-sucedida no modo como é implementada e adotada pelo público a ser afetado.

Assim, no contexto do que está fora do escopo de um gestor de projetos, não me refiro ao controle de mudanças nos requisitos ou no escopo de um projeto nem estou realmente preocupado com a gestão de mudanças operacionais, mas trato da gestão real das mudanças de pessoas e unidades organizacionais. É lamentável que esse termo tenha significados distintos para cada um dos três grupos de pessoas, pois pode causar muita confusão. A habilidade de gerenciar o impacto das mudanças sobre as pessoas é muito valiosa e especificamente diferente do controle de mudanças de projeto. Assim como escrever código de software ou elaborar um projeto arquitetônico, é um conjunto de habilidades muito específico — no qual muitos gestores de projetos realmente se saem mal. Muitos projetos exigem gestores de mudanças especializados, e estes profissionais normalmente têm pelo menos uma noção de gestão de projetos, ou podem ainda ser gestores de projetos experientes. Muitos gestores têm pouco ou nenhum conhecimento funcional desse tipo de gestão de mudanças e tentar passar sem elas, quando são inquestionavelmente necessárias, costuma levar ao fracasso do projeto.

A complexidade desse ponto é que existe uma sobreposição entre as habilidades de gestão de mudanças e as de gestão de projetos, e elas não podem ser categorizadas como disciplinas completamente distintas. Todos os projetos resultam em uma mudança que afeta alguém e, portanto, são candidatos em potencial à gestão de mudanças. A maioria das mudanças é implementada por meio de projetos, entretanto um conjunto de habilidades de gestão de mudanças difere daquele de gestão de projetos — e implementar uma mudança é mais que completar um projeto. Discutiremos isso com mais detalhes no Capítulo 12.

Delito 3 — integração e teste de sistemas

Com frequência, um projeto possui muitos *deliverables*, cada qual gerado por uma pessoa ou um grupo de pessoas diferentes. O gestor de projetos é responsável por garantir que eles sejam todos entregues; portanto, é certo presumir que ele se responsabilize também por seu funcionamento global? Errado! Ele é responsável por garantir que as tarefas de integração e teste sejam executadas e que os resultados sejam aceitáveis ao cliente. Novamente, chegamos à diferença entre gerenciar uma tarefa e realizá-la. Embora muitas organizações entendam isso muito bem, é incrível como as fases de integração e testes costumam ser conceitualmente mal interpretadas pela alta gerência e, como consequência, ser cortadas quando um projeto está se prolongando ou encarecendo demais.

A integração de sistemas é basicamente a habilidade de projetar e implementar uma solução do ponto de vista sistêmico, de ponta a ponta, em vez de levar em consideração seus componentes individuais. Normalmente, em qualquer solução projetada, existem engenheiros especializados que projetarão e implementarão cada componente. Também é preciso que haja um responsável por examinar todos os componentes e garantir que eles funcionem em conjunto para alcançar os objetivos gerais da solução. Uma boa analogia é a construção de uma parede de pedra: é bom ter pessoas para empilhar cada pedra, mas é imprescindível ter alguém com a visão de como cada pedra se encaixará nas demais a seu redor, ou então a parede ficará instável e desabará.

Em geral, é difícil explicar por que um projeto precisa de um especialista em integração de sistemas muito bem pago, quando já existem engenheiros e gestores de projetos igualmente bem pagos em um projeto. Mas não abra mão dele. Conteste com firmeza quaisquer gerentes relutantes. Há etapas cruciais e habilidades vitais em muitos projetos, e você deve insistir para ter as habilidades necessárias de integração e testes dentro de sua equipe. Sem isso, não só o projeto corre riscos, mas também você, pois um projeto fracassado sempre refletirá mal no gestor do projeto.

Delito 4 — negociações com fornecedores

Muitas pessoas acham que sabem como negociar um acordo com um fornecedor, por vezes baseando-se no argumento pouco racional de que fazem bons negócios toda vez que compram um carro usado. Ainda que seja verdade que nem todos queiram fazê-lo, pois pode ser confrontador e difícil (embora, se bem tratado, não precise ser dessa forma), muitas pessoas tratam a negociação como uma tarefa simples. Por favor, não parta do princípio de que você sabe como lidar com fornecedores. Para muitos contratos pequenos, não se justifica o custo adicional de profissionais de compras e o gestor de projetos pode lidar com essa tarefa. No entanto, quando ela se tornar difícil ou o negócio for muito grande, não deixe de usá-los. Alguns gestores de projetos são negociadores bem treinados, mas, exceto em setores como construção ou defesa nacional, isso é comparativamente incomum.

Definitivamente, você precisa de um especialista quando o contrato referir-se a algo incomum ou diferente. O modo de negociar um acordo, digamos, para a compra de cimento, variará muito do modo como um acordo deve ser feito e estruturado para a compra de programas de TV ou software de TI. Já trabalhei com negociadores especializados muito bem-sucedidos nessas duas áreas, e suas técnicas e estilos, bem como os tipos de negócios que fechavam, eram completamente diferentes. Se você acha que sabe como lidar com um fornecedor e obter um bom negócio, da próxima vez contrate um negociador profissional que conheça o setor em questão e note a diferença.

Delito 5 — questões contratuais e legais

Contratos e suporte jurídico são mais utilizados em situações de projetos que envolvam fornecedores terceirizados para os quais um contrato formal precisa ser preparado. (Por outro lado, você pode ser terceirizado por um cliente e seu pessoal jurídico deve ser acionado para verificar seu lado do contrato.) Às vezes, os projetos precisam adequar-se a estruturas legais ou reguladoras, especialmente em setores regulamentados como o de serviços públicos, telecomunicações ou projetos governamentais. O suporte jurídico normalmente é exigido para garantir a conformidade com as regras e regulamentações necessárias. Não deveria ser preciso descrever por que se necessita do envolvimento de especialistas jurídicos, mas é comum, nos projetos que tenho acompanhado, um gerente sênior perguntar à equipe se o projeto passou pelos advogados e receber um constrangedor aceno de cabeça negativo como resposta.

Não hesite em envolver procuradores ou advogados quando for apropriado, mas não subestime o tempo que seu trabalho levará ou como pode ser complicado gerenciá-los. Na verdade, a demora usual no trabalho dos advogados é um bom motivo para envolvê-los desde cedo. É incrível a frequência, devida ou indevida, com que a equipe jurídica está no caminho crítico de um projeto (os motivos para isso e como contorná-los foram descritos no Capítulo 8).

Delito 6 — Departamento de gestão de projetos

Muitas pessoas ficarão surpresas ao saber que os gestores de projetos devem evitar tarefas administrativas, pertinentes a um departamento de gestão de projetos (PO — do inglês *Project office*). Afinal, eles não deveriam ser capazes de gerenciar um departamento como esse? Provavelmente sim, e muitos deles começaram suas carreiras dessa forma. O motivo pelo qual os gestores devem evitar essas tarefas deve-se parcialmente ao problema bastante repetido aqui de sobrecarga de trabalho e à sua necessidade de focalizar a entrega do projeto, e não oferecer suporte administrativo a projetos. Outro problema que percebo, com certa estranheza, é que muitos gestores de projetos não são muito bons como pessoal administrativo de projetos, embora a maioria pense de forma arrogante que esse trabalho seja fácil. Naturalmente, muitos projetos não podem justificar o ônus de um departamento para esse fim e, como padrão, o gestor deve assumir o trabalho. A realidade, porém, é que, em uma programação de projetos complexa, um PO oferece suporte muito valioso para um gestor de projetos e para o projeto em geral. Assim como um gestor de projetos, um departamento como esse precisa ter uma metodologia estruturada; além disso, o tipo de foco administrativo e com frequência meticuloso ao processo de gestão de projetos, e adesão é uma habilidade que nem todos os gestores de projetos possuem.

Na prática, existem quatro tipos de PO com que eu me deparo. Pode-se argumentar se todos eles realmente merecem esse título, mas na prática cada um recebe essa denominação:

1. **Suporte administrativo.** Às vezes, tudo o que o PO faz é dar suporte a algumas funções administrativas nos projetos, como distribuir relatórios, lidar com documentos e organizar reuniões. Todas essas tarefas são importantes, mas o gestor de projetos não é um administrador. (Se estiver fazendo isso, peça ao seu empregador que o libere e contrate um assistente administrativo mais econômico em seu lugar.) Eles também podem realizar a tarefa de organizar uma biblioteca de

documentos e, dependendo do contexto, isso pode simplesmente ser uma tarefa de administração útil ou uma tarefa essencial para o sucesso do programa.

2. **Função de policiamento.** Trata-se de verificar se os gestores de projetos, bem como os projetos, aderem a alguns padrões de processo definidos. Pode consistir em verificar a elaboração de relatórios regulares ou o uso de formulários corretos, além de confirmar se itens como registros de problemas e riscos são mantidos. A função de policiamento pode simplesmente referir-se à adesão ao processo (ou seja, averiguar se as etapas são seguidas como deveriam) ou, de modo mais substancial, conferir sua qualidade (ou seja, checar não apenas se as etapas são seguidas, mas também se são bem realizadas). Isso normalmente ocorre em empresas que possuem equipes de gestores de projetos em diferentes projetos, com o PO dando suporte ao gerente funcional. Também se dá em situações nas quais a adesão aos padrões é obrigatória e deve ser auditável e comprovada. Por sua própria natureza, essa tarefa não pode ser realizada pelo gestor de projetos.

3. **Suporte especializado.** Tarefas como planejamento ou gestão de problemas podem ser desempenhadas por uma equipe central, em parte para aliviar a carga de trabalho dos gestores de projetos, mas também para garantir que seja mantido um alto padrão. Por exemplo, todos os gestores de projetos competentes sabem planejar — mas eles podem não conhecer todos os recursos de planejamento da ferramenta que utilizam, e o suporte de especialistas poderá ajudar. Esse tipo de PO geralmente conta com gestores de projetos treinados, que preferem o lado técnico ao humano da gestão de projetos. A tarefa pode ser feita por um gestor de projetos, porém, nesse caso, perde-se o sentido de ter um suporte centralizado. A centralização garante que os padrões mínimos sejam alcançados.

4. **Controle do portfólio ou programação de projetos.** Os POs mais avançados são aqueles que não apenas administram, mas gerenciam os planos centrais e os registros de riscos e problemas, além de procurar e administrar itens comuns aos projetos em conjunto com os gestores de programação. Eles também podem consolidar os planos de projeto e tratar as dependências entre projetos e programações, realizando potencialmente a gestão cruzada de recursos entre projetos. Esses POs podem requerer as habilidades técnicas de um gestor de projetos muito bom, contudo a tarefa verdadeiramente valiosa que executam é, de fato, dar suporte a projetos e programações de projetos, e não gerenciá-los. Se isso for alcançado, o departamento de gestão de projetos oferecerá um suporte poderoso à gestão, mas isso é difícil de conseguir. Esse ponto será discutido com mais detalhes no Capítulo 12.

Se você tiver uma pequena tarefa administrativa para fazer, considere-a parte da função. Se estiver conduzindo uma grande programação de projetos ou portfólio de projetos, estabeleça um PO separado.

Delito 7 — comunicações

O fato de que o gestor de projetos não deve assumir a responsabilidade integral por todas as comunicações poderá surpreender algumas pessoas, especialmente porque passei a maior parte do Capítulo 2 enfatizando como as habilidades de comunicação são importantes para um gestor de projetos. A dúvida não é essa. O principal responsável pela comunicação das informações básicas sobre o projeto, tais como o progresso, os principais problemas e riscos, as mudanças e assim por diante, é o gestor de projetos. Todavia, alguns projetos possuem requisitos que vão além da necessidade de se comunicar bem com os clientes dos projetos e os membros da equipe. Projetos que se destinam a controlar atividades, como importantes processos de mudança organizacional, normalmente requerem uma comunicação muito mais ampla — por exemplo, para milhares de pessoas afetadas em toda a empresa. Esse tipo de comunicação está mais relacionado a um conjunto de habilidades de marketing, jornalismo ou comunicação empresarial, do que as comunicações diretas de um gestor de projetos a clientes ou membros da equipe. Subestimar a complexidade e a necessidade de habilidades firmes de planejamento, desenvolvimento e entrega tem prejudicado o resultado de muitos programas de vulto, sobretudo aqueles que afetam um grande número de pessoas.

Quando existe uma tarefa de comunicações significativa associada a um projeto, contrate um gerente de comunicações profissional. Mesmo que ele só lhe dê suporte em tempo parcial, sua atuação será valiosa.

Resumo

Tendo examinado algumas áreas às quais o gestor de projetos se apega, mas que em essência não fazem parte de sua responsabilidade, exceto nos projetos mais simples, o que realmente ele deve fazer a esse respeito? Para cada gestor de projetos, meu conselho sobre essa questão é:

- Adquira um nível de competência básica em todas essas áreas, não para que possa completar tarefas complexas em cada uma delas, mas para que possa acionar e interagir plenamente com profissionais em cada uma dessas disciplinas e para que possa gerenciá-los. As sete áreas de delito são regularmente exigidas em muitos projetos. Você pode ter competência e tempo para completar as tarefas mais básicas em cada área — julgar se ela é simples ou pequena o suficiente fica a critério de seu bom-senso, mas, se achar que qualquer uma delas está absorvendo períodos significativos de seu tempo, então não estará na gerência do projeto.

- Aprenda quando e como engajar as pessoas em cada uma dessas tarefas — normalmente, algumas delas você só precisará para partes de um projeto. Na verdade, é muito útil ter uma rede de contatos de pessoas habilidosas nessas áreas, tanto para convocá-las para seus projetos como também para pedir conselho.

- Aprenda a usar sua linguagem e seus conceitos de modo a poder gerenciá-los e desafiá-los sem ter de realizar o trabalho deles. Não ser responsável pelo trabalho de um especialista em particular não isenta de se responsabilizar pela qualidade do resultado, caso ela afete o sucesso do projeto.

- Se engajar esse especialista, cuide para que o patrocinador de seu projeto entenda por que essa tarefa não lhe cabe e o que esse profissional traz. Alguns desses conjuntos de habilidades estão em falta e podem custar caro. Se seu patrocinador pensa que essas funções são suas, então, a menos que ele entenda o valor gerado pelo especialista, isso pode causar tensão entre vocês.

Faça a si mesmo quatro perguntas, caso não esteja certo se deve ou não assumir uma tarefa:

1. Você entende a tarefa bem o suficiente para ser capaz de definir o escopo total do que precisa ser feito?
2. Você tem o conhecimento e a experiência necessários para concluir as tarefas com a qualidade exigida e sem expor o projeto a um risco desnecessário?
3. A contribuição de um profissional nessa área é opcional? (Algumas tarefas precisam ser realizadas por profissionais qualificados por motivos legais, de auditoria ou regulatórios.)
4. Você tem tempo para fazer esse trabalho sem prejudicar suas responsabilidades de gestão de projetos?

Somente se puder responder 'sim' a todas essas quatro perguntas você deverá assumir a tarefa. A Tabela 9.2 oferece uma lista de verificação resumida para confirmar se deve fazer isso. No caso de qualquer habilidade que receba um único 'não', você não deve executar as tarefas associadas a ela. (Você pode acrescentar outras habilidades além dos sete 'delitos' que identifiquei, nas linhas ao final da tabela.)

Tabela 9.2 Como determinar se o gerente de projetos deve ser responsável por uma tarefa

Habilidade	Você entende a tarefa bem o suficiente para ser capaz de definir o escopo total do que precisa ser feito?	Você tem o conhecimento e a experiência necessários para concluir as tarefas com a qualidade exigida e sem expor o projeto a um risco desnecessário?	A contribuição de um profissional nessa área é opcional?	Você tem tempo para fazer esse trabalho sem prejudicar suas responsabilidades de gestão de projetos?
	Sim / Não	Sim / Não	Sim / Não	Sim / Não
Análise do negócio e levantamento de requisitos				
Gestão de mudanças				
Integração e teste de sistemas				
Negociações com fornecedores				
Questões contratuais e legais				
POs				
Comunicações				
....				
....				
....				

CAPÍTULO 10

A mecânica da gestão de projetos

O *kit* de ferramentas do gestor de projetos

Ao desempenhar qualquer função, os profissionais contam com uma combinação de habilidades inatas e de bom-senso que já possuem, suas experiências, ferramentas disponíveis e seus processos e procedimentos formais, além de qualquer treinamento relevante que tenham realizado. Até aqui, este livro focalizou o aprimoramento das habilidades inatas, o fortalecimento do bom-senso e a descrição de lições baseadas na experiência.

> **Ponto-chave da lição**
>
> As metodologias de gestão de projetos contêm um rico conjunto de técnicas e ferramentas, embora seja comum os gestores de projetos aplicarem apenas algumas delas. Não se esqueça dos outros componentes que, em projetos complexos e arriscados, serão muito úteis. Os gestores de projetos bem-sucedidos possuem um *kit* de ferramentas muito amplo, o qual utilizam regularmente.

Em grande parte, evitei abordar assuntos comuns à maioria dos livros-texto sobre gestão de projetos: organizações e funções, disciplinas e processos, padrões e modelos e ferramentas, pois não são esses aspectos que distinguem o gestor notável do comum. Mas chegou o momento de refletir e discutir sobre essas áreas. Este capítulo não é uma aula de mestrado nesses tópicos, apenas uma alusão a eles e um apelo à aprendizagem das técnicas relevantes.

De modo geral, ser um bom gestor de projetos implica ter e aplicar o bom-senso, a estrutura e a lógica e as boas disciplinas de gestão. Com isso, não estou menosprezando as habilidades especializadas que são essenciais aos gestores de projetos, como a capacidade de alocar recursos, desenvolver um plano e mantê-lo durante o ciclo de vida de um projeto ou resolver problemas e minimizar riscos. Esses são pontos fundamentais, e cada gestor de projetos deve saber que tornarão sua vida mais estruturada e confiável do que simplesmente aplicar o bom-senso, além de evitar algumas das armadilhas que não serão contornadas somente com a ponderação. Na verdade, não abordei esses pontos devido ao sucesso contínuo da disciplina e do treinamento da gestão de projetos eficaz. Cada vez mais, esses aspectos são uma realidade consensual e, portanto, não constituem o fator diferenciador entre o gestor de projetos médio e o excelente. Quando comecei a trabalhar nessa área, um gestor de projetos formalmente treinado era uma raridade; agora é, cada vez mais, a norma. No entanto, apesar do treinamento e da certificação, existem algumas habilidades básicas que são regularmente documentadas e para as quais o pessoal de projeto é treinado, mas que, de alguma forma, ficam para trás ou são esquecidas. E todos nós conhecemos gestores de projetos que fizeram todos os cursos existentes, possuem todas as certificações e, ainda assim, francamente, são incompetentes, ao contrário de outros que aprenderam com a prática e são brilhantes.

Este capítulo descreve a mecânica e o *kit* de ferramentas dos gestores de projetos. Excluí os aspectos que não são relevantes a este livro, ou que simplesmente não representam fatores de diferenciação para o sucesso dos gestores de projetos. Isso abrange principalmente:

- Criação de documentos padronizados, como os "documentos de iniciação de projeto". É o pensamento que embasa a criação desses documentos que importa, e não os formatos. Os princípios básicos de alguns foram discutidos nos capítulos 3 e 5. Os modelos reais são específicos de cada organização.

- Uso de software comum de gestão de projetos, ou seja, ferramentas de planejamento, como o Microsoft Project. Esses programas de computador são úteis e podem torná-lo significativamente mais produtivo, mas não são explicados aqui, pois o conhecimento é específico à ferramenta escolhida. O que mais importa é que seu sucesso depende sobretudo do conhecimento dos projetos a serem implementados com a ferramenta e não da ferramenta em si.

Além disso, excluí aspectos abordados em outras seções do livro com profundidade significativa. São partes essenciais do *kit* de ferramentas e envolvem:

- Planejamento e recursos, incluindo instruções de como montar um plano começando com as estruturas de detalhamento de trabalho (WBS — *Work Breakdown Structure*). (Ver Capítulo 3, ponderação 2, e Capítulo 5.)

- Procedimentos de controle de mudança no projeto — como captar, avaliar, escolher e implementar mudanças com risco controlado. (Ver Capítulo 3, ponderações 10, 11 e 15, e Capítulo 7.)

- Tomada de decisão. (Ver Capítulo 7.)

- Criação de relatórios semanais e mensais de acordo com um formato-padrão. (Ver Capítulo 2, lição de comunicação 2.)
- Alocação de recursos e gestão, usando ferramentas como cronogramas e sistemas de registro de tempos. (Ver capítulos 5 e 8.)

Então, o que nos sobra? Existem várias outras coisas que devem fazer parte do *kit* básico de ferramentas do gestor de projetos, mas que parecem ser utilizadas de modo inconsistente. Não quero afirmar que se trate de novidades, embora todas as minhas definições aqui contenham meu ponto de vista sobre o que é particularmente útil. O que vejo é que, de alguma forma, muitos gestores de projetos caem em uma destas três armadilhas:

1. Utilizam algumas habilidades, talvez aquelas com as quais estejam mais familiarizados ou pelas quais tenham preferência. No entanto, deixam passar outras com muita frequência. É verdade que muitas das habilidades aqui descritas não são cruciais em projetos pequenos, mas, em programações de projetos de maior porte ou complexas, elas agregam bastante valor.

2. Aplicam as habilidades em um padrão extremamente complexo. O verdadeiro talento não está em aplicar essas ferramentas com alta complexidade. É fácil cegar a si mesmo e também aos membros de sua equipe com muita ciência, embora a maioria dessas ferramentas possua suas raízes em pura ponderação. Por conseguinte, o gestor de projetos notável entende aquilo que a ferramenta oferece e depois a aplica no padrão mais simples em relação a sua necessidade. Esta, normalmente, deriva da complexidade e da escala do projeto.

3. Não veem o *kit* de ferramentas como um *continuum* holístico, que deve ser adaptado e usado de acordo com a situação, em vez de simplesmente aplicado de forma mecânica. Cada um de seus projetos tem o mesmo conjunto de disciplinas aplicado exatamente da mesma maneira.

Para contornar essas armadilhas, os gestores de projetos precisam ver as disciplinas como um *kit* de ferramentas a partir do qual podem fazer suas escolhas, e não como um conjunto de instruções obrigatório e rígido. Cada ferramenta deve ser entendida e, antes de cada projeto e problema de projeto, você deverá avaliar quais ferramentas utilizar. Compreender como todas elas se juntam para formar a estrutura completa de habilidades de gestão de projetos e depois aplicá-las corretamente é uma tarefa essencial.

A lista a seguir é uma visão pessoal, que contém 12 habilidades classificadas em dois grupos. O primeiro, quando combinado com as habilidades descritas nos capítulos

5 e 7, forma o núcleo da mecânica de gestão de projetos. O segundo compõe-se das habilidades de suporte. Não se preocupe com o segundo grupo até que você esteja hábil no primeiro.

As habilidades 1 a 7 formam a mecânica central da gestão de projetos e são as seguintes:

1. Gestão de suposições.
2. Aprovação.
3. Gestão de dependências externas.
4. Compromisso entre tempo–custo–qualidade–escopo.
5. Gestão de riscos e problemas.
6. Plano de contingência e gatilhos.
7. Uso da escalada com eficiência.

As habilidades 8 a 12 formam a mecânica de suporte e são as seguintes:

8. Análise de *stakeholders*.
9. Uso de departamento de gestão de projetos.
10. Administração e gestão de reuniões.
11. Priorização.
12. Uso de ciclos de vida do projeto.

Habilidades 1 a 7: mecânica central da gestão de projetos

Habilidade 1 — gestão de suposições

Em cada atividade cotidiana, fazemos centenas de suposições. Algumas delas são bastante razoáveis e as chances de que sejam falsas são mínimas. (Por exemplo, supomos que, ao acordarmos pela manhã, haverá ar para respirar; o risco de que isso não seja verdade é ínfimo, de modo que não nos preocupamos com isso.) Outras suposições não importam, porque, se forem falsas, seu impacto será limitado. (Por exemplo, vou supor que a cadeira em frente a minha mesa

> **Ponto-chave da lição**
> Os bons gestores de projetos aceitam que todos os projetos diferem entre si e, portanto, adaptam sua técnica de acordo com isso — escolhendo quais partes do *kit* de ferramentas de gestão de projetos aplicar e em quais situações — e a aplicam na forma mais simples correspondente à complexidade e à escala do projeto.

estará lá amanhã; não me preocupo com isso porque, se não for verdade, simplesmente arrumarei outra.) Mas existe um terceiro grupo de suposições que precisa ser examinado, pois realmente existe o risco de que possam não ser verdadeiras e, se não forem, poderemos ter problemas. (Por exemplo, posso supor que não preciso usar o cinto de segurança, porque provavelmente não vou bater meu carro — isso precisa de mais consideração, pois *existe* um risco mensurável de acidente e as consequências podem ser graves!)

Muitos riscos nos projetos decorrem de suposições feitas pelas pessoas. É possível argumentar que a gestão de suposições não seja necessária e que ela simplesmente faça parte da gestão de riscos. É verdade que se pode enunciar todos os riscos como suposições e todas as suposições como riscos e, da mesma forma, seu processo de gestão de riscos é bem capaz de gerenciar suposições. Contudo, gosto do rigor de identificar e gerenciar as suposições deliberadamente. Descobri que, na prática, se eu não gerenciar as suposições desse modo, algumas serão esquecidas, com consequências normalmente dolorosas.

Fazer suposições não é necessariamente uma coisa ruim. Existem momentos em que podemos não saber uma resposta para algo com certeza e não é possível prosseguir sem fazer uma suposição. Nessas situações, há uma tentação muito forte de continuar trabalhando com base em suposições, pois, de outra maneira, podemos sentir que não estamos progredindo. Quando isso ocorre, vale a pena contestar a situação com a pergunta "será que realmente precisamos fazer uma suposição?".

Existem alguns motivos espúrios para se fazer uma suposição, aos quais precisamos resistir: primeiro, alguém pode simplesmente ter preguiça de se esforçar para encontrar a resposta real e, em segundo lugar, baseando-se em suposições, esse alguém pode evitar um comprometimento real. Assim, quando uma suposição for proposta, verifique sempre se não é apenas preguiça ou se as pessoas não estão se protegendo do risco pessoal. O primeiro é relativamente fácil de identificar, e o segundo mais difícil. As pessoas, principalmente especialistas como engenheiros e advogados, infelizmente adoram dar avisos e justificativas normalmente sob a forma de suposições, de tal modo que, embora estejam oferecendo seu melhor conselho, existem várias suposições que elas tiveram de fazer que podem estar erradas. Não tenha receio de contestá-las e perguntar se as suposições são razoáveis. Por que é preciso fazê-las, e o que pode-se fazer para removê-las? De modo geral, os especialistas não gostam disso, mas desenvolver um trabalho sobre alicerces possivelmente duvidosos precisa ser contestado. Você não está empregando especialistas para montar um argumento logicamente consistente a partir de qualquer conjunto de suposições que façam. Eles são pagos, geralmente muito bem, para estarem certos.

Ao fazer uma suposição por motivos válidos, normalmente existe uma escolha explícita entre fazê-la para poder continuar a avançar e parar seu trabalho para gastar tempo verificando a suposição. (No Capítulo 4, examinei como julgar quando é válido fazer uma suposição.) Estive envolvido em situações nas quais a suposição era tão fundamental que, se estivesse errada, o projeto inteiro perderia sentido. Nesse caso, vale a pena ter algum trabalho a mais para analisar a suposição, mesmo que isso atrase seu projeto. Como exemplo, certa vez trabalhei em um projeto para entregar um novo produto a um segmento de clientes identificado por uma pesquisa de mercado inicial. Tínhamos de fazer uma série de suposições sobre o comportamento desse grupo, mas não as testamos realmente, pois achamos que o custo da pesquisa de mercado detalhada necessária era muito alto e consumiria muito tempo. Todavia, nossas suposições eram falsas. Infelizmente, quando descobrimos isso, já havíamos seguido um longo percurso no desenvolvimento de um produto com base nelas. Quando foi demonstrado que as suposições eram falsas, o produto que estávamos desenvolvendo, em grande parte, ficou sem sentido. Um pouco mais de investimento em pesquisa de mercado no início do projeto teria evitado esse problema.

Logo, é essencial minimizar o número de suposições que se faz. Algumas restarão, e às vezes se deve fazer suposições, mas, como uma fonte significativa de riscos, elas precisam ser gerenciadas. A chave para se gerenciar suposições é:

- **Identificar as suposições.** Essa normalmente é a etapa mais difícil, pois não temos plena consciência de muitas das suposições que fazemos.

- **Documentá-las.** Como em muitos outros casos, forçar-se a escrever as suposições fará com que reflita sobre de que ela realmente trata. Busque clareza e evite ambiguidade. (Ver Figura 10.2.)

- **Contestá-las.** Verifique se elas são relevantes e razoáveis. É realmente preciso fazer uma suposição? A suposição escolhida é efetivamente a mais razoável?

- **Avaliá-las.** Priorize a ação sobre as suposições que parecem mais prováveis de estarem erradas e sobre aquelas que terão o impacto mais significativo, se estiverem erradas. Elimine suposições irrelevantes.

- **Atribua-lhes um proprietário.** O papel é garantir que a suposição seja resolvida, isto é, que ela deixe de ser uma suposição e converta-se em um fato no decorrer do projeto. Quando ela se torna um fato, o risco é removido.

- **Definir prazos para resolvê-las.** Cada suposição precisa ter uma data clara no projeto de quando deverá estar resolvida. Isso pode ser em qualquer ponto no projeto, dependendo da natureza da suposição. O objetivo aqui é simplesmente que elas não caiam no esquecimento. As pessoas tendem a listar suposições e depois esquecerem-se delas, partindo do pressuposto de que, se estão listadas, isso por si só já resolve o problema. Ao término do projeto, não deverão restar suposições — qualquer uma que permaneça não deverá ter qualquer impacto sobre o projeto, sendo desnecessário seu registro. (Existem exceções, como no caso das suposições relacionadas ao plano de negócios, as quais podem ser falsas sem qualquer impacto sobre a entrega do projeto. Isso é discutido no Capítulo 12.)

- **Comunicá-las.** Se você for fazer uma suposição que deseja que a equipe inteira conheça e que seja usada por todos! Simplesmente fazer isso tem um poder significativo, pois pode gerar uma quantidade fantástica de clareza para a equipe. Ao se compartilhar uma suposição, é comum que alguém na equipe do projeto a conteste ou revele outra contraditória que estejam adotando. Se há algo que você não pode deixar de fazer é tornar as suposições explícitas e compartilhadas.

- **Monitorá-las.** E esteja preparado para gerenciar as consequências, se a suposição não for verdadeira. Suas suposições mais impactantes devem constar como itens básicos de suas atividades de gestão de riscos.

- **Resolvê-las.** Especialmente se a avaliação de uma suposição apresentar uma probabilidade significativa de que esteja errada e houver um impacto também importante sobre o projeto se estiver errada. Resolvê-la significa passá-la da condição de suposição para a de um fato. Às vezes, com mais pesquisa e análise, as suposições podem ser provadas de uma forma ou de outra. Se o risco para o projeto for grande o suficiente, isso merece ser feito, mesmo que atrase o projeto.

Esse processo pode ser observado na Figura 10.1, e o conteúdo mais comum de um formulário de registro de suposição aparece na Figura 10.2.

Citamos dois exemplos de uma gestão de suposições ineficaz e com qual estive envolvido. O primeiro é o de um projeto em que precisávamos da alocação de três dias de um acadêmico. A suposição era muito trivial, mas exercia um grande impacto. O trabalho do acadêmico era crucial para o sucesso do projeto e ele o aceitou; como se tratava de um período de apenas três dias e estávamos pagando bem, ele informou que bastaria ser avisado com duas semanas de antecedência, durante o período normal de trabalho, que estaria disponível para nos ajudar. Conforme o combinado, quando estávamos prestes a precisar de suas informações, voltamos a contatá-lo e lhe demos o prazo de duas semanas para iniciar o trabalho. Infelizmente, assumimos que entendíamos o que significava "período normal de trabalho". Para um acadêmico, isso não incluía o período de meados de junho até o final de setembro (ele estava trabalhando então, mas no exterior, ministrando um curso de verão em outra universidade). Portanto, não conseguimos obter suas informações no devido tempo e, como resultado, o projeto sofreu atraso.

Figura 10.1 Processo de gestão de suposições

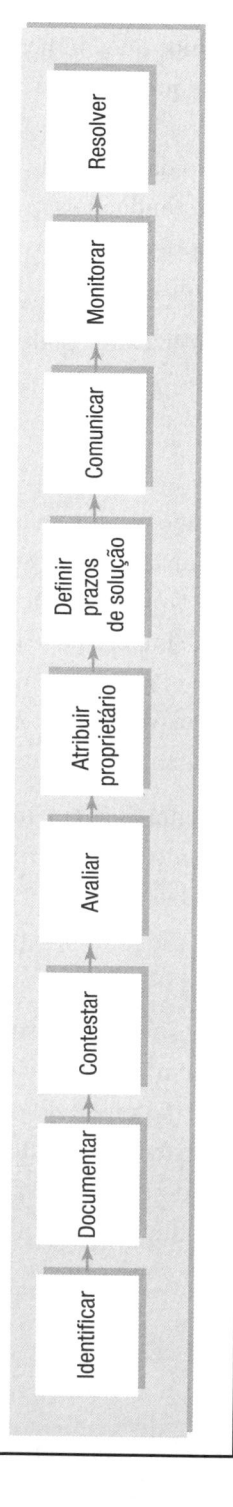

Identificar → Documentar → Contestar → Avaliar → Atribuir proprietário → Definir prazos de solução → Comunicar → Monitorar → Resolver

Figura 10.2 Formulário de registro de suposições

Id. ref.	Data da identificação	Suposição	Dono	Probabilidade de estar errada	Impacto de estar errada	Prazo de solução	*Status* (aberta, aceita, rejeitada)

O segundo exemplo é o de um projeto de telecomunicações em que trabalhei, para entregar um novo produto que requeria a instalação de um equipamento nas casas dos consumidores. O equipamento era desengonçado, mas achamos que ele ficaria escondido nas casas e a aparência não seria importante. Por uma pequena taxa, o fornecedor poderia colocar um novo painel no equipamento, tornando-o mais atraente. Consideramos o custo muito alto para nosso cliente, enquanto o impacto da aparência sobre seus usuários finais seria baixo. Na prática, o equipamento acabou sendo mais instalado em um local visível nas casas dos consumidores e teve de ser reprojetado mais à frente, a um custo bem maior, em decorrência das reclamações constantes sobre sua aparência.

Nos dois casos, se tivéssemos checado as suposições que fizemos, poderíamos ter administrado melhor a situação.

Habilidade 2 — aprovação

A maioria das boas metodologias de gestão de projetos adota o conceito de obter alguma forma de aprovação dos patrocinadores sempre que uma mudança significativa ocorrer, por exemplo, em escopo, prazo de entrega ou custo do projeto. Os clientes nunca gostam realmente de fazer isso, mas constitui uma boa prática, é importante e pode haver problemas se não for realizada. Quase todos os gestores de projetos entendem isso. Muitos não se dão ao trabalho de fazê-lo. Quando foi a última vez que você solicitou a aprovação formal de seu patrocinador para uma mudança no custo ou no prazo de um projeto?

Ao discutir tal mudança com um cliente, tente não apresentá-la como um fato consumado — ele não estará simplesmente tomando conhecimento de um erro no planejamento, mas tomando uma decisão sobre se deve aceitar algo ou não. Portanto, ele precisa de opções. Além disso, verifique se a mudança é compatível com as prioridades do cliente quanto ao compromisso de tempo–custo–qualidade–escopo.

A aprovação formal não consiste simplesmente em transferir seu risco pessoal, como gestor de projetos, ao patrocinador. Essa mentalidade não é nada construtiva. Trata-se de garantir que, quando decisões importantes estão envolvidas, o signatário as está tratando como um problema sério. Sem tal aprovação, existe um risco mais alto de que ele não aceite totalmente o que está sendo combinado ou não se esforce o suficiente para entender o que está aprovando. Também é uma questão de prover uma trilha de auditoria formal de decisões, caso você precise retornar a elas a qualquer momento.

Habilidade 3 — gestão de dependências externas

Normalmente, projetos complexos possuem dependências sobre outras atividades que não fazem parte do escopo ou da responsabilidade de entregar. Esse é o conceito bem conhecido de dependência externa. As perguntas a serem feitas nessas situações são:

- Que projeto ou parte dele está sendo entregue pela dependência?
- Quem é o responsável por garantir que o trabalho do qual você depende está sendo executado?

É surpreendente a frequência com que os gestores de projetos simplesmente escrevem uma suposição em seu documento de escopo, declarando que supõem que alguém mais está cuidando de determinado assunto, e dão a questão por encerrado. Mesmo que o cliente aceite esse ponto, um gestor de projetos competente não se contenta com isso. Se o projeto necessita de uma tarefa e ela não for entregue, ele poderá fracassar. A falha de não entregar um projeto porque uma dependência externa não foi executada pode não ser do gestor de projetos, mas é um fracasso de qualquer forma.

O equilíbrio que devemos buscar aqui é que, como entregar a dependência não faz parte do escopo do projeto, realmente a entrega da dependência não é de responsabilidade do gestor de projetos. Se, como gestor de projetos, você tentar entregar cada dependência possível, pode acabar se sobrecarregando. Tudo o que você precisa fazer é:

- Tentar remover a dependência. Algumas coisas tidas como dependências, quando contestadas, não se sustentam como tal. Descubra exatamente por que a tarefa no projeto depende dessa atividade externa. (Se for por um motivo trivial, é possível resolver isso no âmbito do projeto.)
- Garantir que alguém, em algum lugar, seja responsável por entregar a dependência. Se não houver ninguém, levante isso com o patrocinador como um risco significativo que você não pode resolver.
- Monitorar a entrega da dependência obtendo atualizações periódicas do progresso, para poder avaliar o grau de risco no projeto, se ele não for entregue a tempo.
- Não tomar como certas as afirmações de progresso; examine atentamente os relatórios de progresso como faria com qualquer parte de seu projeto, para ter certeza de que eles estão exatos.

Se uma dependência for crucial para o projeto e você não puder identificar alguém com responsabilidade que garanta sua entrega, realmente é uma boa ideia pelo menos avaliar e incorporá-la ao escopo do projeto, mesmo que isso aumente sua carga de trabalho.

Esse problema deixará parcialmente de existir se o projeto fizer parte de uma programação maior, caso em que a gestão de dependências costuma ser responsabilidade do gestor da programação de projetos. Porém, até as programações de maior porte possuem limites e dependências externas resultantes.

Desafie-se em cada projeto: você entende realmente onde estão todas as dependências externas e quem as está entregando?

Habilidade 4 — o compromisso de tempo–custo–qualidade–escopo

No Capítulo 3, discutimos como é importante entender onde o cliente se situa nas dimensões de tempo, custo, qualidade e escopo, e o que pode ser alterado. Embora praticamente todos os gestores de projetos entendam e prestem atenção a isso, na prática, revelam-se incapazes de transformá-lo em um processo estruturado de tomada de decisão e ação. É fundamental entender o que significa realmente o compromisso de tempo–custo–qualidade–escopo para o projeto que você está conduzindo, em vez de tratá-lo como mero conceito da teoria de gestão de projetos, e usar esse conhecimento para estruturar e gerenciar seu projeto com eficácia. Você usará essa informação tanto nas principais decisões sobre como modelar e planejar seu projeto como nas diversas decisões diárias requeridas em um projeto.

Não caia na armadilha de ser um daqueles gestores de projetos 'heroicos' que a qualquer custo cumprem o prazo de entrega e fazem disso sua única medida do sucesso. Os gestores de projetos, a literatura de gestão de projetos e a cultura de negócios inconscientemente têm conspirado para construir a imagem do tempo como fator de maior importância. A imprensa persegue grandes projetos que estão atrasados de um modo que raramente fazem em relação a estouros de orçamento ou reduções na qualidade. O tempo nem sempre é o fator mais crítico. Não pressuponha a importância dos fatores de prazo, custo ou qualidade. Pergunte a seu cliente, explique as implicações e use esse conhecimento proativamente na gestão do projeto.

Habilidade 5 — gestão de riscos e problemas

A gestão de riscos e a de problemas constituem duas das disciplinas fundamentais da gestão de projetos. Há livros volumosos dedicados a esses assuntos, especialmente sobre gestão de riscos, mas a maioria dos projetos não exige um gerenciamento complexo nesse sentido.

A primeira coisa a entender sobre riscos e problemas é que sua gestão trata tanto de atitude e gestão proativa como de processos formais e ferramentas. Os pontos vitais a screm entendidos e aplicados em relação à gestão de riscos e problemas são:

- Comunique à equipe de projeto que esses pontos são importantes, serão gerenciados e seguirão um processo definido. Cuide para que a equipe entenda que, além do gestor de projetos, ela também deverá estar alerta quanto aos problemas e riscos e manter-se ciente deles.

- Defina como você os captura — evitando burocracia. Capturar problemas e riscos deve ser um ato descomplicado, cuidando para que se obtenha a informação-chave de um modo simples. Tenho visto muita burocracia desenvolvida para identificar problemas e riscos em que o processo de captura se torna mais importante do que sua avaliação. As formas simples de captura são suficientes, na maior parte dos casos:

    - Descrição.
    - Quando foi identificado.
    - Proprietário.
    - Ação resultante.
    - Vencido em.
    - Probabilidade (apenas risco).
    - Impacto.
    - Estado atual.

- Seja o mais específico possível e torne a definição relevante, ao documentar qualquer problema ou risco. Definições não claras ou muito genéricas podem desperdiçar recursos significativos do projeto.

- Defina o próximo passo. Uma vez conhecidos os problemas e riscos, deve-se avaliá-los e determinar qual ação tomar. Uma vez determinada, a ação deve ser implementada e gerenciada pelo gestor de projetos como qualquer outra tarefa.

- Trate essa atividade como uma atividade contínua. Os gestores de projetos costumam ser acusados de realizar exercícios periódicos sobre gestão de riscos e problemas e esquecerem-se deles no meio do caminho. Trata-se de processos contínuos que devem fazer parte da rotina diária. Problemas e riscos devem ser removidos bem no início; o que é um problema pequeno e resolvível agora pode transformar-se em algo incontrolável.

As figuras 10.3 e 10.4 indicam os fluxos de processo para a gestão de problemas e riscos. E as figuras 10.5 e 10.6 mostram os esboços de formulários simples para o registro de problemas e riscos.

Figura 10.3 Processo de gestão de problemas

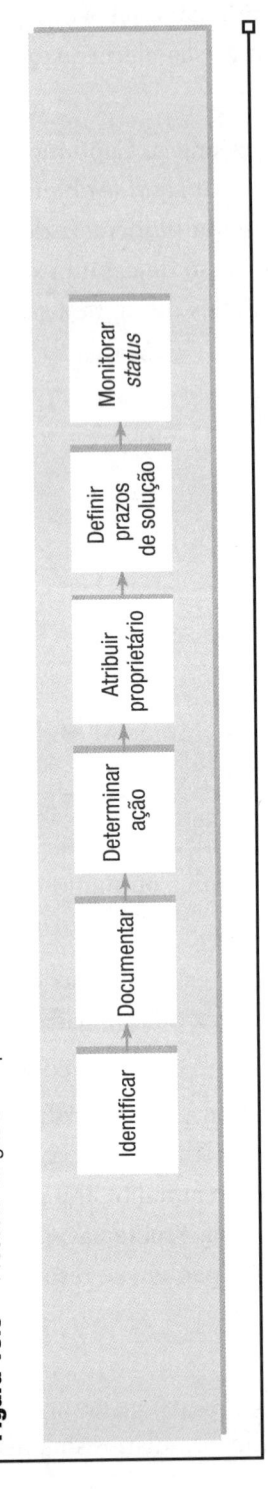

Identificar → Documentar → Determinar ação → Atribuir proprietário → Definir prazos de solução → Monitorar *status*

Figura 10.4 Processo de gestão de riscos

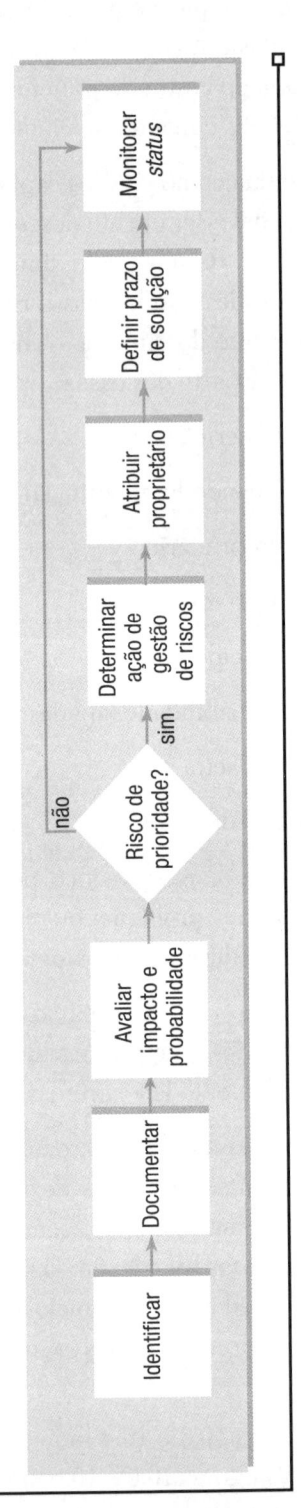

Identificar → Documentar → Avaliar impacto e probabilidade → Risco de prioridade?

- não → (retorna a Monitorar *status*)
- sim → Determinar ação de gestão de riscos → Atribuir proprietário → Definir prazo de solução → Monitorar *status*

Figura 10.5 Formulário de registro de problemas

Id. ref.	Data da identificação	Descrição do problema	Impacto	Solução	Proprietário	Prazo para solução	Prazo da próxima atualização	*Status* (aberto, fechado)

Figura 10.6 Formulário de registro de riscos

Id. ref.	Data da identificação	Descrição do risco	Proprietário	Probabilidade de ocorrência	Impacto da ocorrência	Classificação geral do risco	Ação de gestão de risco	Data da solução	Status (aberto, resolvido)

Você deve ser capaz de comunicar a diferença entre um problema e um risco. Um problema é algo que necessita resolver de imediato para garantir a evolução do progresso; ele normalmente pode ser declarado como uma pergunta a ser respondida. Um risco é a previsão de algo que pode vir a acontecer e que terá impacto sobre o projeto. Conhecendo-o antecipadamente, você tem a oportunidade de minimizar ou remover seu impacto, caso ocorra. A gestão de riscos é um modo de evitar o surgimento de problemas. Entender problemas e riscos tem a ver com a condução da ação gerencial, e não simplesmente com a coleta de informações ou avaliação.

Vale a pena explorar a gestão de riscos um pouco mais. Os bons gestores de projetos têm uma afinidade com o risco. Eles podem não gostar disso, mas têm uma percepção apurada dele e entendem que, em intervalos regulares, coisas inesperadas ocorrerão. Pode-se argumentar que a gestão de projetos *é* a gestão de riscos: se nada mudasse nem houvesse risco de algo mudar uma vez concluído o plano, não haveria necessidade de gerenciar o projeto — ele simplesmente aconteceria.

Os processos de gestão de riscos o ajudarão a avaliar e gerenciar riscos, mas somente se você os identificar em primeiro lugar. Você precisa desenvolver a capacidade de prever problemas e riscos antes que eles surjam e planejar o que deverá ser feito, no caso de ocorrerem. As fontes de risco variarão de um projeto para outro, mas, de modo geral, consistem em cinco tipos principais:

1. **Restrição técnica.** Risco de que os *deliverables* propostos não possam realmente ser entregues ou não funcionem.

2. **Gestão.** Risco de que não haja habilidades gerenciais nem recursos organizacionais para entregar o projeto.

3. **Requisito.** Risco de que os requisitos não sejam totalmente especificados ou entendidos da maneira intencionada pelo cliente.

4. **Aceitação.** Risco de que o cliente não aceite os *deliverables* quando estiverem concluídos.

5. **Ambiente.** Risco de que algo que afete o projeto mude ou não seja entendido no ambiente em que o projeto opera.

Você deve ser capaz de diferenciar mentalmente os riscos pessoais dos do projeto. Os riscos do projeto são tudo aquilo que pode afetar sua capacidade de entregar; riscos pessoais são aqueles que podem afetar sua reputação como gestor. O motivo pelo qual destaco isso é que, no afã de agradar e serem vistos como eficientes, os gestores de projetos costumam esconder problemas e riscos de seus clientes. Você poderá agradá-los no curto prazo, mas, se o risco realmente se desenvolver e o projeto for adiado, não terá feito favor algum a ninguém e basicamente terá convertido o que era um risco de projeto em um risco pessoal. Na melhor das hipóteses, parecerá incompetente; na pior, parecerá um mentiroso.

Bons gestores de projetos instintivamente sabem da necessidade de terem opções quando algo dá errado nos projetos. Infelizmente, é raro um projeto que realmente vá além da etapa muito básica de pensar vagamente sobre tais opções. A gestão de riscos deve ser um processo ativo e contínuo em um projeto, e não o único ou nem mesmo um exercício periódico que resulte em uma lista de itens em um documento. As principais ações a tomar são:

- Seja claro sobre qual é o risco. Normalmente, os gestores de projetos confundem-se ao definir a palavra risco. Por exemplo, existe o risco de que o projeto sofra atraso. Os gestores de projetos definem o risco como "o projeto pode atrasar". Isso não é um risco em termos de gestão de projetos — isso é o efeito do risco. O risco consiste em qualquer coisa que faça com que o projeto atrase. Você precisa identificar a raiz da causa, pois é contra ela que deve tomar alguma ação.

- Use um ciclo de vida de projeto em fases, onde existe um grau significativo de incerteza que permita que você entenda e gerencie o risco à medida que seu conhecimento do projeto se expanda (ver Habilidade 12).

- Garanta que seu projeto tenha uma metodologia de gestão de riscos robusta e identifique e revise regularmente os riscos existentes. O nível de formalidade aqui realmente depende do contexto. (Por exemplo, um projeto crucial ao negócio que use tecnologia nova com uma data final fixa pode exigir uma gestão de riscos intensa. Um projeto sobre um assunto conhecido, que siga um caminho frequentemente repetido com pouco impacto se o prazo for mudado, só precisa de uma técnica *ad hoc* e momentânea.) A técnica que uso para identificar riscos é realizar uma sessão de *brainstorm* no início do projeto. Depois, reúno o grupo periodicamente ao longo do projeto para avaliar o resultado e aceitar riscos dos membros da equipe à medida que eles se tornem aparentes no decorrer do projeto. Lembre-se, porém, de que os únicos riscos em que você está interessado são aqueles que podem exercer impacto direto sobre o projeto e que são administráveis. Você não está tentando criar um processo de gestão de riscos para a organização inteira em que está trabalhando. Cuidado, portanto, com detalhes como os pertinentes aos riscos ambientais — sim, um meteorito poderá atingir a Terra e matar todos, interrompendo seu projeto, mas você não pode mudar isso ou fazer algo a respeito e sua inclusão no registro de riscos não agrega valor algum.

- Avalie esses riscos para verificar se qualquer um deles tem chance de impactar de modo significativo o projeto. Se for esse o caso, você precisa tomar uma atitude em relação ao risco. Você pode dedicar muito tempo para preparar uma escala de avaliação de riscos e depois para realizar essa avaliação. Quase sempre constato que uma escala de alto, médio ou baixo para probabilidade e impacto é suficiente, exceto nas programações de projetos maiores.

- Planeje o que você pode fazer sobre o risco. Isso basicamente se encaixa em quatro categorias:

  - Mantenha um registro de observações. Ou seja, não faça nada além de monitorar a situação e tome uma ação somente se o risco ou o impacto aumentar. Trata-se de uma opção válida, se o risco não estiver afetando seu trabalho no momento em questão e realmente for monitorado em bases constantes (e não simplesmente escrito e deixado de lado).

  - Alivie a chance de risco. O que basicamente significa fazer aquilo que reduzirá as chances de ocorrência do risco. Um exemplo é aquele em que existe o risco de que seu projeto esgote a verba e, por isso, você busca um acordo para um orçamento de contingência. O risco de ficar sem fundos terá sido removido.

  - Alivie o impacto do risco. O que basicamente significa fazer aquilo que reduzirá o impacto, caso o risco ocorra. Por exemplo, se houver pouca verba, você poderá procurar maneiras de realizar o projeto gastando menos, ou nada por meio de recursos internos, caso seu orçamento se esgote. Nessa situação, o risco ocorreu (você ficou sem dinheiro), mas o impacto sobre o projeto foi reduzido.

  - Tenha um plano de contingência. Ou seja, faça coisas agora supondo que o risco ocorrerá. Isso será discutido adiante. Você não pode ter um plano de contingência para cada risco, porém, se o impacto de um risco sobre um projeto for grande o suficiente e o projeto importante o suficiente, você deverá considerar ter planos de contingência. Existe uma compensação entre recurso e risco a ser levada em consideração, pois até mesmo o mais simples dos planos absorverá algum recurso adicional. Isso será mais bem descrito na próxima subseção, Habilidade 6.

A prática moderna de gestão de projetos também confirma a existência de riscos positivos ou oportunidades. Uma oportunidade é o 'risco' de que algo possa sair melhor em vez de pior. Definitivamente, vale a pena examinar continuamente as melhores maneiras de gerenciar o projeto e identificar melhorias enquanto se prossegue. Se vale a pena gerenciar as oportunidades de modo formal, por meio de um processo de gestão de riscos, será tema de debate entre os gestores de projetos. Certamente, não fará mal algum!

Habilidade 6 — plano de contingência e gatilhos

O plano de contingência é um assunto complexo e, para ser bom, exige visão e criatividade, além de estrutura. Um plano de contingência pode ser qualquer coisa que você possa implementar para remover o impacto de um risco quando ele ocorre. Muitos gestores de projetos atrapalham-se quando se trata de um bom planejamento de contingência. Os principais pontos a pensar com relação a isso são:

- **O que dispara seu plano de contingência?** É comum as pessoas assumirem que o que disparará a ativação de um plano de contingência é a ocorrência do risco. Se isso for verdade, será o ideal, pois evitará o uso de recursos em algo que pode não ser necessário. Infelizmente, devido ao tempo que levam para serem implementados, para muitos planos de contingência serem úteis, eles precisam ser ativados antes que um risco ocorra. O fator desencadeador pode ser algo tão simples quanto uma data — se a atividade x não for concluída até o momento y, implementaremos a contingência. A atividade x ainda não falhou realmente, mas, para que o plano de contingência seja eficaz, ele precisa ser iniciado no mais tardar no momento y. Pode haver alternativamente algum outro gatilho relacionado ao risco que se torne mais provável ou exerça maior impacto. A menos que você entenda quando implementar o plano de contingência, ele é, em grande parte, inútil. Isso pode ser visto na Figura 10.7.

- **Você tem os recursos para implementar o plano de contingência?** Aqui chegamos ao ponto que arruina muitos projetos que têm planos de contingência. Implementá-los aumenta a chance de sucesso, mas exigirá recursos. A escolha que um gestor de projetos tem nessa situação é extrair recursos do projeto existente, com impactos potenciais óbvios, ou pedir mais ao patrocinador. Raro é o patroci-

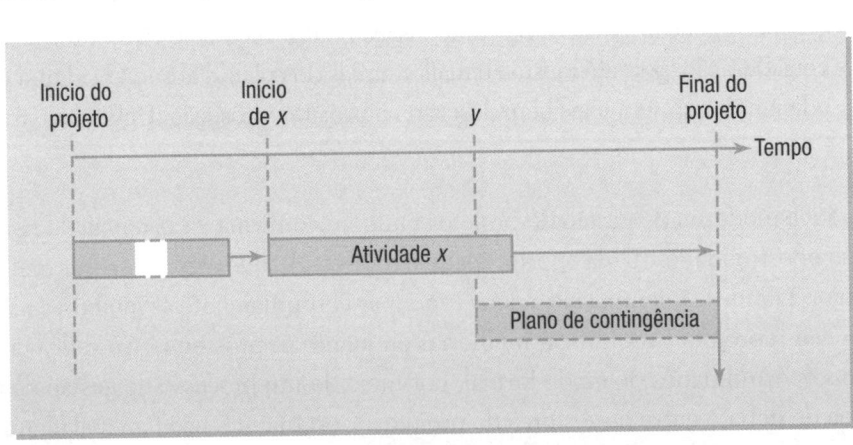

Figura 10.7 Entendendo gatilhos de contingência

nador que de bom grado cede recursos para cobrir algo que pode não acontecer, lembrando que, caso o risco não ocorra e a precaução não seja necessária, todo o trabalho de contingência é efetivamente jogado fora. Por outro lado, se o risco for provável o suficiente e o impacto sobre o projeto significativo o suficiente, o investimento valerá a pena. Isso é algo semelhante a um prêmio de seguro — você espera que não precise dele, caso em que o dinheiro pode ser considerado desperdiçado, mas, na eventualidade de precisar dele, ficará muito feliz com isso.

- **Isso realmente reduz o risco?** Isso pode parecer óbvio, mas é comum encontrar planos de contingência que são muito mais arriscados do que o projeto original. No desespero de se precaverem, já vi pessoas aparecendo com todos os tipos de ideias criativas (mas, na realidade, malucas). Ocorre que as pessoas normalmente terão a melhor solução no projeto, e, se um plano de contingência apresenta uma solução com risco mais baixo, ela deveria ter sido adotada pelo projeto em primeiro lugar. Se um plano de contingência for mais arriscado que o original, ele poderá funcionar (pois mesmo que se considere uma chance de fracasso de 99 por cento você poderá estar no um por cento que tem sucesso), embora isso não seja um bom sinal. Uma contingência eficaz, que compensa, precisa ser significativamente menos arriscada que o plano original. Um exemplo simples: se você precisa chegar a algum lugar e seu carro não é muito confiável, poderá fazer um plano de contingência baseado em transporte alternativo, mas se este for ainda menos confiável do que seu carro, haverá pouca redução de riscos.

- **O que você poderá retirar do escopo, se a escolha for não entregar?** O que normalmente torna os planos de contingência menos arriscados é que eles contam com a entrega apenas de um subconjunto do total de *deliverables* já planejados. Isso pode não concentrar todos os fatores de sucesso do projeto e pode não ser popular com seus clientes, que verão a maioria dos componentes do projeto como 'essenciais'. Contudo, se as pessoas tiverem de encarar a escolha de reduzir o escopo ou não ter nada, é incrível a facilidade com que elas conseguem reduzir a lista dos 'essenciais'.

Habilidade 7 — uso da escalada com eficiência

A escalada é uma arma fundamental no arsenal de ferramentas do gestor de projetos para realizar as coisas. Ela pode ser empregada para obter envolvimento da gerência sênior (por exemplo, para conseguir mais recursos ou que decisões sejam tomadas) e também pode simplesmente ser utilizada como uma ameaça para membros relutantes na equipe. Não aconselho muito o uso dessa última, pois é um sinal de gerência fraca, mas, usada ocasionalmente e com cautela, pode ser muito poderosa. Muitos gestores de projetos relutam em escalar, pois veem isso como um fracasso ou, mais comumente, usam a escalada como uma desculpa para tudo o que eles não podem ou, por algum motivo, não querem fazer.

A boa escalada é utilizada com cautela, mas pode ser valiosa. Seu patrocinador ou outro membro sênior a quem você deva escalar também faz parte do projeto e terá de fazer algum trabalho de vez em quando. Como discutimos no Capítulo 4, julgar o momento apropriado para escalar é um entendimento fundamental que um gestor de projetos precisa desenvolver.

Quando decidir que precisa escalar, coloque-se no lugar daquele a quem está recorrendo. Junte as informações de que essa pessoa necessitará para ajudá-lo e faça isso na primeira oportunidade. Por exemplo, se não conseguir alocar o profissional que você julga necessário a seu projeto, poderá escalar um gerente sênior para que o libere para você. A primeira coisa que o gerente sênior provavelmente lhe perguntará é o que essa pessoa está fazendo no momento em questão e qual seria o impacto de interromper essa tarefa para trabalhar em seu projeto. Para ganhar tempo e parecer mais profissional, é melhor poder responder a perguntas como essas prontamente.

Embora seja importante não ser muito ávido por escalar, quando isso for necessário, deve ser feito imediatamente. A pessoa a quem você está escalando tem direito a algum tempo para pensar e tomar conhecimento de problemas. Não há nada que irrite mais a um superior do que ser pressionado, na última hora, porque você demorou muito com um problema em mãos.

Apesar de ter escalado, lembre-se de que você ainda é o gestor do projeto. Só porque o item para resolução está com alguém superior isso não remove sua responsabilidade de gerenciar a realização dessa solução como qualquer outra tarefa no projeto.

Sua atitude com relação à escalada deverá ser a de vê-la como um recurso de suporte para você e sua equipe de projeto, e você deve limitar seu uso como a uma ameaça ou uma arma. Por exemplo, quando alguém não tiver tido tempo para dedicar a seu trabalho, não o ameace com a escalada como se isso fosse um golpe, mas lhe apresente isso como um auxílio para permitir que legitimamente se concentre no projeto em questão, com o devido suporte da gerência funcional.

Habilidades 8 a 12: mecânica de suporte

Habilidade 8 — análise de *stakeholders*

As técnicas formais de análise de *stakeholders* são uma ferramenta útil para qualquer gerente, mas especialmente para um gestor de projetos. Os princípios básicos de avaliação da atitude de uma pessoa com relação a um projeto (desde muito negativa até muito positiva) e seu poder de influenciar o resultado podem dar uma imagem poderosa sobre com quem você deve trabalhar e, francamente, quem ignorar. Os projetos de sucesso necessitam de patrocinadores e defensores e precisam garantir que aqueles que se opõem ao resultado sejam trazidos para o projeto ou que sua influência seja afastada.

Muitos gestores de projetos têm, na melhor das hipóteses, um conhecimento teórico limitado da análise de *stakeholders* e, na pior, nenhum conhecimento. Uma gestão realmente intensa desse público não é exigida em todos os projetos, e em alguns pode ser ignorada em grande parte. Todavia, em projetos como mudança organizacional ou outros que afetem muitas pessoas, ou ainda naqueles que tenham alguma facção oposta a eles, a avaliação dos *stakeholders* e o planejamento de ações positivas para mudar sua visão ou minimizar suas ações podem ser essenciais.

A base da análise de *stakeholders* é tão simples que fará com que alguém questione por que ela é tão útil. Basicamente, ela se refere a categorizar esse público de acordo com o impacto que eles podem ter sobre um projeto e quão favoravelmente eles veem o projeto. (Não caia na armadilha de pensar que essa tarefa conceitualmente simples é fácil — pode ser preciso um esforço real em um projeto importante.) Sempre fico com uma divisão quádrupla muito simples — as pessoas se encaixam de alguma maneira nas quatro categorias a seguir:

1. **Alto impacto, alto suporte.** Use essas pessoas para obter recursos e conseguir suporte para o projeto. Seu patrocinador deverá fazer parte desse grupo; se não, o projeto será problemático.

2. **Alto impacto, baixo suporte.** Pessoas poderosas que se opõem ao projeto são aquelas que você precisa gerenciar mais ativamente. Pense no que pode fazer para obter seu suporte ou, se isso não for possível, tente minimizar qualquer atividade que possam realizar em oposição ao projeto.

3. **Baixo impacto, alto suporte.** Pessoas que dão suporte ao trabalho, mas têm pouca influência real sobre seu resultado. Use essas pessoas para ajudá-lo a entregar o trabalho e dar suporte a qualquer mudança resultante na organização.

4. **Baixo impacto, baixo suporte.** Pessoas que se opõem ao trabalho, mas possuem pouca influência real sobre seu resultado. Processos formais indicarão como você precisa convencê-las. Minha visão é a de que você deve monitorá-las, caso sua influência aumente, mas em circunstâncias normais poderá ignorá-las. (A principal exceção aqui está na mudança organizacional ou em outras programações de projetos nas quais as pessoas de modo geral precisem aceitar a mudança e os *deliverables*, para que se obtenha sucesso. Logo, esse grupo necessita ser gerenciado com muita cautela.)

Isso pode ser visto na Figura 10.8.

Figura 10.8 Análise de *stakeholders*

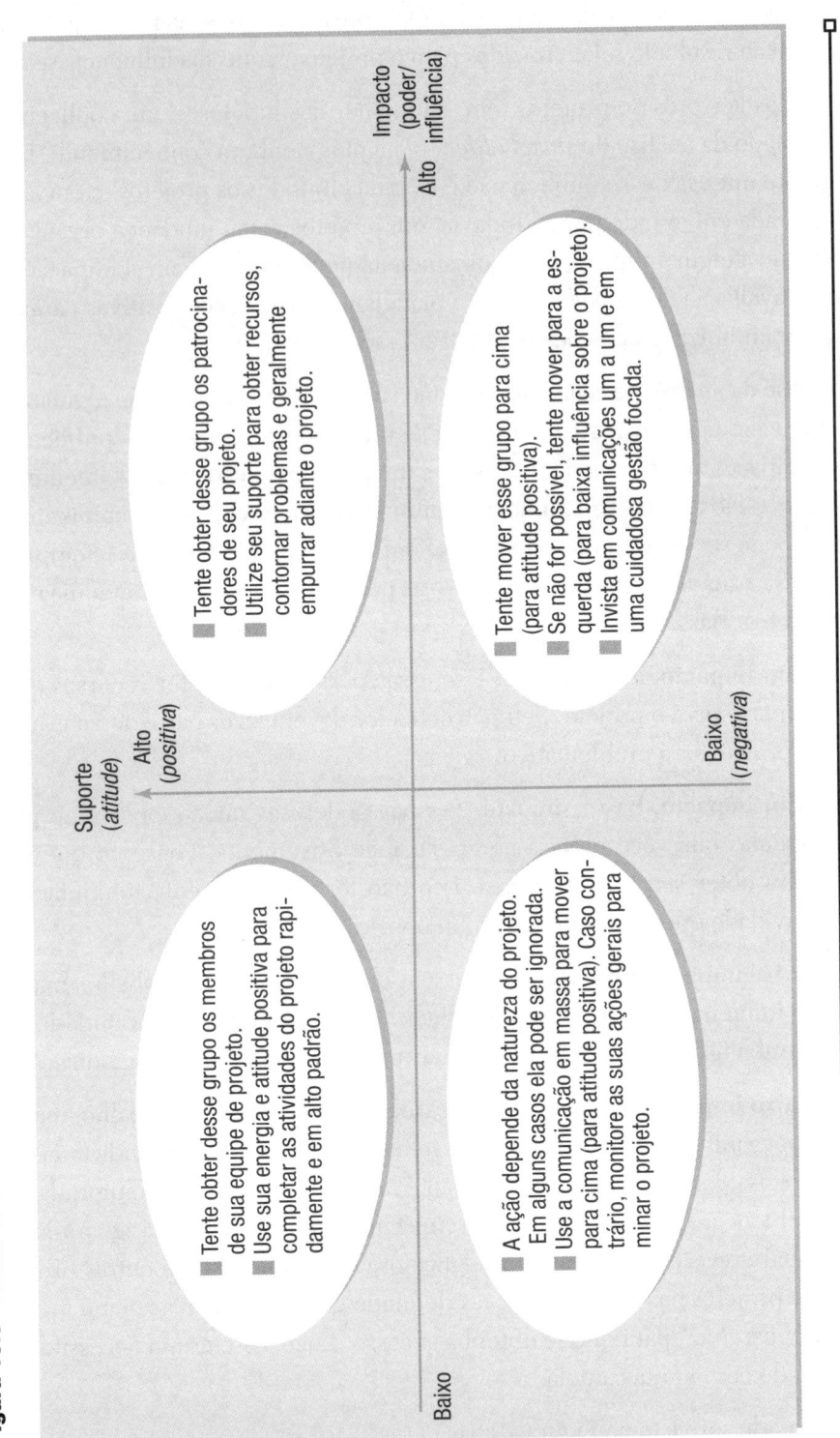

Quadrante superior esquerdo (Suporte Alto / Impacto Alto):
- Tente obter desse grupo os patrocinadores de seu projeto.
- Utilize seu suporte para obter recursos, contornar problemas e geralmente empurrar adiante o projeto.

Quadrante superior direito (Suporte Baixo / Impacto Alto):
- Tente mover esse grupo para cima (para atitude positiva).
- Se não for possível, tente mover para a esquerda (para baixa influência sobre o projeto).
- Invista em comunicações um a um e em uma cuidadosa gestão focada.

Quadrante inferior esquerdo (Suporte Alto / Impacto Baixo):
- Tente obter desse grupo os membros de sua equipe de projeto.
- Use sua energia e atitude positiva para completar as atividades do projeto rapidamente e em alto padrão.

Quadrante inferior direito (Suporte Baixo / Impacto Baixo):
- A ação depende da natureza do projeto. Em alguns casos ela pode ser ignorada.
- Use a comunicação em massa para mover para cima (para atitude positiva). Caso contrário, monitore as suas ações gerais para minar o projeto.

Eixos:
- Suporte (atitude): Alto (positiva) / Baixo (negativa)
- Impacto (poder/influência): Alto / Baixo

Habilidade 9 — uso do departamento de gestão de projetos

Todos os gestores de projetos estão cientes dos departamentos de gestão (PO — *Project Office*), embora muitos tenham experiências muito diferentes com eles. Quando se necessita de um e o que ele faz?

O que quer que a literatura e as metodologias teóricas possam afirmar, os POs na prática podem ser de quatro tipos (que são definidos com mais detalhes no Capítulo 9):

1. *Pools* de administração.
2. Política de processo.
3. Suporte especializado.
4. Controle de portfólio e programação de projetos (consolidadores de informações).

A resposta simples sobre o que ele faz é que isso depende daquilo para o qual foi preparado para fazer. Você pode montar um PO para executar algumas tarefas específicas de seu projeto; como alternativa, se estiver trabalhando para um gestor de programação de projetos ou em uma função de gestão de projetos corporativa, pode haver um PO já existente, que realiza uma tarefa definida.

As questões a refletir sobre os POs são:

- Você sabe o que pode querer que o PO faça por você? Seja claro a respeito de por que precisa dele e o que ele fará para você e seu projeto. Se for apenas para fazer algum trabalho administrativo, consiga um assistente administrativo ou de projeto. Você deverá entender como o trabalho será dividido entre o PO e você. Um exemplo comum poderia ser:
    - Definição de formatos de relatórios e cronogramas — PO.
    - Coleta e cobrança de relatórios — PO.
    - Análise de relatórios — gestor de projetos.
    - Decisão sobre ação — gestor de projetos.
    - Gerenciamento da ação — gestor de projetos.
    - Avaliações de qualidade dos relatórios (cronogramas, formato etc.) — PO.
- Isso o tornará mais eficiente ou produtivo? Pode parecer óbvio, mas não vale a pena montar um, a menos que lhe seja realmente útil. Tenho visto muitos POs simplesmente impondo às cegas alguma burocracia de projeto, para se tornar mais um empecilho do que uma ajuda para os gestores de projetos.

- Quem tem acesso aos recursos do PO? Ao montar um, você ficará surpreso com quantas pessoas recorrerão a ele para dar-lhes suporte. Para evitar sobrecarregá-lo, você deve deixar claro quem pode ou não usar o PO.

- Todos os demais entendem o que ele faz? POs podem ser vistos como um *overhead* desnecessário, a menos que as pessoas entendam o valor que eles agregam ao projeto.

Habilidade 10 — administração e gestão de reuniões

A administração costuma ser algo como um 'bicho-papão' para os gestores de projetos. Mesmo sem considerar se você possui um PO ou não, ser bem organizado e ter uma boa administração de projeto é um fator crítico de sucesso. Os gestores de projetos sem suporte normalmente reclamam sobre o peso administrativo e dizem que eles não são meros administradores. É verdade que um gestor de projetos não é um administrador, e não é um bom uso das habilidades de um experiente gestor de projetos dedicá-las a tarefas administrativas, mas ele precisa estar preparado para realizar parte desse serviço e fazê-lo de maneira bem estruturada. Os tipos de tarefa administrativa a realizar são:

- Controle e gestão de documentos:
    - Que informação é exigida, em que formato e com que frequência ela é atualizada.
    - Quem possui o documento e é responsável pelo controle de mudanças.
    - Onde ele é armazenado etc.
- Cronogramas e formatos para relatórios regulares.
- Agendamento e organização de reuniões.
- Gestão da agenda dos membros da equipe de projeto.
- Execução de processos operacionais rotineiros dos negócios — compras e requisições, reserva de salas etc.
- Outras tarefas, dependendo da natureza do projeto. As tarefas administrativas mais comuns com que me deparo regularmente são acesso a materiais de escritório, acesso ao prédio, alocação de mesas e computadores, agendamento de viagens e hotéis, conferência e análise de cronogramas. Parece trivial? Essas tarefas podem consumir muito tempo de gestão de projetos se não forem administradas de modo eficiente.

Embora a função administrativa possa não parecer tão fascinante aos gestores de projetos, ela precisa ser vista como o lubrificante que mantém as engrenagens de um projeto funcionando. Trabalhar em um projeto mal administrado é penoso e ineficaz. Se o *overhead* administrativo for grande, busque suporte ou monte um PO. Desenvolver um entendimento dos requisitos administrativos e, portanto, dos recursos administrativos e das necessidades de processo de seu projeto melhorarão sua entrega.

Organizar reuniões é uma capacidade de que a maioria das pessoas necessita — pode-se questionar se é uma tarefa administrativa ou uma habilidade de gestão. Como gestor de projetos, você deverá preparar e realizar muitas reuniões e, quanto melhor for nisso, menos tempo desperdiçará. Além disso, você poderá ter que desenvolver e treinar habilidades de gestão de reuniões dentro da equipe. Elas podem ser um modo produtivo e eficiente de comunicação, e até mesmo de desenvolvimento de *deliverables*, mas, se forem mal gerenciadas e montadas, podem consumir grande quantidade de tempo sem qualquer benefício apreciável. Os projetos podem desenvolver uma cultura de reuniões contínuas, o que raramente é produtivo. Alguns pontos simples que tento seguir são os seguintes:

- Comece refletindo por que você deseja uma reunião e se essa é a forma ideal de conseguir seu objetivo. Será para comunicar, para gerar ações consensuais ou para desenvolver alguns *deliverables*? Reuniões podem ser produtivas, mas também podem desperdiçar grande quantidade de tempo. Portanto, antes de agendar uma, verifique se é realmente necessária. Reuniões constituem parte essencial da gestão, mas nem todas são essenciais.

- Sempre tenha uma pauta, mesmo que seja apenas uma pequena reunião. Uma reunião bem preparada pode ser um prazer. Uma reunião mal preparada costuma causar irritação.

- Cuide para que os materiais e as pessoas de que você precisa estejam disponíveis.

- Explique claramente por que convidou cada pessoa e o que espera dela. Não convide pessoas só por convidar. Informe-as com antecedência a respeito do que espera delas e o que deverão trazer. Em termos gerais:
  - Para reuniões informativas, convide quem necessita da informação ou tenha interesse nela. Pode ser muita gente!
  - Para reuniões de tomada de ação e decisão, convide apenas aqueles que são imprescindíveis à decisão ou que contribuirão para uma decisão melhor. Deve ser um grupo pequeno.

- Reuniões de trabalho, isso depende. Se for realmente para executar algum trabalho, convoque apenas aqueles que precisam estar presentes. Se for para explorar conceitos ou montar uma equipe, abra o leque.

- Planeje para si mesmo o que deseja como resultado da reunião, o que espera do resultado e quais ações necessita tomar na reunião para obter o resultado desejado.

- Combine quem conduzirá a reunião e quem redigirá a ata — não necessariamente precisa ser você. Na verdade, em muitos casos, você não deve ser essa pessoa, pois deve se concentrar em ser um colaborador, em vez de fazer anotações para a ata. Se a reunião for complexa, você deverá ter apenas um papel a exercer — como líder ou como colaborador, não ambos.

- Evite mudar continuamente o horário e o local das reuniões. Isso pode atrapalhar sobremaneira o fluxo de trabalho.

- Encoraje mais comunicações informais regulares. Isso pode evitar muitas reuniões.

- Acompanhe as ações.

- Reserve alguns momentos ao final de cada reunião para saber se ela teve sucesso ou não. Pode parecer um exagero, mas, se for feito rapidamente, desenvolverá suas habilidades e também sua compreensão e aproximação dos participantes da reunião.

- Tenha critérios de decisão para quando reuniões regulares e fixas deverão deixar de acontecer. O mundo dos negócios está cheio de reuniões marcadas que há muito tempo não deveriam mais existir. Os critérios podem ser uma data, quando uma meta for alcançada ou quando condições mudarem.

- Considere as reuniões como parte de seu trabalho. Se elas não estiverem contribuindo de alguma maneira, cancele-as.

- Mantenha-as o mais breve possível.

Habilidade 11 — priorização

A capacidade de priorizar o trabalho é uma habilidade de gestão geral e, como tal, não costuma ser considerada especificamente parte do conjunto de habilidades da gestão de projetos. Os gestores de projetos precisam ter um bom conhecimento dos princípios e das práticas de priorização de trabalho, pois sem isso não poderão estar certos de que realmente estão atuando na parte mais importante ou urgente do trabalho em determinado momento. Os gestores de projetos precisam estar cientes da priorização porque:

- Geralmente existem menos recursos em um projeto do que os necessários para fazer tudo o que for possível. Os gestores de projetos precisam classificar por prioridade as diversas tarefas que os membros da equipe têm para executar. Se você deixar de fazer isso, pode ser que eles façam primeiro as coisas que são menos importantes — pois a visão deles sobre o que é prioritário pode diferir da sua. Se algum dia estiver em um projeto com mais recursos do que precisa, poderá sentir-se com sorte, mas pode ser que não esteja sendo ambicioso o suficiente naquilo que pode realizar.

- Os próprios projetos normalmente fazem parte de uma priorização maior de atividades, que acontece dentro das organizações (ver a gestão de portfólios no Capítulo 12). É de extrema importância entender esse processo e onde o projeto que você está conduzindo se situa dentro do sistema de priorização geral. A capacidade de usar e gerenciar o sistema de prioridades de uma organização facilitará bastante seu acesso aos recursos.

A priorização é logicamente muito simples. Todos entendem a ideia de que algumas tarefas precisam ser feitas antes de outras e a ideia de haver uma 'lista' de atividades classificadas por ordem de prioridade. Na prática, a priorização de cargas de trabalho complexas que estão sendo executadas para alcançar uma grande variedade de objetivos é uma tarefa significativa por si só. Alguns fatores a serem considerados na priorização são os seguintes:

- A primeira pergunta a se fazer é em que bases você está priorizando. Se a priorização for para algumas tarefas, então você poderá não necessitar de critérios explícitos, e a reação 'instintiva' da gerência deverá ser suficiente, mas, quando ela se tornar complexa, você necessitará de alguma medida segundo a qual formará a base de priorização. Pode ser a de assumir as tarefas de 'valor' mais alto primeiro, ou aquelas que entregam os requisitos mais importantes do cliente. Sem isso, a priorização corre o risco de se tornar simplesmente um mecanismo para interesses velados de empurrar um determinado trabalho primeiro.

- A priorização ideal resulta em uma lista de cada atividade classificada em relação a outra que precisa ser realizada. Como resultado, pode-se começar pela tarefa classificada como número um, depois passar para a de número dois e assim por diante até completar a lista inteira. Trata-se de uma boa teoria, mas, assim como o planejamento, a priorização é uma ferramenta, e não um fim em si mesmo. Tentar priorizar tudo contra tudo o mais geralmente consome tanto tempo e recursos que torna a atividade de priorização uma tarefa tão grandiosa por si só que não chega a ser concluída. A regra é seguir uma categorização ampla e simples de tarefas, que todos entendam. As categorias que costumo usar são:

- Precisa ser feito, não pode atrasar. Tarefas que devem ser realizadas dentro do prazo. Deve haver apenas algumas delas, em torno das quais você monta seu plano. Se houver uma grande quantidade delas, pode ser que você não esteja priorizando de modo suficientemente crítico.

- Precisa ser feito, mas permite certo atraso. Tarefas que devem ser feitas e têm um prazo-limite para serem concluídas, mas, se atrasarem alguns dias, isso não causará grandes problemas. Muitas tarefas normalmente recaem nessa categoria.

- Precisa ser feito, o prazo é flexível. Tarefas que devem ser feitas, mas existe uma folga significativa em relação a quando as executar. Essas tarefas necessitam ser feitas de modo que não podem ser arrastadas indefinidamente para o final de sua lista de prioridades. São itens úteis em seus planos, pois lhe dão grande flexibilidade, mas, na realidade, não é comum existirem muitas tarefas desse tipo.

- Opcional, mas importante. Tarefas que não precisam absolutamente ser feitas, mas seria muito bom se o fossem. Considerando-se níveis normais de recursos, você deverá ser capaz de concluí-las, entretanto podem esperar até o final do projeto. Se as pessoas forem verdadeiramente honestas, na realidade a maioria das tarefas, na maioria dos planos, encaixa-se nessa categoria. Trata-se daquilo que realmente queremos, mas o mundo não vai parar se não forem realizadas.

- Opcional, não crucial. Tarefas 'boas de se ter', que serão executadas somente se houver tempo e recursos sobrando. Sejamos realistas: normalmente elas não são feitas, a menos que se esteja conduzindo um projeto muito bem provido de recursos.

■ Essa categorização permite um planejamento flexível de atividades. Evito priorizações por categorias genéricas, indefinidas (como a classificação de projetos por uma escala de prioridade simples de 1, 2 ou 3). Normalmente esses sistemas confundem tanto quanto ajudam. Pergunte a si mesmo: o que significa a prioridade '1'? O que você encontrará com sistemas como esse é que 90 por cento das atividades acabam com prioridade 1, o que realmente significa não fazer qualquer priorização.

■ Tendo feito uma lista de prioridades, esteja preparado para um grau variável de volatilidade e para responder a solicitações de escalada. Se as atividades podem ser escaladas, você deve combinar quem tem a palavra final sobre as prioridades. No âmbito de um projeto, deverá ser o gestor de projetos ou, possivelmente, o patrocinador. Se ela fizer parte de uma atividade de priorização ampla, você poderá ter de formar um comitê-geral sênior para estabelecer as prioridades. Os gerentes seniores deverão dar suporte a isso; afinal, uma parte importante de ser um gerente sênior é tomar decisões sobre alocação de recursos, em outras palavras, priorização. Se alguém quiser mudá-la, a mentalidade que todos devem ter é que a prioridade de qualquer tarefa pode ser aumentada, desde que a de outra seja rebaixada. Fingir que isso não é verdade é enganar-se a si mesmo.

- Cuide para que a priorização seja explícita; garanta que todos trabalhem de acordo com a mesma lista. Se você deixar de fazer isso, não poderá pressupor que alguém intuitivamente siga o mesmo conjunto de prioridades — isso simplesmente não acontecerá. Não faz sentido metade de uma equipe de projeto fazer metade de uma tarefa, se a outra metade da equipe trabalha na metade de uma tarefa diferente. Todos nós priorizamos intuitivamente o tempo todo, e às vezes até de modo inconsciente, mas o resultado geral é que executamos as tarefas mais fáceis primeiro, em vez daquelas com maior prioridade.

- Seja implacável na aplicação de prioridades, uma vez combinadas. Há sempre muita coisa a fazer. Não se surpreenda quando as pessoas disserem que não farão uma tarefa porque ela tem uma prioridade muito baixa — isso não é um problema, trata-se do sistema funcionando. Por outro lado, não fique surpreso se as pessoas continuarem trabalhando em atividades de baixa prioridade, ignorando a lista de prioridades por motivos de interesse pessoal. Esse mal precisa ser cortado pela raiz e uma orientação gerencial costuma ser suficiente para evitar isso, porém, em casos extremos, deve resultar em medida disciplinar. (Isso parece muito hostil, mas tenho trabalhado em muitas organizações em que especialistas como engenheiros adoram pensar em seus interesses pessoais ao custo de não fazer o que é prioritário para a organização.) A única exceção válida para essa regra é que as pessoas podem trabalhar em uma tarefa de prioridade mais baixa, se esse for o único trabalho relevante a seu conjunto de habilidades. Por exemplo, se você é programador C++ ou Java e o único projeto que exige habilidades de C++ ou Java tem baixa prioridade, então esse obviamente é o único em que deve trabalhar. Esse tipo de implicação minuciosa da priorização pode tornar o planejamento e a programação de recursos muito complexos.

- Não confunda a urgência de uma tarefa com sua importância. Algumas tarefas muito importantes podem esperar, enquanto outras menores precisam ser executadas de imediato. Tenha cuidado, porém, se seu conjunto de tarefas urgentes nunca terminar e, portanto, as tarefas importantes nunca forem iniciadas. Mais cedo do que pensa você precisará realizar as tarefas importantes, mesmo que isso signifique parar outra menos importante, embora urgente. Isso torna a definição de prioridades intelectualmente mais difícil, mas você precisa entender essa diferença.

- Combine o que fará com as tarefas de prioridade baixa. Elas literalmente esperam até que todas as tarefas de prioridade mais alta sejam concluídas, ou algumas delas subirão na lista de prioridades com o tempo?

- Considere o compromisso de tempo–custo–qualidade–escopo ao definir as prioridades. Você não precisa realizar cada atividade com o mesmo nível de qualidade ou profundidade, de modo que pode chegar ao final de sua lista mais rapidamente se for flexível nesses pontos. Algumas tarefas têm uma prioridade alta para serem concluídas em um sentido mínimo, mas concluí-las no escopo máximo possível não é tão importante.

Uma boa priorização demanda trabalho pesado, requer análise crítica e desafia as visões de muitas pessoas. Se você acha que é fácil, provavelmente isso quer dizer que não está sendo agressivo o suficiente. Significa abrir mão de coisas que podemos realmente querer. Também implica tomar decisões difíceis. Mas, quando a priorização é bem-feita, ela pode tornar o trabalho significativamente mais eficiente e produtivo.

A priorização bem-sucedida resulta em níveis relativamente baixos de atividade paralela. Geralmente é muito mais eficiente e produtivo, mesmo que penoso e politicamente difícil, fazer poucas coisas ao mesmo tempo. Você as concluirá muito mais rapidamente e poderá prosseguir para o próximo grupo de tarefas. Com o tempo, você completará muito mais de seu conjunto de atividades geral. Se tudo o que sua priorização faz é manipular atividades e você ainda faz tudo ao mesmo tempo, então continuará sendo ineficaz e seu resultado será significativamente menor.

Habilidade 12 — uso de ciclos de vida do projeto

Gestores de projetos competentes entendem e usam diversos ciclos de vida do projeto. Defino um ciclo de vida como uma delimitação estruturada do fluxo sequencial de um projeto por meio de alguns estágios padronizados. Esses ciclos de vida tendem a variar de um setor para outro ou segundo o tipo de projeto, mas os princípios básicos que estão por trás deles são os mesmos. O que se deve fazer é:

- Entender os princípios de diferentes ciclos de vida e aplicá-los como for apropriado.

- Ser capaz de usar a linguagem correta nos ciclos de vida para o contexto em que se está trabalhando.

- Variar o ciclo de vida em conformidade com a natureza do projeto que se está conduzindo.

A vantagem de utilizar um ciclo de vida padrão é que ele permite que você 'inicie rapidamente' seu planejamento tomando exemplos anteriores de técnicas utilizadas. Por exemplo, em muitas organizações, existem listas de verificação padronizadas das atividades a serem desempenhadas dentro de diferentes fases de um projeto. Sou contrário ao uso rígido dessas listas, pois cada projeto é diferente, mas sou adepto delas como uma ferramenta para ajudar o gestor de projetos a refletir sobre o que precisa ser feito (e até mesmo escrevi um livro sobre tais listas de verificação). Os ciclos de vida também oferecem uma boa linguagem de comunicação com seu grupo de *stakeholders* e membros da equipe de projeto a respeito da forma e do progresso do projeto. Por exemplo, dizer a alguém o título de atividades específicas que você está realizando nesta semana pode não ser muito esclarecedor sobre o progresso de um projeto, mas dizer que você está na fase de testes ou realizando levantamento de requisitos pode ser mais elucidativo.

O ciclo de vida clássico dos projetos tem diferentes fases em diferentes situações, mas, tomando o exemplo de um projeto de desenvolvimento de software, trata-se basicamente de:

- **Iniciação do projeto**, que abrange as atividades que descrevi nos capítulos 3 e 5.

- **Análise e levantamento de requisitos.** A análise detalhada das necessidades de seu cliente e a conversão destes em uma especificação de requisitos documentada.

- **Viabilidade.** Uma revisão dos requisitos para determinar quanto tempo o projeto levará, quanto ele custará e se ele é possível. (Isso é discutido adiante.)

- **Planejamento de soluções.** Planejar a solução para os requisitos.

- **Desenvolvimento de soluções.** Desenvolver e montar a solução.

- **Teste.** Testar a solução formalmente. Isso pode abranger o teste técnico e o teste operacional, além da aceitação do cliente.

- **Implementação.** Tomar a solução desenvolvida e implementá-la dentro do ambiente em que opera.

- **Entrega.** Entregar a solução para o cliente. Isso normalmente tem um período de suporte mais focalizado e garante que os usuários possam utilizar os *delive-*

rables enquanto a equipe de projeto ainda está disponível para ajudá-los com quaisquer problemas que possam surgir.

- **Fechamento do projeto.** Inclui terminar quaisquer atividades pendentes, analisar os resultados para aprender por experiência para o próximo projeto e liberar os recursos.

Isso pode ser visto na Figura 10.9.

Para cada projeto, o tamanho e a complexidade dessas fases dependem completamente de seus objetivos e do contexto em que ele existe. Uma das habilidades de um bom gestor de projetos é considerar o ciclo de vida mais adequado a cada situação. Cinco situações específicas em que diferentes ciclos de vida ajudam são:

1. Quando os requisitos não podem ser esclarecidos ou são instáveis, pois o cliente não tem uma visão completa deles.
2. Quando o problema é totalmente entendido, mas não existe uma solução conhecida para ele.
3. Quando existe risco significativo ou incerteza sobre um projeto e não é possível planejar com precisão. Como alternativa você pode planejar, mas seu cliente requer mais informações antes de se comprometer com o projeto.
4. Quando é muito alto o impacto de uma solução ser incorreta ou não funcionar corretamente.
5. Quando você precisa de benefícios e impacto rapidamente, embora o projeto geral seja grande.

Discutirei sobre cada um deles a seguir.

A solução para requisitos incertos, instáveis ou em contínua evolução pode ser simplesmente dedicar uma grande quantidade de tempo levantando requisitos. Isso pode funcionar, mas em geral é frustrante e dispendioso, podendo ser desmoralizante. Uma alternativa é considerar o desenvolvimento de *protótipos*, uma prática comum na indústria de desenvolvimento de software. Um conjunto de requisitos é rapidamente capturado sem a preocupação de estar completo ou ser totalmente aceito pelo cliente. Um protótipo é montado para desenvolver um conceito e oferecer uma base para o preenchimento de outros requisitos. Normalmente, é mais fácil alterar e expandir um protótipo existente do que o visualizar por completo em sua mente. Alguns tipos de softwares são desenvolvidos efetivamente como uma linha contínua de protótipos, com cada iteração melhorando a versão anterior. Embora nenhuma versão seja perfeita, ela dá ao cliente uma solução rápida, que pode então ser aprimorada. Um ciclo de vida de desenvolvimento pode então repetir-se várias vezes e sem demora entre o levantamento de requisitos e o desenvolvimento. Em técnicas de gestão de projetos como a Agile, essas iterações podem ser muito rápidas; às vezes, cada ciclo leva poucos dias. A Figura 10.10 mostra esse ciclo de vida.

Quando um cliente entende um problema, mas não tem solução para ele, evidentemente não é eficaz começar a tentar entregar a solução. Isso pode parecer óbvio, entretanto é o que geralmente se propõe. Em vez disso, divida o projeto em dois estágios de alto nível. O primeiro é uma *fase de análise de soluções*. Trata-se realmente de um projeto por si só, cujo *deliverable* é um conceito de soluções e potencialmente um projeto mais detalhado para ele. Tal projeto costuma ter um ciclo de vida como:

- **Análise do problema.** Obter um conhecimento profundo do problema com o objetivo de ser capaz de defini-lo de forma simples e abrangente.
- **Geração de soluções.** Desenvolver um conjunto de soluções possíveis para o problema. Em geral, existem muitas maneiras de resolver qualquer problema.
- **Desenvolvimento de critérios de seleção.** Desenvolver um conjunto de critérios para escolher uma solução.
- **Seleção de soluções.** Escolher a solução alinhada com os critérios escolhidos.

Quando o tempo for curto, a fase de análise de soluções poderá ser executada de modo eficiente e produtivo como uma série de workshops. A segunda fase do projeto, implementar a solução selecionada, pode ser executada ao longo de um ciclo de vida mais padronizado, conforme descrito no início desta seção.

Outro motivo para manter separadas as fases de seleção de soluções e implementação de solução do projeto é que somente depois que a solução for escolhida será possível determinar com confiança quanto tempo a implementação levará e, também, quanto ela custará.

Quando houver um risco significativo ou o cliente quiser saber mais antes de se comprometer com um projeto, uma *fase de viabilidade* pode ser incluída no ciclo de vida. Nela, basicamente se gasta mais tempo em aprofundar o conhecimento do projeto, desenvolver planos mais detalhados e possivelmente fazer algum teste para verificar se a solução é mesmo possível. Muitos projetos não têm uma fase de viabilidade formal ou, quando inclusa, ela é usada principalmente como um exercício de planejamento e definição de escopo. Em projetos de maior risco, sempre insisto em uma etapa de viabilidade formal, com uma decisão explícita ao final sobre a continuidade do projeto.

Figura 10.9 Um ciclo de vida de projeto simples

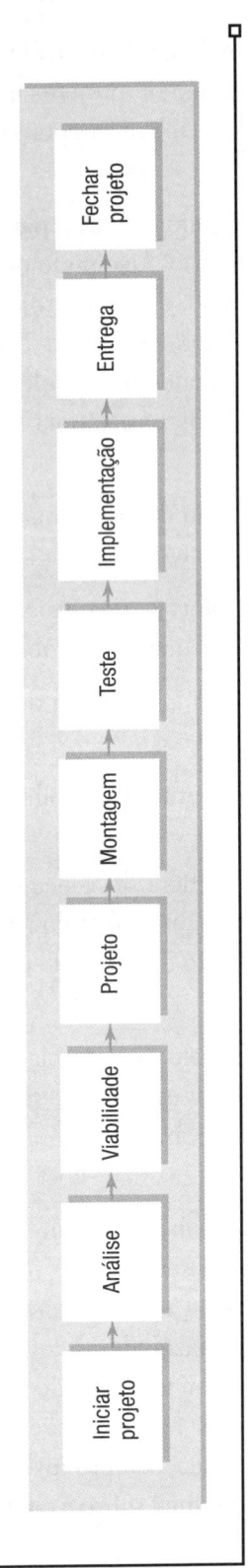

Iniciar projeto → Análise → Viabilidade → Projeto → Montagem → Teste → Implementação → Entrega → Fechar projeto

Figura 10.10 Um ciclo de vida de projeto iterativo

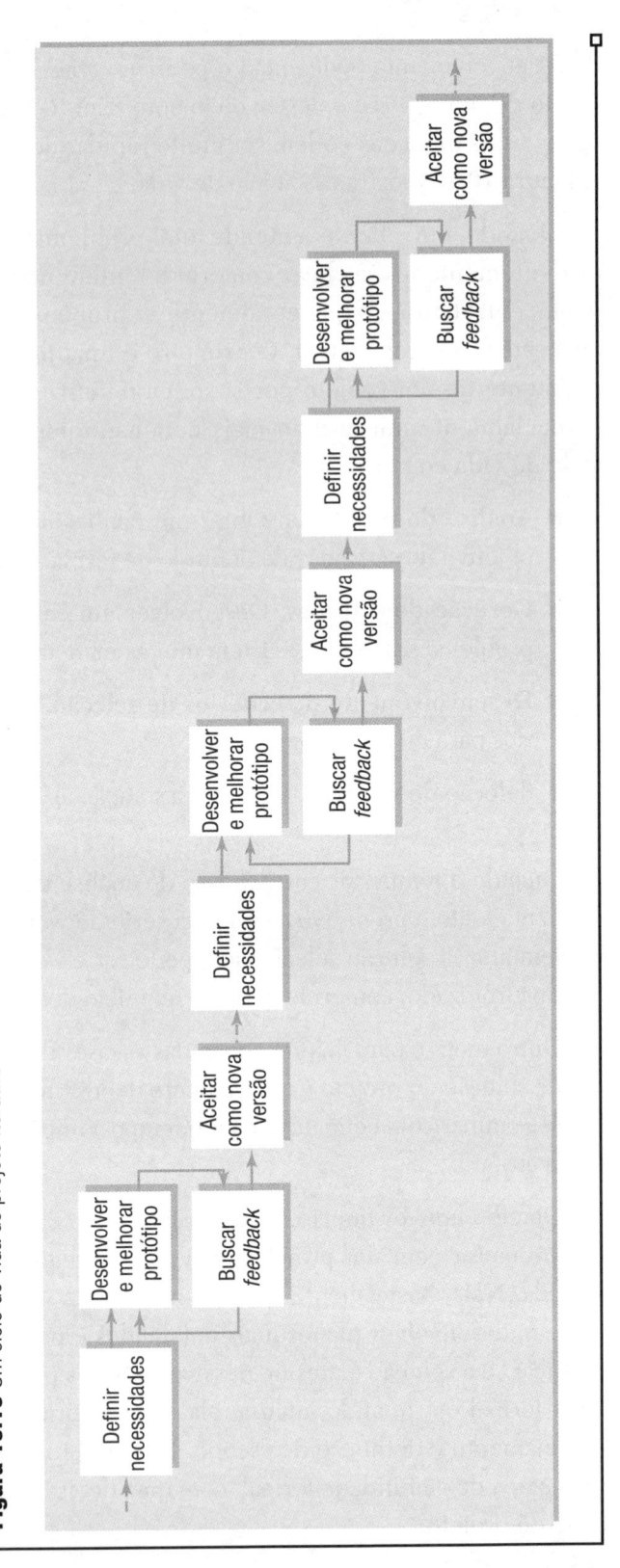

Definir necessidades → Desenvolver e melhorar protótipo → Buscar *feedback* → Aceitar como nova versão → Definir necessidades → Desenvolver e melhorar protótipo → Buscar *feedback* → Aceitar como nova versão → Definir necessidades → Desenvolver e melhorar protótipo → Buscar *feedback* → Aceitar como nova versão

Realizar um estudo de viabilidade consiste basicamente em uma etapa de gestão de riscos, com a qual se pode:

- Reduzir uma incerteza nos planos.
- Identificar riscos específicos que precisam ser gerenciados (incluindo a implementação e o risco operacional do projeto).
- Esclarecer quando se necessita de planos de contingência.
- Montar um plano de projeto compatível.

Você terá de realizar essas atividades de qualquer forma quando elaborar seu planejamento, com ou sem a denominação explícita de viabilidade. A vantagem de fazer um estudo de viabilidade é que isso torna esse processo explícito e, ao final dele, você poderá apresentar um ponto de decisão claro para seu cliente decidir sobre o projeto, tendo informações muito mais completas sobre grau de risco e requisitos resultantes de tempo e recurso. Você também poderá montar quaisquer planos de contingência necessários a seu cronograma e estimativas de recursos. Ao alertar seu cliente logo de início de que você chegará a um ponto de decisão como esse ao final da fase de viabilidade, em que as estimativas e técnicas precisarão ser revisadas, será possível gerenciar melhor as expectativas. A viabilidade nunca dá certeza absoluta, mas reduz o risco. A extensão e a profundidade da viabilidade decorre do quanto a situação é arriscada ou do apetite pelo risco que o cliente tem, daí quanto menor o risco e maior o nível de risco que o cliente está disposto a assumir, mais curta a viabilidade poderá ser.

Quando o impacto de a solução estar incorreta ou não funcionar corretamente for muito alto, você deverá examinar o *ciclo de vida de teste* que implementou. A atividade de teste pode ser curta e simples, mas nos casos em que for essencial ela terá um ciclo de vida complexo por si só. A preparação para o teste pode ser iniciada bem cedo em um projeto. Um ciclo de vida de teste característico pode consistir de:

- Desenvolvimento de critérios de aceitação de teste. O que precisa acontecer para a solução passar nos testes. Um exemplo de critérios de aceitação para um software pode ser de que este precise passar por cem por cento dos testes obrigatórios e 90 por cento dos testes opcionais, além de ter menos de dez *bugs* menos importantes.
- Desenvolvimento de *scripts* detalhados de teste. Definir as ações detalhadas que acontecerão no teste.
- Testes de aceitação de fábrica (FAT — *factory acceptance tests*) e testes de aceitação *in loco* (SAT — *site acceptance tests*) no caso de equipamento ou materiais produzidos em instalações de terceiros.

- Teste unitário. Teste de cada componente da solução separadamente.
- Teste de integração. Teste de todos os componentes da solução em conjunto.
- Teste de aceitação do usuário. Fazer com que usuários apliquem a solução e verifiquem se eles aceitam que ela atenda a suas necessidades.
- Teste operacional. Uma fase final, na qual a solução é integrada ao macroambiente para verificar se ela pode, na prática, funcionar com todas as outras atividades exigidas.

Em cada fase de teste, uma solução pode falhar, o que significa que mais trabalho de desenvolvimento será necessário. Além disso, para projetos que envolvem algo como o lançamento de um novo produto, normalmente é sensato incluir uma fase de experimentação. Trata-se de uma habilidade que os profissionais de marketing têm aprimorado bastante. Basicamente, nessa fase o produto é levado a prováveis consumidores para que possam testá-lo. Desse modo, obtém-se retorno quanto à aceitação do produto. Isso também pode incluir cobrar de um cliente pelo produto, para entender a aceitação e as sensibilidades em relação ao preço.

Por fim, quando você precisa de um retorno rápido ou conhecimento dos benefícios ou do impacto de um projeto muito grande, considere desmembrá-lo em diversas *fases* menores. Cada fase é um projeto completo por si só. Como alternativa, planeje marcos regulares no projeto, nos quais você deverá entregar algo que tenha valor externo para os clientes. Isso parece muito difícil, mas, com alguma criatividade, normalmente é viável na prática. Analise o processo de desenvolvimento para identificar *deliverables* parciais de utilidade para o cliente. Um *brainstorm* pode formar a base dessa abordagem. Geralmente, com base na boa experiência, os clientes não confiarão em um megaprojeto que não lhes entregue nada de valor durante 18 meses. Eles ficarão mais satisfeitos com uma série de *deliverables* que agregam valor, em intervalos regulares. Isso desenvolve confiança em seu grupo de clientes e retorna valor mais rapidamente ao negócio em que você está operando. Esses *deliverables* intermediários não precisam ser muito grandes, mas devem ser explicitamente valiosos para o cliente.

O que mais você pode aprender?

Apresentei amplo acervo de conhecimentos que você pode desenvolver para melhorar sua capacidade de entregar projetos. Bons gestores de projetos estão constantemente expandindo suas habilidades e aprendendo pela experiência. Isso é benéfico, todavia, ao aperfeiçoar seu conhecimento, não perca de vista o bom-senso e a ponderação que constituem os fundamentos da gestão de projetos.

Para aprender, você precisa estar aberto à aprendizagem e ser honesto consigo mesmo, quando erros ocorrerem ou quando resultados poderiam ter sido melhores. Essa honestidade pessoal e capacidade de entender o que aconteceu, sem procurar razões externas, mas questionar a si mesmo sobre o que poderia ter sido feito de modo diferente, constitui a base do verdadeiro crescimento pessoal.

Se quiser expandir suas habilidades, pense nas seguintes categorias para buscar conhecimento, treinamento e comprometimento:

- Habilidades humanas 'flexíveis' identificadas especificamente neste livro. Embora sejam denominadas 'flexíveis', elas costumam ser as mais difíceis de dominar. Focalize as habilidades de comunicação e criação de relacionamentos.

- Habilidades técnicas de gestão de projetos melhoradas, além daquelas mencionadas neste capítulo. Suas habilidades devem ser suficientes para a complexidade e escala dos projetos que você está conduzindo. Se estiver conduzindo programações de projetos cada vez maiores, valerá a pena procurar treinamento mais profundo em áreas como gestão de riscos, metodologias de estimativa poderosas como a de cadeia crítica. (Entretanto, lembre-se da lição do início deste capítulo — mantenha os processos que você implementa o mais simples possível, de acordo com as escalas de projeto que você está conduzindo.)

- Habilidades de suporte. Existem diversas habilidades de suporte que melhorarão sua capacidade de trabalhar como gestor de projetos. Nisso, incluo habilidades de percepção financeira, desenvolvimento de plano de negócios, negociação e apresentação.

- Ferramentas. Entenda todas as capacidades das ferramentas de software disponíveis e quais processos e algoritmos específicos elas implementam.

- Habilidades gerais de gestão e liderança. A gestão de projetos é uma forma muito específica de gestão, mas muitos dos requisitos — formação de equipes, alocação de trabalho, motivação de indivíduos e estímulo ao desempenho — são as partes centrais do papel de qualquer gerente.

- Conhecimento contextual. Muitos setores exigem conhecimento contextual significativo. Como discutimos no Capítulo 9, você não precisa ser um especialista em todas as áreas que está gerenciando, mas deve ser capaz de entender os conceitos e usar a linguagem e o jargão do meio em que está trabalhando. Existem muitas vantagens no bom conhecimento contextual. Quanto melhor entender o contexto, mais provavelmente desenvolverá bons planos; o relacionamento com sua equipe de projeto será melhor, você achará mais fácil julgar a qualidade dos *deliverables* e identificará mais proativamente quaisquer problemas, riscos e suposições.

A Tabela 10.1 lista uma série de ferramentas de gestão de projetos mais avançadas, que podem ser pesquisadas quando os fundamentos neste livro não forem suficientes.

Meu conselho final é de que você desenvolva confiança em seu próprio julgamento. Conforme enfatizei em muitas ocasiões neste livro, cada situação é diferente. Se a situação específica em que está trabalhando tiver características exclusivas e requerer técnicas alternativas, confie em si mesmo, opte por uma metodologia, use-a e aprenda com os resultados.

Tabela 10.1 Ferramentas e técnicas avançadas de gestão de projetos

Técnicas e ferramentas avançadas de gestão de projetos	Circunstâncias em que elas podem ser úteis
Ciclos de vida alternativos e técnicas de desenvolvimento rápido (por exemplo, técnicas iterativas, Agile, engenharia simultânea, cadeia crítica, gestão de projetos dirigida a objetivos)	Quando você busca maneiras de reduzir a duração do projeto ou, de modo geral, explorar maneiras de aumentar os níveis de sucesso do projeto (diferentes técnicas ajustam-se a diferentes situações e, portanto, não existe uma única técnica ideal para todas as ocasiões)
Gestão/realização de benefícios	Ver Capítulo 12
Acervos de conhecimento (como APM BoK, PM BoK)	Quando você requer uma fonte de referência para os padrões de gestão de projetos
Gestão de mudanças	Ver Capítulo 12
Técnicas de avaliação de controle e progresso (tais como análise de valor agregado ou EVA, — *earned value analysis*)	Para acompanhar a evolução do projeto combinando o progresso no cronograma com o progresso em relação ao orçamento
Cadeia crítica	Quando você está aplicando o método de cadeia crítica ou CCPM
Caminho crítico	Para identificar o conjunto de tarefas que compõem a extensão de um projeto e quais, se adiadas, aumentarão a duração do projeto
Técnicas de estimativa (por exemplo, Pert)	Quando você quer incluir contingência mais precisa em seus planos de projeto
Fórmulas financeiras (tais como NPV, IRR etc.) e dados (por exemplo, taxas de desconto)	Usado no desenvolvimento e na priorização do plano de negócios
Governança (governança de projetos/ programação de projetos/portfólio)	Ver Capítulo 12

Modelos de maturidade (tais como OPM3, CMMI, P2MM etc.)	Quando você busca comparar ou melhorar sua capacidade de gestão de projetos. Isso se refere menos à gestão de projetos em si e é mais relevante àqueles que gerenciam gestores de projetos.
Diagramas de rede	Um modo poderoso de apresentar planos de projeto usados por alguns gestores de projetos profissionais
Gestão de portfólios	Ver Capítulo 12
Gestão de programação de projetos	Ver Capítulo 12
Ferramentas de softwares de gestão de projetos	Quando você conhece os fundamentos, invista em ferramentas — pelo menos, compre algum software de planejamento. Para situações mais complexas, considere investir em software para relatório on-line, gestão de problemas e riscos, gestão de documentos e atividades como registro de tempo (*time sheets*)
Técnicas de gestão de projetos/programação de projetos proprietárias ou padrão (por exemplo, Prince 2, MSP etc.)	Em ambientes específicos em que essas metodologias são exigidas (como no setor público) ou onde você não tem padrões existentes de gestão de projetos
Técnicas de avaliação de riscos quantitativa (por exemplo, análise de sensibilidade e técnicas probabilísticas, como método de Monte Carlo)	Quando a avaliação qualitativa de riscos (conforme descrita neste capítulo) não é suficiente. Você pode precisar entender de níveis de riscos absolutos (avaliações de riscos qualitativas oferecem apenas níveis de riscos relativos) ou compreender os riscos individuais para determinar os níveis de riscos cumulativos
Técnicas de levantamento de requisitos e análise de negócios	Quando você enfrenta requisitos complexos e não triviais em um projeto e quando existem incertezas e ambiguidades nos requisitos
Técnicas de gestão de recursos (por exemplo, nivelamento de recursos, linearização de recursos)	Quando você quer nivelar a taxa de uso de recursos dentro de um projeto ou gerenciar recursos por múltiplos projetos
Técnicas de teste e experimentação	Melhorar a qualidade dos *deliverables*
Engenharia de valor e gestão de valor	Para melhorar o projeto e maximizar o valor dos *deliverables*; para maximizar o valor que uma organização obtém do investimento em um projeto

CAPÍTULO 11

Saiba quando dizer 'não'

Tendo passado os dez capítulos anteriores esboçando algumas dicas, sugestões, lições e conselhos gerais sobre como tornar-se um especialista em gestão de projetos, pode parecer estranho chegar ao final do livro com um capítulo sobre quando se deve recusar um projeto. Mas algumas coisas simplesmente não se destinam a acontecer. Não importa se o trabalho é bem planejado, a equipe bem estruturada ou o patrocinador inspirador, alguns projetos nunca chegarão a uma conclusão bem-sucedida. Para o gestor de projetos, o melhor a fazer nessas ocasiões é manter a cabeça baixa e evitar o trabalho ou se opor firmemente contra ele — pois a gestão de projetos refere-se à garantia de entrega e não a atos heroicos sem sentido contra todas as adversidades.

Quando tudo indica que as coisas não vão acontecer, é recomendável evitá-las ou, melhor ainda, e talvez mais construtivo, garantir que elas sejam dizimadas antes que cheguem a algum lugar. Não há mal algum em impedir más ideias construtivamente ou assegurar que as boas porém não implementáveis sejam afastadas. Organizações fortes e bem-sucedidas gerarão, regularmente, mais ideias criativas do que se pode implementar, sendo que algumas delas não funcionarão na prática. Rejeitar ideias e cancelar projetos não é fraqueza, mas sinal de força organizacional. Todavia, não importa quão bem isso seja feito, você não será um gestor de projetos extraordinário ou bem-sucedido, se passar a vida inteira deixando, brilhantemente, de entregar projetos impossíveis. Uma habilidade útil, portanto, é saber quando dizer 'não' e, igualmente importante, como dizer 'não'. Este capítulo analisa aqueles sinais reveladores que deverão fazê-lo, pelo menos, pensar se o projeto deve ganhar asas ou ser enterrado para sempre.

Quando realmente se necessita de um gestor de projetos?

Antes de discutirmos sobre quando o prosseguimento de um projeto não é recomendável, vale a pela refletir, em primeiro lugar, sobre as situações em que não se necessita realmente de um gestor de projetos. Esse problema é, efetivamente, para você resolver? Os gestores de projetos são solicitados a fazer todo tipo de trabalho, alguns dos quais, na verdade, constituem usos inapropriados de suas habilidades ou tempo. Isso costuma acontecer com equipes internas de gestão de projetos, dentro de empresas com reputação de ter uma equipe confiável para resolver as coisas. Meu argumento é que, a menos que essas 'coisas' sejam reais projetos, e projetos com prioridade relevante, um gestor não representa a melhor pessoa para resolver um problema ou ser encarregada pelo trabalho. Antes de aceitar o trabalho de um projeto, é importante considerar:

> **Ponto-chave da lição**
> O simples fato de alguém achar que é necessário um gestor de projetos não significa que ele realmente o seja nem que esse seja o melhor uso de seu tempo.

- **Esse é o melhor uso do gestor de projetos?** A gestão de projetos é uma habilidade escassa em muitas situações, de modo que os gestores devem ser usados apenas nos projetos com prioridade mais alta. Se comparar os possíveis projetos em que você poderia estar trabalhando com aquele que está sendo oferecido, qual seria mais importante?

- **Esse gestor de projetos tem o tipo adequado de habilidade?** Um gestor de projetos específico pode ser ótimo, porém talvez não tenha experiência relevante no assunto a ser entregue. Como discutimos anteriormente, um gestor de projetos de TI provavelmente seria uma opção de alto risco para gerenciar a entrega de uma programação de projetos importante para a construção de estradas!

- **Essa é realmente uma atividade baseada em um projeto?** Normalmente os gestores de projetos proporcionam às pessoas a sensação de alívio de que alguém está gerenciando o trabalho, sobretudo se ninguém mais tiver essa responsabilidade direta. No entanto, se não for realmente um projeto, não será um bom uso das habilidades de um gestor. Um exemplo típico de mau uso desses profissionais que tenho visto regularmente é na resolução de falha e reclamação. As organizações começam obtendo dos clientes indicações de falhas ou reclamações, e a natureza das soluções passa pelos limites de muitos departamentos. Eles não têm mecanismos formais de falha e reclamação ou tais mecanismos não funcionam corretamente. As únicas pessoas habituadas a trabalhar entre limites de departamentos são os gestores de projetos, daí a lógica do "vamos usar um gestor de projetos para resolver os problemas". As atividades 'comerciais normais' entre departamentos são, com frequência, empurradas para o caminho do gestor de projetos. Naturalmente, pode-se pensar em uma reclamação como um miniprojeto para resolver, mas é muito melhor que uma empresa tenha um processo definido de tratamento de reclamações. Se, como gestor de projetos, você aceitar esse tipo de trabalho, faça isso porque acha que é importante, e não porque está entregando um projeto. (Existe um projeto potencial válido nessas situações, como *desenvolver um processo e um sistema de tratamento de reclamações novo ou melhorado*, e, se esse for o escopo do trabalho, trata-se de um projeto bom e desafiador pelo qual se responsabilizar.)

Conhecendo os sinais de perigo

Se você passou pela primeira seção, vamos supor que a atividade em que esteja trabalhando seja legitimamente um projeto que deveria gerenciar. Ainda é sensato aceitar o trabalho? Existem diversos sinais de perigo que devem fazer você ficar de orelhas em pé e disparar seu processo mental de gestão de riscos. Não existe quaisquer regras ou algoritmos absolutos que possam ser aplicados para descobrir, deterministicamente, se esses fatores são ruins a ponto de cancelar o projeto, ou se são meros fatores a serem gerenciados por meio de sua técnica de gestão de riscos. A única maneira de saber realmente é usar sua capacidade de discernimento. Não conte com a intuição, porque ela pode estar errada, mas use-a para disparar mais análise e não a ignore totalmente, pois, em geral, existe alguma razão para ela estar lá.

> **Ponto-chave da lição**
> Existem muitas indicações claras de quando um projeto provavelmente fracassará. Procure-as e avalie se você será capaz de gerenciar os riscos ou não.

Sem qualquer prioridade ou ordem de importância, os sinais de perigo que procuro são:

- **Nenhuma energia.** A equipe e o patrocinador parecem apáticos quanto ao objetivo. Não importa quão importante seja algo, se ninguém se importar, é improvável que ele seja concluído com sucesso.

- **Nenhum acionador ou patrocinador real.** O projeto parece ser algo secundário, de baixa prioridade, para o patrocinador. Qualquer projeto significativo, que use uma grande quantidade de recursos ou resulte em uma mudança significativa em uma empresa, requer patrocínio sênior e suporte durante todo o projeto. Alarmes deverão tocar, se o patrocinador principal tratar seu papel como um título honorário — como um símbolo de experiência, em vez de uma responsabilidade com o projeto.

- **Nenhuma disposição para liberar os recursos certos.** Quantas vezes já vi gerentes seniores defendendo entusiasticamente a importância de um projeto para, alguns minutos depois, darem motivos para não alocar boas pessoas ou dinheiro ao projeto? Se for importante, os recursos precisam ser liberados; se não for, então o projeto não é essencial! É simples assim. Sem dúvida, os gerentes precisam priorizar suas demandas, mas, se seu projeto tiver uma prioridade tão baixa que não possa obter acesso aos recursos certos, sugira que ele fique suspenso até que os recursos estejam disponíveis.

- **Clientes demasiadamente exigentes com expectativas absurdas.** Verifique as expectativas de seus clientes no início do projeto. Se eles esperam conseguir muito mais do que você considera possível, ou fazê-lo em menos tempo ou com menos recursos, você deverá contestá-los. Vale a pena entender o raciocínio por trás das crenças deles, pois às vezes pode haver maneiras novas e inovadoras que realizam muito mais do que os métodos tradicionais. Além disso, o ato de contestar geralmente é uma coisa boa, e alguns gestores contestarão simplesmente para testar quanto o pensamento e o planejamento que sustentam o projeto são significativos. Mas existem limites. Com muita frequência, o gatilho para expectativas absurdas é, simplesmente, que o cliente necessita de uma grande quantidade e possui recursos limitados. Temo que, nessa situação, você precise aceitar claramente o fato de que, só porque eles querem um milagre, não significa que ele acontecerá (mesmo que você não coloque isso tão diretamente a seu cliente). Tente administrar as expectativas em um nível mais lógico.

- **Clientes com ideias fixas e falta de habilidade em ouvir.** Os clientes normalmente possuem ideias e visões sobre como um projeto deve ser conduzido. Seu papel como gestor de projetos inclui determinar como entregar o projeto. Ao fazer isso, ouça seus clientes: às vezes, as ideias deles revelam-se úteis e oferecem ajuda criativa para você. Em outras ocasiões, elas podem estar erradas ou serem impraticáveis. Se más ideias vierem de clientes que estão rigidamente fixados nelas ou que parecem incapazes de ouvir suas opiniões, aja com cuidado.

- **Objetivos conflitantes — ou em demasia.** Um exemplo pode ser obter economia de custo reduzindo o pessoal e, ao mesmo tempo, melhorando o moral deles. Como gestor de projetos, você necessita não só entender os objetivos, mas também acreditar que eles possam ser alcançados. No mínimo, objetivos em conflito devem ser contestados, e, se não puder remover o conflito entre eles, pelo menos tente priorizá-los. No exemplo indicado, pergunte ao cliente o que é mais importante: a economia de custo ou o moral do pessoal? Você precisa saber a resposta, caso o conflito entre os objetivos se torne real e não seja possível alcançar ambos. Se não puder fazer isso, você está lidando com um cliente irracional.

- **Clientes conflitantes.** Muitos projetos não têm um único cliente, mas um grupo de pessoas que atuam como um comitê patrocinador. Se essa equipe parece querer do projeto coisas muito diferentes e gastar mais tempo discutindo entre si do que contribuindo para o progresso do projeto, isso é um mau sinal. Se o conflito resultar de opiniões diferentes e isso puder ser resolvido, ótimo. Se o conflito surgir porque o projeto afetará direitos adquiridos, você terá de contar com um suporte poderoso.

- **Má compreensão dos requisitos.** Para que se entregue algo, um cliente precisa entender o que quer. É perfeitamente aceitável que os requisitos sejam nebulosos, se o cliente estiver disposto a investir em uma análise profunda de requisitos ou em atividades como de protótipo que podem conduzir a uma melhor compreensão das necessidades. Porém, se o conhecimento fraco dos requisitos for combinado com uma atitude "apenas vá em frente e faça", existe um risco significativo de falha em entregar segundo as expectativas.

- **Falta de flexibilidade para planejar.** Você não será capaz de estimar quanto tempo um projeto levará e quanto ele custará, antes de definir o escopo e planejar o trabalho (e, mesmo assim, ainda restará uma estimativa sujeita a riscos). Em muitas situações, os clientes possuem restrições reais ou percebidas sobre tempo e custo — o projeto precisa ser concluído em seis meses, ou menos, e não pode custar mais que R$ 250 mil. Esse é o mundo real e, como gestor de projetos, você precisa aprender a trabalhar no âmbito desses tipos de restrições, entretanto não é milagreiro. Trabalhar dentro dessas restrições só será possível, se elas forem razoáveis ou você tiver a oportunidade de modificar o escopo e a qualidade do produto.

- **Falta de tempo suficiente para teste.** O cliente do projeto aceita a necessidade de desenvolver coisas, mas não o tempo gasto em etapas como a de testes, que existem para garantir a qualidade do resultado. Sem o teste, os resultados tornam-se falíveis. O tempo de teste, visto que normalmente fica no final de um projeto, com frequência é compactado como um meio de encurtar os prazos de entrega. Além disso, nem sempre é intuitivamente óbvio por que você precisa de teste. Se você tem uma base em engenharia, a necessidade de teste está tão incorporada que é inquestionável. Se seu cliente tem uma base em contabilidade ou marketing, para ele isso não é tão óbvio. (Por exemplo, quando um contador ou profissional de marketing faz algum trabalho, ele pode ser questionado por seu gerente funcional, mas não costuma ser testado formalmente.) Não somente o teste técnico é crucial. Os testes de aceitação do usuário e de prontidão operacional são tarefas críticas. Seu cliente poderá pensar: "se você, em primeiro lugar, desenvolveu o projeto corretamente, por que precisa testá-lo?". Se não puder convencê-lo, é provável que o projeto seja muito problemático.

- **Muitas atividades paralelas e pouco tempo para as principais tarefas.** Os cronogramas dos projetos são normalmente encurtados por diversos motivos. Um método para lidar com isso é selecionar atividades sequenciais e tentar realizá-las em paralelo. Não há nada de errado com tarefas paralelas, e todos os planos terão algum grau de trabalho paralelo. Embora isso dependa da situação específica, em geral, quanto mais tarefas paralelas houver, mais complexa e arriscada se tornará a gestão. Quando um plano é compactado, de modo que mais e mais tarefas se tornam paralelas e tarefas finais como teste e treinamento são encurtadas, o risco aumenta, às vezes drasticamente. Isso também significa que você precisa ter mais recursos disponíveis em qualquer momento.

- **Alto risco com prazos apertados e sem planos de contingência.** O alto risco pode ser cuidado por um bom gestor de projetos. Na verdade, alguns ótimos gestores de projetos prosperam conduzindo projetos de alto risco. Mas, se o alto risco estiver combinado com prazos apertados e fixos, orçamentos limitados e nenhuma contingência possível, você deverá realmente refletir se essa falta de margem de manobra não está, simplesmente, ampliando o risco para proporções incontroláveis.

- **Tecnologia desconhecida ou soluções para uma situação que exige alto desempenho.** A aplicação de tecnologia nova ou inovadora sempre traz algum risco, mas ela é por vezes necessária, sob pena de nunca implementarmos algo novo. O histórico de entrega de projetos de alta tecnologia dentro do prazo e do orçamento é muito pobre. Contudo, a combinação de tecnologia completamente nova com um projeto de missão e tempo críticos é particularmente perigosa. Todos nós podemos pensar em projetos em que isso funcionou (os lançamentos de foguetes à Lua pela Nasa, por exemplo), mas existem centenas de outros exemplos em que isso resultou em um erro desastroso. A menos que a nova tecnologia ofereça benefícios significativos, fique com o que foi testado e aprovado ou use-o primeiro em uma situação que não seja uma missão crítica.

- **O projeto que se arrasta há anos.** Existem atividades que parecem estar acontecendo há séculos sem qualquer progresso. Normalmente elas são renomeadas várias vezes, em uma tentativa de injetar energia ou esconder o fato de que é o mesmo projeto que foi experimentado há meses. Pode ser que você consiga achar uma nova maneira de entregá-lo, mas geralmente existem muitos bons motivos pelos quais tal projeto não foi muito longe em suas muitas encarnações anteriores. Aceite a responsabilidade por ele com cuidado!

Nenhum problema isolado precisa fazer soar a marcha fúnebre para um projeto, mas qualquer um pode, e uma combinação deles realmente deverá deixá-lo preocupado. No final, isso acabará em uma ponderação com base em sua experiência. Se não tiver certeza, examine a questão com um colega mais experiente. Os gestores de projetos melhores e mais procurados são aqueles capazes de lidar com projetos de alto risco que exibem esses sinais, mas grande parte de sua habilidade não vem do fato de que eles podem realizar milagres que você não pode. Pelo menos em parte, isso se deve ao fato de que eles são bons em remover os riscos e convencerão os patrocinadores a mudar algo de modo que algumas das características da lista que acabamos de relacionar não sejam mais exibidas pelo projeto.

Cancelando projetos construtivamente

Em sua avaliação, determinado projeto tem um risco muito alto e chances limitadas de sucesso ou de que os benefícios sejam alcançados. O que você pode fazer nessa situação? Basicamente, existem duas opções a considerar:

> **Ponto-chave da lição**
> É muito melhor acabar com más ideias, ou ideias impraticáveis, do que tentar conduzir um projeto impossível.

1. Tentar mudar algumas características do projeto para tirá-lo do beco sem saída e transformá-lo simplesmente em um projeto com riscos. É pouco provável que você consiga fazer dele um projeto de baixo risco, sem mudá-lo tanto a ponto de torná-lo muito diferente do conceito original. Mas você pode fazer dele um projeto alcançável, e tudo ficará bem. Do contrário, precisará considerar a próxima opção.

2. Encerrá-lo. Parar um trabalho que nunca se concluirá não deve ser visto como uma derrota ou algo negativo. Devemos encorajar positivamente a eliminação de más ideias. Não podemos evitá-las, pois é uma verdade simples que, ao dar asas à criatividade, algumas das ideias resultantes não serão boas. Organizações fortes possuem duas forças principais: primeiro, elas geram muitas ideias; segundo, elas aniquilam brutalmente aquelas que não funcionarão e só se concentram em algumas boas ideias.

Em algumas organizações ou em alguns processos de gestão de projetos, existem mecanismos formais para rejeitar os projetos mais fracos ou mais arriscados, em primeiro lugar. A finalidade principal de realizar atividades como revisões de conceito e estudos de viabilidade é não apenas gerenciar o risco, reavaliar o escopo do trabalho e entender o que deverá ser feito para entregá-lo, mas também impedir que alguns sejam executados. Se você tem um processo de revisão de conceito e viabilidade em sua organização, e todo projeto passa por ele, provavelmente não está sendo crítico o bastante (ou possivelmente não criativo o bastante). Interromper ideias mal pensadas, inapropriadas ou impraticáveis é a aplicação bem-sucedida de um processo de filtragem, e não um fracasso.

Vale a pena preparar-se para alguma sensação ruim que você terá ao encerrar um projeto no meio do caminho. Não importa quão desastroso o projeto tenha sido nem quão sensato seja encerrá-lo, pode haver membros da equipe que dedicaram um esforço significativo para levá-lo ao estado em que se encontrava. Na realidade, em projetos de alto risco, as pessoas normalmente trabalham arduamente, devido ao desafio de contornar os problemas ou porque se sentem emocionalmente apegadas ao trabalho. Elas sentirão pelo menos um grau de desapontamento quando o projeto for encerrado. Não seja duro com elas. Faz parte da natureza humana, e essas pessoas têm a atitude certa para entregar um trabalho; apenas ela foi mal empregada dessa vez. Você poderá precisar trabalhar com elas novamente, de modo que vale a pena tentar administrar os sentimentos com sensibilidade. Já vi problemas sérios de baixo moral ocorrendo nas equipes em que um projeto foi cancelado. Lembro-me nitidamente de uma situação específica — todos, logicamente, concordaram com o término do projeto, mas as pessoas tinham feito um esforço extra, tentando fazer o projeto funcionar, e realmente sentiram desapontamento por encerrá-lo. Uma delas até se demitiu pouco tempo depois.

O outro grupo que pode exibir sentimentos ruins compreende aqueles com direitos adquiridos significativos no projeto, advindos de um ou outro motivo. Dois pontos a notar aqui são que: interesses fortes podem deixar as pessoas cegas ao risco, ao passo que ter uma necessidade absoluta de um projeto pode remover qualquer preocupação sobre o risco, mesmo que ele seja visível. Administre com cuidado aqueles que desejavam o projeto ou precisavam dele. Deixe claro em sua mente que desejos e necessidades não possibilitam o impossível.

Basta dizer 'não'

Se chegar ao ponto de precisar encerrar um projeto, minhas dicas são:

> **Ponto-chave da lição**
> Se puder, fuja dos projetos impossíveis. Deixar de entregar ainda é um grande fracasso.

- Não suponha que todos entendam por que você acha que o projeto é uma má ideia. Isso pode ser completamente óbvio para você, mas simplesmente dizer que é má ideia ou que é óbvio que é má ideia só irritará as pessoas, sobretudo aquelas que vieram com a ideia em primeiro lugar. Você precisará explicar isso às pessoas de uma forma que elas entendam.

- Estruture uma apresentação clara e concisa, explicando por que o projeto é má ideia. Tente encontrar pelo menos alguns pontos positivos no projeto, para que não seja interpretado como uma pessoa apenas negativa. Coloque os argumentos na linguagem de seu cliente. Evite, ou explique, a terminologia técnica ou especializada. Motivos especializados que não podem ser explicados para um público não especializado demonstram falta de interesse em fazer um projeto, em vez de falta de habilidade.

- Inclua comentários construtivos sobre como o projeto poderia se tornar viável de seu ponto de vista. (Você deve fazer isso parcialmente para oferecer uma alternativa real, mas também para mostrar que não é inflexível ou irracional. Nesse caso, mesmo que saiba que suas alternativas serão inaceitáveis, vale a pena incluí-las em sua resposta.)

- Prepare-se para enfrentar alguém que possa ter apego emocional à ideia. A emoção é um fator extraordinário quando voltado ao sucesso, mas pode ser muito difícil quando alguém está ligado a algo que é fundamentalmente inalcançável. Não suponha que eles sempre argumentarão racionalmente ou não estarão dispostos a recorrer a truques políticos.

- Não se envolva emocionalmente — argumente de modo racional, a partir de fatos simples. Sob emoção, é natural que se engane e isso transparecerá em suas comunicações.

- Ouça e esteja aberto a contra-argumentos, analisando-os devidamente, mas evite fazer tantas concessões que o projeto perca o sentido, mesmo que passe a ser viável.

- Deixe que a escolha final seja de seu cliente; dê-lhe o conselho necessário para a tomada de uma decisão racional. Se ele entende o risco, mas ainda assim quer prosseguir, é um direito legítimo dele. Você também pode legitimamente questionar se o risco do projeto pode refletir em você e tornar-se um risco para sua própria reputação. Ninguém tem sucesso fracassando.

- Se a decisão não estiver a seu favor, decida sobre o grau de risco pessoal e, se for mais alto do que deseja, retire-se do projeto (se for possível).

Logo, o que você faz no pior caso? Se chegou a esta parte do capítulo, vamos supor que já tenha feito coisas como estas. Você avaliou o projeto e ele é um desastre prestes a acontecer; sua técnica construtiva para encerrar o projeto falhou. Alguém ainda quer seguir adiante com ele, e esse alguém vai assegurar que isso aconteça. Toda sua capacidade de discernimento e avaliações continuam a lhe dizer que ele será um fracasso. Você tentou mudar ou interromper o trabalho. Usou todas as suas habilidades de comunicação para explicar por que se trata de má ideia.

Mas ninguém está ouvindo você.

Esse é o momento de fazer suas malas e dizer 'não'. Você é o especialista nessas questões e, se o cliente ou patrocinador não escutar isso, eles provavelmente não escutarão nada mais do que disser, o que tornará seu relacionamento de trabalho difícil. Sei que nem sempre se pode fazer isso, mas você ficará surpreso com o poder de simplesmente levantar e dizer algo como: "Muito bem, dei meu conselho segundo minha experiência profissional e respeito o fato de que você deseja ignorá-lo. Não tenho todas as respostas e pode ser que outra pessoa possa entregar esse projeto. Eu não posso. Boa sorte e, sinceramente, espero estar errado".

Agradeça-lhes educadamente pela oportunidade, diga 'não' e saia. Você deve isso a si mesmo. Não estou dizendo que todos vão gostar de você ou que muitas pessoas lhe serão gratas, mas nem sempre é isso que faz de um gestor de projetos um profissional bem-sucedido.

CAPÍTULO 12

O contexto mais amplo

A gestão de projetos é uma ferramenta útil e poderosa que permite às organizações completar com sucesso uma grande variedade de esforços, mas, para obter o máximo dos projetos, é preciso mais do que uma gestão específica. Os projetos desenvolvem-se em organizações nas quais o ambiente é propício a eles, com direção clara, decisões rápidas e autorizações suficientes. A criação desse ambiente está fora do escopo da gestão de projetos e depende de atividades como estratégia, gestão de portfólio e governança. Além disso, os projetos visam a oferecer valor na forma de benefícios à organização em que são conduzidos. Os benefícios constituem o retorno para o investimento feito nos projetos. Entregá-los de modo confiável às vezes exige mais do que oferece a pura gestão de projetos, e deve-se levar em consideração assuntos como gestão de mudanças e gestão de benefícios, além do relacionamento entre os projetos e as operações de negócios.

> **Ponto-chave da lição**
> A gestão de projetos não funciona isoladamente. Existem diversas outras disciplinas gerenciais que criam o ambiente correto para os projetos e que funcionam em paralelo à gestão de projetos para oferecer valor a uma organização.

Este capítulo é uma introdução de alto nível a diversas áreas que são importantes para o gestor de projetos conhecer. As principais questões são levantadas e, embora seja um breve resumo, contém os conceitos fundamentais e mais relevantes em cada área.

Estratégia e projetos

Não é verdade que amamos a palavra *estratégia* nos negócios? Isso também se aplica à gestão de projetos. Os gestores de projetos falam sobre *estratégias de projeto* (a abordagem geral para se atingirem os objetivos) e *estratégias de gestão de projetos* (a abordagem da ges-

> **Ponto-chave da lição**
> Os projetos são uma das principais maneiras de implementar a estratégia. Infelizmente, para os gestores de projetos, é inerente à empresa moderna que a estratégia seja mais vaga e mais volátil do que normalmente é apropriado para a entrega eficaz de projeto.

tão de projetos que será usada) e discutem continuamente a ligação entre projetos e estratégia de negócios. É essa ligação que pretendo abordar sucintamente.

Este não é um livro de gestão em geral e, por isso, evitarei debater se uma estratégia de negócios chega a ser um conceito significativo no mundo moderno; vamos assumir que sim. Trata-se de uma suposição razoável, e a maioria dos pensadores de gestão ainda valoriza a ideia de uma estratégia de negócios e desaprova as organizações que não têm uma. Infelizmente, eles costumam divergir sobre o que é uma estratégia útil. A maioria dos gestores aceita a necessidade da estratégia e normalmente gasta muito tempo lamentando que não exista uma ou que ela não seja clara.

A verdade é que, hoje em dia, a falta de uma estratégia absolutamente explícita é a norma para muitas empresas, e os gestores de projetos realmente devem se acostumar com isso. Outro fator a considerar no mundo moderno é que a estratégia, para ter algum valor, muda muito rapidamente. Infelizmente, com mais rapidez do que os projetos podem ser concluídos. Daí as demandas cada vez maiores por projetos mais e mais acelerados. Isso não é simplesmente fruto da insensatez da alta gerência, como costuma parecer à comunidade de projetos, mas um reflexo do mundo moderno dos negócios. Se uma estratégia muda radicalmente a cada seis meses, há pouco valor nos projetos de 24 meses que podem muito bem se tornar irrelevantes enquanto ainda estão sendo planejados com detalhes. O ponto importante para os gestores de projetos lembrarem é que a estratégia não visa a ajudá-los — os projetos é que existem como uma maneira de implementá-la. Eles precisam ser planejados para trabalhar na velocidade da estratégia.

Leia a maioria dos livros de estratégia e verá que eles abordam pouco ou nada sobre projetos. Isso é lamentável, pois os projetos são uma das principais maneiras de implementar a estratégia. O conhecimento dos pontos fortes e fracos da gestão de projetos poderia ajudar a idealizar mais facilmente as estratégias implementáveis. A estratégia deve influenciar a seleção de projetos, determinando as prioridades organizacionais (descritas a seguir na seção sobre gestão de portfólios). Os objetivos e as prioridades de um projeto (como o equilíbrio do entre tempo–custo–qualidade–escopo) devem se alinhar à estratégia, e o ideal é que até mesmo a tomada de decisão do dia a dia seja coerente com a estratégia do negócio.

Logo, o que os gestores de projetos podem fazer? Simplesmente isso. Tentar buscar o máximo de clareza possível sobre a estratégia. Trabalhar com os patrocinadores do projeto para interpretar a estratégia no contexto do projeto pelo qual são responsáveis. Alinhar objetivos, escopo e requisitos com a estratégia. Tomar decisões do dia a dia sobre os projetos que sejam coerentes com a estratégia. Estar preparados para que ela seja atualizada, e não se deprimirem se, no meio do caminho de um projeto, a estratégia mudar a ponto de exigir modificações importantes nele. Oferecer *feedback* para aqueles responsáveis pela estratégia: se ela é clara, significativa e possível com os recursos disponíveis. Por fim, aproveitar cada oportunidade para instruir aqueles que definem prioridades e estratégias organizacionais sobre a realidade dos projetos, o que funcionará e o que não funcionará. Como gestores de projetos, não poderemos realmente reclamar sobre a falta de estratégia, se nunca tivermos dito a alguém do que precisamos.

Operações e projetos

Uma estratégia é útil para definir a direção que uma organização seguirá e orientar a alocação de recursos. Mas o esforço real cotidiano de uma organização e onde se cria todo o valor em um negócio está nas operações. Uso a palavra *operações* no sentido amplo, para significar todas as coisas que uma empresa faz, dia após dia, para conseguir aquilo que é sua razão. Assim, em uma empresa comum, isso inclui procurar insumos, transformá-los em qualquer produto ou serviço que a empresa venda, oferecer serviço aos clientes e todas as atividades de suporte.

> **Ponto-chave da lição**
> Os projetos oferecem benefícios às operações, mas também criam uma série de problemas. Vale a pena entender esses problemas do ponto de vista dos gerentes operacionais para poder conquistar seu apoio.

A relação entre projetos e operações é interessante e conflitante. Uma grande proporção dos projetos envolve fazer melhorias nas operações de uma empresa. Os gerentes operacionais são os patrocinadores e clientes de uma imensa gama de projetos. As operações de hoje não serão suficientemente boas para amanhã e, provavelmente, já sofrerão de uma série de problemas. Os projetos podem ser a salvação das operações, oferecendo todos os tipos de melhoria e aperfeiçoamento para facilitar a tarefa da gestão operacional.

Portanto, pode-se pensar que os gerentes operacionais recebam de braços abertos os gestores de projetos, para que conduzam todo e qualquer projeto que queiram. Na verdade, os gerentes operacionais costumam ser avessos aos projetos e céticos quanto a seus benefícios. Existem diversos motivos para isso, e o gestor de projetos deverá entendê-los, se quiser trabalhar com sucesso com os gerentes operacionais. Os motivos mais comuns são:

- **Projetos que exigem recursos.** Em uma empresa moderna, sujeita a anos de cortes de gastos e impulsionadores de eficiência, os departamentos operacionais em geral estão apertados. O gerente operacional, portanto, não aceita bem quando um gestor de projetos vem e pede pessoal para trabalhar em seu projeto — e não é qualquer pessoa, mas normalmente o melhor pessoal do gerente operacional. Trata-se de uma solicitação razoável do gestor de projetos, mas também é perfeitamente razoável que o gerente operacional fique insatisfeito com isso.

- **Projetos que resultam em interrupção, arriscando o desempenho operacional.** Os gerentes operacionais estarão voltados a atingir todos os tipos de indicadores-chave de desempenho e volumes de produção. Cada projeto resulta em algum grau de mudança e provavelmente será impossível implementar esse tipo de mudança sem criar interrupção. Portanto, embora no longo prazo o gerente operacional possa beneficiar-se com o projeto, no curto prazo ele possivelmente sofrerá.

- **Histórico de projetos.** No passado, os gerentes operacionais ouviram promessas de cada benefício que se possa imaginar. Infelizmente, todos eles já se desapontaram com projetos cujo resultado ficou abaixo do esperado. Toda vez que você pedir o suporte de um gerente operacional, terá de lutar contra essas experiências.

- **Necessidade de entregar benefícios.** Os investimentos em projetos precisam ser justificados, e eles o são por meio dos benefícios — um corte de custo aqui, um aumento de produção ali e diversas metas de desempenho melhoradas. Geralmente, não é o gestor de projetos quem precisa entregar esses benefícios, mas o gerente operacional. Da próxima vez que você buscar suporte, pelo menos tenha alguma simpatia pelo gerente operacional. O que você realmente dirá é que, em troca de algo que ele deve ter fé que será entregue, você pedirá corte em seu orçamento ou aumento de suas metas — em outras palavras, tornará a vida dele mais difícil. Você confiaria em alguém que lhe oferecesse um acordo desse tipo ou ficaria feliz com isso?

- **Número de horas no dia.** O último motivo pelo qual os gerentes operacionais podem não ficar exatamente superentusiasmados com seu projeto é que isso significará algum trabalho para eles — como patrocinador ou apoiador do projeto. Na maioria dos casos, os gerentes operacionais já estão totalmente ocupados, e um pouco de trabalho extra pode ser a última coisa de que precisam.

Todas essas questões podem ser contornadas. Projetos são entregues com sucesso o tempo todo, com o suporte proativo e forte dos gerentes operacionais, mas não pense cegamente que eles o apoiarão automaticamente. Se você entender de onde eles vêm, terá uma chance muito maior de obter seu apoio.

Gestão de programação de projetos

Não dediquei muito tempo neste livro à discussão sobre programações de projetos ou gestão de programação. Essas palavras surgiram ocasionalmente no texto.

> **Ponto-chave da lição**
> Uma programação de projetos não é simplesmente um nome para um projeto grande, mas inclui empreendimentos que vão além dos projetos. A gestão de programação de projetos baseia-se na gestão de projetos, mas se estende além dela.

Um motivo é que muitos dos fatores que formam grandes gestores de projetos também formarão grandes gestores de programação de projetos. Entretanto, seria muito simplista considerar as programações de projetos como apenas projetos sob outro nome.

Existem muitas definições diferentes de programação de projetos e, consequentemente, de gestão de programação de projetos. Às vezes, aplica-se o termo programação simplesmente para indicar um projeto grande ou complexo. Devemos ignorar essa definição porque ela é irrelevante e desnecessária. Um projeto grande é apenas isso — um projeto grande. A expressão programação de projetos, para ser útil, refere-se a algo ligeiramente diferente. Para mim, uma programação de projetos é uma série de diferentes projetos que estão sendo gerenciados em conjunto, para que se atinja um objetivo comum. Assim, pode haver uma programação de serviço ao cliente com vários projetos, todos visando à melhoria do atendimento ao cliente. Pode haver uma programação de redução de custos, composta por uma grande variedade de iniciativas que contribuem para essa redução.

Muitas das habilidades de um gestor de programação são equivalentes às de um gestor de projetos. As técnicas de gestão de programação de projetos são basicamente uma extensão da gestão de projetos e desenvolveram-se a partir dela. Os bons gestores de projetos entenderão facilmente o trabalho de um gestor de programação de projetos. Na realidade, até certo ponto os gestores de projetos executam a maioria das tarefas de um gestor de programação de projetos. No entanto, a escala e a complexidade do trabalho e o foco do tempo de gestão podem ser significativamente diferentes.

Em quais pontos a gestão de programação de projetos vai além da gestão de projetos? Não existe uma única definição aceita universalmente, mas, para mim, um gestor de programação de projetos encara os seguintes desafios, além de todos aqueles encarados por um gestor de projetos:

- **Gestão de múltiplos projetos.** Um gestor de projetos às vezes tem responsabilidade por mais de um projeto por vez, especialmente se forem pequenos. Os gestores de programação de projetos sempre lidam com múltiplos projetos, alguns dos quais podem ser individualmente grandes.

- **Gestão de riscos e problemas comuns entre os projetos.** Os gestores de projetos necessitam lidar com os problemas e riscos dentro de seus projetos. Os gestores de programação de projetos normalmente precisam procurar e resolver problemas e riscos dentre vários projetos.

- **Dependências entre projetos.** Se uma programação de projetos é composta por projetos e cada um deles tem um gestor de projetos competente, uma das tarefas mais importantes para o gestor de programação de projetos é identificar e gerenciar as dependências entre eles.

- **Equilíbrio de recursos — e priorização em relação a um resultado e uma restrição de recursos ou orçamento.** Os gestores de projetos tendem a focar os *deliverables*. As funções dos gestores de programação de projetos visam mais comumente aos resultados — alcançar uma melhoria de x por cento ou uma redução de custo de y por cento. Para isso, eles precisam considerar como os recursos alocados à programação de projetos são mais bem equilibrados entre os projetos que estão sendo conduzidos. Por conseguinte, alguns projetos podem ser mais acelerados enquanto outros mais lentos.

- **Decisão sobre as fases dos projetos.** Isso está relacionado ao equilíbrio de recursos que um gestor de programação de projetos promove. Com frequência o fluxo de benefícios relativos aos recursos disponíveis pode ser maximizado, planejando-se as fases dos projetos de formas diferentes. Um gestor de projetos só entrega seu projeto. O gestor de programação de projetos tem algumas opções em relação a quais projetos entregar e, essencialmente, em que ordem.

- **Gestão dos *stakeholders* mais graduados.** Simplesmente devido à escala das programações de projetos, seus gestores geralmente lidam com *stakeholders* de níveis mais altos. Isso não significa apenas que os gestores de programação de projetos precisam ser mais competentes em gestão e comunicação com os *stakeholders*; normalmente significa que eles passam uma parcela muito mais alta de sua vida lidando com essas questões. (Se você não gosta desse lado da gestão de projetos, provavelmente é melhor evitar a gestão de programação de projetos.)

- **Gestão de mudanças e benefícios.** A maioria dos gestores de programação de projetos assume uma responsabilidade maior, às vezes até mesmo uma obrigação, pela entrega de mudanças nos negócios e da concretização de benefícios. (A gestão de mudanças e benefícios é discutida adiante.)

Essa lista dá uma ideia da função do gestor de programação de projetos. Se você quiser passar da gestão de projetos para a de programação de projetos, essas são as áreas de competência que precisará desenvolver.

Gestão de portfólios de projetos

A gestão de portfólios é uma expressão cada vez mais usada nos círculos de gestão de projetos. Ela não tem uma definição universal. Às vezes, o título gestor de portfólio é utilizado de modo semelhante ao dos gestores de programação de projetos para indicar alguém que gerencia uma coleção de projetos, com a gestão de

> **Ponto-chave da lição**
> A gestão de portfólios trata da seleção do conjunto ideal de projetos para alcançar as metas organizacionais em relação aos recursos disponíveis.

portfólio sendo o conjunto de habilidades que eles aplicam. Para mim, o termo indica algo muito diferente da gestão de projetos e da programação de projetos e, embora um gestor de portfólio já possa ter sido um gestor de projetos ou de programação de projetos, a função realizada é diferente.

Em espírito, a gestão de projetos e programação de projetos trata de entrega. A gestão de portfólios cuida do controle e da tomada de decisão. Enquanto gestores de projetos e programação de projetos buscam otimizar o modo como gerenciam qualquer projeto, um gestor de portfólio procura otimizar o conjunto de projetos e programações de projetos que estão sendo conduzidos. Para isso, existem três atividades principais dentro da gestão de portfólios:

1. **Determinar objetivos do portfólio.** Um portfólio é uma seleção de projetos e programações de projetos. Fazer uma seleção exige alguma base, e a base são os objetivos do portfólio. Se uma empresa tem um portfólio, esses objetivos devem ser o subconjunto das metas organizacionais gerais que devem ser alcançadas por meio de projetos. Por exemplo, considere uma empresa que queira reduzir sua base de custos em R$ 100 milhões. Ela pode encarregar os gerentes funcionais de cortar seus orçamentos das atividades comuns dos negócios em R$ 50 milhões. Os outros R$ 50 milhões de economia serão obtidos por meio de atividades baseadas em projetos. Então um objetivo de portfólio é entregar um total de R$ 50 milhões em economias a partir dos projetos. Normalmente haverá uma gama de objetivos. Uma das metas do gestor de portfólios é equilibrar a variedade de projetos por meio de objetivos que podem não ser complementares, como aumento dos níveis de atendimento ao cliente, custos reduzidos, maior segurança e saúde, conformidade com a regulamentação e assim por diante.

2. **Selecionar o conjunto ideal de projetos para alcançar esses objetivos em relação aos recursos disponíveis.** A próxima, e talvez a tarefa central do gestor de portfólios, é gerenciar o processo pelo qual se selecionam os projetos que devem ser entregues. Isso requer manter um inventário dos projetos existentes e futuros, com informações suficientes para que possam ser comparados. As informações relevantes são custos, benefícios, dependências, recursos exigidos, riscos e impactos. Essa não é uma tarefa trivial. Uma vez dispondo de um inventário, é possível selecionar o conjunto de projetos que atenda melhor aos objetivos do portfólio e priorizar entre eles. Trata-se de um conceito simples, mas incrivelmente difícil de ser bem-feito na prática. Os princípios de priorização foram discutidos no Capítulo 10. Ela é mais complexa em um portfólio do que em um projeto, mas os princípios são os mesmos.

3. **Gerenciar o portfólio *in-life*.** Esse portfólio é um conjunto de projetos ativos. O gestor de portfólios não é responsável pela entrega do projeto; isso fica a cargo de

cada gestor de projetos. Mas o gestor de portfólios precisa (1) acompanhar o progresso, que raramente seguirá exatamente os planos ou as expectativas originais; (2) identificar riscos para o alcance dos objetivos do portfólio; e (3) fazer mudanças regulares no portfólio. O gestor de portfólios, por examinar todos os projetos, também está em boa posição para julgar a escala de mudanças de um departamento ou função da empresa e planejar implementações de modo que não haja sobrecarga em uma área qualquer. A complexidade da gestão de portfólios é aumentada pelo fato de que isso é sempre altamente dinâmico. Novas ideias de projetos surgem o tempo todo, projetos existentes superam as expectativas ou ficam aquém delas e consomem prazos diferentes do que se esperava, e as prioridades dos negócios e, portanto, os objetivos do portfólio mudam constantemente. Um atraso em um projeto afetará outros por causa das dependências, mas também porque isso significa que os recursos estarão amarrados por mais tempo. A gestão de portfólios precisa lidar com desafios como esse regularmente.

Existem muitas ferramentas e técnicas complexas de gestão de portfólios. O sucesso normalmente está em gerenciar em um nível de detalhe substancial e aceitar que a gestão de portfólios nunca poderá fazer uma seleção perfeita de projetos. A informação nunca é completa e absolutamente precisa. Além disso, aquilo que se considera o conjunto ideal de projetos mudará o tempo todo. O gestor de portfólios deve responder adaptando os projetos selecionados, mas, se isso for feito com muita frequência, nada conseguirá ser entregue. Um fator de sucesso importante na gestão de portfólios é o número de projetos selecionados. Há sempre pressão para acrescentar mais projetos ao portfólio de projetos ativos. É melhor ficar com um pequeno conjunto deles e entregá-los rapidamente. Não dificulte o negócio como um todo com muitos projetos, espalhando seus recursos sem nunca conseguir entregar algo. Tomar decisões difíceis e fazer poucas coisas bem, em vez de saltar com os recursos constantemente entre os projetos, sempre gera um resultado melhor.

Gestão de mudanças

Assim como a maioria dos outros termos neste capítulo, não existe uma única definição, aceita universalmente, do termo 'gestão de mudanças'. O importante é que qualquer projeto resulta em alguma forma de mudança. Se não houver mudança, o projeto não terá entregado nada. A gestão de mudanças foi desenvolvida como um modo de garantir que a mudança exigida ocorra, mas gestão de projetos e gestão de

> **Ponto-chave da lição**
> A gestão de mudanças oferece um conjunto de teorias e ferramentas que se estende além da gestão de projetos e que é essencial para entregar a mudança sustentada que muitos projetos exigem.

mudanças não são a mesma coisa. Alguns livros de gestão de projetos apresentam a gestão de mudanças como se ela fosse a gestão de projetos. Por outro lado, os livros sobre gestão de mudanças normalmente não mencionam a gestão de projetos.

A forma mais produtiva de considerar a gestão de projetos e de mudanças é como *kits* de ferramentas úteis, e os melhores gestores de projetos (bem como a maioria dos gestores de programação de projetos) devem ser capazes de fazer uso dessas duas caixas de ferramentas de acordo com uma atividade específica. Algumas mudanças nos negócios são implementadas sem projetos (por exemplo, atividades de melhoria contínua), alguns projetos resultam em mudança nos negócios muito limitada (como muitos *deliverables* puramente técnicos), mas muitos projetos exigem uma mudança nos negócios significativa para entregar resultados. Isso abrange todos os tipos de projetos, como atividades de replanejamento organizacional, implementações de sistemas de TI, melhorias de processos e mudanças de prédio.

Conforme indiquei no Capítulo 9, não se intrometa em gestão de mudanças, pelo menos onde estiver ocorrendo alguma mudança significativa, se você não entender a respeito. Busque treinamento ou ajuda especializada.

Afinal, qual é a diferença entre gestão de projetos e de mudanças? Trata-se de uma discussão longa, mas pode ser resumida como uma questão primordial de tempo e escopo. A gestão de mudanças inicia-se antes de um projeto e estende-se até depois do término dele; ela trata do desenvolvimento de um ambiente organizacional em que a mudança seja possível. Isso é algo que precisa estar disponível antes do início de quaisquer projetos. A gestão de mudanças também cuida da entrega de mudança sustentada. Um projeto cria *deliverables* e inicia um processo de mudança, entretanto ele não terá valor algum para uma empresa, se ela retornar a seu estado original logo após sua conclusão. A gestão de mudanças, portanto, serve para garantir que a mudança perdure. Enquanto a gestão de projetos visa a concluir atividades e criar *deliverables*, a gestão de mudanças trata da transição de uma organização de um estado para outro.

Existe um relacionamento próximo entre a gestão de projetos e de mudanças. Atividades como a gestão de *stakeholders* é uma parte central da gestão de projetos, mas também podem fazer parte da gestão de mudanças. Os bons gestores de projetos planejam a entrega de *deliverables* e o fechamento do projeto. A maioria das atividades de entrega trata tanto da aceitação das mudanças pelas organizações como da gestão pura do projeto. Também a seleção da estratégia de implementação mais apropriada, desde a introdução em fases até as implementações do tipo 'big bang', é tão relevante para a gestão de mudanças quanto para a de projetos. Uma boa maneira para os gestores de projetos considerarem a gestão de mudanças como um conjunto de ferramentas que maximiza a probabilidade de sucesso do projeto é responder a duas perguntas:

1. O que facilitará essa mudança — e como podemos fazer uso disso?
2. O que impedirá essa mudança — e como podemos remover ou reduzir isso?

A gestão de mudanças traz ferramentas além daquelas normalmente consideradas como pertinentes à gestão de projetos. Não posso, no espaço de algumas páginas, abordar toda a riqueza da gestão de mudanças, mas existem dois aspectos fundamentais que o gestor de projetos deve entender para entregar qualquer tipo de mudança:

1. Do ponto de vista dos indivíduos na organização afetados pela mudança. O indivíduo questionará "como essa mudança me afeta?" e o gestor de projetos quer saber "como podemos persuadir esse indivíduo a apoiar a mudança?".
2. Do ponto de vista das operações gerais do negócio. Os gerentes operacionais questionarão "como essa mudança afetará a empresa?" e o gestor de projetos quer saber "como podemos garantir que maximizamos os aspectos positivos dessa mudança e minimizamos os negativos?".

Para conseguir a mudança em um nível individual, temos de permitir que os indivíduos:

- Entendam a mudança. Isso acontece:
  - Pela comunicação repetida — por que a mudança é necessária, o que ela é e como ela os afeta pessoalmente. Comunicações simples, claras e coerentes são a chave.
  - Fornecendo uma oportunidade para discutir a mudança e, se possível, permitir envolvimento no projeto da mudança. O envolvimento é um modo poderoso de desenvolver o entendimento e a aceitação da mudança.
- Tenham a capacidade de executar algo de maneira diferente. Se quisermos que alguém use processos ou ferramentas novas, ou que trabalhe de uma maneira nova, ele precisa ter as habilidades e competências exigidas para atuar dessa maneira. Dentre os componentes para fornecer essa capacidade, destacamos:
  - Definir funções, processos e procedimentos, ferramentas e sistemas.
  - Fornecer qualquer treinamento e desenvolvimento necessário.
  - Não sobrecarregar as pessoas com muitas mudanças ao mesmo tempo. É fácil inundá-las com mudanças, entretanto é preciso tempo para adaptar-se a qualquer mudança. Muita mudança de uma só vez é sempre muito arriscada.
- Estejam motivados a trabalhar de maneira diferente. A menos que você tenha controle total sobre seu pessoal, não deve forçá-los a trabalhar de maneira dife-

rente. As pessoas participam da mudança, em vez de serem meramente afetadas por elas. Para que a mudança tenha sucesso, é preciso haver algum nível de motivação para sua aceitação. Alguns fatores que contribuem para o desenvolvimento dessa motivação são:

- Algum envolvimento no projeto de mudança, de modo geral. Isso desenvolve entusiasmo e um senso de posse.

- Crença na mudança. Isso pode ser alcançado observando-se vitórias rápidas e, de forma crítica, o comportamento coerente de seus gerentes, especialmente os de nível sênior. Toda vez que um membro da alta gerência atuar de um modo que seja contrário à mudança, você terá um problema sério nas mãos. O comportamento coerente dos gerentes nunca é fácil, mas é fundamental ao sucesso na entrega da mudança.

- Gestão de desempenhos e recompensas coerentes com a mudança. Não há sentido em bonificar o pessoal de uma maneira quando uma mudança está tentando fazer algo diferente. É essencial que as recompensas sejam compatíveis com os objetivos da mudança.

Para preparar as operações de negócios para a mudança, temos de fazer o seguinte:

- Fornecer *deliverables* de qualidade, que ofereçam a capacidade plena para executar a mudança. É no ponto da implementação nas operações de negócios que quaisquer concessões à qualidade com o objetivo de cumprir o prazo e o custo de um projeto se tornarão visíveis. A menos que os *deliverables* estejam ajustados à finalidade, a mudança não funcionará.

- Oferecer recursos humanos adequados, treinados e motivados (incluindo gerentes). Se as pessoas não puderem ou não quiserem agir de maneira diferente, as operações não funcionarão dessa forma. É realmente simples assim.

- Escolher o melhor momento para a mudança. Existem ocasiões boas e ruins para se realizarem mudanças nos negócios. A maioria das empresas possui um ciclo anual de picos e quedas no trabalho. Fazer uma mudança significativa em uma época de pico geralmente é um erro. Além disso, quaisquer outras mudanças que estejam acontecendo em paralelo devem ser consideradas. Assim como os indivíduos, as operações de uma empresa só podem adotar um limitado número de mudanças simultâneas. Normalmente, é a capacidade de absorver mudanças nas operações que determina o cronograma dos projetos. Por outro lado, quando existem dependências entre projetos, todos eles precisam ser entregues para criar a mudança necessária. Por exemplo, se um novo sistema de TI exigir novos computadores para acessá-lo, não há muito sentido em implantar o sistema em um projeto antes que o projeto de implantação de novos computadores também esteja concluído.

- Situar corretamente os processos de gestão. Isso inclui funções e responsabilidades de gestão e limites organizacionais definidos, além da disponibilização das informações de gestão necessárias para dar suporte à devida tomada de decisões gerenciais.

Gestão de benefícios

A gestão de benefícios ou *realização de benefícios* é o processo usado para garantir que um projeto (ou outro investimento) alcance um retorno na forma de valor. Normalmente se associa o valor a fatores financeiros (custos reduzidos, maiores margens de lucro e assim por diante), mas ele pode assumir uma forma não financeira, porém mensurável (como maior satisfação do cliente ou melhoria nos indicadores de desempenho operacionais), ou uma forma intangível (por exemplo, alinhamento estratégico melhorado). Não importa como o valor seja retornado a uma empresa, se possível, ele deve ser medido e confirmado após um projeto. Essa atividade de medição de benefícios após um projeto geralmente é conhecida como *acompanhamento de benefícios*. O fato de um projeto entregar benefícios é, em primeiro lugar, a razão para realizá-lo.

> **Ponto-chave da lição**
> A gestão de benefícios garante que se obtenha um valor a partir dos projetos. Os projetos devem ser selecionados, projetados e gerenciados para otimizar o fluxo de benefícios relevantes a uma organização.

O processo de gestão de benefícios começa com o desenvolvimento de um plano de negócios, que define formalmente os custos e benefícios dos projetos e geralmente estabelece a justificativa para se fazer o projeto. O plano de negócios deve ser uma das principais considerações na seleção e priorização dos projetos. É comum apresentar ideias de projeto para depois procurar benefícios para justificá-las, mas isso não é o ideal. Você deve começar identificando quais benefícios deseja alcançar em seu negócio, com base em prioridades estratégicas, e depois elaborar projetos para alcançá-los.

Em geral, os planos de negócios são excessivamente tendenciosos a medidas puramente financeiras, e costuma ser mais fácil justificar um projeto com um forte plano de benefícios financeiros do que com bons benefícios intangíveis. Isso é um engano. Obviamente os benefícios financeiros têm importância crucial, e uma boa proporção de projetos deverá entregar sólidos retornos financeiros, mas qualquer organização, até mesmo um pequeno negócio, é mais do que apenas finanças, e outros projetos que a beneficiem fortemente, embora não possam ser colocados em termos financeiros puros, também devem ser buscados.

Não é simplesmente a escala dos benefícios que importa, mas também o momento de sua ocorrência. Os benefícios que chegam mais cedo são desproporcionalmente mais valiosos que os futuros. Isso se deve em parte a fatores como o valor temporal do dinheiro e a realização de metas dentro dos anos contábeis. Também é porque a estratégia muda rapidamente. Um benefício que seja relevante para uma empresa agora pode ser menos crucial em um ano, quando o foco estratégico estará em outra parte. Se a entrega de benefícios for lenta, ela sempre ficará defasada em relação às prioridades estratégicas.

Normalmente, uma vez desenvolvido um plano de negócios, os benefícios são esquecidos até o final do projeto, quando poderão ser rastreados. Novamente, isso é um engano. Projetos são voláteis. Os benefícios a serem alcançados variarão no decorrer do projeto à medida que as suposições mudam, pois a prática da vida real é diferente da teoria e por causa dos riscos e problemas que surgem. Os benefícios devem ser avaliados no decorrer do projeto e atualizados regularmente. Em alguns casos aumentam, em outros diminuem — ocasionalmente a ponto inviabilizar a continuidade do projeto. Os benefícios devem estar em primeiro plano na mente do gestor de projetos, pois os projetos podem ser planejados e gerenciados ativamente para maximizar benefícios. Fatores como escopo, requisitos que são incluídos e a definição das fases dos projetos afetam diretamente a escala e o momento de ocorrência dos benefícios. Quando ocorrem problemas, riscos e mudanças, os gestores de projetos normalmente pensam apenas em administrar o impacto sobre o prazo ou o custo do projeto. A consideração mais importante deveria ser o impacto sobre os benefícios. Preocupe-se um pouco menos com "como isso afeta tempo, custo ou qualidade" e um pouco mais com "como isso afeta a realização, o prazo e a escala dos benefícios".

Supondo que o projeto seja concluído e os benefícios tenham sido otimizados, é hora de acompanhar os benefícios. Isso não é tão fácil quanto parece. Existem vários problemas em conferir se os benefícios foram alcançados e em medi-los formalmente com alguma metodologia de acompanhamento, tais como:

- De modo geral, os benefícios são simplesmente difíceis de medir. Por exemplo, melhorias incrementais de eficiência operacional em uma organização complexa que sejam resultantes de um projeto podem ser difíceis de rastrear. Como você mediria, em seu próprio trabalho, a eficiência 1,3 por cento melhor, estabelecida no plano de negócios de um projeto?

- Normalmente, é difícil ter certeza de que foi o projeto que entregou os benefícios e não alguma outra mudança em outro ponto. Na maioria das organizações, existem centenas ou mesmo milhares de pequenas mudanças em implementação contínua. Como você pode estar certo de que os benefícios alcançados devem-se a seu projeto e não a uma das outras mudanças que ocorrem em paralelo?

- Com frequência, os benefícios surgem após o projeto ter sido concluído. Se um projeto oferecer economias de custo em três anos, então você só poderá ter certeza de que os benefícios foram alcançados três anos depois. Nessa época, o gestor de projetos e os membros da equipe de projeto provavelmente estarão dispersos, trabalhando em algo mais, em algum outro lugar.

- Os benefícios geralmente são estimados de forma aproximada no início de um projeto. Mesmo que se tenha desenvolvido um plano de negócios completo e detalhado, é comum ele estar cheio de suposições não testadas. Essas suposições não costumam ser validadas no decorrer do projeto, e pode-se descobrir que estão erradas somente quando os benefícios não forem alcançados. Benefícios estimados são bons para oferecer orientação inicial, mas fracos para fornecer uma meta precisa — eles podem tanto subestimar benefícios como superestimá-los. (Tenho constatado que, no afã de ter os projetos aprovados, um patrocinador pode ser superotimista ao julgar os benefícios e depois comprometer a equipe de projeto para entregá-los. Isso pode criar problemas significativos para os gerentes operacionais, que precisam alcançar os benefícios de uma forma ou de outra.)

Além disso, medir benefícios pode, infelizmente, gerar um comportamento tanto ruim como bom, se as medidas e os incentivos para alcançá-los forem mal planejados. Por exemplo, se seu projeto visa à redução de funcionários em uma empresa e você estiver medindo e recompensando as pessoas com base nessa realização, eles podem focar apenas a redução do quadro, sacrificando todo o restante. A resposta aqui é aplicar um conjunto balanceado de medidas de benefício, mas isso exige tempo e esforço.

Se bem refletidos e com esforço suficiente, a realização de benefícios pode ser alcançada e pode ser uma força muito positiva, levando ao sucesso de um projeto. Se você for gerenciar benefícios, as atividades a serem realizadas são:

- Elaborar o projeto para os benefícios, e não o contrário.

- Definir benefícios bem estimados no início do projeto. Se tiver de acompanhá-los e medir o sucesso por meio deles, vale a pena realmente esforçar-se para definir benefícios razoáveis e claros em primeiro lugar. Quaisquer suposições feitas devem ser acompanhadas por um processo de gestão de suposições do projeto.

- Garantir que seja possível medir pelo menos alguns desses benefícios. Projetos podem ser desenvolvidos para alcançar benefícios intangíveis, mas não será possível rastreá-los. Um benefício como economia de custo é conceitualmente fácil de acompanhar, algo como satisfação pessoal é um pouco mais difícil e melhorias incrementais em aspectos como a reputação de uma empresa são quase impossíveis de se medir.

- Determinar quem é responsável por alcançar o benefício no início do projeto. Isso é fonte de muita controvérsia — normalmente é um gerente operacional que precisa conviver com os resultados do projeto, uma vez concluído. Ao concordar com os benefícios a serem atingidos, o gerente operacional estará assumindo o compromisso de que o projeto será entregue com sucesso.

- Gerenciar o projeto constantemente com os benefícios em mente. Decisões diárias podem aumentar ou reduzi-los. O gestor de projetos sempre deverá lutar para maximizá-los.

- Atribuir recursos e responsabilidades para medir os benefícios. Essa tarefa demandará algum tempo e não acontecerá a menos que alguém seja designado para fazê-la.

- Definir as expectativas sobre quanto benefício será alcançado no ciclo de vida do projeto e combinar com o patrocinador do projeto como esses benefícios serão acompanhados após a conclusão dele.

Com frequência, o comportamento nos projetos melhora quando as pessoas sabem que os resultados finais serão medidos e acompanhados de modo consistente e formal. Faça isso, mas não caia na armadilha de subestimar o esforço exigido para realizar isso corretamente.

Governança

A governança corporativa garante que uma empresa tenha objetivos alinhados com as diversas necessidades dos *stakeholders* (especialmente aquelas dos acionistas), que a realização desses objetivos seja monitorada e que alguma ação seja tomada para verificar se esses objetivos foram alcançados. A governança corporativa é uma responsabilidade do conselho de

> **Ponto-chave da lição**
> A governança provê a estrutura geral e os controles que orientarão a seleção e a entrega de projetos.

administração de uma empresa. Como uma parte significativa dos investimentos de muitas empresas está alocada em projetos e uma das principais maneiras de alcançar os objetivos estratégicos é por meio de projetos, nada mais lógico que os projetos também serem analisados do ponto de vista da governança corporativa. Na verdade, muitas das questões relativas a projetos são detalhadas demais para fazerem parte do escopo da governança corporativa, a qual atua em um nível mais alto por toda a empresa. Por isso, a comunidade de gestão de projetos desenvolveu o conceito de governança de projetos (ou governança de programação de projetos ou governança de portfólios).

Assim como muitas outras palavras dentro da gestão de projetos, o termo governança foi apanhado e utilizado em diversos contextos. Para mim, governança de projetos trata da estrutura geral que é montada para controlar e direcionar projetos. Essa responsabilidade é do conselho de uma empresa, mas, na prática, costuma ser delegada e administrada de modo bastante eficaz pela alta gerência operacional. Alguns dos objetivos mais importantes da governança de projetos são:

- Montar um sistema de gestão de portfólios adequado para otimizar a seleção de projetos.

- Garantir o alinhamento dos objetivos do portfólio com os objetivos estratégicos e assegurar que os projetos corretos estejam sendo selecionados.

- Oferecer um processo de tomada de decisão e autorização que facilite em vez de atrapalhar a entrega dos projetos.

- Fornecer supervisão e direção-geral.

- Garantir o desenvolvimento de uma capacidade apropriada de gestão de projetos e de gestão de programação de projetos dentro da organização.

- Insistir no uso de procedimentos bem estruturados para gestão e acompanhamento de benefícios.

- Encorajar um ambiente e uma cultura organizacionais que favoreçam a entrega bem-sucedida dos projetos.

CAPÍTULO 13

Pensamentos finais

Este livro oferece orientação a gerentes de projetos sobre a passagem da gestão básica de projetos para habilidades mais avançadas. Seu objetivo é ficar entre o conhecimento formal que você desenvolveu e o treinamento que teve na mecânica de gestão de projetos.

A ironia é que a maior parte dos aspectos abordados neste livro é intuitivamente mais óbvia que muitos processos avançados de gestão de projetos. Isso não significa que se deve ignorá-los. Quando você assiste à apresentação de um grande palestrante, normalmente constata que, ao analisar o que se disse, aqueles pontos tidos como brilhantes eram verdadeiros e acrescentaram um valor tremendo, principalmente porque foram fáceis de entender e evidentemente estão corretos. Não é diferente com os gestores de projetos, pois a gestão de projetos é uma disciplina aplicada, e não abstrata. Para mim, tem sido interessante observar que o *feedback* das edições anteriores deste livro, tanto de alunos como de novos gestores de projetos, tem sido positivo, mas com o detalhe de que "isso é realmente óbvio". O comentário dos gestores de projetos e de programação de projetos mais experientes tem sido constantemente algo como "isso é verdadeiramente útil e melhorou a forma como entrego os projetos". Às vezes, todos nós precisamos de um pouco de experiência para enxergar o valor do óbvio que nunca realmente conhecemos.

Concordo com a necessidade de um bom processo de gestão de projetos. Você deve sair em busca de conhecimentos sobre processos de gestão, mas aprenda como usá-los na prática, em vez de na teoria. Quando estiver em ação como gestor de projetos, ninguém se importará com a competência com que você aplica os processos e as ferramentas, eles só estarão interessados em saber se o projeto será entregue ou não. Se quiser realmente ser bom, os processos não serão suficientes. Precisará aplicar o bom-senso e utilizar as habilidades explicadas neste livro. Baseie sua experiência no uso das lições abordadas aqui, para que elas se tornem automáticas e intuitivas.

A gestão de projetos pode passar por ciclos de crescimento e queda. Quando as organizações estão prosperando, elas absorvem grandes quantidades de gestores de projetos. Quando estão em declínio e há corte de custos, os gestores de projetos são um alvo óbvio. Pode ser difícil trabalhar em uma profissão que tende a ser a primeira a entrar e a primeira a sair, sobretudo em situações nas quais as empresas, constantemente, acham que o caminho para cortar custos é encerrar os projetos e a única forma de encerrá-los é demitindo seus gestores. Não se desespere, pois a demanda pelos melhores gestores de projetos persiste, mesmo em tempos de retração econômica. Afinal, até os projetos de corte de custos exigem gestores especializados! Nos bons tempos, ser um ótimo gestor de projetos impulsionará seu sucesso, enquanto nos maus tempos isso ajudará a mantê-lo.

Os padrões de gestão de projetos continuarão a subir à medida que a ocupação continuar a se tornar mais profissional. Acabaram-se os dias em que as pessoas se tornavam gestores de projetos simplesmente porque não tinham nada mais para fazer. Logo, o desafio para você, como gestor de projetos profissional, é aprender as lições e continuar a melhorar.

Observe outros gestores de projetos. Aprendi muitas lições excelentes observando outros profissionais da área, alguns dos quais nunca tiveram treinamento formal em gestão de projetos na vida. Apliquei com sucesso na prática todos os conselhos contidos neste livro, mas grande parte deles originou-se de outros gestores de projetos mais competentes. Procure bons gestores de projetos e tente trabalhar com eles ou então tente fazer parte da equipe deles em uma programação de projetos maior e aprenda suas lições. Aprenda também consigo mesmo. Quando descobrir uma técnica que funciona bem, lembre-se dela e aplique-a novamente.

Toda vez que concluir um projeto, realize uma revisão e pense no que saiu bem e no que saiu mal. Se tudo saiu errado, descubra por que e seja honesto consigo mesmo quanto à parte da falha que lhe cabe. Reflita sobre o que faria diferente da próxima vez. Você precisa pelo menos ser verdadeiro consigo mesmo. Não se esconda por trás do fato de que havia muitas mudanças, muitos riscos, poucos recursos. O que você fez a respeito disso? Você era o gestor do projeto! Todos os grandes gestores de projetos cometeram enganos em algum momento, mas eles sobreviveram e aprenderam pela experiência.

Boa sorte.

Guia de referência rápida — conteúdo resumido

Esta seção oferece um resumo de consulta rápida para o conteúdo básico deste livro. Ele serve como um guia de referência que você pode pesquisar em sua aplicação diária das lições do livro. Se precisar de mais detalhes, consulte o capítulo original.

Capítulo 1 — Alguns fundamentos

Um *projeto* é basicamente um modo de trabalho, um modo de organizar pessoas e um modo de gerenciar tarefas. Trata-se de um estilo de coordenação e gestão de trabalho. O que o diferencia dos outros estilos de gestão é ser totalmente focalizado em um resultado específico e, quando se alcança esse resultado, ele deixa de ser necessário e cessa. Um projeto começa e termina em um ponto definido no tempo e está completo quando se chega ao resultado (normalmente combinado no início do projeto e definido como *deliverables tangíveis*

> **Ponto-chave da lição**
> Você deverá entender e ser capaz de definir os principais termos utilizados dentro de seu projeto. Isso deve incluir uma definição clara de seu papel como gestor de projetos, uma definição do cliente e um entendimento comum do sucesso para seu projeto.

e específicos). Em geral, os recursos são limitados — mais comumente o dinheiro e o tempo das pessoas — para entregar o resultado. Quando o resultado for entregue, algo terá mudado. Embora diferentes projetos possam ter algumas características comuns, cada projeto é exclusivo, com um conjunto de atividades único e específico. Os projetos quase sempre estão sujeitos a riscos.

A *gestão de projetos* é uma técnica formal para gerenciar os projetos. Ela é composta por um conjunto definido de processos, ferramentas e métodos.

Um *gestor de projetos* é alguém responsável pela entrega de um projeto (ou um componente específico de um projeto, se estiver trabalhando como parte de uma hierarquia de gestores de projetos).

Você precisa ser capaz de definir sua função em qualquer projeto específico. Uma boa maneira de fazer isso é ser capaz de identificar por quais componentes do plano de projeto e por qual conjunto de *deliverables* você é responsável.

Os projetos são feitos para *clientes*, e um cliente é alguém que possui qualquer uma das três características a seguir:

1. Legitimamente estabelecerá os objetivos ou requisitos do projeto.
2. Gozará dos benefícios do projeto, uma vez concluído.
3. Tem uma função formal na avaliação do sucesso de um projeto, uma vez concluído.

O *sucesso* em um projeto pode ser medido em relação a três critérios:

1. Fornecimento dos *deliverables*.
2. Realização dos benefícios associados.
3. Satisfação do cliente.

Capítulo 2 — Ouça e fale

As habilidades de comunicação são o principal diferenciador entre gestores de projetos excelentes e os comuns. Se precisar focalizar na melhoria de suas habilidades em qualquer área, comece trabalhando suas habilidades de comunicação. Muitos pontos sobre a comunicação podem parecer evidentes ou óbvios, mas ainda assim são importantes. Comece pensando quem você precisa ouvir e com quem precisa falar — esse é seu 'público-alvo'.

> **Ponto-chave da lição**
> Pense a respeito, planeje e execute suas comunicações com cautela, esforço e impacto. Suas comunicações precisam ser baseadas em um conhecimento de seu cliente que vá além da especificação de requisitos e do compartilhamento de relatórios periódicos. Suas comunicações com a equipe de projetos precisam ir além do compartilhamento do plano de projeto e de atualizações esporádicas.

Seu 'público-alvo' pode ser dividido em três categorias gerais:

1. **Pessoas envolvidas diretamente no projeto.** Esta pode ser a equipe do projeto, mas também incluirá fornecedores e outros terceiros responsáveis pela entrega e por atividades relacionadas à entrega.

2. **Clientes do projeto.** A pessoa ou o grupo de pessoas para os quais um projeto está sendo entregue. O cliente pode ser classificado em várias categorias distintas, tais como:

> **Ponto-chave da lição**
> Identifique e avalie as necessidades de informação de seu público-alvo. Identifique quem é seu cliente e planeje a interação com ele.

- Patrocinador.
- Financiador.
- Beneficiário.
- Usuário final.
- Cliente final.

O gestor de projetos precisa:

- Identificar quem são os clientes.
- Identificar o ponto crítico e a importância relativa.
- Determinar qual informação é relevante para eles.
- Determinar qual é o melhor momento, o melhor meio e o melhor enfoque na transmissão de informações.
- Determinar qual é o retorno exigido do cliente.

3. Outros *stakeholders*. Um vasto grupo que pode incluir qualquer outro afetado pelo projeto ou ser capaz de afetar o resultado do projeto. Em se tratando dos *stakeholders*, o gestor de projetos precisa:

- Identificar quem são os *stakeholders*.
- Avaliar sua relevância ao projeto.
- Visar àqueles com impacto significativo sobre o sucesso do projeto.
- Visar àqueles significativamente afetados pelo resultado do projeto.
- Determinar a comunicação apropriada.

Existem vários aspectos que o gestor de projetos sempre precisa conhecer antes que possa dizer que entende o que o cliente deseja. São eles:

- Os objetivos do projeto.
- O escopo do projeto.
- As medidas de sucesso.
- Os requisitos detalhados.

> **Ponto-chave da lição**
> Há muito mais para entender com as necessidades do cliente do que está escrito na especificação de requisitos. O gestor de projetos precisa compreender todos os requisitos em alto nível e especificamente entender o escopo completo do projeto. O conhecimento real exige um diálogo bilateral constante.

Há sete lições-chave para o gestor de projetos quando se trata de entender as necessidades do cliente:

1. Torne as suposições explícitas. Minimize o número de suposições e, se você tiver de recorrer a elas, deixe-as claras e compartilhadas.

2. Obtenha o conhecimento claro do escopo. E cuide para que possa escrever as respostas e expressá-las em palavras significativas para você e o cliente.

3. Tenha certeza de que entendeu os requisitos do cliente e como eles se relacionam ao projeto que você está conduzindo. Espere divergências de opinião e prepare algum mecanismo para resolvê-las. O teste para você é:

    - Você tem conhecimento geral dos requisitos do cliente e de como eles se relacionam para oferecer uma solução geral para o cliente?
    - Você entende por que o cliente incluiu esses requisitos?
    - O cliente incluiu apenas os requisitos que se relacionam a alcançar o escopo e os objetivos combinados do projeto?

- Você entende como esses requisitos se traduzirão em blocos de trabalho que o projeto entregará?
- Você entende como esses blocos de trabalho estão interligados?
- Você consegue visualizar e explicar isso?
- O conjunto combinado de requisitos alcançará o resultado e as expectativas desejadas pelo cliente?
- Cada requisito é claro, não ambíguo, rastreável (ou seja, você conhece sua origem) e comprovável (ou seja, você tem como saber ao certo se o realizou)?

A resposta para todas essas perguntas precisa ser 'sim'. Não se trata de exigir que você analise, decore e entenda toda e qualquer linha da especificação de requisitos, ou toda e qualquer linha de cada plano dentro de seu projeto. É preciso que você tenha um conhecimento lógico de como tudo isso se relaciona e, quando examinar cada atividade principal dentro do projeto, saiba por que ela está sendo feita e qual é o impacto de seu fracasso. Sem esse conhecimento, não é possível planejar, gerenciar ou entregar o projeto. Se você está em um projeto e não consegue responder 'sim' a cada uma dessas perguntas, esforce-se mais para que isso aconteça (ou encontre outro gestor para o projeto).

4. Continue a verificar e a melhorar seu conhecimento. Estar certo na semana passada não é o mesmo que estar certo hoje.
5. Entenda o cliente. Você também precisa entender como seu cliente deseja trabalhar com você.
6. Perceba que é o projeto de seu cliente, não o seu.
7. Ouça! Provavelmente essa é sua maior tarefa.

O mecanismo básico mais comum para as comunicações de um gestor de projetos consiste em alguma forma de relatório regular, seja ele semanal ou mensal (embora, em alguns casos, seja diário ou trimestral). Além disso, existem 18 capacidades de comunicação adicionais exigidas dos gestores de projetos, que são as seguintes.

> **Ponto-chave da lição**
> Fale, fale e fale novamente — o relatório semanal não fará tudo isso. Pratique e aprenda as 18 lições de comunicação para garantir que você se comunicará total e continuamente com seu cliente e com a equipe de projeto.

Lições 1 a 4: seu planejamento e abordagem para as comunicações

1. Planeje seu cronograma de comunicações.
2. Aceite o relatório regular como parte do trabalho.

3. Use apresentações formais de modo apropriado.

4. Use comunicações informais espontânea e continuamente.

Lições 5 a 13: o estilo e o método de comunicação

5. Use a linguagem especializada de seu público-alvo onde for apropriado.

6. Evite muito jargão de gestão de projetos.

7. Esclareça o que você quer dizer com riscos.

8. Apresente informações complexas de maneira clara.

9. Adapte as comunicações ao público-alvo.

10. Comunique-se de modo eficaz com públicos seniores.

11. Não conte com e-mails.

12. Seja específico.

13. Apresente informações essenciais e fatuais em mensagens completas e em intervalos de tempo regulares.

Lições 14 a 18: regras que servem de base a todas as comunicações

14. Diga a verdade.

15. Mantenha apenas uma versão da verdade.

16. Gerencie as expectativas obsessivamente.

17. Comunique para depois entregar (não entregue para depois comunicar).

18. Lembre-se de que você é um modelo de atuação.

Capítulo 3 — O que é realmente o seu projeto?

O escopo é a pedra fundamental sobre a qual todas as outras atividades de gestão de projetos são executadas. O escopo define o que está dentro e o que está fora do projeto. Enquanto você não entender o escopo, não deverá começar a desenvolver seu projeto com qualquer detalhe. Não se apresse em desenvolver soluções antes que entenda o escopo.

> **Ponto-chave da lição**
> O alicerce que serve de base a todos os bons projetos é um entendimento claro do escopo. Sem isso, um gestor de projetos terá dificuldades em realizar uma entrega bem-sucedida.

> **Ponto-chave da lição**
> O escopo de um projeto pode ser mais bem entendido analisando-se um conjunto de perguntas estruturadas com o cliente.

Um bom conjunto de perguntas de escopo é este:

1. Qual é o objetivo geral do projeto?
2. Quais são os *deliverables*?
   - Existem *deliverables* exigidos pelo projeto pelos quais você não é explicitamente responsável?
   - Você está trabalhando para entregar um conjunto finito de *deliverables* ou para prever alguma competência do negócio?
   - Você está trabalhando para gerar um conjunto de *deliverables* independentes ou uma solução integrada de ponta a ponta?
   - Como será determinada a qualidade dos *deliverables*?
3. Você está trabalhando para implementar uma solução específica ou solucionar um problema?
   - Você é responsável pela entrega dos *deliverables* ou por atingir os benefícios do negócio?
4. Como o cliente medirá o sucesso ao final do projeto?
5. O que, do ponto de vista do cliente, pode mudar?
   - Você deseja previsibilidade ou velocidade?
6. Existem outras restrições ao projeto?
   - Existem quaisquer problemas, riscos ou oportunidades atualmente conhecidos?
   - Existem considerações externas?
7. Como seu cliente deseja trabalhar com você?
   - Como as decisões serão tomadas no projeto?
   - Seu patrocinador pode alocar todos os recursos que o projeto exige ou outros *stakeholders* precisam estar envolvidos?
   - Em que nível o projeto se encontra nas prioridades gerais de seu cliente?
   - Quem pode, legitimamente, estabelecer requisitos ao projeto?
8. O cliente possui quaisquer requisitos, suposições ou necessidades implícitas que não estão definidos nos documentos de escopo ou de requisitos?

Capítulo 4 — Algumas características fundamentais

Existem três características de personalidade exigidas dos gestores de projetos:

1. Um senso de posse para o que faz.

2. Bom-senso.

3. A capacidade de ser criativo.

> **Ponto-chave da lição**
> Para ser o gestor de projetos mais bem-sucedido, você precisa sentir e externar um senso de posse completa do projeto e de seu resultado.

> **Ponto-chave da lição**
> Cada projeto é diferente e um gestor de projetos precisa se adaptar a cada um. Embora as ferramentas e processos possam ajudar, a base para essa adaptação deve ser a ponderação do gestor de projetos.

Quinze áreas exemplares em que um gestor de projetos regularmente precisa aplicar a ponderação são:

1. O que está no escopo? Garantir que o escopo seja amplo o suficiente para agregar valor, embora suficientemente restrito para ser alcançável.

2. O que deve estar no plano? Tornar seu plano detalhado o suficiente para conseguir o que você precisa alcançar com ele, sem no entanto deixar de ser administrável.

3. Quais elementos do processo de gestão de projetos devem ser aplicados e quais devem ser ignorados? Se você tentar aplicar cada disciplina de gestão de projetos em toda situação, passará a vida gerenciando e nada entregará efetivamente.

4. Quando escalar? Encontrar o equilíbrio entre escalar muito cedo e muito tarde.

5. Quando entrar em detalhes e quando ser superficial?

6. Quando fazer e quando delegar?

7. Em quem você pode confiar em sua equipe de projeto?

8. Qual é o nível de risco aceitável? Os fatores a levar em consideração, ao avaliar se o nível de risco é aceitável, são:

- Você entende totalmente os riscos que identificou ou eles são apenas a ponta de um *iceberg*?

- Os riscos são questões independentes ou eles são inter-relacionados e cumulativos?

- Você tem uma forma de contornar o risco — ele pode ser reduzido, você pode atenuar sua ocorrência ou tem um plano de contingência, caso ele aconteça? (O plano é viável e existem recursos para implementá-lo?)

- Qual é o nível de favorecimento ou aversão ao risco da organização em que você está trabalhando?

- Até que ponto é crucial que o projeto seja entregue? Se o risco fizer o projeto sair dos trilhos, isso terá um impacto significativo sobre seu cliente ou ele enfrentará isso facilmente?

- Sua equipe de projeto é boa? Uma equipe forte costuma ser mais capaz de lidar com riscos e resolvê-los.

9. Qual é o nível de atividade paralela aceitável? As perguntas que você precisa fazer a si mesmo são:

    - Você tem recursos suficientes para realizar o trabalho em paralelo?
    - Algumas das tarefas conduzidas em paralelo são logicamente possíveis apenas se executadas de modo sequencial?
    - Qual é o impacto sobre as fases de teste e treinamento?
    - Você pode, como gestor de projetos, realmente administrar isso?
    - Qual é o impacto sobre cada membro da equipe?
    - Qual é o impacto sobre a entrega de benefícios?

10. Qual é o nível de mudança aceitável? As principais coisas a fazer são:

    - Cuidar para que o projeto tenha um processo de controle de mudanças robusto.
    - Desenvolver a capacidade de explicar o impacto da mudança sem emoções.
    - Determinar a importância da mudança.
    - Estabelecer o impacto da mudança sobre o projeto.
    - Avaliar como a equipe de projeto está lidando com isso.

11. Quando adotar o processo de gestão de mudanças?

12. Quando é razoável prosseguir com base em uma suposição?

    - Qual é o impacto de não fazer uma suposição? (Seu trabalho será adiado, o custo aumentado etc.?)
    - Qual é o risco de fazer uma suposição? (Qual é a probabilidade de que ela esteja errada e qual será o impacto, se estiver errada?)
    - Qual é a facilidade ou dificuldade de confirmar a suposição que deseja fazer?

13. De quantos níveis organizacionais de gestão de projetos você precisa? Um modo simples de verificar isso é descobrir quantas pessoas você tem *gerenciando* o trabalho em comparação com *fazendo* o trabalho. Se o número de gestores não re-

presenta uma pequena porcentagem (menos de 25 por cento, talvez até dez por cento) dos que fazem realmente, então você tem muitas camadas de gestão. Já vi projetos nos quais 40 por cento a 50 por cento da equipe parecem estar gerenciando, em vez de entregando — isso é muito alto. Por outro lado, se tiver bem menos de dez por cento de gestão, provavelmente terá muito poucos gestores.

14. Quando considerar *stakeholders* mais amplos?
15. Quando o projeto está concluído?

> **Ponto-chave da lição**
> Nunca seja criativo com os requisitos de seu cliente, mas sempre procure formas criativas de entregar aqueles requisitos.

A criatividade tem suas raízes em muitos locais. Na prática, as principais fontes de criatividade são:

- Você mesmo e a equipe de projetos.
- Outras pessoas.
- Processos formais.

Capítulo 5 — O início de seu projeto

Os seguintes pontos deverão ser considerados no planejamento:

- Para que serve seu plano:
    - Formar uma visão de quais são as tarefas existentes em um projeto, e por conseguinte quanto tempo levarão, e a partir disso poder derivar quais recursos serão necessários.
    - Explicar à alta gerência e a outros *stakeholders* como um projeto será entregue.
    - Permitir que as pessoas envolvidas no projeto sejam alocadas para trabalhar e entendam como seu trabalho encaixa-se no projeto.
- Portanto, você deverá considerar em cada situação em que estiver usando um plano:
    - O nível de detalhes exigido nessa situação.
    - O formato da apresentação.
    - O grau de 'especificidade' — por exemplo, é genérico sobre recursos e tipo de recurso, ou é específico e lista o nome de um indivíduo em particular?

> **Ponto-chave da lição**
> O modo como planeja e provê recursos para seu projeto definirá a estrutura e as restrições dentro das quais você operará em seu desenvolvimento. Dedique tempo e esforço para fazê-lo corretamente.

- O processo de planejamento básico consiste em:
  - Montar uma estrutura de detalhamento de trabalho (WBS — *Work Breakdown Structure*).
  - Identificar e incorporar as dependências entre as tarefas.
  - Somar os períodos que cada tarefa levará.
  - Determinar os tipos de recurso e quantidades de que precisa para cumprir esse plano.
  - Acrescentar sua disponibilidade de recursos real e atualizar o plano.
  - Acrescentar os níveis de contingência apropriados.
- Os fatores a serem considerados na montagem de seu plano são:
  - Quem o ajuda a desenvolver o plano?
  - Marcos.
  - Quantos planos?
  - O nível de detalhes em seu plano, tanto no geral como em suas diversas fases.
  - Tamanho da tarefa.
  - Os tipos de dependências.
  - Quanta atividade paralela você permitirá.
  - Que consideração você dará ao risco.

> **Ponto-chave da lição**
> Esteja preparado para mudar seu plano — a medida do sucesso não é um plano imutável, mas cumprir os objetivos dentro da realidade da mudança contínua.

Os seguintes pontos deverão ser considerados na estimativa da duração da tarefa e dos recursos:

- Estime o tamanho das tarefas que você conhece.
- Cuide para que os requisitos sejam claros.
- Procure alguém com experiência para ajudá-lo.
- Desmembre uma tarefa em atividades conhecidas menores, se for possível e se isso ajudar.
- Procure atividades semelhantes para servirem de modelo.
- Faça uma suposição, na pior das hipóteses.

> **Ponto-chave da lição**
> Ao apresentar estimativas de tempo, custo ou recurso, correlacione o detalhe e a precisão de sua estimativa com o nível de certeza associado a ela.

Os seguintes pontos devem ser considerados na alocação de recursos:

- As principais questões que a alocação de recursos resolverá são:
    - De onde você obterá os recursos?
    - Como as pessoas alocadas ao projeto vão interagir com a organização em que trabalham?
    - Como você organizará os membros da equipe de projeto?
- Os pontos básicos para a alocação de recursos são:
    - Determinar no plano quais habilidades você exige, de quantas pessoas com essas habilidades você precisa e por quanto tempo.
    - Trabalhar com os donos dos recursos (geralmente gerentes funcionais), para conseguir que as pessoas necessárias sejam alocadas ao projeto.
    - Refletir sobre os graus de risco e contingência exigidos no projeto.
    - Agregar o uso de recursos no plano para entender seus pontos de sobrecarga e subcarga.
    - Evitar cair na armadilha de pensar que a solução para todo problema seja acrescentar mais recursos.
    - Rever o plano considerando os recursos reais disponíveis, que podem ser diferentes daqueles solicitados originalmente. Você pode reiterar entre planejamento e alocação de recursos várias vezes. (Na verdade, até certo ponto, essa é uma ação contínua durante o ciclo de vida do projeto.)
- A organização da equipe de projeto. Considere o seguinte:
    - Tamanho do projeto.
    - Fase de projeto.
    - Complexidade do trabalho.
    - Tipo de pessoal.
    - Relacionamento com usuários finais.

Não são apenas pessoas que alocamos como recursos de um projeto! Você também precisa orçar:

- Itens que o projeto precisa comprar como componentes dos *deliverables*.
- Itens que o projeto deve pagar por serem exigidos para realizar o trabalho no projeto.

- Custos com recursos externos — contratados e consultores.
- Custos com recursos internos — pessoal de sua própria organização.

O processo básico para incluir contingência em seu plano é:

- Evite prever uma contingência para cada atividade.
- Mantenha seus recursos de contingências centralizado.
- Gerencie as pessoas para que cumpram o plano —, mas libere a contingência quando for preciso.
- Gerencie e monitore seus recursos de contingências. Se ele estiver esgotando-se mais rapido que o andamento do projeto, um problema estará surgindo.

> **Ponto-chave da lição**
> Incluir a contingência em um plano é essencial e não um sinal de uma fraca gestão de projetos. O fator crítico é quanta contingência e como você aloca e gerencia. Isso deverá estar relacionado ao grau de risco de seu projeto específico.

Os seguintes pontos devem ser considerados com relação à mobilização. Mobilizar significa:

- Energizar e alinhar a equipe de projeto. Se for uma equipe grande, isso poderá exigir um esforço considerável (ver Capítulo 8).
- Garantir que a comunidade ampla de *stakeholders* dê suporte ao projeto e esteja pronta para apoiá-lo (ou tenha atividades planejadas para contornar a resistência, quando necessário).
- Assegurar que os membros da equipe de projeto entendam os objetivos de seu envolvimento, as tarefas de trabalho específicas que lhes foram alocadas e como elas se encaixam no plano geral.

Quando tiver de trabalhar sob restrições:

- Considere a restrição como um desafio construtivo.
- Planeje, em princípio, seu projeto sem as restrições.
- Avalie o impacto da restrição.
- Reveja, depois, sua abordagem para o seu projeto.

> **Ponto-chave da lição**
> De modo geral, a teoria da gestão de projetos define o ambiente ideal para se configurar e executar um projeto. Na prática, nem todas as condições ambientais ideais serão alcançadas e, como gestor de projetos, você precisa aprender a lidar com situações abaixo do ideal, gerenciando uma série de restrições e comprometimentos.

- Examine o ciclo de vida do projeto que você está implementando e veja se é preciso acrescentar fases adicionais.
- Tome medidas atenuantes que existirem.
- Fale com seu cliente e explore as opções.
- Apresente-lhe, desse modo, as opções.
- Tome uma decisão explícita sobre como você gerenciará essa restrição.
- Replaneje o projeto de acordo com isso e comunique as mudanças, uma vez que tenha decidido qual caminho seguir.

Capítulo 6 — Estilos pessoais

Estilos a serem evitados:

1. Garoto briguento.
2. Malucos por processo, planejadores compulsivos e obcecados por detalhes.
3. O homem Teflon.
4. O gestor aterrorizado.

Quais são os atributos de estilo pessoal que têm o maior impacto sobre a percepção das pessoas a seu respeito? Existem 11 fatores:

1. Empatia com seu cliente.
2. Habilidades de gestão e liderança.
3. Capacidade para lidar com estresse.
4. Respeito pelas pessoas.
5. Dinamismo e positivismo.
6. Habilidades de formar rede de relacionamento (*networking*).
7. Sensibilidade política.
8. Presença.
9. Senso de humor.
10. Sensibilidade ao ambiente.
11. Adaptação de seu estilo à situação.

> **Ponto-chave da lição**
> Não existe um estilo pessoal certo para um gestor de projetos; os gestores bem-sucedidos possuem diversos estilos. Mas existem certas técnicas a evitar e alguns atributos de estilo importantes de se desenvolver.

> **Ponto-chave da lição**
> Certos estilos pessoais limitarão seu sucesso como gestor de projetos.

> **Ponto-chave da lição**
> Escolha o estilo que melhor desenvolve sua marca pessoal. Aprimore os atributos do bom estilo para ajudá-lo a ter sucesso.

Capítulo 7 — Gerenciar seu projeto

1. O que você deve gerenciar?

   - O tempo que o projeto está levando para ser entregue.
   - Os recursos que você está usando para entregar.
   - A qualidade do trabalho feito e dos *deliverables* produzidos.
   - O escopo e o resultado.
   - Seu cliente.

> **Ponto-chave da lição**
> Para executar bem seu trabalho, um gestor de projetos precisa entender o que está gerenciando, ter um mecanismo de fornecimento de informações para entender quando a ação de gestão é exigida e, por fim, implementar uma ação quando a informação lhe disser que isso é necessário.

2. Como você sabe que deve tomar uma ação gerencial?

   - Relatórios formais de progresso e de monitoração de progresso:
     - Relatórios de progresso e outros insumos formais da equipe de projeto.
     - Planejamento e monitoração contínuos.
     - Orçamento e controle de gastos.
     - Reuniões da equipe de projeto.

> **Ponto-chave da lição**
> O grau de dificuldade na gestão de um projeto está intimamente relacionado ao modo como você preparou os alicerces (em termos de expectativas, escopo, plano e recursos).

   - Uso e avaliação de produtos das ferramentas de gestão de projetos, como:
     - Avaliação de riscos.
     - Gerenciamento de problemas.
     - Gerenciamento de suposições.
     - Controle de mudanças.
   - Controle de auditorias de qualidade dos *deliverables*.
   - Conversas diárias e comunicações informais.
   - Retorno direto do cliente.

3. Como você deve gerenciar?

   - Mude o modo como a equipe está trabalhando.
   - Mude os recursos de um projeto.
   - Mude o escopo de um projeto.

- Acrescente tarefas ao projeto.
- Mude o plano ou a metodologia.
- Mude a qualidade.
- Tome decisões e escale para a gerência mais alta quando necessário, para que ela tome decisões.
- Encerre o projeto.

> **Ponto-chave da lição**
> O sucesso de um gestor de projetos depende de um entendimento do que pode ser gerenciado e das fontes de informações para disparar a ação gerencial. A medida do sucesso depende apenas da ação tomada e de seu resultado.

Controle e gestão de mudanças

- Identifique e registre quaisquer mudanças que sejam propostas.
- Entenda e avalie a mudança.
- Determine opções viáveis para responder à mudança e determinar o impacto resultante sobre o projeto.
- Discuta com o patrocinador e combine com ele se a mudança deve ser aceita; se for, qual deve ser a técnica a ser utilizada para isso.
- Adapte seus planos apropriadamente.

> **Ponto-chave da lição**
> O controle de mudanças oferece mecanismos para um gestor de projetos responder às mudanças no escopo de um projeto e aos requisitos em um padrão controlado. É essencial, para o sucesso da gestão de projetos, que haja um processo de controle de mudanças robusto, apoiado pela definição contínua das expectativas.

Tomada de decisão

Um ponto que não pode ser esquecido sobre a tomada de decisão é de que ela implica um *trade-off* constante entre as seguintes questões:

- Até que ponto a decisão é crítica e qual será o impacto, se ela estiver errada?
- Até que ponto a decisão é crítica e qual será o impacto se levar muito para tomá-la? (As decisões mais difíceis são aquelas que precisam ser tomadas rapidamente, mas que também requerem muita informação e exercerão um grande impacto, se estiverem erradas.)
- Entender quem pode e quem deve tomar a decisão. Você pode fazer isso? Você necessita de um especialista? É algo para seu patrocinador decidir?
- Qual é a cultura de sua organização? Algumas empresas valorizam a tomada de decisão ponderada, enquanto outras valorizam a velocidade e o ritmo mais que a precisão.

Capítulo 8 — A equipe

Para obter o máximo da equipe de projeto, o gestor de projetos deverá seguir 17 tarefas de gestão de pessoas.

> **Ponto-chave da lição**
> Uma das principais tarefas para um gestor de projetos é gerenciar e motivar a equipe para que entregue tudo o que for exigido. Apenas o processo e as metodologias de gestão de projetos não conseguirão isso. Um gestor de projetos é, acima de tudo, um gestor de pessoas.

Acertando as bases — pessoas certas, habilidades certas, tarefas certas (tarefas de gestão 1 a 5)

1. Obtenha as capacidades e habilidades certas — administre qualquer lacuna entre as habilidades da equipe de projeto e as necessidades do projeto como um risco.

2. Busque qualidade em vez de quantidade. Quando em dúvida, sempre opte por menos pessoas, porém as melhores — elas serão mais fáceis de gerenciar e produzirão mais.

3. Atribua funções claras e objetivos definidos. Todos da equipe deverão saber:
   - Qual é seu papel e quais tarefas eles devem realizar. Isso deve ser definido de forma clara e sucinta.
   - Quem no projeto tem permissão para alocar trabalho a eles e decidir com quem ou para quem trabalharão.
   - Com quem eles devem interagir e trabalhar para concluir suas tarefas.
   - Quanto tempo eles deverão gastar no projeto (tanto a duração como a porcentagem de tempo nesse período que dedicarão ao projeto).
   - Quais são as medidas de sucesso para suas tarefas.
   - Por que eles foram escolhidos. Evite dizer às pessoas que elas estão no projeto porque foram as únicas disponíveis, mesmo que seja verdade, pois isso não é nada motivador!

4. Seja claro sobre como você deseja que as pessoas trabalhem.

5. Saiba quando retirar pessoas da equipe. Gerencie um desempenho fraco, dando às pessoas uma chance, mas não hesite em remover pessoas da equipe de projeto, se elas estiverem acrescentando risco desnecessário ou incontrolável.

Motivando e montando a equipe (tarefas de gestão 6 a 10)

6. Alinhe os objetivos pessoais e a motivação com as necessidades do projeto — mesmo sem autoridade funcional direta sobre os membros da equipe.

7. Trabalhe ativamente para desenvovler a equipe.

8. Alinhe as necessidades e oportunidades de desenvolvimento pessoal dos membros da equipe com as atividades do projeto.

9. Se possível, garanta que os membros da equipe de projeto tenham para onde voltar quando o projeto for concluído.

10. Esteja ciente da dinâmica e da política de equipe.

Desafios gerenciais da equipe de projeto (tarefas de gestão 11 a 15)

11. Tente manter a equipe de projeto trabalhando em proximidade física e gerencie os canais de comunicação. Quando não for possível manter as pessoas próximas, garanta que as cadeias de comunicação sejam robustas e que as pessoas se comuniquem da maneira mais 'próxima' possível. Com isso, quero dizer que o ideal é frente a frente, depois por videoconferência, logo após por telefone com facilidades de conferência on-line e, finalmente, por e-mail (este deve ser visto como o modo de comunicação mais ineficiente).

12. Lembre-se de seu pessoal fisicamente remoto e geograficamente disperso.

13. Gerencie o pessoal de tempo parcial com eficiência, pois nem todos os recursos serão de tempo integral, dedicado com exclusividade a seu projeto.

14. Aprenda a gerenciar para cima.

15. Aprenda a gerenciar especialistas que não se dedicam com exclusividade ao projeto. Garanta que o especialista em questão tenha realmente reservado tempo para sua tarefa, entenda totalmente a implicação de qualquer atraso (de modo que possa fazer uma escolha racional entre obter qualidade absoluta em sua área e o restante do projeto), tenha conhecimento claro da qualidade exigida e do grau de risco aceitável para o projeto e, por fim, entenda que você é um cliente importante que precisa estar satisfeito.

O contexto mais amplo (tarefas de gestão 16 a 17)

16. Lembre-se da organização como um todo — gerencie seu relacionamento e suas comunicações com eles.

17. Planeje o final do projeto e a dispensa da equipe de projeto.

Capítulo 9 — Os limites do conhecimento

Existem duas armadilhas em que os gestores de projetos costumam cair, que podem restringir suas realizações. A primeira é tentar aplicar habilidades genéricas de gestão de projetos à situação que requer um especialista. A segunda é tentar fazer coisas que podem ser mais bem-feitas por outras pessoas.

Se você é gestor de projetos e precisa analisar se é competente para gerenciar um projeto em qualquer situação específica, pergunte a si mesmo:

1. Você se sente confortável em gerenciar essa escala de projeto?
2. Você entende, de modo geral, o conteúdo do projeto e quaisquer conceitos associados?
3. Você é capaz de atuar no contexto da organização para a qual esse projeto está sendo realizado? Entende de forma ampla qualquer linguagem e terminologia especializada que eles utilizam?
4. Você consegue planejar, direcionar e controlar os diversos componentes do projeto, considerando que os especialistas necessários estão disponíveis para realizar o trabalho?
5. Você consegue avaliar a qualidade dos *deliverables* ou gerenciar um processo de avaliação dessa qualidade?
6. Você consegue desafiar os especialistas de modo competente?
7. A equipe de projeto e o cliente o aceitarão bem e seguirão suas instruções?

Se a resposta a todas essas sete perguntas for 'sim', você tem habilidades especializadas suficientes para gerenciar o projeto.

Existem sete áreas de trabalho consideradas como aquelas que os gestores de projetos normalmente tentam fazer eles mesmos, quando em geral seria melhor usar um especialista na área. Essas áreas de 'delito' são:

> **Ponto-chave da lição**
> Projetos complexos são mais bem gerenciados para a entrega bem-sucedida por pessoas habilitadas em gestão de projetos. Essa disciplina é, em grande parte, uma abordagem genérica para administrar projetos, mas ser um gestor de projetos não constitui uma habilidade completamente genérica, que pode ser aplicada a qualquer projeto e em qualquer situação. Para terem sucesso, os gestores de projetos precisam entender e ser capazes de usar a linguagem, os conceitos e as ideias que são utilizadas dentro do contexto do projeto que estão gerenciando.

> **Ponto-chave da lição**
> Os gestores de projetos precisam respeitar a necessidade de uma gama de disciplinas especializadas em seu projeto e devem esforçar-se para obter todos os recursos de que o projeto necessita. Ser o gestor de um projeto de grande porte é uma tarefa de período integral e, mesmo que tenha habilidades para realizar outras tarefas, ele deve focalizar seu tempo e energia na gestão do projeto e não em executar outras tarefas.

1. Análise do negócio e levantamento de requisitos.
2. Gestão de mudanças. Os três principais usos desse termo são:
   - Gestão de mudança de projeto. Legitimamente parte da função de um gestor de projetos.
   - Gestão de mudança operacional. Normalmente uma responsabilidade do gerente operacional, mas precisa ser entendida pelo gestor de projetos.
   - Gestão de mudança organizacionais e de pessoas. Isso será feito por especialistas em gestão de mudanças.
3. Integração e teste de sistemas.
4. Negociações com fornecedores.
5. Questões contratuais e legais.
6. Departamento de gestão de projetos (PO — *Project office*).
7. Comunicações. Projetos que foram montados para controlar grandes atividades de mudança organizacional normalmente precisam de uma comunicação muito mais ampla — por exemplo, para milhares de pessoas afetadas em toda a empresa. Esse tipo de comunicação está mais relacionado a um conjunto de habilidades de marketing, jornalismo ou de comunicação empresarial do que as comunicações diretas de um gestor de projetos a clientes ou membros da equipe.

Tendo examinado algumas áreas às quais o gestor de projetos se apega, mas que em essência não fazem parte de sua responsabilidade, exceto nos projetos mais simples, o que realmente ele deve fazer a esse respeito?

1. Adquira um nível de competência básica em todas essas áreas, não para que você possa completar tarefas complexas em cada uma delas, mas para que possa acionar e interagir plenamente com profissionais em cada uma dessas disciplinas e para que possa gerenciá-los.
2. Aprenda quando e como engajar as pessoas em cada uma dessas tarefas.
3. Aprenda a usar sua linguagem e seus conceitos de modo a poder gerenciá-los e desafiá-los sem ter de realizar o trabalho deles.
4. Se engajar esse especialista, cuidar para que o patrocinador de seu projeto entenda por que essa tarefa não lhe cabe e o que esse especialista traz.

Faça a si mesmo quatro perguntas, se não estiver certo se deve assumir uma tarefa ou não:

1. Você entende a tarefa bem o suficiente para ser capaz de definir o escopo total do que precisa ser feito?
2. Você tem o conhecimento e a experiência necessários para concluir as tarefas com a qualidade exigida e sem expor o projeto a um risco desnecessário?
3. A contribuição de um profissional nessa área é opcional?
4. Você tem tempo para fazer esse trabalho sem prejudicar suas responsabilidades de gestão de projetos?

Somente se puder responder 'sim' a todas as perguntas você deverá assumir a tarefa.

Capítulo 10 — A mecânica da gestão de projetos

Foram excluídos por terem sido abordados em outras partes da obra ou não serem relevantes ao livro:

1. Planejamento (Capítulo 5).
2. Procedimentos de controle de mudanças no projeto (Capítulo 7).
3. Tomada de decisão (Capítulo 7).
4. Criação de formulários e documentos padronizados.
5. Criação de relatórios semanais e mensais para um formato padronizado.
6. Alocação de recursos e gestão, por meio de ferramentas como cronogramas e sistemas de registro de tempos.
7. Uso de software comum de gestão de projetos.

A seguir estão 12 habilidades para garantir que você as entenda e as aplique conforme a necessidade.

Habilidades 1–7: a mecânica central da gestão de projetos

1. Gestão de suposições:
    - Identifique-as.

> **Ponto-chave da lição**
>
> As metodologias de gestão de projetos contêm um rico conjunto de técnicas e ferramentas, embora seja comum os gestores de projetos aplicarem apenas algumas delas. Não se esqueça dos outros componentes que, em projetos complexos e arriscados, serão muito úteis. Os gestores de projetos bem-sucedidos possuem um *kit* de ferramentas muito amplo, o qual utilizam regularmente.

> **Ponto-chave da lição**
>
> Os bons gestores de projetos aceitam que todos os projetos diferem entre si e, portanto, adaptam sua técnica de acordo com isso — escolhendo quais partes do *kit* de ferramentas de gestão de projetos aplicar e em quais situações — e a aplicam na forma mais simples correspondente à complexidade e à escala do projeto.

- Documente-as.
- Conteste-as.
- Avalie-as.
- Atribua-lhes um proprietário.
- Defina prazos para resolvê-las.
- Comunique-as.
- Monitore-as.
- Resolva-as.

2. Aprovação.
3. Gestão de dependências externas:
   - Garanta que você entenda qual projeto ou parte do trabalho está entregando a dependência e quem é responsável por garantir que ela seja entregue.
   - Tente remover a dependência.
   - Garanta que alguém, em algum lugar, seja responsável por entregar a dependência.
   - Monitore a entrega da dependência, obtendo atualizações periódicas do progresso.
   - Verifique os relatórios de progresso do projeto para obter a confiança de que eles estão exatos.
4. O compromisso entre tempo–custo–qualidade–escopo — entenda-o totalmente e aplique-o na tomada de decisão do dia a dia.
5. Entenda e aplique a gestão de riscos e de problemas proativamente. Algumas dicas de gestão de riscos são:
   - Seja claro sobre qual é o risco.
   - Use um ciclo de vida de projeto em fases que permita que você entenda e gerencie o risco. Realizar um estudo de viabilidade é basicamente uma etapa de gestão de riscos — com ele, você pode:
     - Reduzir a incerteza nos planos.
     - Identificar riscos específicos que precisam ser gerenciados.
     - Esclarecer quando se necessita de planos de contingência.
     - Montar um plano de projeto compatível.

- Garanta que seu projeto tenha uma metodologia de gestão de riscos robusta e identifique e reveja regularmente os riscos existentes.

- Avalie esses riscos para verificar se qualquer um deles tem chance de impactar de modo significativo o projeto. Se esse for o caso, você precisará tomar uma ação em relação ao risco.

- Planeje o que você pode fazer sobre o risco. Isso basicamente se resume a quatro categorias:
    - Mantenha um registro de observação.
    - Alivie a chance de risco.
    - Alivie o impacto do risco.
    - Tenha um plano de contingência.

6. Plano de contingência e gatilhos. Os principais pontos a se pensar com relação aos planos de contingência são os seguintes:

    - O que dispara seu plano de contingência?
    - Você tem os recursos para implementar o plano de contingência?
    - Isso realmente reduz o risco?
    - O que você poderá retirar do escopo, se a escolha for não entregar?

7. Use a escalada com eficiência.

Habilidades 8 a 12: mecânica de suporte

8. Análise de *stakeholders*:

    - Alto impacto, alto suporte.
    - Alto impacto, baixo suporte.
    - Baixo impacto, alto suporte.
    - Baixo impacto, baixo suporte.

9. Uso do PO:

    - Você sabe o que pode querer que o PO faça por você?
    - Isso o tornará mais eficiente ou produtivo?
    - Quem tem acesso aos recursos do PO?
    - Todos os demais entendem o que ele faz?

10. Administração e gestão de reuniões.

11. Priorização:

- Com base em que você está priorizando? Você necessitará de alguma medida segundo a qual formará a base de priorização.

- Siga uma categorização ampla e simples de tarefas, que todos entendam, como:
    - Precisa ser feito, não pode atrasar.
    - Precisa ser feito, mas permite certo atraso.
    - Precisa ser feito, o prazo é flexível.
    - Opcional, mas importante.
    - Opcional, não crucial.

- Esteja preparado para um grau variável de volatilidade e para responder às solicitações de escalada.

- Cuide para que a priorização seja explícita.

- Seja implacável na aplicação de prioridades uma vez combinadas.

- Não confunda a urgência da tarefa com sua importância.

- Combine o que você fará com as tarefas de prioridade baixa.

- Considere o compromisso entre tempo–custo–qualidade–escopo ao definir prioridades.

12. Uso de ciclos de vida do projeto:

- Entenda os princípios de diferentes ciclos de vida e aplique-os como for apropriado.

- Seja capaz de usar a linguagem correta nos ciclos de vida para o contexto em que está trabalhando.

- Varie o ciclo de vida em conformidade com a natureza do projeto que você está conduzindo.

Capítulo 11 — Saiba quando dizer 'não'

A gestão de projetos trata de garantir a entrega, e não de atos heroicos sem sentido contra todas as adversidades. Quando tudo indica que as coisas não vão acontecer, é recomendável evitá-las ou, melhor ainda, garantir que elas sejam canceladas antes que cheguem a algum lugar. Não importa quão bem faça isso, você não será um gestor de projetos excelente ou bem-sucedido, se passar a vida inteira deixando, ainda que brilhantemente, de entregar projetos impossíveis. Uma habilidade útil, portanto, é saber quando dizer 'não' e, igualmente importante, como fazer isso.

> **Ponto-chave da lição**
> O simples fato de alguém achar que é necessário um gestor de projetos não significa que ele seja realmente o seja nem que esse seja o melhor uso de seu tempo.

Antes de aceitar o trabalho do projeto, é importante considerar:

- Esse é o melhor uso do gestor de projetos?
- Esse gestor de projetos tem o tipo adequado de habilidade?
- Essa é realmente uma atividade baseada em projeto?

Os sinais de perigo a serem procurados são:

- Nenhuma energia.
- Nenhum acionador ou patrocinador real.
- Nenhuma disposição para liberar os recursos certos.
- Clientes demasiadamente exigentes com expectativas absurdas.
- Clientes com ideias fixas e falta de habilidade em ouvir.
- Objetivos conflitantes — ou em demasia.
- Clientes conflitantes.
- Má compreensão dos requisitos.
- Falta de flexibilidade para planejar.
- Falta de tempo suficiente para teste.
- Muitas atividades paralelas e pouco tempo para as principais tarefas.
- Alto risco com prazos apertados e sem planos de contingência.
- Tecnologia desconhecida ou soluções para uma situação que exige alto desempenho.
- O projeto que se arrasta há anos.

> **Ponto-chave da lição**
> Existem muitas indicações claras de quando um projeto provavelmente fracassará. Procure-as e avalie se você será capaz de gerenciar os riscos ou não.

> **Ponto-chave da lição**
> É muito melhor acabar com más ideias, ou ideias impraticáveis, do que tentar conduzir um projeto impossível.

> **Ponto-chave da lição**
> Se puder, fuja de projetos impossíveis. Deixar de entregar ainda é um grande fracasso.

Capítulo 12 — O contexto mais amplo

Estratégia e projetos

- Tente buscar o máximo de clareza possível sobre a estratégia.
- Trabalhe com os patrocinadores do projeto para interpretar a estratégia no contexto do projeto pelo qual eles são responsáveis.
- Alinhe objetivos, escopo e requisitos com a estratégia.
- Tome decisões rotineiras sobre os projetos que sejam coerentes com a estratégia.
- Esteja preparado para que ela seja atualizada, e não se deprima se, no meio do caminho de um projeto, a estratégia mudar a ponto de exigir modificações importantes nele.
- Ofereça *feedback* para aqueles responsáveis pela estratégia sobre se ela é clara, significativa e possível com os recursos disponíveis.
- Aproveite cada oportunidade para instruir aqueles que definem prioridades e estratégias organizacionais sobre a realidade dos projetos, o que funcionará e o que não funcionará.

> **Ponto-chave da lição**
> A gestão de projetos não funciona isoladamente. Existem diversas outras disciplinas gerenciais que criam o ambiente correto para os projetos e que funcionam em paralelo à gestão de projetos para oferecer valor a uma organização.

> **Ponto-chave da lição**
> Os projetos são uma das principais maneiras de implementar a estratégia. Infelizmente para os gestores de projetos, é inerente à empresa moderna que a estratégia seja mais vaga e mais volátil do que normalmente é apropriado para a entrega eficaz de um projeto.

Operações e projetos

Para obter suporte operacional para um projeto, o gestor de projetos deverá entender os problemas do gerente operacional, tais como:

- Projetos exigem recursos.
- Projetos resultam em interrupção, arriscando o desempenho operacional.
- Histórico de projetos.
- Necessidade de entregar benefícios.
- Número de horas no dia.

> **Ponto-chave da lição**
> Os projetos oferecem benefícios às operações, mas também criam uma série de problemas. Vale a pena entender esses problemas do ponto de vista dos gerentes operacionais para poder conquistar seu apoio.

Gestão de programação de projetos

Situações nas quais a gestão de programação de projetos vai além da gestão de projetos:

- Gestão de múltiplos projetos.
- Gestão de riscos e problemas comuns entre os projetos.
- Dependências entre projetos.
- Equilíbrio de recursos — e priorização em relação a um resultado e a uma restrição de recursos ou orçamento.
- Decisão sobre as fases dos projetos.
- Gestão dos *stakeholders* mais graduados.
- Gestão de mudanças e benefícios.

> **Ponto-chave da lição**
> Uma programação de projetos não é simplesmente um nome para um projeto grande, mas inclui empreendimentos que vão além dos projetos. A gestão de programação de projetos baseia-se na gestão de projetos, mas se estende além dela.

Gestão de portfólios de projetos

As três atividades principais dentro da gestão de portfólios são:

- Determinar objetivos do portfólio.
- Selecionar o conjunto ideal de projetos para alcançar esses objetivos em relação aos recursos disponíveis.
- Gerenciar o portfólio *in-life*.

> **Ponto-chave da lição**
> A gestão de portfólio trata da seleção do conjunto ideal de projetos para alcançar as metas organizacionais em relação aos recursos disponíveis.

Gestão de mudanças

Uma boa maneira de os gestores de projetos considerarem a gestão de mudanças é como um conjunto de ferramentas que maximiza a probabilidade de sucesso do projeto respondendo a duas perguntas:

- O que facilitará essa mudança — e como podemos fazer uso disso?
- O que impedirá essa mudança — e como podemos remover ou reduzir isso?

> **Ponto-chave da lição**
> A gestão de mudanças oferece um conjunto de teorias e ferramentas que se estende além da gestão de projetos e que é essencial para entregar a mudança sustentada que muitos projetos exigem.

Dois aspectos da gestão de mudanças que são fundamentais para o gestor de projetos:

- Do ponto de vista dos indivíduos na organização afetados pela mudança. O indivíduo questionará "como essa mudança me afeta?" e o gestor de projetos quer saber "como podemos persuadir esse indivíduo a apoiar a mudança?".

- Do ponto de vista das operações gerais do negócio. Os gerentes operacionais questioarão "como essa mudança afetará a empresa?" e o gestor de projetos quer saber "como podemos garantir que maximizamos os aspectos positivos dessa mudança e minimizamos os negativos?".

Para atingir a mudança em um nível individual, temos de permitir que os indivíduos:

- Entendam a mudança. Isso acontece:
    - Pela comunicação repetida.
    - Fornecendo uma oportunidade para discutir a mudança e, se possível, permitindo envolvimento no projeto da mudança.
- Tenham a capacidade de executar de maneira diferente. Dentre os componentes para fornecer essa capacidade, destacamos:
    - Definir funções, processos e procedimentos, ferramentas e sistemas.
    - Fornecer qualquer treinamento e desenvolvimento necessário.
    - Não sobrecarregar as pessoas com muitas mudanças ao mesmo tempo.
- Estejam motivados a trabalhar de maneira diferente. Alguns fatores que contribuem para o desenvolvimento dessa motivação são:
    - Algum envolvimento no projeto de mudança, de modo geral.
    - Crença na mudança.
    - Gestão de desempenhos e recompensas coerentes com a mudança.

Para preparar as operações de negócios para a mudança, temos de fazer o seguinte:

- Fornecer *deliverables* de qualidade, que ofereçam a capacidade plena para executar a mudança.
- Oferecer recursos humanos adequados, treinados e motivados (incluindo gerentes).
- Escolher o melhor momento para a mudança.
- Situar corretamente os processos de gestão.

Gestão de benefícios

Se você gerenciar benefícios, as atividades a serem realizadas são:

- Elaborar o projeto para os benefícios, e não o contrário.
- Definir benefícios bem estimados no início do projeto.
- Garantir que seja possível medir pelo menos alguns desses benefícios.

> **Ponto-chave da lição**
> A gestão de benefícios garante que se obtenha um valor a partir dos projetos. Os projetos devem ser selecionados, projetados e gerenciados para otimizar o fluxo de benefícios relevantes a uma organização.

- Determinar quem é responsável por alcançar o benefício no início do projeto.
- Gerenciar o projeto constantemente com os benefícios em mente.
- Atribuir recursos e responsabilidades para medir os benefícios.
- Definir as expectativas sobre quanto benefício será alcançado no ciclo de vida do projeto e combinar com o patrocinador do projeto como esses benefícios serão acompanhados após a conclusão dele.

Governança

Alguns dos objetivos mais importantes da governança de projetos são:

- Montar um sistema de gestão de portfólios adequado para otimizar a seleção de projetos.
- Garantir o alinhamento dos objetivos do portfólio com os objetivos estratégicos e assegurar que os projetos corretos estejam sendo selecionados.

> **Ponto-chave da lição**
> A governança provê a estrutura geral e os controles que orientarão a seleção e a entrega de projetos.

- Oferecer um processo de tomada de decisão e autorização que facilite em vez de atrapalhar a entrega dos projetos.
- Fornecer supervisão e direção-geral.
- Garantir o desenvolvimento de uma capacidade apropriada de gestão de projetos e de gestão de programação de projetos dentro da organização.
- Insistir no uso de procedimentos bem estruturados para gestão e acompanhamento de benefícios.
- Encorajar um ambiente e uma cultura organizacionais que favoreçam a entrega bem-sucedida dos projetos.

Índice

A

Aceitar projeto, sinais de perigo antes, 236-240
Acervos de Conhecimento (BoK), 232
Administração de reuniões, 218-220
Ambiente, 114, 164
Amortecedor de "ineficiência", 172
Análise de negócios, 233
    habilidades não necessárias, 185-186, 193
Análise de Valor Agregado (EVA), 232
Aprovação, 202
Atividade paralela, 81-83, 83, 104-105, 238-239
Auditorias, 144
Autojulgamento pelo gestor, necessidade, 97
Auxiliador experiente, 107

B

Beneficiário, 5, 14-15
Benefícios, 255-258
    associados, 7-8
    do rastreamento, 256
    entrega, 247
    gestão/realização, 232, 249
    medição, 256-257
    precisa entregar, 247

C

Cadeia crítica/caminho crítico, 232
Cancelando o projeto construtivamente, 240-258
Capacidade de tratamento de estresse, 131-133, 139
Capacidades, 253
    adaptativas, 138, 139
    certas, 154-161
Características principais, 268-270
    do gestor, 3-4, 70-97
Carga de trabalho, 108, 163-164
Categorização, 5
Ciclo de vida, 232
    projeto, 118, 224-230

Cinco responsabilidades de gestão, 141-148
Clientes, 1-2, 4
   categorias, 5
   como público-alvo, 13-16, 17
   comunicação com, 15, 16
   conflitantes, 237-238
   e mudança, 148, 149
   empatia com, 129, 139
   entendendo, 21
   insatisfeitos, 5
   relacionamento com, 110
   restrições e necessidades extras, 54, 65
   retorno dos, 144
   satisfação, 8
Complexidade, 6, 110, 117, 178
Comunicação, 3, 10-50, 263-266
   benefícios, 49-50
   com patrocinador, 14
   e mobilização, 115-116
   habilidades não necessárias, 191, 193
Comunicando-se, 27-50
   conversações informais, 144
   estilo e método, 34-44
   planejamento e técnica, 29-34
Confiança, 123
Conhecimento
   acervos de, 232
   generalista, 178-183
Contexto mais amplo, 244-259, 286
   estratégia, 244-247-246
   gestão de programação, 232, 247-249
   operações, 186, 244-247
Contingência, 150
   definição, 113
   e risco, 113-115
   níveis, 101, 102, 107, 109
   planejamento, 113, 114, 212-213
   prazo/orçamento, 117
Controle
   e avaliação de progresso, 232
   e gestão de mudanças, 148-151
   portfólio, 190-191
   qualidade e sistema, 144
Conversações. *Ver* Comunicando-se
Conversas informais, 144
Criatividade, 93-96
Custos
   externos, 112
   internos, 112

D

Decomposição, 106-107
Deixando o projeto, 242
Delegação, 79-80
Departamento de projeto, 189-191, 193, 217
Dependências, 100, 102, 104
   entre projetos, 249
   externas, 202-204
Desafios
   construtivos, 118
Desafios de gestão da equipe de projeto, 169-174
   contexto mais amplo para organizações maiores, 174-176
   dispensando a equipe, 175
   especialistas não dedicados, 173-174
   gerentes de nível superior, 172-173
   lista de verificação, 176

pessoal de tempo parcial, 171-172, 179
pessoal geograficamente disperso/
    isolado, 170-171
proximidade física e canais de
    comunicação, 169-170
Desenvolvimento
    pessoal, 166-167
    rápido, 232
Desenvolvimento pessoal dos membros da
    equipe, 165-167
Despesas. *Ver* Custos
Detalhe, 79, 103
Diagramas de rede, 233
Dinamismo, 134, 139
Dinheiro. *Ver* Orçamento/finança
Direção, falta de, 236
Direcionadores para mudança, 148-151
Disponibilidade
    em tempo integral não assumida, 111
    recursos, 101, 102
Dizendo "não", 241-243

E

Empatia com cliente, 129, 139
Encerrando o projeto, 88-92, 147
Enfoque de ciclos de vida alternativos, 232
Engenharia e gestão de valor, 233
Entendimento
    contextual relevante, 180-181
    da mudança, 254-255
    de clientes, 21
    do escopo, 21, 22
    fraco, 22, 238
Entrega
    benefícios, 247

da comunicação, 49
deliverables, 7, 54, 55-56
Envolvimento da gerência, 70-73
Equipe de projeto, 3, 153-176, 277
    capacidades e habilidades certas,
        154-161
    como público-alvo, 12-13, 17
    conscientização da dinâmica e da
        política, 168-169
    errada, 117
    membros dignos de confiança, 80
    mobilizando, 116
    montando, 165-167
    motivando, 161-169
    mudando, 145
    objetivos, 156-157, 162
    papéis claros, 156-157
Escala de projeto, 6
Escalada, 79, 146-147
    usada eficazmente, 213-214
Escopo de projeto, 51-69
    alterando, 146
    compromisso de tempo–custo–
        qualidade–escopo, 204
    definição, 51-52
    escutando, 21, 23-24
    e solução, 54, 59-61
    estilo de trabalho exigido, 54, 65-69
    ponderação do gestor, 75-76
    produto, 54, 55-58, 144
    restrições e necessidades extras, 54, 65
    sucesso, medição, 54, 61
Escutando, 18-26
    como tarefa principal, 21, 26
    escopo, derivando conhecimento claro
        do, 21, 22
    falta de habilidades, 237

premissas explícitas, fazendo, 21-22
verificando, 24-25
Especialista
    equipamento, 111
    gestor de projeto, 178, 179
    habilidades não necessárias, 180, 185-191
    não dedicado, 173-174
    versus conhecimento do generalista, 178-183, 185-191
Especificidade, evitando, 107
Estágios do projeto, 100-106, 110
Estilos
    de falar, 34-44
    de gestão, 145-148
    de trabalho exigido, 54, 65-69
Estilos pessoais, 122-139, 274
    a encorajar, 127-139
    a evitar, 122-127
Estimativas/estimando
    erradas, 114
    iniciando o projeto, 106-107, 111
    necessidades, 106-107
    refinando, 102
    técnicas, 232
Estratégia, 244-246
EVA. *Ver* Análise de Valor Agregado
Evitar o projeto, 234-243
    cancelando o projeto construtivamente, 240-241
    quando o gerente precisava, 234-236
    saindo, 241-243
    sinais de perigo antes de aceitar, 236-240
Exemplo, liderando por, 163

F

Fases de projetos, 249
Ferramentas
    avançadas, 232-233
    kit de ferramentas do gestor, 194-233
    principais, 143-145
Ferramentas principais da gestão de projetos, 143-145, 163-164
Finalizando projeto. *Ver* Cancelando o projeto construtivamente
Finança. *Ver* Orçamento/finança
Flexibilidade, falta de, 238
Função de policiamento dos departamentos de gestão de projetos, 190
Fundamentos, 1-9, 109-110, 262

G

Gasto demasiado, 112
Gestão, 275-276
    de expectativas, 46-49, 237
    de mudanças operacionais, 186
    de múltiplos projetos, 248
    de problemas, 188-189, 193, 204-211
    de reuniões, 218-220
    habilidades exibidas, 130-131, 139
Gestão de portfólios, 233
    controle, 190
    in-life, 250-251
    objetivos, 250
    projetos ideais selecionados, 250
Gestão de projetos, 3-4, 140-152
    básica, 1-7, 109-110
    cinco responsabilidades, 141-142

comparação com gestão de mudança, 252-253
controle de mudança e, 148-151
estilo de, 145-148
principais ferramentas, 143-145, 164
processo, diagrama de, 142
tomada de decisão, 151-152
Gestor de projetos, 3-4
de projeto genérico, 178, 180-181
de projeto profissional, 4
habilidades não necessárias de especialista, 179-180, 185-191
necessidade, 234-236
ponderação e planejamento, 76-78
profissional, 3-4
sucesso pessoal, 5-7
Gestores
de nível sênior e equipe de projeto, 172-173
funcionais, 108
Governança, 232, 259-260

H

Habilidades da mecânica central de gestão de projetos, 197-232
administração e gestão de reuniões, 218-220
análise do *stakeholder*, 214-215, 216
aprovação, 202
ciclos de vida do projeto, 224-230
compromisso de tempo–custo–qualidade–escopo, 204
departamentos de gestão de projetos, 189-191, 193, 217-218
dependências externas, 202-204
escalada usada eficazmente, 213-214
expandindo, 230-233
plano de contingência, 113, 114
priorização, 220-224, 249
risco e gestão de risco, 204-211
suposições, gestão de, 197-202
Habilidades, 109, 168
de formar rede, 134-135, 139
de liderança, 130-131, 139
falta, 237
liderança, 130-131, 139
não necessárias, 180, 185-191
não necessárias com questões legais, 188-189, 193
não necessárias de integração de sistemas, 187-188, 193
não necessárias de negociação com fornecedor, 188, 193
não necessárias para captura, 185-186, 193
redes, 134-135, 139
Hierarquias de gestores de projeto, 3-4
Histórico de operações passadas, 247
Humor, 136, 139

I

Incerteza, 114
Ineficiência, 172
Informação, falta de, 117
Iniciando o projeto, 2, 98-121
contingência e risco, 113-115
estimando, 106-107, 110
mobilizando, 115-116
necessidades, 101, 102
orçando, 111-113

questões práticas, 116-120
uso de recursos, 107-111
Interrupção, 247
Irrelevâncias ignoradas, 78

L

Limites de conhecimento, 177-193, 279-280
    generalista *versus* especialista, 178-183, 185-191

M

Mecânica da gestão de projetos, 3, 194-233, 281-284
    kit de ferramentas do gestor, 194-233
    técnicas e ferramentas avançadas, 232
Medição
    de benefícios, 257
    de sucesso, 54, 61
Membros da equipe dignos de confiança, 80
Mitigando restrições, 119
Mobilizando equipe de projeto, 115-116
Modelo de função, atuando como, 49-50
Modelos de maturidade, 233
Monitoração, 143-145
Motivação
    alinhada, 163-164
    de equipe, 161-169
    para mudança, 253-254
Mudança conduzida pelo cliente, 149

Mudança e gestão de mudanças, 145-151, 232
    clientes, 148, 150
    comparação com gestão de projeto, 253
    direcionadores para, 148, 149
    e benefícios, 249
    e controle, 148-151
    habilidades não necessárias, 186-187, 193
    impondo, 85-86
    motivação, 253-254
    nível aceitável, 83-85
    organizacional, 186

N

Necessidades/requisitos
    autojulgamento pelo gestor, 97
    conhecimento contextual, 180-181
    entrega de benefício, 247
    especificação, necessidade de ir além, 21, 25
    estilo de trabalho, 54, 65-69
    gestor, 234-236
    habilidades não necessárias de comunicação, 191, 193
    habilidades não necessárias de especialista, 179, 185-191
    habilidades não necessárias de teste, 187-188, 193
    habilidades não necessárias na análise de negócios, 185-186, 193
    habilidades não necessárias para captura, 185-186, 193

habilidades não necessárias para
mudança, 185-187, 193
iniciando o projeto, 100-101, 102
má compreensão, 238
recursos, 100, 102
restrições extras, 54, 65
risco, 114
Nível de mudança aceitável, 81-83
Nova tecnologia, 239

O

Objetivos
diversos em conflito, 237
equipe, 156-157, 161-163
gerais, 53-55, 56-57, 115-116
gestão de portfólio, 250-251
Operações, 186, 246-251
Orçamento/finança, 115, 117
compromisso de tempo–custo–qualidade–escopo, 204
custos, 111-113, 204
financiador, 5, 14
fixo, 117
fórmulas financeiras, 232
gasto demasiado, 112

P

Papéis da equipe, 156-157
Patrocínio, 5, 14
falta de, 236
Personalidade do gestor, 3-4, 70-97
Pessoal
de tempo parcial, 171-172, 179

geograficamente isolado, 170-171
isolado, 170-171
staff, 110, 112, 113
Planejamento/planos, 99-106
alterando, 146
contingência, 113, 114, 212-213
detalhe e estágios, 100-106, 110
falando sobre, 29-34
falta de flexibilidade, 238
incompletos/incorretos, 5
linha de base, 102
motivos, 99-100
ponderação, 76-78
uso de recursos, 109-110
verificando, 21, 24-25, 121, 176
Plano básico, 102
Planos incompletos/incorretos, 5
Política, equipe, 168-169
Ponderação, virtude do gestor, 74-93, 106
atividade paralela, nível aceitável de, 81-83
autojulgamento, 97
criatividade necessária, 93-96
delegação, 79-80
detalhe, 79
escalada, momento oportuno, 79
escopo, 75-76
gestão de mudança, impondo, 85-86
grupos de *stakeholders* mais amplos, 87-88
irrelevâncias ignoradas, 78
julgamentos, 92-93
membros da equipe dignos de confiança, 80
mudança, nível aceitável de, 83-85
planejamento de projeto, 76-78
risco, nível aceitável de, 80-81

suposições, impacto e risco das, 86-87
tempo de finalização, acordo sobre, 88-92
Portfólio *in-life*, 250-251
POs (departamentos de gestão de projetos), 189-191, 193, 217, 218
Positivismo, 134, 139
Posse como característica de gestão, 70-73
Presença como estilo pessoal, 138, 139
Priorização, 220-224, 249
Problemas e escopo do projeto, 59-61
    quando as coisas saem errado, 54, 61-65
Programação de projetos proprietárias, 233
Programação, controle, 190-191
    de projetos proprietárias, 233
    gestão, 233, 247-249
Progresso, 101-103, 232
    relatórios/avaliações, 143, 144, 232
Projeto
    ciclo de vida, 118, 224-230
    conteúdo e complexidade, 6, 110, 117, 178
    definição, 2-3, 51-69
    departamentos de gestão de (POs), 189-191, 193, 217-218
    escala, 6
    fracassado, 2
    gestão. *Ver* Gestão de projetos; Gestor de projetos
    herdado, 119-120
    ideal, seleção de, 250
    mudança, 149
    no mundo real, 116-120
    programação proprietária, 233
    sucesso, 7-9, 54, 61

Público-alvo, 11-17
    com clientes, 13-16, 17
    comunicação com. *Ver* Comunicando-se
    equipe de projeto como, 12-13, 17
    stakeholders, 16-17

Q

Qualidade,
    controle e auditorias, 144
    mais importante que a quantidade, 155-156
    mudando, 146
    o compromisso de tempo–custo–qualidade–escopo, 204
Questões
    contratuais, 188-189, 193
    práticas do início do projeto, 116-120

R

Recursos/uso de recursos, 107-111
    acrescentando, 109
    alocação, 111
    alterando, 146
    balanceando/priorização, 249
    custos, 112
    disponibilidade, 101, 102
    e trabalho extra, 247
    falta, 236-237
    gestão, 233
    necessários, 100, 102
    nivelamento, 109
    operacionais, 247
    planejamento, 110

Recusa. *Ver* Evitar o projeto
Regras de comunicação, 44-50
    dizendo a verdade, 44-45
    entrega, 49-50
    gestão de expectativas, 46-49
    modelo de função, atuando como, 49-50
Requisitos. *Ver* Necessidades/requisitos
Resolução de defeitos, 235-236
Respeito por pessoas, 134-135, 139
Responsabilidade, 3-4, 141-149
Restrições, 115-121
    mitigando, 119
    necessidades extras, 54, 65
Resumo, 2, 260-289
Retorno direto do cliente, 144
Risco, 2-3, 248
    alto, 239
    avaliação, 102, 233
    de suposições, criando, 86-87
    e contingência, 113-115
    e gestão de problema, 204-211
    gestão, 114, 248
    inerente, 114
    limitando, 2-3
    necessidades, 115
    nível aceitável, 80-81
    nível de, 105, 109, 114
    técnico, 114

Sinais de perigo antes de aceitar projeto, 236-240
Sobrecarga, 109
Solução
    de reclamações, 235-236
    e escopo do projeto, 54, 59-61
Sorrindo, 136, 139
Stakeholders, 5
    análise, 214-215, 216
    como público-alvo, 16-17
    de nível sênior, 249
    grupos e ponderação do gestor, 87-88
    número excessivo, 117
Subcarga, 109
Sucesso, 5-9
    medida do, 54, 61
    entendimento equivocado, 5
    projeto, 7-9, 54, 61
    pessoal, 6-7
Suporte
    administrativo, 189-190
    especializado de departamento de gestão de projetos, 190
Suposições, 107
    gestão de, 197-202
    impacto e risco das, 86-87
    tornando explícitas, 21-22

S

Satisfação do cliente, 5, 8-9
Sensibilidade, 135-136, 137-138, 139
    política, 135-136, 139

T

Tamanho do projeto, 104, 107, 110
Técnica de desenvolvimento rápido, 232
Técnicas de teste e experimentação, 233
Técnicas. *Ver* Ferramentas

Tempo
    acordo para completar em, 88-92
    compromisso de tempo–custo–
        qualidade–escopo, 204
    contingência, 115, 117
    de finalização, acordo sobre, 88-92
    mudança de, 254
    tarefa, 100, 101, 102
    teste inadequado, 238
Término. *Ver* Encerrando o projeto
Teste
    habilidades não necessárias,
        187-188, 193
    técnicas, 233
    tempo inadequado, 238

Tomada de decisão, gestão, 151-152
Treinando, 113, 254

U

Usuários finais. *Ver* Clientes

V

Verdade, dizendo a, 44-45
Verificando/lista de verificação, 21, 24-25,
    121, 176

Sobre o autor

Richard Newton é especializado em problemas de mudança complexos e ajuda empresas a melhorar suas capacidades de gestão de projeto e de mudanças. Por meio de seu trabalho, seja no papel estratégico, operacional ou de projeto, o autor defende técnicas simples, porém altamente estruturadas para alcançar os objetivos propostos. Newton divide seu tempo entre dirigir sua empresa, a Enixus Ltd, e escrever.